B. Raschauer (Hrsg.)

Beiträge zum Verfassungs- und Wirtschaftsrecht

Festschrift für
Günther Winkler

Springer-Verlag Wien NewYork

Herausgeber: Univ.-Prof. Dr. iur. BERNHARD RASCHAUER,
Institut für Staats- und Verwaltungsrecht, Universität Wien, Österreich.

Das Werk ist urheberrechtlich geschützt.
Die dadurch begründeten Rechte,
insbesondere die der Übersetzung, des Nachdruckes,
der Entnahme von Abbildungen, der Funksendung,
der Wiedergabe auf photomechanischem oder ähnlichem Wege
und der Speicherung in Datenverarbeitungsanlagen,
bleiben, auch bei nur auszugsweiser Verwertung, vorbehalten.

© 1989 by Springer-Verlag/Wien
Softcover reprint of the hardcover 1st edition 1989

Frontispiz: Copyright Franz Baldauf, A-7000 Eisenstadt

CIP-Titelaufnahme der Deutschen Bibliothek
Beiträge zum Verfassungs- und Wirtschaftsrecht · Festschrift
für Gunther Winkler / hrsg. von B. Raschauer – Wien , New
York · Springer, 1989

NE: Raschauer, Bernhard [Hrsg.], Winkler, Gunther: Festschrift

ISBN-13:978-3-7091-9020-3   e-ISBN-13:978-3-7091-9019-7
DOI: 10.1007/978-3-7091-9019-7

Sehr verehrter, lieber Herr Professor Winkler,

mit dem Erscheinen dieser Festschrift, die Ihnen Ihre Freunde und Schüler zu Ihrem sechzigsten Geburtstag geschrieben haben, möchte Ihnen der Verlag seinen Dank sagen für die Epoche, in der Sie unser juristisches Programm entscheidend mitgeformt haben, in der Sie Zeichen setzten, die sichtbar geblieben sind. Die herzlichsten Wünsche begleiten diesen Dank.

Rudolf Siegle
Springer - Verlag Wien - New York

Wir sind folgenden Sponsoren, die die Herausgabe des vorliegenden Bandes ermöglicht haben, zu großem Dank verpflichtet:

Bundeskanzleramt
Bundesland Niederösterreich
Bundesland Oberösterreich
Bundesland Steiermark
Bundeskammer der gewerblichen Wirtschaft
Verband der österreichischen Landes-Hypothekenbanken
Österreichische Kontrollbank AG
Austria Tabakwerke AG
ÖMV Aktiengesellschaft
Die Erste Österreichische Spar-Casse-Bank
Zentralsparkasse und Kommerzialbank
Österreichische Elektrizitätswirtschafts-AG
Energie-Versorgung Niederösterreich AG
Die Österreichische Versicherungs-AG
Genossenschaftliche Zentralbank AG

Vorwort

Festschriften werden hervorragenden Wissenschaftlern meist gegen Ende ihrer akademischen Laufbahn in Anerkennung ihrer besonderen Verdienste in Lehre und Forschung gewidmet. Besondere Verdienste um die Wissenschaft vom Staats- und Verwaltungsrecht hat GUNTHER WINKLER seit seiner mehr als dreißig Jahre zurückliegenden Monographie "Der Bescheid" durch zahlreiche grundlegende Arbeiten in hohem Maße erworben. Im Alleingang hat er mit den "Forschungen aus Staat und Recht" im Springer-Verlag Wien die zentrale österreichische Publikationsreihe zu Fragen des öffentlichen Rechts geschaffen und bis zu ihrem mittlerweile 84. Band vorangetrieben.

Dazu kommt sein jahrzehntelanger, ungemein engagierter, persönlicher Einsatz für die Autonomie und Funktionsfähigkeit der österreichischen Hochschulen im allgemeinen, für die Entwicklung der Universität Wien im besonderen, der er lange Jahre als Rektor, Prorektor und als juristischer Berater gedient hat, nicht zuletzt für die Wiener Rechtswissenschaftliche Fakultät, der er mit einer kräfteraubenden Gewaltleistung im "Juridicum" eine neue Heimstätte verschaffte.

Von einem Ende seiner wissenschaftlichen Laufbahn kann bei GÜNTHER WINKLER freilich keine Rede sein. Hat er doch erst im Vorjahr eine außergewöhnliche Monographie zur "Rechtspersönlichkeit der Universitäten" vorgelegt und jüngst über fast vierzig Jahre intensive Auseinandersetzung mit der "Reinen Rechtslehre" in einer dichten Studie Bilanz gezogen. Wer ihn Tag für Tag, morgens meist schon lange vor acht Uhr, an Manuskripten "feilen" sieht, weiß, daß eine in gewisser Weise rekapitulierende "große Festschrift", zu der zahlreiche Persönlichkeiten des In- und Auslands einzuladen wären, einfach (noch) nicht angebracht ist.

GÜNTHER WINKLERS 60. Geburtstag war einem engeren Kreis von Freunden, Schülern und Habilitanden aber Anlaß, ihn mit der vorliegenden Festgabe in einer besonderen Weise zu ehren. Schwerpunkte ergaben sich gleichsam von selbst aus WINKLERS Wirken im Verfassungs- und Wirtschaftsrecht. Gleichzeitig spiegelt der Band aber auch jenes Denken in Dimensionen von wissenschaftlicher Vielfalt und Toleranz wider, das er stets als Maxime seiner "Forschungsreihe" vertrat und das er seinen Schülern mit auf den wissenschaftlichen Lebensweg gegeben hat.

Die vorliegende Festgabe ist ganz wesentlich vom selbstlosen Einsatz von CHRISTIAN KOPETZKI und SUSANNE SEYFANG getragen, die die Nacht zum Tag gemacht haben, um ihr Erscheinen zu ermöglichen.

DIE GRATULANTEN

Inhaltsverzeichnis

	Seite
Verzeichnis der Autoren	XI

Walter Antoniolli
Gruß und Glückwunsch 1

Felix Ermacora
Staat als Rechtsordnung 3

Heinz Peter Rill
Die Artikel 5 und 6 der Europäischen Menschenrechtskonvention, die
Praxis der Straßburger Organe und des Verfassungsgerichtshofes und
das österreichische Verfassungssystem 13

Richard Novak
Verhältnismäßigkeitsgebot und Grundrechtsschutz 39

Georg Ress
Verwaltungsakt, Verordnung und subjektives Recht. Einige rechtsvergleichende Überlegungen zur Relativität von Rechtsbegriffen 71

Christian Kopetzki
Berufliche Immunität und zivilrechtliche Haftung 91

Karl Wenger
Wirtschaftsrecht - eine juristische Disziplin im Spannungsfeld von
Sein und Sollen 121

Bernhard Raschauer
Wirtschaftliche Zumutbarkeit 149

Walter Barfuß
"Persönliche Gewerbeausübung" und Wirtschaftstreuhänder-Berufsrecht .. 171

Herbert Haller
Regelungsdefizite und Vollzugsdefizite im Betriebsanlagenrecht nach der
Gewerberechtsnovelle 1988 191

	Seite
Elmar Puck Die Prüfung des Bedarfes bei öffentlichen Apotheken	213
Ewald Wiederin Übergang und Verlegung konzessionierter offentlicher Apotheken	237
Hans Neuhofer Bürgerfreundliche Verwaltung	263
Gerhardt Plöchl Die Regeln des Spiels und das Spiel mit der Regel. Spieltheorie und Rechtswissenschaft	281
Peter Bernàrd Ein Gedanke - ein Satz! Eine Besinnung	297

Verzeichnis der Autoren

em. Univ.-Prof. Dr. Dr. h.c. Walter Antoniolli
  Präsident des Verfassungsgerichtshofs i.R.

ao. Univ.-Prof. DDr. Walter Barfuß
  Rechtsanwalt in Wien

Hofrat Dr. Peter Bernàrd
  Verwaltungsgerichtshof, Wien

o. Univ.-Prof. Dr. Dr. h.c. Felix Ermacora
  Universität Wien

ao. Univ.-Prof. Dr. Herbert Haller
  Wirtschaftsuniversität Wien

Univ.-Ass. DDr. Christian Kopetzki
  Universität Wien

ao. Univ.-Prof. Dr. Hans Neuhofer
  Oberösterreichischer Gemeindebund, Linz

o. Univ.-Prof. Dr. Richard Novak
  Universität Graz

ao. Univ.-Prof. Dr. Gerhardt Plöchl
  Energie-Versorgung Niederösterreich AG

Hofrat Dr. Elmar Puck
  Verwaltungsgerichtshof, Wien

ao. Univ.-Prof. Dr. Bernhard Raschauer
  Universität Wien

o. Univ.-Prof. DDr. Georg Ress
  Universität Saarbrücken

o. Univ.-Prof. Dr. Heinz Peter Rill
  Wirtschaftsuniversität Wien

o. Univ.-Prof. DDr. Karl Wenger
  Universität Wien

Univ.-Ass. Dr. Ewald Wiederin
  Universität Wien

Gruß und Glückwunsch

Als GÜNTHER WINKLER 1979 50 Jahre alt wurde, konnte ich ihn noch in voller Vertrautheit mit seiner Tätigkeit, seinen wissenschaftlichen und sonstigen Leistungen beglückwünschen. 10 Jahre später, da es gilt, den 60. Geburtstag zu feiern, fehlt mir bereits diese Nähe, sodaß ich nur von einigen Ergebnissen und Leistungen in diesen 10 Jahren sprechen kann. Unverändert sind aber die Hochachtung für GÜNTHER WINKLER und unsere vor 40 Jahren gegründete Freundschaft geblieben, die mir ein Wort des Grußes und des Glückwunsches - kaum aber eine Würdigung - erlauben.

Was hat dieses Jahrzehnt gebracht? Arbeit, sehr viel Arbeit, Mühen, Sorgen und Ärger, aber doch auch Erfolge, die wir als Krönung eines Lebenswerkes ansehen können.

Kaum bedankt ist die *tägliche Arbeit des akademischen Lehrers* in Vorlesungen, Übungen und Seminaren. Wie viele österreichische Juristen sind doch gerade durch WINKLERS Seminar geformt worden, zu Dienern des Rechts, der Wahrheit und allein der Wahrheit verpflichtet!

Ich nenne die Fertigstellung des *Juridicums*. Es mag einer in Einzelheiten anderer Meinung sein, ja selbst den Grundentwurf im Hinblick auf die Lage oder die architektonische Gestalt anzweifeln. Aber niemand kann bestreiten, daß Prof. WINKLER durch seinen unermüdlichen Einsatz die Wiener Juristenfakultät aus einer ausweglosen Lage herausgeführt hat.

Ein anderer Dienst an der Wiener Universität muß genannt werden: die *Beratung* der Rektoren und des Akademischen Senates in unzähligen Rechtsfragen des akademischen Lebens. Er ist es doch, der die Argumente für die Verteidigung der Universitäten gegen die Angriffe auf ihre Selbständigkeit nach der unglücklichen Lösung durch das UOG geliefert hat.

So ragt auch unter den eigenen *wissenschaftlichen Leistungen* sein Buch über die Rechtspersönlichkeit der Universitäten hervor. Hier zeigt sich die besondere Kraft WINKLERS: aus voller theoretischer und praktischer Beherrschung der Norm zur Bewältigung brennender Probleme des Rechtslebens beizutragen. Dieser Fähigkeit verdanken auch zahllose *Gutachten*, insbesondere zu Fragen des Wirtschaftsverwaltungsrechts, ihre Wirkung.

Unter den wissenschaftlichen Leistungen WINKLERS steht die Herausgabe der Reihe *"Forschungen aus Staat und Recht"* sicherlich in vorderster Linie. WINKLER hat diese Reihe 1967 begründet und ihre Organisation und Finanzierung bis zum heutigen Tag gesichert. Inzwischen ist sie auf 84 Bände angewachsen. Kaum eines der Werke ist ohne die Beratung und Auseinandersetzung mit WINKLER entstanden, eine wissenschaftliche Leistung von Rang, freilich jenseits eines Schriftenverzeichnisses.

Jenseits eines Leistungsverzeichnisses liegt auch die *Betreuung von Studenten*, der sich Prof. WINKLER unter großen persönlichen Opfern ständig widmet. Seine persönliche Fürsorge, die er ausländischen Studenten, besonders aus dem Fernen Osten widmet, ebnet nicht nur vielen den Weg zur österreichischen Wissenschaft, sondern trägt auch ständig Früchte für das Ansehen der Wiener Universität und Österreichs.

Viele österreichische und ausländische, staatliche und kirchliche *Auszeichnungen*, darunter das Ehrendoktorat der Universität Graz, haben die Achtung und Dankbarkeit bekundet, die Prof. WINKLER errungen hat. Seine Freunde aber möchten ihm vor allem sagen, wie sehr sie die ungebrochene Kraft des reifen Mannes im Ringen um Recht und Wahrheit schätzen. Wir beglückwünschen GÜNTHER WINKLER zu dem Vollbrachten und entbieten ihm unsere herzlichsten Wünsche für die Zukunft.

Walter Antoniolli

Felix Ermacora

Staat als Rechtsordnung

I.

GÜNTHER WINKLER versucht sich in seinem literarischen Werk immer wieder einem Thema zu nähern, das im Grunde *das* Thema der Rechts- und Staatswissenschaften ist, wenn man in die Anfangsgründe der Lehren einmal eingedrungen ist. Wie sollen Recht und Rechtswirklichkeit rechtswissenschaftlich versöhnt werden? Das ist die Position von Sollen und Sein auf einer vom Rechtspositivismus abgewandten Ebene. Der Rechtspositivismus sieht das Sollen als das Verhältnis von Rechtsbedingung und Rechtsfolge, so wie HANS KELSEN dies in den Lehren, die ihn weltberühmt gemacht hatten, erklärte[1]. Daher kann das "Sein" als die Rechtsfolge gesehen werden, die zum Normenbestandteil wird. KELSENS kritischer Rechtspositivismus[2] hat sich damit ebenso beschäftigt wie die egologische Theorie COSSIOS[3].

WINKLER geht es aber nicht um dieses Seins- und Sollensverhältnis, sondern um das Sollen, das die Rechtsordnung als solche in ihren Normen gebietet, und das Sein des gesellschaftlichen Alltags, das diesem Sollen der Summe der Normen folgt.

"Sollen der Rechtsordnung" und "Sein der Gesellschaft" gehören zur Wirklichkeit, die Rechtswirklichkeit ist. Es sind die zwei Seiten der Rechtswirklichkeit: die normative Seite als die Summe der Normen, die faktische Seite als die der Normentsprechung. Die normative Seite zu erfassen, das hat der Rechtspositivismus längst geleistet, die faktische Seite der Norm zu erfassen, liegt dem Rechtspositivismus fern[4], weil es über seine Methodenkraft hinausgeht, es zu vermögen. Daher wird die fakti-

---

[1] KELSEN, Reine Rechtslehre[1] (1934) 20 ff.
[2] Der Ausdruck "kritischer Rechtspositivismus" wurde von VERDROSS ausgesprochen und ist in: "Die Rechtstheorie Hans Kelsens", JBl 1930, 421 ff zu finden.
[3] COSSIO, Norm, Recht und Philosophie, ZÖR 1 (1948) 337 u 466 ff.
[4] KELSEN, Reine Rechtslehre 139 (Faktizität).

sche Seite des Normativen verschiedenen Gesellschaftswissenschaften überlassen. Diese verlieren sich ohne Gesamtkonzept in der Entdeckung und Analyse des Faktischen einer Rechtsordnung, ohne aber die Rechtsordnung und ihr Sollen mit in Betracht zu ziehen. Eine rechtswissenschaftlich orientierte Methode ist vonnöten, um die normative Seite *und* die faktische Seite einer Rechtsordnung als die zwei Seiten einer Rechtsordnung zu verstehen, oder anders ausgedrückt, um die normative und die faktische Seite der Rechtsordnung als Einheit rechtswissenschaftlicher Erkenntnis zu verstehen. WINKLER versucht, das Erkenntnisobjekt, die Rechtsordnung, die den Staat repräsentiert, vom Stand einer rechtlichen Wertetheorie erschöpfend zu erfassen[5]. So entwickelt er eine juristische Grundwertetheorie, die moralistische Züge trägt und daher als solche eine Ebene juristischen Denkens erschließt, von der aus es schwierig ist, das hier zur Erörterung gestellte Problem, nämlich die Einheit von normativer und faktischer Seite der Rechtsordnung, zu erkennen.

HANS KELSEN ist erst durch die wissenschaftliche Leistung A. MERKLS und A. VERDROSS', die in der Vorrede zur 2. Auflage seiner Hauptprobleme angesprochen sind[6], angeregt worden, den Rechtserzeugungsprozeß der Gesetzgebung in sein System aufzunehmen[7]. Auf die faktische Seite der Rechtsordung hat er letztlich mit dem Schlagwort "Effektivität des positiven Rechtes", ohne ihm aber besonderes wissenschaftliches Augenmerk zuzuwenden, verwiesen[8]. Er stellt die Effektivität als einen rechtlichen Fremdkörper dar. Aber die Effektivität der Rechtsordnung ist jenes Korrelat, das einer Rechtsordnung immanente Sein, auf das es ankommt, um die faktische Seite der Rechtsordnung zu erfassen.

Die Methode, das rechtliche Sollen und die Effektivität der Rechtserstellung als eine Einheit zu begreifen, muß eine dialektische sein. WINKLER äußert Skepsis gegenüber der Dialektik. Er tut recht daran[9], wenn nicht erklärt wird, was unter Dialektik zu verstehen ist, und lediglich der Ausdruck verwendet wird.

---

[5] ZB Wertbetrachtung im Recht und ihre Grenzen (1969).

[6] KELSEN, Vorwort zur 2. Auflage der Hauptprobleme der Staatsrechtslehre (1923).

[7] Im Zusammenhang mit dem Stufenbau der Rechtsordnung in der Vorrede zur 2. Auflage der Hauptprobleme und in der Reinen Rechtslehre 73 ff.

[8] ZB Reine Rechtslehre 71, 73, 148, 149.

[9] Siehe aber demgegenüber HEINTEL, Grundriß der Dialektik I, Zwischen Wissenschaftstheorie und Theologie (1984).

Diese grundtheoretische Frage stellt sich im Bereiche der Wissenschaft von der Verfassung in einem besonderen Lichte dar. Sein und Sollen, Rechtsordnung und ihre Effektivität sind der Widerspruch von Verfassungsrecht und Verfassungswirklichkeit. Um sie bemühen sich gesondert zwei Wissenschaftszweige. Die Wissenschaft vom Verfassungsrecht und die Wissenschaft von der Verfassungslehre. Beide Wissenschaftszweige befassen sich mit der Verfassung, doch je von einem anderen wissenschaftspolitisch gewählten Ausgangspunkt: Die Wissenschaft vom Verfassungsrecht ist normativ in bezug auf Verfassung und Rechtsordnung als Ganzes, die Verfassungslehre steht in bezug auf die Effektivität der Verfassung und Rechtsordnung in einem gegebenen Staat.

GÜNTHER WINKLER, ein Sucher nach Versöhnung von "Sein" und "Sollen", ist im Grunde ein Theoretiker der Verfassungslehre. Von der Theorie HANS KELSENS normativ geschult, mußte er sie überwinden, um den Blick auf die Rechtsordnung des Staates, in dem sich Verfassungsrecht und Verfassungswirklichkeit als Sollen und Sein gegenüberstehen, frei zu bekommen. Auch wenn es GÜNTHER WINKLER allenfalls nicht wahrnehmen wollte, begibt er sich dabei in den Bannkreis der Verfassungslehre.

II.

1. Wie kein zweiter ist der Jubilar unter den Rechtsgelehrten der österreichischen Universitäten ein "Verfassungslehrer". Das ist er, seit er sich vom römischen Rechte ab- und dem öffentlichen Rechte zugewendet hatte. Diese Hinwendung ist ihm Bedürfnis und wissenschaftliches Anliegen. Das heißt aber nicht, daß die Vertreter der normativen Wissenschaftszweige, vor allem wenn sie nach wie vor auf den KELSENschen Normenpositivismus eingeschworen sind, mit den "Verfassungslehrern" eine reine Freude hätten. Das ging sogar soweit, daß ein bedeutendes österreichisches Lehrbuch des Verfassungsrechts vermeinte, es brauche auf mein als Verfassungslehre bezeichnetes Studienbuch keine besondere Rücksicht zu nehmen[10], weil sich die Schrift methodisch nicht genau deklariert habe. So wird es wohl auch GÜNTHER WINKLER gehen, auf den vielleicht die Sätze HEGELS passen, der jene, die ohne gehörig ausgewiesene Methode ihren Gegenstand zu gestalten trachten, als die Vertreter

---

[10] Siehe die totale Ausklammerung meines Werkes Österreichische Verfassungslehre I (1970) in der ersten Auflage von WALTER - MAYER, Grundriß des österreichischen Bundesverfassungsrechts (1976) 41.

eines "Meinens" und nicht eines "Wissens" bezeichnete[11]. Der Festschriftbeitrag soll dazu bestimmt sein, diesem Vorurteil entgegenzutreten, GÜNTHER WINKLERS Werk über die Rechtsordnung in seinen gehörigen Kontext zu stellen und auch einem Lehr- und Prüfungsfach festeres Fundament zu geben, als es dies in Österreich haben mag. Was ist sie, die Verfassungslehre, die im § 5 Abs 2 Z 6 des juristischen Studiengesetzes[12] als ein Studienfach neben der allgemeinen Staatslehre und dem österreichischen Verfassungsrecht ausgewiesen ist?

2. Der Ausdruck Verfassungslehre und der Wissenschaftszweig "Verfassungslehre" wurden im deutschen Sprachraum von CARL SCHMITT wohl in Anlehnung an amerikanisches staatswissenschaftliches Denken geprägt[13]. Nach 1945, als seinerzeitige Kollegen C. SCHMITTS aus der Emigration nach Deutschland zurückkehrten, wie K. LOEWENSTEIN und HERMENS, haben diese den Ausdruck Verfassungslehre für ihre Werke so verwendet[14], als wäre dies ihre Entdeckung gewesen. Aber mitnichten. CARL SCHMITT hat den Ausdruck unter den deutschen Staatsrechtslehrern gängig gemacht. Sein Werk von 1928 trägt den Titel "Verfassungslehre"[13]. Er hat zwar keine besondere methodische Grundlegung geboten, wie Verfassungslehre zu verstehen ist, und wie sie sich vom Verfassungsrecht bzw der Allgemeinen Staatslehre abgrenzt, aber sein System zeigt durch den Inhalt der Darstellung, was er unter der Verfassungslehre verstanden wissen will. Wohl gründet er in diesem fundamentalen Werke seine These auf die Erkenntnisse der klassischen allgemeinen Staatslehre; er wendet diese Erkenntnisse auf das Reichsrecht der Weimarer Zeit an und entfaltet so allgemeine Grundlehren einer Verfassung, die letztlich nicht nur auf die damalige Reichsverfassung, sondern auf jedwede Verfassung anwendbar sind. Es geht C. SCHMITT aber nicht um die Durchdringung der Normen und die normative Analyse, sondern um die Stellung der Verfassung in einem ganz bestimmten Verfassungs- und Gesellschaftssystem, es geht ihm letztlich um die Rechtsordnung. Damit macht C. SCHMITT deutlich, wie sehr der Inhalt einer gegebenen Verfassung den Grund seines Seins - nicht seines Entstehens - in ganz

---

[11] Etwa in der Wissenschaft der Logik, erster Teil (Ausgabe der Philosophischen Bibliothek Bd 56) 34 ff.
[12] BGBl 1978/140 idF 1985/523.
[13] Verfassungslehre (1928, Neudruck 1965).
[14] LOEWENSTEIN, Verfassungslehre (1957) (Übersetzung von "Political Power and the Governmental Process" [1957]); HERMENS, Verfassungslehre (1964) (Übersetzung von "The Representative Government" [1958]).

anderen Kategorien hat als die Verfassung im normativen Sinne: Der Grund des Seins der Verfassung liegt in den philosophischen Ideen und Ideologien, in den politischen Ideenkreisen, die H. HELLER herausstellte[15], in den politischen Kräften, die um eine rechtliche Ordnung ringen; der Grund des Seins einer Verfassung ist also nicht die Grundnorm des kritischen Rechtspositivismus HANS KELSENS, sondern liegt in der historischen, sozialen, wirtschaftlichen, politischen und rechtlichen Wirklichkeit! C. SCHMITT lehrt auch, daß die geschriebene Verfassung nicht nur als Summe von Normen zu verstehen ist, sondern auch als eine Summe von politischen Entscheidungen, Deklarationen und Proklamationen, und daß daher der eigentliche normative Kern der Verfassung nicht immer im Mittelpunkt der Verfassung steht[16]. Damit hat C. SCHMITT eine sehr gewichtige Erkenntnis vermittelt, die natürlich dem Meister der Wiener Rechtsschule - HANS KELSEN - nicht fremd sein konnte, war er doch in den Verfassungsgebungsprozeß so eingebunden, daß auch seine Verfassungsentwürfe voll dieser an sich normativ fremden Elemente sind[17]! Nur so ist es auch zu begreifen, wenn gerade in der Gegenwart in die Verfassungen Elemente eindringen, die zwar heute zum Verfassungsrecht gerechnet werden, aber nicht Verfassung im normativen Sinne sind. Nämlich das auch in Österreich Eingang genommene verfassungsrechtliche "soft law"[18]. Dieses wird von C. SCHMITT noch nicht hervorgehoben. Aber es gehört heute vor allem mit seinen bedeutenden politischen Entscheidungen auf dem Gebiete des Umweltschutzes, der Proklamation der umfassenden Landesverteidigung, den Bekenntnissen in den modernen Verfassungen der Bundesländer zu einem fixen Bestandteil des modernen Verfassungsrechtes. Dieses "soft-law" steht der Verfassungswirklichkeit oft näher als ihr normativer Bestandteil.

3. C. SCHMITT hat in seiner Verfassungslehre den demokratischen, den republikanischen, den rechtsstaatlichen und den bundesstaatlichen Bestandteil der Verfassung Weimars herausgearbeitet - sie gestalten die

---

[15] HELLER, Politische Ideenkreise, in: Gesammelte Schriften I (1971) 53 ff.
[16] Verfassungslehre 3 ff.
[17] Auf die Vielfalt KELSENscher Zugänge zur Rechtsordnung und Verfassung habe ich in meiner Studie "Hans Kelsen als Rechtssetzer im Rahmen des österreichischen Verfassungsrechts", Hans-Kelsen-Symposion, Rom, Oktober 1981 hingewiesen.
[18] Siehe zB JABLONER - OKRESEK, Theoretische und Praktische Anmerkungen zu Phänomenen des "soft law", ZÖR 34 (1983) 217 ff.

Rechtsordnung als Ganzes[19]. Wenn man sein Gesamtwerk analysiert, so stößt man aber auf sein außerhalb der "Verfassungslehre" stehendes Schrifttum, in dem der Gegenstand der Verfassungslehre philosophisch begriffen wird. Verfassungslehre ist nur zu einem Teil auch Normenlehre. Sie ist im wesentlichen die Lehre vom Politischen und von der Politik. Staat ist Politik. Das ist die Kernaussage, die C. SCHMITT ebenso bekannt gemacht hat, wie die KELSENsche Aussage, daß Staat gleich Recht ist. Es stehen sich diese beiden Aussagen "Staat ist Recht" und "Staat ist Politik" wissenschaftlich kontradiktorisch gegenüber. Nur eine Lehre, daß Staat "Rechtsordnung" ist, kann diese Kontradiktion versöhnen.

4. Die KELSENsche These, daß Staat gleich Recht sei[20], hat ebensoviel Unruhe ausgelöst, wie die These C. SCHMITTS, daß der Staat Politik sei[21]. Vor allem wenn man in der Frage nach der Politik auf C. SCHMITTS Erklärung des Wesensgehaltes von Politik stößt, die er in einer Schrift ausbreitete, die zeitlich vor der Verfassungslehre zum ersten Mal die Öffentlichkeit erreichte (1927). In der Schrift "Der Begriff des Politischen" sagt er: "Die spezifische politische Unterscheidung, auf welche sich die politischen Handlungen und Motive zurückführen lassen, ist die Unterscheidung von Freund und Feind"[22]. Diese Aussage und die spätere Beschreibung dieser Aussage hat der Wissenschaft viel weniger Ruhe und viel länger Unrast gegeben, als die KELSENschen Kernsätze, die sich um den Satz "Staat ist Recht" rankten. Zuletzt nach dem Tode CARL SCHMITTS im Jahr 1985 hat sich eine große Forschungsgemeinde zusammengefunden, um über CARL SCHMITT und seinen Kernsatz der Verfassungslehre zu diskutieren[23]. CARL SCHMITT meint, daß die Unterscheidung von Freund und Feind den Sinn hat, den äußersten Intensitätsgrad einer Verbindung oder Trennung, einer Assoziation oder Dissoziation zu bezeichnen[24]. C. SCHMITT behauptet, daß sich jeder religiöse, ökonomische, ethnische oder andere Gegensatz in einen politischen Gegensatz

---

[19] Verfassungslehre 123 ff, 221 ff.
[20] Reine Rechtslehre 117 ff.
[21] Das ist der Schrift C. SCHMITTS, Der Begriff des Politischen (1932); Erstveröffentlichung im Heidelberger Archiv für Sozialwissenschaft und Sozialpolitik 58 (1927) Heft 1, 1, zu entnehmen.
[22] S 14 in der Ausgabe aus 1932.
[23] Vgl vor allem QUARITSCH (Hrsg), Complexio Oppositorum. Über Carl Schmitt (1988).
[24] Begriff des Politischen 14.

verwandle, wenn er stark genug ist, die Menschen nach Freund und Feind effektiv zu gruppieren[25].

5. Genau um das Begreifen dieses Gegensatzes, um das Erfassen der Politik geht es, wenn man die Zielsetzung der Verfassungslehre beachtet. Sie hat mit dem Politischen, mit der Politik im eben angeführten Sinne zu tun. Damit wird der Gegenstand der Verfassungslehre, vom Begriff der Verfassung ausgehend, weit über die Einsichten des Normativen hinausgehoben. Es zeigt sich nämlich, daß Politik in der religiösen Gemeinschaft, in der ökonomischen Vereinigung von Menschen, in den Klassen, in den Verbänden, in den Vereinen und politischen Parteien, in den Gemeinden und Ländern eines föderalistisch geordneten Staatswesens zur "Politik" gehört. Die Erfahrung lehrt, daß diese gesellschaftlichen Einheiten grundsätzlich einen Kampf um die Gewinnung, die Beeinflussung, die Ausübung der Staatsgewalt oder besser der öffentlichen Gewalt führen, und der Staat sein Gewaltmonopol, das ihm legitim erscheint und aus der historischen Entwicklung des Staates erwächst, zu bewahren sucht.

6. Das Freund-Feindverhältnis im Politischen ist eine Fortführung des Gedankens THOMAS HOBBES', den er in seiner Schrift "De Cive" geäußert hat[26]. Ihm ging es darum, das Gewaltmonopol des Staates als den Ausdruck der Friedenssehnsucht von Menschen, die "homo homini lupus" sind, zu rechtfertigen. Nur durch dieses Gewaltmonopol können die "kleinen" Gewalten in Zaum gehalten werden. Die Eigenschaft des Politischen diesen Kräften zuzuerkennen, eröffnet ihnen ein weites Feld in der Öffentlichkeit. Ein Feld, dessen äußerste Begrenzung im Bürgerkrieg oder in bürgerkriegsähnlichen Verhältnissen liegen kann. Österreichs Verfassungsgeschichte hat dies vor allem in der Zwischenkriegszeit von 1933/34/38 deutlich gemacht.

Verfassungen, zu denen sich heute alle Staaten der Welt bekennen, haben die bedeutende Aufgabe, die Kräfte, die im Politischen handeln, zu ordnen und damit auch die Konfliktaustragung einer Ordnung oder einem Ordnungsmechanismus zuzuführen. Die Normen des Verfassungsrechtes sollen dieser Ordnung dienen.

Für dieses Verständnis hat KELSEN, wenn auch unter anderen Prämissen als C. SCHMITT, Grundlegendes geleistet. Er hat sichtbar gemacht, daß Konflikte wenn irgend möglich aus dem Politischen in das Rechtli-

---

[25] ibid 25.
[26] De Cive (1642).

che, dh in das Voraussehbare, Abschätzbare, Einsehbare, gehoben werden sollen, oder, anders ausgedrückt, daß die politischen Konflikte in Rechtskonflikte umgewandelt werden sollen[27].

7. Die Verfassung stellt zwei Mittel zur Verfügung, um diesen Umwandlungsprozeß der Natur der Konflikte zu erreichen. Das sind die durch die Verfassung festgelegten Institutionen und die durch die Verfassung vorgezeichneten Verfahren, die geeignet sind, die Natur von Konflikten zu verändern. Die Institutionen gewährleisten, daß sich Kräfte ihrer bedienen und sie eingesetzt werden, um einen politischen Konflikt zu meistern, und die Verfahren geben Gewähr, daß politische Konflikte zu Rechtskonflikten verwandelt werden. Es geht dabei auch um die Entpersonifizierung von Konflikten, denn das Politische hat eine bedeutende Personenkomponente.

Verfassungslehre setzt die Kenntnis des Verfassungsrechtes voraus und baut auf ihm auf, will aber etwas anderes erkennen als der Wissenschaftszweig Verfassungsrecht. Die Verfassungslehre will die in einem Staate gegebene Konfliktsituation erkennen und Lösungen der Konflikte aufzeigen, sie will die Rechtsordnung als Ganzes erkennen.

8. Die Verfassungslehre befaßt sich also mit den gleichen Objekten wie das Verfassungsrecht, aber sie werden aus einer anderen Sicht gesehen. Sie will Institutionen in ihrer Konfliktlösungsmöglichkeit erkennen, sie will Prozesse erkennen, die Konflikte lösen helfen. Die Entwicklung der Rechtseinrichtungen setzt neben Institutionen und Prozessen auch besondere rechtliche Inhalte, die in ihrer Gesamtheit der Konfliktlösung dienen. Das sind die Menschenrechte (Grund- und Freiheitsrechte). HANS KELSEN hat die menschenrechtlichen Kataloge seiner Zeit der Kategorie von Rechtsinhalten zugeordnet[28], die variabel sein mögen, deren sich eine Verfassung bedienen mag oder auch nicht. Die Menschenrechtsidee hat sich so grundlegend gewandelt, daß sie das Recht in seinem Dasein und Erscheinungsbild entscheidend beeinflußt. Menschenrechte sind zu einem Wesensgehalt des Verfassungsinhaltes geworden. Die Garantie der Menschenrechte und ihre Verwirklichung kennzeichnen die Natur eines Regierungssystems, kennzeichnen eine Rechtsordnung[29]. Die Menschenrechtskataloge gehören so dem Verfassungsrecht

---

[27] Ich bin diesem Gedanken in dem Beitrag "Die vierte Gewalt: eine regional-supranationale Gewalt zum Schutze der Menschenrechte", in: Leibholz-FS (1966) 673 ff, nachgegangen.
[28] KELSEN, Allgemeine Staatslehre (1926) 154 ff.
[29] ERMACORA, Grundriß einer Allgemeinen Staatslehre (1979) 62 f.

wesentlich an. Die Menschenrechte sind ihrem Wesen nach insoferne politisch, als sie den Intensitätsgrad einer Assoziation oder Dissoziation von Menschen bewirken[30]. Die Behauptung, daß der Katalog von Menschenrechten und Grundfreiheiten zu einer conditio sine qua non modernen Verfassungsrechtes wurde, daß die Festlegung der demokratischen Institutionen, wie Parlament, Regierung und Gericht, die Ausbildung von Verfahrensgarantien, die zu geordneten Willensentscheidungen führen, zu Essentialien des liberaldemokratischen Verfassungsstaates geworden sind, wird durch das moderne Verfassungsbild bestätigt.

Die Verfassungen der Moderne haben längst dem philosophischen Verlangen nachgezogen. Denn I. KANT hatte in seiner Lehre über den ewigen Frieden[31] fundamentale Menschenrechte als das Mittel einer "republikanischen Verfassung" gekennzeichnet, Frieden zu stiften. Der Friede ist ein Zustand, in dem das Politische (Freund-Feindverhältnis) in seinem Intensitätsgrad aufgehoben oder doch ungemein herabgemindert wird. Diesem Frieden - dem Bürgerfrieden anstelle des Bürgerkrieges, dem regionalen Frieden anstelle des kalten Krieges, dem Weltfrieden anstelle des absoluten Krieges - dienen die Menschenrechte, das Freund-Feindverhältnis paralysierend. C. SCHMITT ist diesen Schritt der Erkenntnis nicht gegangen. In seiner Verfassungslehre[32] befaßt er sich wohl mit den Grundrechten, führt sie jedoch nicht in das System des Politischen ein!

9. Verfassungslehre befaßt sich also mit dem Politischen des Staates und im Staate und mit jenen Instituten, Prozessen und Rechtsinhalten, die den "Feind" im Politischen äußerst begrenzen. Die Lehre vom Verfassungsrecht ist demgegenüber die auf die Verfassung bezogene Normenlehre. Ihre Kenntnis ist allerdings Voraussetzung dafür, daß Verfassungslehre nicht in Spekulationen ausufert. Beide, Verfassungslehre und Verfassungsrecht, sind demnach jene Wissenschaftszweige, die den historischen Staat - den "Staat als Recht" und den "Staat als Politik", die Rechtsordnung - zu erkennen vermögen und Rechtsordnung ist mehr als "Stufenbau der Rechtsordnung", wie KELSEN sie lehrt[33].

---

[30] Siehe C. SCHMITT, Der Begriff des Politischen 26.
[31] So ist in diesem Traktat der Satz zu deuten, nach dem "die bürgerliche Verfassung in jedem Staate republikanisch sein soll". Siehe KANT, Zum ewigen Frieden. Ein Philosophischer Entwurf, hier Parnass Bücherei Nr 37.
[32] Verfassungslehre 157-187.
[33] KELSEN, Reine Rechtslehre 73 ff, 117 ff.

10. Methode ist wissenschaftstheoretisches Verfahren. Durch sie können kritisch nachprüfbare Ergebnisse erzielt werden. Nach meiner Auffassung, die mir auch die WINKLERS zu sein scheint, bestimmt das wissenschaftliche Erkenntnisobjekt das Verfahren und nicht umgekehrt. Die Verfassungslehre hat im Politischen des Staates, auch wenn man das Freund-Feindverhältnis als sein Wesen ansieht, kein einheitliches Erkenntnisobjekt. Es ist komplex. Es geht - um das Politische zu erfassen - um die Erkenntnis der politischen Kräfte, um deren Ideenwelt, es geht um die Kenntnis der Normen, auf die Institutionen und Prozesse gründen, es geht um die Menschenrechte und den Menschenrechtsschutz, es geht um den Einfluß, den alles das auf das Gesellschaftliche und auf den Staat ausübt. Es geht um die Erkenntnis der Wechselbeziehungen zwischen diesen Faktoren des Politischen. Das bedeutet, daß die Dynamik ein wesentliches Merkmal des Politischen und damit der Rechtsordnung ist und diese selbst zu einem Bewegungsgesetz macht, das bedeutet weiter, daß Widersprüche erkannt und gelöst werden müssen. Verfassungslehre ist in diesem Sinne Dialektik, weil sie Fundamentales in den gesellschaftlichen Beziehungen berührt, nämlich die Freiheit von Menschen und Gruppen und - im zwischenstaatlichen Bereich - auch von Völkern und Staaten.

Die Methode, mit der die Verfassungslehre als solche und bei der Behandlung ihrer Detailprobleme zu arbeiten hat, ist im wesentlichen eine dialektische[34]. Durch sie allein können die Widersprüche erkannt und einer Lösung zugeführt werden, durch sie allein können die Elemente des Politischen in eine durchschaubare Beziehung zueinander gebracht werden. Teilbereiche des Politischen zu ermitteln, verlangt besonderen methodologischen Zugang, wie die Anwendung der normativen und phänomenologischen Methode. Sie alle werden aber in der Dialektik zum Ganzen zusammengeführt[35]. Das aber ist nicht Methodensynkretismus, wie oft behauptet, sondern ein bewußt einzusetzender Methodenpluralismus, dessen sich die Verfassungslehre zu bedienen hat, will sie mehr als nur beschreiben.

Das Wesen des Politischen im Staate zu erkennen, darum bemüht sich G. WINKLER ein Gelehrtenleben lang; er lehrt damit, die Rechtsordnung, Recht und seine Effektivität, als eine Einheit zu verstehen.

---

[34] Ich verweise hierbei auf die Dialektik als Methode, wie sie bei G. W. F. HEGEL, Wissenschaft der Logik, Erster Teil, 34 ff entwickelt ist.

[35] HEGELS Satz "Das Wahre ist das Ganze" wird von LIEBRUCKS, Erkenntnis und Dialektik, Zur Einführung in eine Philosophie von der Sprache her (1972) 194, erörtert.

Heinz Peter Rill

Die Artikel 5 und 6 der Europäischen Menschenrechtskonvention, die Praxis der Straßburger Organe und des Verfassungsgerichtshofes und das österreichische Verfassungssystem

I.

Die Europäische Kommission und der Europäische Gerichtshof für Menschenrechte erachten es als ihre Aufgabe, die EMRK "autonom" und "evolutiv" auszulegen. "Autonom" meint in diesem Zusammenhang, daß die in der Konvention verwendeten Begriffe nicht einfach unter Orientierung an der Qualifizierung nach nationalem Recht zu interpretieren seien, sondern als Begriffe einer eigenständigen, nämlich der durch die Konvention geschaffenen Ordnung verstanden werden müssen, ohne daß dabei allerdings auf einen wertenden Vergleich der einschlägigen Regelungen in den Konventionsstaaten verzichtet werden dürfe[1]. "Evolutiv" bedeutet, daß die in der Konvention gewährleisteten Rechte im Lichte der sich wandelnden sozialen Gegebenheiten und politischen Einstellungen auszulegen sind[2]. In jüngerer und jüngster Zeit haben diese beiden Merkmale der Straßburger Spruchpraxis eine neue Ausprägung erfahren. In der autonomen Auslegung tritt die wertende Rechtsvergleichung

---

[1] StRsp des EGMR beginnend mit dem Wemhoff-Urteil v 27. 6. 1968, Serie A Nr 7, 26 Z 19; ebenso EKMR seit Appl 1931/63, YB 7 (1964) 212 (222); vgl GANSHOF VAN DER MEERSCH, Die Bezugnahme auf das innerstaatliche Recht der Vertragsstaaten in der Rechtsprechung des Europäischen Gerichtshofs für Menschenrechte, EuGRZ 1981, 481 (488).

[2] BERKA, Die Europäische Menschenrechtskonvention und die österreichische Grundrechtstradition, ÖJZ 1979, 365 (366); EGMR-Urteile in den Fällen Lawless v 1. 7. 1961, Serie A Nr 3, 5 Z 14; Wemhoff v 27. 6. 1968, Serie A Nr 7, 23 Z 8; Neumeister v 7. 5. 1974, Serie A Nr 17, 13 Z 30; Golder v 21. 2. 1975, Serie A Nr 18, 16 f Z 36 uam; jüngst im Fall Deumeland v 29. 5. 1988, EuGRZ 1988, 6 Z 62; ebenso EKMR, Appl 788/60, YB 4 (1961) 116 (136); Appl 6289/73, EuGRZ 1978, 548.

mehr und mehr in den Hintergrund. Die interpretative Evolution geht über die Berücksichtigung gewandelter sozialer Gegebenheiten und politischer Einstellungen hinaus und zeigt Tendenzen zum Umschlag in die Revolution. Nicht von ungefähr spricht der VfGH angesichts dieser Entwicklung von "offener Rechtsfortbildung"[3]. Diese Rechtsfortbildung läßt - sei es qua völker- und verfassungsrechtlicher Bindung, sei es kraft auch außerrechtlich begründeter Autorität der Straßburger Instanzen[4] - das österreichische Verfassungssystem nicht unberührt und weist - wie der VfGH meint - Tendenzen zu einer die Grenzen der Teiländerung der Bundesverfassung übersteigenden Fortentwicklung der in der Konvention verankerten Garantien auf.

Nur wenige Juristen haben von Anbeginn erkannt, daß der EMRK und ihrer Anwendung durch die Straßburger Organe eine derart dynamische Kraft innewohnt. Unser Jubilar zählte zu ihnen. Ich erinnere mich noch sehr gut, daß GÜNTHER WINKLER schon 1958 davor gewarnt hat, die Auswirkungen des Beitritts zur EMRK auf das österreichische Verfassungssystem zu unterschätzen: Österreich könnte verpflichtet werden, sein Rechtssystem im Sinne justizstaatlicher[5] Vorstellungen zu ändern. In eben diese Richtung weist die jüngere und jüngste Rechtsprechung der Straßburger Organe.

Eben diese Entwicklung der Spruchpraxis der Konventionsorgane und ihre Wegbegleitung in der österreichischen Verfassungsgerichtshofsjudikatur sollen in dieser Arbeit rechtsdogmatisch analysiert und rechtspolitisch bewertet werden.

II.

Als sich Österreich 1958 anschickte, der EMRK und dem (ersten) Zusatzprotokoll beizutreten und sich der Zuständigkeit von Kommission und Gerichtshof zu unterwerfen, vertrat die Bundesregierung die Auffassung, daß die "in der Konvention und dem Zusatzprotokoll geschützten Rechte und Grundfreiheiten ... durch die österreichische Rechtsordnung

---

[3] VfGH 14. 10. 1987, B 267/86 = ZfVB 1988/3/1265 = EuGRZ 1988, 166 (173) = JBl 1988, 302 (309) = ZaöRV 1988, 251 (258).

[4] Vgl zum Stand der Meinungen, inwieweit ein Urteil des EGMR rechtliche Bindungen entfaltet, GRILLER, Die Übertragung von Hoheitsrechten auf zwischenstaatliche Einrichtungen (1989) Fünfter Abschnitt III C. 2. b, f. Ferner weiter unten im Text (V.).

[5] Vgl dazu GERHARD STADLER, Internationale Einflüsse auf die österreichische Grundrechtsordnung, EuGRZ 1982, 210 (214).

schon seit langem gewährleistet" sind[6]. Ausgehend von dieser positiven Einschätzung der österreichischen Grundrechtsordnung im Vergleich zu den Rechten und Grundfreiheiten der EMRK meinte die Bundesregierung, zu den Verfahrensgarantien der Art 5 und 6 EMRK müßten nur jene zwei auch heute noch geltenden Vorbehalte abgegeben werden, um die österreichische Rechtsordnung vor dem Vorwurf der Verletzung von Art 5 und 6 EMRK zu bewahren.

Die Bundesregierung war mit ihrer positiven Einschätzung des österreichischen Gundrechtsstandards vor dem Hintergrund der Freiheitsverbürgungen der Konvention sicher insoweit im Recht, als die österreichische Grundrechtsordnung und das österreichische Rechtsschutzsystem schon 1958 den europäischen Vergleich nicht zu scheuen brauchten. Der berechtigte Stolz enthob indes nicht davon, sich mit der Konvention gründlich auseinanderzusetzen. Die Bundesregierung hätte sich auf eine dogmatisch sorgfältig erarbeitete Auslegung der Konvention, ein wohlbegründetes Urteil über die vertretbarerweise in Betracht kommenden Auslegungsvarianten und eine sorgfältige Prüfung der österreichischen Rechtsordnung am Maßstab der Konvention stützen müssen, wie sie sich im Lichte des eigenen Verständnisses und vertretbarer abweichender Auslegungsvarianten darstellt[7]. Dies hat sie nicht getan.

Aus diesem Grund blieb der Zusammenhang zwischen Art 5 und 6 EMRK unbeachtet. Art 5 Abs 1 EMRK läßt einen strafweisen Freiheitsentzug nur auf Grund einer "conviction by a competent court" bzw "condamnation par un tribunal compétent" zu. Im folgenden Art 6 EMRK wird sodann für Entscheidungen über eine "criminal charge" bzw "accusation en matière pénale" ein faires öffentliches Verfahren vor einem unabhängigen und unparteiischen "tribunal" garantiert. Wie immer "criminal charge" oder "accusation en matière pénale" zu interpretieren sein mag, der Zusammenhang zwischen Art 5 und 6 EMRK zeigt klar und deutlich, daß jeder mit einer Freiheitsstrafe ahndbare strafbehördliche Vorwurf einer Rechtsverletzung eine "criminal charge" oder eine "accusation en matière pénale" ist. Dies wurde beim Beitritt zur EMRK übersehen. Andernfalls hätte man den Vorbehalt zugunsten der "in den Verwaltungsverfahrensgesetzen BGBl Nr 172/1950 vorgesehenen Maß-

---

[6] 459 BlgNR 8. GP, 32. Siehe ferner AB zur eben zit RV 509 BlgNR 8. GP, 2 und die EB zur RV eines Aufstockungsgesetzes zur EMRK, 60 BlgNR 9. GP, 4.

[7] HEINZ SCHÄFFER, Der Zivilrechtsbegriff der Menschenrechtskonvention, ÖJZ 1965, 511 (520).

nahmen des Freiheitsentzuges" nicht nur zu Art 5, sondern auch zu Art 6 erklärt.

Bei einer auch nur einigermaßen sorgfältigen, den Rahmen eines vertretbaren Aufwandes nicht übersteigenden Prüfung der österreichischen Rechtsvorschriften auf ihre Vereinbarkeit mit der Konvention hätte man nicht übersehen können, daß die österreichische Rechtsordnung verwaltungsbehördliche Maßnahmen des Freiheitsentzuges kannte, die nicht in den Verwaltungsverfahrensgesetzen vorgesehen, aber nach deren Muster gestaltet sind. Solche Maßnahmen sah das Finanzstrafgesetz vor, das bei Einbringung der EMRK in den Nationalrat in parlamentarischer Behandlung stand und vor dem Genehmigungsbeschluß des Nationalrats zur EMRK im Bundesgesetzblatt veröffentlicht wurde[8]. Die Nichtberücksichtigung derartiger Regelungen wie eben des FinStrG im Wortlaut des Vorbehalts geschah gewiß nicht in der Absicht, das Finanzstrafrecht, soweit es nicht ohnehin als Justizstrafrecht konventionskonform war, Art-6-gerecht umzugestalten[9]. Die Bundesregierung sah sich ja auch in der Folge nicht veranlaßt, eine Reform des eben erst erlassenen FinStrG in Gang zu setzen[10].

Bei einer fachkundig geleiteten Übersetzung der Konvention aus den beiden authentischen Sprachen ins Deutsche hätte ja auffallen müssen, daß "civil rights" nach britischer Terminologie nicht nur privatrechtliche Ansprüche im kontinentaleuropäischen Verständnis sind[11]. Ferner hätte nicht übersehen werden dürfen, daß unter "tribunals" in Großbritannien nicht nur Gerichte, sondern auch mit rechtsprechender Funktion ausgestattete Behörden verstanden werden, die man nach dem kontinentaleu-

---

[8] Das FinStrG wurde am 4. 7. 1958 kundgemacht, der Genehmigungsbeschluß des NR betr die EMRK wurde am 10. 7. 1958 gefaßt. Das FinStrG stand bei Abgabe der Vorbehaltserklärung am 3. 9. 1958 in Geltung, wenngleich es erst am 1. 1. 1959 in Kraft treten sollte.

[9] Wohl aber war es Fahrlässigkeit, auf den Hinweis des Abg PFEIFER, daß das FinStrG in seinem verwaltungsstrafrechtlichen Teil dem Art 5 (und dem Art 6) EMRK nicht entspricht (63. Sitzung d NR v 10. 7. 1958 StProt 8. GP, 2937; ebenso PFEIFER, ÖJZ 1958, 654), nicht zu reagieren. Der NR hätte seine Zustimmung zum Abschluß der EMRK mit der Maßgabe erteilen können, daß das FinStrG in den Vorbehalt aufgenommen wird.

[10] Erst das Erkenntnis des VfGH vom 3. 12. 1984, VfSlg 10291/1984 gab Anlaß zu einer Novellierung des FinStrG im Hinblick auf Art 6 EMRK, vgl 668 BlgNR 16. GP, 9, 17.

[11] HEINZ SCHAFFER, Privatrecht und Gerichtsbarkeit, JBl 1965, 502 (506 ff); HEINZ MAYER, Zivilrechtsbegriff und Gerichtszuständigkeit, ZfV 1988, 473 (478).

ropäischen Gewaltenteilungskonzept der Verwaltung zuordnete[12]. Hätte man beides beachtet, so wäre nicht zu übersehen gewesen, wie gut die beiden weitgefaßten Begriffe zusammenpassen und daß darin ein Ansatzpunkt für eine justizstaatlich orientierte Anwendung des Art 6 EMRK liegt[5], die eine weitreichende Umgestaltung des verwaltungsstaatlichen Verfassungssystems Österreichs nach sich ziehen könnte.

III.

Recht schlecht gerüstet trat also Österreich in den Kreis der Konventionsstaaten. Zunächst hatte dies allerdings keine Rückwirkungen auf das österreichische Verfassungssystem. Der Ansatz für eine justizstaatlich orientierte Auslegung wurde vorerst nicht aufgegriffen. Die österreichischen Vorbehalte fanden eine "wohlwollende" Interpretation[13], die entgegen so mancher Kritik im Schrifttum weitgehend Beifall verdient.

Die Interpretation, die die Vorbehalte fanden, ging von der zutreffenden Fragestellung aus: Was ist dem Organ, das die Vorbehalte erklärt hat, als Wille zuzurechnen, wenn dieses Organ den Vorbehalt in dem gegebenen und für die Erklärungsempfänger zumutbarerweise erkennbaren Kontext abgegeben hat[14, 15]? Die maßgeblichen Kriterien für die Zurechnung eines Willens sind aus der Eigenart des Rechts im allgemeinen, seiner konkreten Gestaltung im besonderen und im übrigen

---

[12] HEINZ SCHAFFER, JBl 1965, 502 (504 ff); VELU, Le problème de l'application aux jurisdictions administratives, des règles de la convention européenne des droits de l'homme relatives à la publicité des audiences et des jugements, RDIDC 38 (1961) 129 (132 f).

[13] EKMR-Rsp beginnend mit Appl 473/59, YB 2 (1958/59), 400 (406) und 1452/62, YB 6 (1963), 268 (276). Vgl auch EKMR Appl 8998/80, EuGRZ 1984, 74 (75) mit Anführung der gesamten vorangegangenen EKMR-Judikatur.

[14] Vgl zur methodologischen Grundlegung RILL, Juristische Methodenlehre und Rechtsbegriff, ZfV 1985, 461, 577 (585).

[15] Anders die Einschätzung KOPETZKIS, Zur Anwendbarkeit des Art 6 MRK im (österreichischen) Verwaltungsstrafverfahren, ZaöRV 42 (1982) 1 (39, 46 f), der der in Rede stehenden Rechtsprechung eine verfehlte psychologisierende Tendenz vorwirft. Wenn der VfGH zB den Vorbehalt zu Art 5 EMRK auch auf Art 6 EMRK erstreckt sieht, so geht er durchaus vom Text und Kontext aus, von dem auf den Willen des Organs, das den Vorbehalt erklärt hat, zurückzuschließen ist. Im Prinzip ist das eine richtige und im übrigen von KOPETZKI in seinen allgemeinen Äußerungen ohnedies gebilligte Vorgangsweise (46 f). Fraglich ist nur (und hier liegt in Wahrheit die Differenz), ob der VfGH angesichts des Art 64 EMRK den Text in jenen Zusammenhang stellen *durfte*, in den er ihn gestellt hat. Zu Art 64 EMRK siehe weiter unten im Text.

aus den Konventionen der sprachlichen Kommunikation zu gewinnen. Im vorliegenden Zusammenhang kommt Art 64 EMRK entscheidende Bedeutung zu. Indem diese Bestimmung normiert, wie Vorbehalte zur EMRK zu gestalten sind, legt sie implicite auch Kriterien fest, nach denen auf Grund der Vorbehaltserklärung auf den Willen des erklärenden Organs rückzuschließen ist. Art 64 schränkt dabei die Basis ein, von der aus zu ermitteln ist, was dem Organ, das den Vorbehalt erklärt hat, als Wille zuzusinnen ist. Nach Art 64 EMRK kann jeder Staat "bei der Unterzeichnung der Konvention oder bei Hinterlegung seiner Ratifikationsurkunde bezüglich bestimmter Vorschriften einen Vorbehalt machen, soweit ein zu dieser Zeit in seinem Gebiet geltendes Gesetz nicht mit der betreffenden Vorschrift übereinstimmt". "Vorbehalte allgemeiner Art" sind, wie es in Art 64 EMRK weiter heißt, "nach diesem Artikel nicht zulässig. ... Jeder Vorbehalt muß mit einer kurzen Inhaltsangabe des betreffenden Gesetzes verbunden sein." Art 64 enthält also für die Abfassung von Vorbehalten ein Bestimmtheitsgebot[16]. Dieses Gebot ist jedoch meines Erachtens nicht dahin zu verstehen, daß es den Sinn eines Analogieverbots von der Strenge des strafrechtlichen Verbots einer Analogie in malam partem[17] oder gar die Funktion einer Falle hat, in der sich möglichst viele nicht vorbehaltlos abschließende bzw beitretende Vertragsparteien fangen sollen[18]. Wenn es heißt, daß der Vorbehalt zu "bestimmten Vorschriften" (richtig sollte es wohl heißen "einzelnen Vorschriften"[19]) zu erklären ist, so bedeutet das nicht, daß sich ein Vorbehalt in jedem Fall nur auf eine ausdrücklich bezeichnete Konventionsbestimmung beziehen kann. Andernfalls wäre eine angesichts des Kontexts wohlbegründete und nicht weiter zweifelhaft erscheinende Zurechnung des Willens eines Vertragspartners ausgeschlossen, nach der sich der Vorbehalt auf eine bestimmte, aber nicht ausdrücklich genannte Konventionsvorschrift bezieht. Dem Organ, das den Vorbehalt erklärt hat, müßte vielleicht gar Ungereimtes zugesonnen werden, sodaß der Vorbehalt unter Umständen ins Leere ginge. Wohl aber muß auf Grund des Vorbehaltstextes unter den Umständen, unter denen der Vorbehalt erklärt wurde, sowie unter Berücksichtigung eines zumutbaren

---

[16] KOPETZKI, ZaöRV 42 (1982) 28.
[17] So aber KOPETZKI, ZaöRV 42 (1982) 30.
[18] So aber KOPETZKI, ZaöRV 42 (1982) 28 ff.
[19] "any particular provision", "une disposition particulière".

Verständnishorizonts bei den Empfängern hinreichend Klarheit bestehen, was dem Erklärenden als von ihm gewollt zuzurechnen ist[20]. Es ist daher wohlbegründet, daß die EKMR und ihr folgend der VfGH den österreichischen Vorbehalt zu Art 5 EMRK auch auf die Verfahrensgarantie des Art 6 bezogen sehen, obgleich Art 6 nicht ausdrücklich genannt ist. Denn da ein Freiheitsentzug gemäß Art 5 Abs 1 lit a EMRK auf einem den Erfordernissen des Art 6 genügenden Verfahren beruhen muß, kann Österreich vernünftigerweise nicht zugesonnen werden, es habe mit seinem Vorbehalt die österreichischen Verwaltungsverfahrensgesetze nicht vor dem Vorwurf der Verletzung des Art 6 schützen wollen. Wäre es doch widersinnig, wenn Österreich lediglich hätte sicherstellen wollen, daß Freiheitsstrafen nach den Verwaltungsverfahrensgesetzen von Verwaltungsbehörden verfügt werden dürfen, das Verfahren aber, das zur Verhängung dieser Strafen führt, allen Garantien des Art 6 EMRK entsprechen muß[21]. Wie verträgt sich das damit, daß Österreich zu Art 6 EMRK betreffend die Öffentlichkeit einen Vorbehalt zugunsten von Art 90 Abs 1 B-VG gemacht hat? Es läßt sich kein vernünftiger Grund finden, weshalb die Anforderungen an die Öffentlichkeit im gerichtlichen Strafprozeß weniger streng sein sollten als im Verwaltungsstrafverfahren. Auch wenn man - wofür vieles spricht - davon ausgeht, daß die Nichterwähnung des Art 6 EMRK auf eine Fehlinterpretation des Art 6 zurückgeht, nach der "criminal charge" nur den Vorwurf eines kriminalstrafrechtlich verpönten Verhaltens meint und nicht jedes mit Freiheitsstrafe (Ersatzfreiheitsstrafe) verpöntes Verhalten unter das Kriminalstrafrecht fällt, ist die in Rede stehende Auslegung durch die EKMR[22] richtig. Denn es geht darum, was Österreich mit Rücksicht auf die Vorbehaltserklärung zuzusinnen ist, und

---

[20] Auch der EGMR geht im Urteil zum Fall Belilos v 29. 4 .1988, 20/1986/118/167, davon aus, daß Art 64 EMRK keine allzu hohen Anforderungen an einen Vorbehalt stellt, wenn er die Worte "letztinstanzliche Kontrolle durch die Gerichtsbarkeit" als unbestimmt qualifiziert. Vgl demgegenüber dem Wortlaut des österreichischen Vorbehalts zu Art 5 EMRK, der bei weitem präziser ist. Auch das Erfordernis des Art 64 Abs 2 EMRK (kurze Inhaltsangabe des Gesetzes) sei im Hinblick auf die Bestimmtheit des Vorbehalts zu sehen: je unbestimmter der Vorbehalt, desto größer die Notwendigkeit der Angabe der Gesetze, hinsichtlich der ein Vorbehalt wirken soll. Im Hinblick auf die Abgrenzbarkeit der einschlägigen österreichischen Verwaltungsstrafnormen (§ 10 VStG) dürfte also auch Art 64 Abs 2 EMRK den österreichischen Vorbehalt nicht gefährden.

[21] So jedoch KOPETZKI, ZaöRV 42 (1982) 48, der diesen Wertungswiderspruch zu übersehen scheint.

[22] EKMR Appl 473/59, YB 2 (1958/59) 400 (406), Appl 1452/62, YB 6 (1963) 268 (276); ebenso der EGMR im Fall Ringeisen, Serie A Nr 13, 40 f Z 98.

nicht darum zu ergründen, von welchen Vorstellungen die Organwalter sich bei der Vorbereitung bzw der Abgabe des Vorbehalts haben leiten lassen.

Im Sinne des hier vertretenen Verständnisses von Art 64 EMRK ist der EKMR auch zuzustimmen, wenn sie systemimmanente Neuregelungen auf dem durch die im Vorbehalt genannten Vorschriften abgegrenzten Rechtsgebiet dem Vorbehalt unterstellt[23], alle kraft dynamischer Verweisung des § 10 VStG erfaßten Tatbestände vom österreichischen Vorbehalt für abgedeckt erachtet[24] und den Vorbehalt auch auf die verwaltungsbehördliche Verhängung von Geldstrafen bezieht, jedenfalls soweit es sich um Geldstrafen nach dem VStG handelt[25]. Dasselbe gilt selbstverständlich für die damit übereinstimmende Rechtsprechung des VfGH[26]. Der Art 64 EMRK gibt nämlich keinen Anhaltspunkt dafür, daß er ein Versteinerungsgebot enthielte. Nichts deutet doch darauf hin, daß der Vorbehalt nur der Gewinnung eines zeitlichen Aufschubs für erforderliche Anpassungen an die Konvention bieten sollte. Andernfalls hätte man eine zeitliche Begrenzung der Vorbehalte normieren müssen. Daß sich ein Vorbehalt nur auf im Zeitpunkt der Unterzeichnung bzw der Hinterlegung der Ratifikationsurkunde geltende Regelungen beziehen darf, hat doch nur den Sinn, daß sich die Vertragspartner nicht die künftige Einführung konventionswidrigen Rechts vorbehalten können. Wenn bisher einem solchen Bedarf nicht Rechnung getragen wurde oder ein solcher Bedarf nicht gesehen wurde, besteht nach der Konventionsunterzeichnung (bzw nach Konventionsabschluß) umsoweniger Grund, auf solch einen Regelungsbedarf Rücksicht zu nehmen. Eine systemimmanente Fortentwicklung im Vorbehaltsbereich ist also zulässig. Demnach spricht auch nichts gegen die Einbeziehung des § 10 VStG als Norm dynamischer (über den 3. 9. 1958 hinaus wirksamen) Verweisung. Die Geldstrafenverhängung im Anwendungsbereich des VStG muß jedenfalls durch den Vorbehalt gedeckt sein, weil die Verhängung einer

---

[23] EKMR Appl 2432/65, CD 22, 127; Appl 3923/69, CD 37, 10.

[24] EKMR Appl 1047/61, YB 6 (1963) 356 (368 ff).

[25] EKMR Appl 3923/69, CD 37, 15; Appl 7529/76, DR 7, 159.

[26] Zur Anwendung des Vorbehalts auf nachträglich geschaffene Strafnormen: VfSlg 8234, 8428 (jeweils 1978 unter Berufung auf die Entscheidung der EKMR Appl 3923/69, CD 37, 10). Zur Abdeckung aller kraft Verweisung des § 10 VStG erfaßten Straftatbestände durch den Vorbehalt: vor der Entscheidung der EKMR Appl 1047/61, YB 6 (1963) 356 (368 ff) schon VfSlg 3806/1960; danach mit ausdrücklichem Verweis auf die Kommissionsrechtsprechung VfSlg 5021/1965. Zur Erstreckung des Vorbehalts auch auf die Verhängung von Geldstrafen durch Verwaltungsbehörden: VfSlg 8234/1978.

Ersatzfreiheitsstrafe in § 16 VStG zwingend vorgeschrieben ist (VfSlg 8234/1978).

Nicht zuzustimmen ist jedoch der anscheinend in der Entscheidung der EKMR DR 5, 72 vertretenen Auffassung, nach der sich der Vorbehalt zu Art 5 auf alle in Österreich vorgesehenen verwaltungsbehördlichen Maßnahmen des Freiheitsentzugs erstreckt. Auch wenn Art 64 nicht geradezu eine ausdrückliche Bezeichnung der innerstaatlichen Rechtsvorschriften fordert, so ist vor allem im Hinblick auf das Gebot einer kurzen Inhaltsangabe davon auszugehen, daß sich nach Art 64 EMRK der Vorbehalt nur auf solche nationalen Vorschriften beziehen kann, die sich nach der abgegebenen Erklärung und nach Maßgabe der den Erklärungsempfängern zumutbaren Rechtskenntnis als vom Vorbehalt erfaßt darstellen. Mit der nach diesem Verständnis des Art 64 erforderlichen Klarheit sind in anderen Gesetzen als den Verwaltungsverfahrensgesetzen vorgesehene Maßnahmen des Freiheitsentzugs vom österreichischen Vorbehalt nicht erfaßt. Der VfGH hat daher - jedenfalls im Ergebnis - seine ursprüngliche Rechtsprechung zu Recht aufgegeben, nach der der Vorbehalt "mindestens" alle jene Maßnahmen des Freiheitsentzugs abdeckt, die "mit den in den Verwaltungsverfahrensgesetzen vorgesehenen übereinstimmen"[27].

IV.

Während die österreichischen Vorbehalte zu den Verfahrensgarantien der Art 5 und 6 EMRK eine das österreichische Verfassungssystem keineswegs[28] beeinflussende Auslegung fanden, hat die Spruchpraxis zu den "civil rights and obligations" bzw den "droits et obligations de caractère civil" nur bis 1971 (Fall Ringeisen) das österreichische Verfassungssystem unberührt gelassen. Bis dahin wurden die zitierten Ausdrücke im Sinne der kontinentaleuropäischen Unterscheidung zwischen öffentlichem und privatem Recht interpretiert. Diese Auslegung war - wie die überzeugende Argumentation SCHÄFFERS in seiner 1965 und damit noch

---

[27] Alte Rsp: VfSlg 5021/1965, ebenso 8111/1977. Neu: VfSlg 10291/1984.

[28] Weder kraft rechtlicher Bindung noch dank einer Präjudizienwirkung, wie sie RESS, Die Europäische Menschenrechtskonvention und die Vertragsstaaten: Die Wirkungen der Urteile des Europäischen Gerichtshofes für Menschenrechte im innerstaatlichen Recht und vor innerstaatlichen Gerichten, in: Irene Maier (Hrsg), Europäischer Menschenrechtsschutz (1983) 227, annimmt, noch auf Grund einer außerrechtlichen Autorität der Straßburger Organe.

vor Vorliegen eines reicheren Rechtsprechungsmaterials publizierten Untersuchung zeigt - dogmatisch wohlbegründet.

Dieses rechtsdogmatische Fundament wurde mit dem Urteil im Fall Ringeisen aufgegeben. Der EGMR qualifizierte ein Verfahren, mit welchem die grundverkehrsrechtliche Bewilligung eines Bestandsvertrages beantragt war, als ein im Sinne des Art 6 "civil rights" bzw "droits ... de caractère civil" betreffendes Verfahren. Grundlegend ging das Gericht davon aus, daß "civil rights" nicht allein unter Bezug auf das innerstaatliche Recht interpretiert, sondern als eigenständiger Begriff verstanden werden muß (autonome Auslegung). Zur Qualifikation des grundverkehrsbehördlichen Verfahrens sagte der Gerichtshof: "Damit Art 6 Abs 1 auf einen Streitfall Anwendung findet, ist es nicht erforderlich, daß beide Parteien des Rechtsstreits Privatpersonen sind, wie die Mehrheit der Kommission und die Regierung meinen. Die Textauffassung des Art 6 Abs 1 geht viel weiter. Der französische Wortlaut 'contestations sur (ses) droits et obligations de caractère civil' erfaßt jedes Verfahren, dessen Ausgang für Rechte und Verpflichtungen privatrechtlicher Natur entscheidend ist."[29] Diese Ansicht fand in der Folge eine fragwürdige Präzisierung[30] dahin, daß die Auswirkung auf Rechte und Verpflichtungen privatrechtlicher Natur *unmittelbar* sein muß[31]. Der Gerichtshof nahm eine solche unmittelbare Auswirkung auch dann an, wenn die Auswirkung Umstände betrifft, unter denen Rechte privatrechtlicher Natur ausgeübt werden[32]. Auf dieser Basis erklärte der Gerichtshof zB ein von einem Arzt gegen den Entzug seiner Approbation und die Untersagung des Weiterbetriebs seiner Privatklinik eingeleitetes Verfahren[33], ein Verfahren über die Rechtmäßigkeit eines disziplinarrechtlichen Berufsverbots[34], ein Verfahren über die Rechtmäßigkeit einer auf über 20 Jahre verlängerten Wirksamkeitsdauer von zu Stadtplanungszwecken er-

---

[29] EGMR im Ringeisen-Urteil v 16. 7. 1971, Serie A, Nr 13, 39 Z 94 = YB 14 (1971) 838 (850).

[30] So treffend die Qualifikation im Sondervotum MATSCHER zum EGMR-Urteil Le Compte I v 23. 6. 1981, EuGRZ 1981, 557 P 3.

[31] EGMR-Urteil im Fall Le Compte I v 23. 6. 1981, EuGRZ 1981, 551 (552 Z 47).

[32] Erstmals EGMR-Urteil im Falle Le Compte I v 23. 6. 1981, EuGRZ 1981, 551 (553 Z 49).

[33] EGMR-Urteil im Fall Konig v 28. 6. 1978, EuGRZ 1978, 406.

[34] EGMR-Urteil in den Fällen Le Compte I und II, v 23. 6. 1981, EuGRZ 1981, 551 und v 10. 2. 1983, EuGRZ 1983, 190 sowie im Fall H gegen Belgien v 30. 11. 1987, 1/1986/99/147.

teilten Enteigungsermächtigung[35], ein Betriebsanlagengenehmigungsverfahren[36] und ein Verfahren über die Entziehung einer Konzession zur linienmäßigen innerstädtischen Personenbeförderung[37] als "civil rights" bzw "droits ... de caractère civil" betreffende Verfahren. Schließlich hat der Gerichtshof in jüngster Zeit zur Gewinnung eines autonomen Verständnisses von "civil rights" bzw "droits ... de caractère civil" nicht im Hinblick auf Auswirkungen auf Rechte privatrechtlicher Natur, sondern auf Grund einer Abwägung der "öffentlich-rechtlichen Aspekte" und der "privatrechtlichen Elemente" sozialversicherungsrechtlicher Ansprüche diese den "civil rights" bzw "droits ... de caractère civil" zugewiesen[38]. Alle diese Entscheidungen entbehren einer dogmatisch akzeptablen Begründung.

Nach den Regeln der Wiener Vertragsrechtskonvention (WVK), die zwar nicht als solche für die Auslegung der EMRK gelten[39], die aber als vom Völkergewohnheitsrecht getragene Regeln angesehen werden können[40], ist ein Vertrag "nach Treu und Glauben in Übereinstimmung mit der gewöhnlichen seinen Bestimmungen in ihrem Zusammenhang zukommenden Bedeutung und im Lichte des Zieles und des Zweckes auszulegen" (Art 31 Abs 1 WVK). Ergänzende Auslegungsmittel, insbesondere vorbereitende Arbeiten sind heranzuziehen, um die Auslegung nach Art 31 zu bestätigen oder trotz Anwendung dieser Regel verbleibende Zweifel zu beseitigen. Bei mehreren authentischen Sprachen ist von deren Gleichwertigkeit auszugehen. Besteht auf Grund einer Auslegung nach ordinary meaning unter Berücksichtigung des Kontexts und von "object and purpose" eine Bedeutungsdivergenz, so sind die ergänzenden Auslegungsmittel zur Auflösung der Divergenz nutzbar zu ma-

---

[35] EGMR-Urteil im Fall Sporrong und Lönnroth v 23. 9. 1982, EuGRZ 1983, 523. Vgl auch EKMR im Fall Jacobsson, Appl 10842/84 betr wiederholt verlängertes Bauverbot.

[36] EGMR-Urteil im Fall Benthem v 23. 10. 1985, EuGRZ 1986, 299.

[37] EGMR-Urteil im Fall Pudas v 27. 10. 1987, 12/1986/110/158 = ÖJZ 1988, 54.

[38] EGMR-Urteil im Fall Feldbrugge v 29. 5. 1986, EuGRZ 1988, 14 und im Fall Deumeland vom selben Tag, EuGRZ 1988, 20.

[39] Art 4 WVK.

[40] Wobei es dahinstehen mag, ob es sich um Regeln des VGR handelt oder um Regeln, die aufgrund der Eigenart des Völkerrechts gegenstandsadäquat entwickelt wurden und anerkannte Lehr- bzw Judikaturmeinungen darstellen. Vgl dazu - allgemein und nicht speziell aufs Völkerrecht bezogen - RILL, ZfV 1985, 590.

chen⁴¹. Ist auch dies erfolglos, so ist jene Bedeutung vorzuziehen, die dem Ziel des Vertrages am besten Rechnung trägt.

Eine Bemühung, auf diesem von der WVK vorgezeichneten und auch unabhängig von ihr adäquaten, weil der Eigenart des völkerrechtlichen Vertrages angemessenen Weg, den Sinngehalt von "civil rights and obligations" und "droits et obligations de caractère civil" zu ermitteln, sucht man in den Urteilen des EGMR vergebens. Sorgfältige Untersuchungen zur Bedeutung der Ausdrücke in den authentischen Fachsprachen werden nur im Schrifttum geleistet. Diese Untersuchungen zeigen, daß die englische Fassung im Lichte der britischen Rechtsterminologie einen sehr weiten, von kontinentaleuropäischen Vorstellungen abweichenden Sinngehalt trägt (alle Rechte und Pflichten außer jene des Strafrechts, Militärrechts und die politischen Rechte⁴²). Nach der französischen Fassung hat eine der traditionellen Unterscheidung zwischen öffentlichem und privatem Recht folgende Auslegung die besseren Gründe für sich⁴³.

Sowenig sich der EGMR mit diesen terminologischen Untersuchungen auseinandergesetzt hat, sowenig ist er - anders als einige seiner Richter in einer dissenting opinion⁴⁴ - auf die Entstehungsgeschichte eingegangen. Eine Analyse dieses historischen Hintergrundes erweist - wie SCHÄFFER schon 1965⁴⁵ und jüngst die Richter RYSSDAL et al⁴⁴ gezeigt haben -, daß man mit Art 6 nicht alle Fragen regeln wollte, welche die Gewährung von Rechtsschutz in den Beziehungen zwischen dem einzelnen und den Regierungen betreffen.

Man könnte nun zur Verteidigung der Rechtsprechung des EGMR, der selbst eine methodologische Reflexion über seine Vorgangsweise vermissen läßt, ins Treffen führen, die Mühe einer Auseinandersetzung mit den authentischen Fachsprachen sei deshalb entbehrlich, weil die Ziele der Konvention zu einer autonomen und evolutiven Auslegung

---

⁴¹ So die gem Art 33 WVK gebotene Vorgangsweise (MOSSNER, Die Auslegung mehrsprachiger Staatsverträge, AVR 15 [1971/72] 273).

⁴² MAYER, ZfV 1988, 478.

⁴³ SCHAFFER, JBl 1965, 506; MAYER, ZfV 1988, 478; aM BUERGENTHAL - KEWENIG, Zum Begriff der "Civil Rights" in Artikel 6 Abs 1 der Europäischen Menschenrechtskonvention, AVR 13 (1967) 404 f.

⁴⁴ Gemeinsame abweichende Meinung der Richter RYSSDAL, BINDSCHEDLER-ROBERT, LAGERGREN, MATSCHER, SIR VINCENT EVANS, BERNHARDT und GERSING zum Urteil im Fall Deumeland v 29. 5. 1986, 9/1984/81/128, EuGRZ 1988, 30 (33).

⁴⁵ SCHAFFER, JBl 1965, 502.

verpflichten. Dem ist entgegenzuhalten, daß diese Verpflichtung die kritisierte Spruchpraxis nicht zu tragen vermag.

Im Grundsatz ist es gewiß zutreffend, daß die Begriffe der Konvention nicht in schlichter Anknüpfung an nationale rechtliche Qualifikationen interpretiert werden dürfen. Denn dies könnte bedeuten, daß die Konventionsstaaten durch entsprechende Gestaltung ihrer Rechtsordnung das Ausmaß der Freiheitsverbürgungen der Konvention bestimmen könnten. All diesen Gesichtspunkten wird durch die hier vertretene Auffassung durchaus Rechnung getragen. Das Abstellen auf die kontinentaleuropäische Unterscheidung zwischen öffentlichem und privatem Recht stellt kein schlichtes Anknüpfen an nationale rechtliche Qualifikationen dar. Es eröffnet für die Konventionsstaaten nicht die Möglichkeit, das Ausmaß der Freiheitsverbürgungen der Konvention zu manipulieren. Die Auffassung läßt hinreichenden Spielraum innerhalb der mit der Orientierung am europäischen Standard gegebenen Bandbreite möglicher Auslegungen, den "civil rights" eine eigenständige Bedeutung zu geben. Autonomie kann indes nicht bedeuten - und dies muß der Straßburger Judikatur entgegengehalten werden -, daß so gut wie jede Verbindung zum nationalen Begriffsverständnis abgeschnitten werden darf. Denn bei jeder vertraglichen Begründung einer eigenständigen internationalen Ordnung wird das nationale Begriffsverständnis in den Vertragsstaaten die Basis bilden[46]. Ferner darf als Telos eines Vertrages - hier als Ziel der Etablierung einer eigenständigen internationalen Ordnung - nur das angesehen werden, was dem Vertragspartner als von ihm gewollt zusinnbar erscheint. Auch aus diesem Grund vermag das Prinzip der autonomen Auslegung die extensive Interpretation von civil rights nicht zu tragen. Den Vertragsparteien kann nämlich nicht zugesonnen werden, daß sie so gut wie alle Verwaltungsrechtssachen dem Art 6 EMRK unterstellen wollten. Hatte (und hat) doch eine Reihe von Vertragsstaaten ein verwaltungsstaatliches Rechtssystem, das keine erstinstanzliche Entscheidung in Verwaltungsrechtssachen durch "independent and impartial tribunal(s)" vorsieht, sondern eine nachprüfende gerichtliche Kontrolle, die die Tatsachenprüfung nicht mit einschließt und/oder die Gerichte nicht zur Entscheidung in merito beruft. Nichts rechtfertigt die Annahme, daß diese Staaten ihr Rechtssystem einer derart grundlegenden Änderung unterziehen lassen wollten. Denn wenn die extensive

---

[46] RESS, Wechselwirkungen zwischen Völkerrecht und Verfassung bei der Auslegung völkerrechtlicher Beiträge, in Berichte der Deutschen Gesellschaft für Völkerrecht, Heft 23 (1982) 21, 54 f (These 4).

Auslegung von civil rights zutreffend wäre, dann müßten in so gut wie allen Verwaltungsrechtssachen "independent and impartial tribunal(s)" in erster Instanz oder allenfalls nach Vorschaltung eines Administrativverfahrens die Rechtssachen in allen Aspekten in merito entscheiden[47]. Eine Auslegung des Art 6 EMRK, nach der das faire Verfahren vor einem "independent and impartial tribunal" auch erst nach einem mehrinstanzlichen Verwaltungsverfahren stattfinden kann, ist unhaltbar. Denn Art 6 EMRK ist doch klar und deutlich in dem Sinne formuliert, daß die Rechtssache ohne unnötigen Aufschub vom Tribunal in allen Aspekten in merito entschieden wird. Die Wendung "innerhalb angemessener Frist" ("within a reasonable time", "dans un délai raisonnable") dahin zu verstehen, daß bei Verwaltungsrechtssachen trotz des mit der Vorschaltung eines administrativen Instanzenzuges verbundenen Zeitaufwands dennoch der Zugang zum nachprüfenden Tribunal innerhalb angemessener Frist gesichert ist, kann nicht mehr als Auslegung, sondern nur mehr als Umdeutung qualifiziert werden. Die "ordinary meaning" von "reasonable time" oder "délai raisonnable" trägt eine solche Auslegung nicht. Auch ist diese Interpretation teleologisch verfehlt. Denn Sinn und Zweck des Art 6 ist es doch sicherzustellen, daß ein Tribunal den Rechtsstreit eigenständig in allen Aspekten (Sachverhalts-, Rechts- und Ermessensfrage) in merito entscheidet. Eben die Erreichung dieses Ziels ist gefährdet, wenn der Befassung des Tribunals zB eine dreigliedriger administrativer Instanzenzug vorangeht. Denn diesfalls wird die Neigung, die Beweiswürdigung der Vorinstanzen zu übernehmen und sie mit Plausibilitätsargumenten als überzeugend darzustellen, sehr stark sein.

Wie gezeigt wurde, hat die Spruchpraxis zu Art 6 EMRK nichts mit der Rechtsanwendung zu tun, wie sie die der Eigenart des Völkervertragsrechts adäquaten und in der WVK kodifizierten Auslegungsregeln vorsehen. Nach diesen Regeln kann zwar durchaus (und wird auch sehr oft) den Vertragsparteien etwas als Wille zuzurechnen sein, was sie nicht geradezu bedacht haben. Stets aber darf den Vertragspartnern nur das zugesonnen werden, was sie auf Grund ihrer Erklärungen und des Kontextes, in welchem diese Äußerungen stehen, nach den Regeln der Kommunikation als ihren Willen gelten lassen müssen. Selbst wenn man dazu nicht nur die sogenannte Rechtsfortbildung secundum legem, sondern auch eine Rechtsfortbildung contra legem zählte, wie sie nach den traditionellen (nicht positivistischen) Methodenlehren als legitimer

---

[47] So auch der EGMR im Fall Belilos v 29. 4. 1988, 20/1986/118/167, was die Entscheidungsbefugnis der Tribunale anbelangt.

Weg der Rechtsanwendung anerkannt wird[48], geht die in Rede stehende Straßburger Rechtsprechung über Rechtsanwendung hinaus. Wie die Richter RYSSDAL et al überzeugend nachgewiesen haben, gab es keine Vereinbarung hinsichtlich Verfahrensgarantien in den Verwaltungsrechtssachen. Eine solche auf mangelndem politischen Willen beruhende Lücke kann nicht im Wege der Rechtsanwendung geschlossen werden. Der Europäische Gerichtshof für Menschenrechte überschreitet damit seine ihm durch Art 19 EMRK erteilte Ermächtigung, die Einhaltung der Vertragspflichten sicherzustellen. Darüber kann auch nicht hinwegtäuschen, daß sich der Gerichtshof bemüht, den Schein juristischer Ableitung zB durch gegenseitige Abwägung von öffentlich-rechtlichen und privatrechtlichen Aspekten bei der Feststellung der civil-rights-Qualität zu geben[49]. Der EGMR arrogiert also die Befugnis zu offener Rechtsfortbildung, die nur den Vertragsparteien zusteht. Aus dem Ziel der Konvention "Herbeiführung einer größeren Einigkeit" mit dem Mittel "Wahrung und Entwicklung der Menschenrechte und Grundfreiheiten" und aus den solennen Erklärungen, daß die europäischen Staaten, "die vom gleichen Geist beseelt sind und ein gemeinsames Erbe an geistigen Gütern, politischen Überzeugungen, Achtung der Freiheit und Vorherrschaft des Gesetzes besitzen, die ersten Schritte auf dem Wege zu einer kollektiven Garantie" von Menschenrechten und Grundfreiheiten setzen wollen[50], läßt sich nicht ableiten, daß der Konvention eine Dynamik eigne, die den EGMR zur offenen Rechtsfortbildung ermächtigt[51].

Es stellt sich daher die Frage, ob Urteile im Rahmen der dem Gericht nicht zukommenden Rechtsfortbildung noch Entscheidungen des EGMR sind, die im Sinne der Art 50 und 53 EMRK Bindungswirkung entfalten. Auch wenn man vielleicht heute noch nicht geneigt sein mag, eine die Nichtigkeit von Urteilen bedingende Ermächtigungsüberschreitung anzunehmen, so ist es heute zumindest gerechtfertigt, diese Frage zu stellen und eine Diskussion hierüber in Gang zu setzen. Eine solche Diskussion sollte nicht nur das Bewußtsein dafür schärfen, daß der

---

[48] BYDLINSKI, Juristische Methodenlehre und Rechtsbegriff (1982) 496 ff.
[49] Vgl beispielsweise die fragwürdige "Abwägung" im Fall Deumeland, EuGRZ 1988, 27f.
[50] Erklärungen aus der Präambel zur EMRK.
[51] So aber WEH, Der Anwendungsbereich des Art. 6 EMRK - Das Ende des "cautious approach" und seine Auswirkungen in den Konventionsstaaten, EuGRZ 1988, 443, ohne jede methodologische Reflexion, was solch eine Ableitung mit Auslegung zu tun hat. Hier wird in offener Rechtsfortbildung richterliche Rechtsfortbildung legitimiert.

Bindungswirkung von Urteilen von Grenzorganen Schranken gezogen sind[52]; eine solche Diskussion sollte auch die Europaratsmitglieder an ihre politische Aufgabe erinnern, den Menschenrechtsschutz zu verbessern und durch sinnvoll gestaltete Zusatzprotokolle Regelungen auf Gebieten zu schaffen, auf denen bislang entsprechende Vereinbarungen fehlen. Sie könnten auf diese Weise einen bedeutenden Beitrag zur Rechtssicherheit leisten. Damit soll aber nicht einem "Nachvollzug" der Straßburger Rechtsprechung das Wort geredet werden. Denn diese Rechtsprechung verdient - wie nun zu zeigen sein wird - auch de lege ferenda einen Beifall nicht.

Wenn man hypothetisch davon ausgeht, der EGMR sei mit einer Rechtsfortbildungsbefugnis ausgestattet, kann man dem Gerichtshof nicht bescheinigen, daß er von dieser hypothetisch angenommenen Ermächtigung auf Grund rationaler und wohlbegründeter Erwägungen Gebrauch macht. Hiefür wäre es nämlich unerläßlich, sich ernsthaft mit der Frage auseinanderzusetzen, ob die Ausdehnung der civil rights auf so gut wie alle subjektiven Ansprüche im Interesse der betroffenen Menschen ist. Der EGMR geht offenbar ganz unreflektiert davon aus, "independent and impartial tribunals", was diese auch immer zu entscheiden haben mögen, seien rechtsschutzfreundlich, und unterläßt es, über die Konsequenzen seines Verständnisses von civil rights nachzudenken, die sich aus einem so weiten civil-rights-Begriff auf Grund der Verfahrensgarantien des Art 6 EMRK ergeben. Eine Fortsetzung der offenen Rechtsfortbildung in Sachen civil rights macht es notwendig, daß in so gut wie allen als Verwaltungsrechtssachen zu qualifizierenden Angelegenheiten spätestens nach einer Verwaltungsinstanz ein Tribunal zur Entscheidung berufen wird. Diese Tribunale müßten auf Grund eigenständiger Prüfung der Sachverhalts-, der Rechts- und der allfälligen Ermessensfrage in merito entscheiden. Alle Verfahren müßten, von Ausnahmen abgesehen, die nur dem Schutz bestimmter Rechtsgüter, nicht aber der Beschleunigung des Verfahrens dienen, öffentlich durchgeführt werden. Dies bedeutete, daß eine große Zahl von "independent and impartial tribunals" eingerichtet werden müßte. Ob diese eine Gerichtsqualität, wie sie für die Gerichte im Sinne des B-VG vorgesehen ist, aufweisen, muß angesichts der bescheidenen Anforderungen, die die Straßburger Praxis an die Tribunale stellt[53], bezweifelt werden. Auch dürfte es

---

[52] GRILLER, Übertragung, Sechster Abschnitt I B. 2.

[53] Der EGMR begnugt sich für Mitglieder eines unabhängigen rechtsprechenden Tribunals mit: weisungsfrei gestellten Beamten einer Behörde der allgemeinen staat-

kaum möglich sein, daß die Tribunale nicht nur einem äußeren Schein nach, sondern tatsächlich ein alle Aspekte der Rechtssache prüfendes Verfahren mit der Verpflichtung zur Entscheidung in merito durchführen. Nur dann, wenn die Tribunale entsprechend sachverständige Behörden sind, kann erwartet werden, daß ein nach einer Verwaltungsentscheidung einschreitendes Tribunal eine echte Tatsacheninstanz ist. Tribunale, deren Organwalter nicht Spezialisten auf dem Verwaltungsgebiet sind, in welchem sie zu entscheiden haben, werden keine starke Neigung zeigen, die Beweiswürdigung der Verwaltungsinstanz als überzeugend zu übernehmen. Wird es aber möglich sein, hinreichend viele Fachtribunale einzurichten und diese überdies mit bestqualifizierten Juristen auszustatten (denn auch davon hängt die Qualität der Rechtsprechung ab)?

Darüber hinaus darf man die Konsequenzen hinsichtlich Verfahrenskosten und Verfahrensdauer nicht ignorieren. Eigenständige Beweisaufnahmen vor dem Tribunal, bei denen mit Sicherheit der Sachverständigenbeweis weit im Vordergrund stehen wird, werden für die Parteien erhebliche Kosten verursachen. Auch werden sich die Parteien im verstärkten Maße eines Rechtsanwalts bedienen müssen. Das Gebot der Öffentlichkeit wird zu langen Verfahrensdauern führen, ohne daß die Öffentlichkeit dem Rechtsunterworfenen irgendwelche Vorteile bringt.

Insgesamt würde sich mE der Umbau des Rechtsschutzsystems nicht lohnen. Es würde wohl nur der Schein einer Verbesserung erzeugt. Substanzielles würde sich nicht ändern. Indes - ob diese Einschätzung stimmen mag oder nicht - der EGMR hat alle diese Fragen nicht geprüft. Seine Rechtsfortbildung entbehrt, wie gesagt, einer rational erarbeiteten Entscheidungsgrundlage.

---

lichen Verwaltung (Landesregierung), sofern letzterer nicht Parteistellung im Verfahren zukommt (Sramek, EuGRZ 1985, 340 Z 40); Organen von Interessenvertretungen (Ringeisen, YB 14 [1971] 838 [852 Z 97]); nicht rechtskundigen Personen (Landwirte, Bürgermeister; Sramek, EuGRZ 1985, 340 Z 38 bis 40), die in einem mit Rechtsprechungsfunktion ausgestatteten Organ sitzen (Belilos [FN 20] Z 64). Weiters läßt er eine Bestellung der Mitglieder durch jene Behörde zu, der im Verfahren Parteistellung zukommt (Sramek, EuGRZ 1985, 340 Z 38), und hält eine Bestellungsdauer von drei Jahren (mit Wiederbestellungsmöglichkeit: § 13 Tir GrundverkehrsG, Sramek, EuGRZ 1985, 339 Z 26) für ausreichend, die Unabhängigkeit von Tribunalmitgliedern zu garantieren (Sramek, EuGRZ 1985, 340 Z 38). Vgl zum Tribunalbegriff des EGMR jüngst sein Urteil im Fall Belilos (FN 20) Z 64.

V.

Der VfGH hat sich - wie sich aus dem zuvor Referierten schon ergibt - durch die civil-rights-Rechtsprechung des EGMR zunächst nicht herausgefordert gesehen. Sobald der EGMR von der traditionellen Unterscheidung zwischen öffentlichem und privatem Recht Abschied nahm, folgte ihm der VfGH fürs erste und bemühte sich, das österreichische Rechtsschutzsystem auch gegenüber dem sich ausweitenden civil-rights-Begriff zu wahren[54]. Mit dem bereits eingangs zitierten Erkenntnis vom 14. 10. 1987, B 267/86 kam dann eine Wende.

Weder der schrittweise "Nachvollzug" der Straßburger Praxis noch die Versuche der Immunisierung des österreichischen Rechtsschutzsystems verdienen Beifall.

Die Immunisierungsstrategie bestand darin, die nachprüfende Kontrolle des VwGH und des VfGH für ausreichend zu erklären, um dem in Art 6 verankerten Anspruch auf Zugang zum Tribunal Rechnung zu tragen[55]. Diese Judikatur ist rechtsdogmatisch unhaltbar. Sie fand denn auch berechtigte Kritik im Schrifttum[56]. Insbesondere verkennt diese Rechtsprechung, daß Art 6 EMRK äußerstenfalls die Vorschaltung einer Administrativinstanz gestattet; sodann muß ein Tribunal mit voller Kognitionsbefugnis (Tatsachen- und Rechtsinstanz, Ermessensübung) in merito entscheiden. Auch mußte sich diese Judikatur zu Recht die Frage stellen lassen, weshalb Österreich einen Vorbehalt zu Art 5 (und implicite zu Art 6) abgegeben hat, wenn die in Rede stehende nachprüfende Kontrolle genügte[57].

Verfehlt ist aber auch die Art und Weise, wie der VfGH der Straßburger Spruchpraxis gefolgt ist. In keinem der Fälle sah sich der VfGH - ohne dies allerdings zu begründen - gemäß Art 53 EMRK ge-

---

[54] VfSlg 7014, 7068, 7099, 7198, 7208, 7230 mit Bezug auf den Fall Ringeisen.

[55] VfSlg 5100, 5102. In einigen jüngeren Erkenntnissen bedurfte es dieser Argumentation nicht. Soweit der VfGH Regelungen aufhob, nach denen eine Verwaltungsbehörde über auch nach traditioneller Auffassung zivilrechtliche Ansprüche zu entscheiden hatte, machte er mit der Aufhebung den Weg vor die ordentlichen Gerichte frei: VfGH-Erk vom 16. 12. 1987, G 129 ua/87 (Jagd- und Wildschäden) sowie Erk vom 24. 6. 1988, G 1 ua/88 (Enteignungsentschädigung nach WRG).

[56] ROSENZWEIG, Die Entwicklung der Grundrechte in Österreich, 2. ÖJT (1964) II/2, 26 (45 f); SCHANTL - WELAN, Betrachtungen über die Judikatur des Verfassungsgerichtshofes zur Menschenrechtskonvention (Slg 1968), ÖJZ 1970, 647 (650); SCHAFFER, ÖJZ 1965, 517.

[57] MORSCHER, Entscheidungsanmerkung zu VfSlg 5021, JBl 1966, 363 (364).

bunden, sich nach einer Österreich betreffenden Entscheidung des EGMR zu richten. Der Gerichtshof folgte schlicht und einfach der Judikatur, ohne sich mit dieser kritisch auseinanderzusetzen. Diese Vorgangsweise mag von praktischen Erwägungen bestimmt gewesen sein, sie entspricht aber nicht der Aufgabe, die dem VfGH gestellt ist. Denn von Rechts wegen hat sich der VfGH in allen ihm gestellten Rechtsfragen nach bestem Wissen und Gewissen eine eigene Meinung zu bilden. Nur soweit er einer rechtlichen Bindung an ein Urteil des EGMR unterliegt, ist er dieser Pflicht enthoben.

Im Erkenntnis B 267/86 hat nun der VfGH diese Haltung aufgegeben und Kritik an der civil-rights-Rechtsprechung der Straßburger Organe geübt. Der VfGH setzt mit seiner Kritik bei der Frage an, von welchem Konventionsverständnis Österreich bei seinem Beitritt zur EMRK ausgegangen ist. Es stehe außer Zweifel, daß die zuständigen österreichischen Organe bei der Ratifikation der EMRK (und bei deren Hebung in den Verfassungsrang) den Art 6 EMRK, soweit er civil rights betrifft, im wesentlichen durch die traditionelle Zuständigkeit der Gerichte in bürgerlichen Rechtssachen (§ 1 JN) erfüllt sahen. Man sei davon ausgegangen, daß das österreichische Verwaltungssystem der Konvention standhalten werde, weil "den 'civil rights' das öffentliche Recht gegenüberzustellen ist und diese Unterscheidung den Grundzügen jener folgt, die das römische Recht mit den Begriffen 'ius publicum' und 'ius privatum' (Just.Inst. I 1, 4) umschrieben hat und für alle vom römischen Recht geprägten Rechtsordnungen insofern stets grundlegend war, als nur Privatrechte vor dem unabhängigen Richter zu verfolgen waren". "Hätten die österreichischen Organe angenommen", so führt der Gerichtshof weiter aus, "daß entscheidende Teile des innerstaatlichen materiellen Verwaltungsrechts 'civil rights' im Sinne dieser Garantien darstellen, so wäre entweder ein weiterer Vorbehalt erwogen oder aber die dann erforderliche Änderung der organisatorischen Bestimmungen der Verfassung wenigstens in Aussicht genommen worden." Der VfGH hat sich jedoch nicht nur auf diese jedenfalls ex post als Fehleinschätzung zu qualifizierende Beurteilung durch die österreichischen Organe gestützt. Die "Fehleinschätzung" durch Österreich allein ist ja weder völkerrechtlich noch im Hinblick auf die generelle Transformation innerstaatlich rechtlich relevant. Der VfGH hat dies keineswegs verkannt[58]. Denn der Gerichtshof führt anknüpfend an seine Darlegungen zur österreichischen Haltung beim Beitritt zur EMRK folgendes aus: "Wenn auch bei der

---

[58] Anders als WEH, EuGRZ 1988, 439 dies glauben machen will.

Auslegung internationaler Verträge nicht auf das Verständnis abgestellt werden kann, das einzelne Mitglieder beim Abschluß oder gar erst bei ihrem späteren Beitritt zugrunde gelegt haben, ist das Verständnis Österreichs im Verein mit der Rechtslage in anderen Staaten und der langjährigen Praxis der Kommission doch ein wichtiges Anzeichen dafür, daß nach seinem ursprünglichen Sinn der Begriff 'civil rights' einen viel engeren Inhalt hat, als ihm die jüngste Rechtsprechung des Europäischen Gerichtshofs unterstellt. Diese Rechtsprechung erweist sich mithin als offene Rechtsfortbildung, die wohlerwogene Gründe haben mag, den Staaten aber Verpflichtungen auferlegt, die einzugehen sie niemals gewollt und erklärt haben. Der VfGH verweist in diesem Zusammenhang auf die abweichende Meinung des Richters Franz Matscher zum Urteil im Fall König ..."[59]. Der VfGH teilt also im Ergebnis und soweit ersichtlich in einigen Elementen der Begründung die hier vertretene Rechtsauffassung. Was den konkreten Rechtsfall anbelangt, den der VfGH zu entscheiden hatte, ging es darum, ob (nach österreichischem Rechtsverständnis) öffentlich-rechtliche Nachbaransprüche im Baubewilligungsverfahren civil rights sind, was der Gerichtshof angesichts seiner schon zitierten Kritik an der Straßburger Judikatur konsequenterweise verneinte.

Im Hinblick auf die weitere Entwicklung der civil-rights-Rechtsprechung des EGMR sieht der VfGH drei mögliche Wege. Der eine besteht in der Rückkehr zu einer restriktiven Auslegung von civil rights, das heißt, zu der Auslegung, die nach Ansicht des VfGH an sich geboten ist. Einen zweiten möglichen Weg sieht der VfGH in einer differenzierteren Anwendung des Art 6 EMRK: Für civil rights im traditionellen kontinental-europäischen Verständnis solle Art 6 voll zu Anwendung kommen; "außerhalb der traditionellen Ziviljustiz ... (sollte) stärker auf die in den Mitgliedstaaten bestehenden besonderen Verhältnisse geachtet und auch eine bloß nachprüfende Kontrolle des verwaltungsbehördlichen Handelns durch ein Tribunal als ausreichend angesehen werden". Mit diesem Weg schlägt allerdings der VfGH dem EGMR eine offene Rechtsfortbildung vor. Denn im Wege einer rechtsdogmatisch fundierten Auslegung ist eine solcherart differenzierende Anwendung des Art 6 nicht zu begründen. Sollte jedoch der EGMR auf dem Wege der Ausdehnung des civil-rights-Begriffs fortschreiten - dritter Weg -, so führte dies den VfGH an die Grenzen seiner Bereitschaft, der Straßburger Judikatur zu folgen. Im Erkenntnis heißt es: "Sollte ungeachtet aller ... Be-

---

[59] EuGRZ 1978, 421 (422 f).

denken der Konvention das Gebot zu unterstellen sein, daß Richter die Verwaltung nicht nur auf allfällige Fehler kontrollieren, sondern nach Durchführung völlig eigenständiger Verfahren, im praktischen Ergebnis selbst führen müssen, wäre der Gerichtshof gleichwohl außerstande, eine Verletzung der österreichischen Bundesverfassung festzustellen. Die verfassungsrechtlich nachgerade gebotene Entscheidung der Angelegenheit durch eine Verwaltungsbehörde kann als solche weder eine Verletzung eines verfassungsgesetzlich gewährleisteten Rechtes noch eine Rechtsverletzung durch Anwendung einer rechtswidrigen generellen Norm darstellen. Die Einrichtung einer Gerichtsbarkeit, die über die Kontrolle durch den VwGH hinaus nach eigener Sachverhaltsermittlung ihre Entscheidung anstelle der Behörden trifft, ist von Verfassungs wegen nicht erzwingbar. ... An die verfassungsrechtlichen Grundsätze der Staatsorganisation ist der Gerichtshof aber auch im Falle eines Widerspruches zur Konvention gebunden. Stehen sie einer möglichen Auslegung der Konvention entgegen, kann er diese Auslegung seiner Entscheidung nicht zugrundelegen. Selbst wenn daher der Europäische Gerichtshof eine Konventionswidrigkeit der österreichischen Rechtsordnung in diesem Punkte annehmen sollte, könnte dieser Verstoß nur durch den Verfassungsgesetzgeber selbst geheilt werden." Darüber hinaus sah sich der VfGH veranlaßt anzumerken, daß sich angesichts einer Fortsetzung der offenen Rechtsfortbildung durch den EGMR in Sachen civil rights die Frage stellen könnte, "ob nicht die Übertragung einer rechtsfortbildenden Aufgabe auf verfassungsrechtlichem Gebiet an ein internationales Organ als Ausschaltung des Verfassungsgesetzgebers eine Gesamtänderung der Bundesverfassung im Sinne des Art 44 Abs 3 B-VG wäre und einer Abstimmung des gesamten Bundesvolkes bedurft hätte".

Angesichts dieser Darlegungen des VfGH, die wegen der grundlegenden theoretischen Bedeutung der in ihnen erörterten Problematik in dieser Ausführlichkeit zitiert wurden, stellt sich zunächst die Frage, ob sich der VfGH mit seinen Ausführungen nur auf die Grenzen einer rechtlich nicht gebotenen Gefolgschaft gegenüber der Straßburger Judikatur bezieht oder ob er auch zu den Fällen rechtlicher Bindung gemäß Art 53 EMRK Stellung nimmt. Meines Erachtens spricht mehr dafür, daß er die rechtlich nicht gebotene wie die rechtlich sehr wohl gebotene Gefolgschaft gegenüber Urteilen des EGMR im Auge hat.

Betrachten wir zunächst den Fall rechtlicher Bindung. Gemäß Art 53 EMRK sind die Konventionsstaaten verpflichtet, "in allen Fällen, an denen sie beteiligt sind, sich nach der Entscheidung zu richten"[60]. Dies bedeutet fraglos mehr als eine Bekräftigung der normativen Wirkung des Spruchs des Urteils[61]. Denn dieser ordnet, vom Fall der Auferlegung einer Entschädigungszahlung abgesehen, keine Leistung an, sondern enthält nur eine Feststellung. Art 53 EMRK kann somit nur eine rechtliche Bindung an eine in der Entscheidung zum Ausdruck kommende Rechtsansicht begründen[62]. Diese Rechtsansicht kann nur jene sein, die den Spruch trägt. Es fragt sich aber nun, auf welcher Abstraktionshöhe die den Spruch tragende Rechtsansicht des EGMR nach Art 53 Bindungswirkung entfaltet, welche Fälle als Parallelfälle zu betrachten sind, die der Bindungswirkung unterliegen. Da die Bestimmung gebietet, sich nach der "Entscheidung" zu richten, geht die Bindung an die Rechtsansicht des EGMR wohl nur soweit, als sie den Streitgegenstand betrifft. Dies wirft freilich im Einzelfall wiederum Abgrenzungsfragen auf. Sicherlich ist Streitgegenstand in diesem Zusammenhang nicht begrenzt auf die Sache des *Beschwerdeführers vor der EKMR* (wenn - was der Regelfall ist - die Beschwerde zu einem Gerichtsverfahren auf Antrag der Kommission geführt hat). Nicht so einfach ist die Antwort, wie weit in sachlicher Hinsicht (sachlicher Geltungsbereich) der Kreis der der Bindung unterworfenen Parallelfälle reicht. Sollte zB der EGMR in bezug auf den Vorarlberger Beschwerdeführer im VfGH-Verfahren B 267/86 in einigen Jahren feststellen, Nachbarrechte nach Vorarlberger Baurecht seien civil rights, so erscheint es nicht evident, daß die Bindung nur die Nachbarrechte nach Vorarlberger Baurecht erfaßt. Ich meine, daß die Nachbarrechte im Baurecht Österreichs schlechthin betroffen sind.

Würde also der Beschwerdeführer zu B 267/86 beim EGMR seine civil-rights-Auffassung bestätigt erhalten, so wäre meines Erachtens der VfGH rechtlich gebunden, künftighin Nachbarrechte im Baurecht als civil rights im Sinn des Art 6 EMRK zu behandeln, wenn die Bindung der österreichischen Organe innerstaatlich verfassungsmäßig begründet wäre. Dies ist allerdings nicht der Fall. Denn die Unterwerfungserklärung gemäß Art 46 EMRK wurde von der Bundesregierung abgegeben, die hiezu nicht berufen ist. Art 46 EMRK selbst enthält verständlicherweise keine Zuständigkeitsregelung. Aber auch keine österreichische Vorschrift ermächtigt die Bundesregierung zur Erlassung einer selbständigen Verordnung, mit der die Unterwerfung unter die Rechtsprechung

---

[60] "to abide by the decision", "s'engagent à se conformer aux décisions".
[61] Dieser Bekräftigung allein bedurfte es gar nicht.
[62] Bindung an Parallelfälle: FROWEIN - PEUKERT, Rz 7 zu Art 53 EMRK.

des EGMR und damit die Bindung an Urteile dieses Gerichts für den innerstaatlichen Bereich statuiert wird. Zuständig zu einer Regelung, die als Ausführungsregelung zu bundesverfassungsrechtlichen Regelungen verstanden werden muß, ist - kompetenzrechtlich durch Art 10 Abs 1 Z 1 B-VG: "Bundesverfassung" - der einfache Bundesgesetzgeber[63]. Völkerrechtlich wäre die Erklärung vom Bundespräsidenten[64] im Wege einer Notifizierung dieses Bundesgesetzes gegenüber dem Generalsekretär des Europarates[65] abzugeben. Der VfGH müßte daher im Bindungsfalle Verfahren unterbrechen, um im Wege einer Verordnungsprüfung die Unterwerfungserklärung aufzuheben[66]. Im Anlaßfall hätte dann der VfGH davon auszugehen, daß er an das Österreich betreffende Urteil des EGMR nicht gebunden ist, und müßte sich daher selbst nach bestem Wissen und Gewissen eine eigene Rechtsmeinung bilden, die auch von der des EGMR abweichen dürfte[67], und diese seinem Erkenntnis zugrunde legen.

Für die weiteren Überlegungen soll jedoch davon ausgegangen werden, daß die Unterwerfung im Wege eines Bundesgesetzes und dessen Notifizierungen gegenüber dem Generalsekretär des Europarates erfolgt ist. Käme nun eine Parallelbeschwerde zum Fall B 267/86 an den VfGH und hätte der EGMR entschieden, daß Nachbarrechte nach (Vorarlberger) Baurecht civil rights seien, so stünde der VfGH vor eben jenen Rechtsproblemen, die er zu bewältigen gehabt hätte, wenn er im Verfahren B 267/86 der Auffassung des Beschwerdeführers, die in Rede stehenden Nachbarrechte seien civil rights, beigetreten wäre.

Der VfGH irrt, wenn er meint, es wäre ihm verwehrt, dieser Rechtsauffassung des EGMR zu folgen, da er - was immer der EGMR ent-

---

[63] GRILLER, Übertragung, Vierter Abschnitt V B. FN 117, meint, es habe hier eine analoge Anwendung von Art 9 Abs 2 B-VG stattzufinden.

[64] Art 65 B-VG. MIEHSLER, Die einseitigen Rechtsgeschäfte, in: Neuhold - Hummer - Schreuer (Hrsg), Österreichisches Handbuch des Völkerrechts I (1983) Rz 506; WALTER - MAYER, Grundriß des österreichischen Bundesverfassungsrechts⁶ (1988) Rz 243.

[65] Art 46 Abs 3 erster Halbsatz EMRK.

[66] Oder nur in analoger Anwendung von Art 140a B-VG (Analogie: Staatsvertrag - einseitiges völkerrechtliches Rechtsgeschäft) für unanwendbar zu erklären. Welcher der beiden Wege der richtige ist, sei offengelassen. Nach MIEHSLER, in: Neuhold - Hummer - Schreuer (Hrsg), Handbuch I Rz 508 ist Art 139 B-VG anzuwenden.

[67] Nach RESS, in: Berichte der Deutschen Gesellschaft für Völkerrecht, Heft 23 (1982) 53, allerdings nur dann, wenn der VfGH für seine Auslegung bessere Gründe als der EGMR für seine Interpretation geltend machen kann.

scheiden mag - an das in der Bundesverfassung verankerte Staatsorganisationsrecht gebunden sei. Denn auch dann, wenn - was gar nicht in Frage gestellt sei - die österreichische Beitrittserklärung von der Auffassung getragen war, daß die EMRK das österreichische Rechtsschutzsystem in allen wesentlichen Elementen unberührt läßt, so ändert dies nichts daran, daß sich Österreich der Rechtsprechung des EGMR unterworfen hat. Demnach hat sich der VfGH nach Urteilen des EGMR, die Österreich betreffen, auch dann zu richten, wenn danach Art 6 EMRK eine Abänderung des (bislang in seiner Geltung nicht in Frage gestellten) Staatsorganisationsrechts der Bundesverfassung bewirkt hätte[68]. Diese Bindung bestünde nur dann nicht, wenn das Urteil des EGMR wegen eines offenkundigen und schweren Mangels für absolut nichtig zu erachten wäre[69] oder wenn - was ja wohl eher ein sogenannter theoretischer Fall wäre[70] - Art 6 EMRK ein Sinn unterstellt werden müßte, demzufolge diese Bestimmung eine Gesamtänderung der Bundesverfassung herbeigeführt hätte, oder wenn durch bundesverfassungsrechtliche Regelungen, die im Verhältnis zur EMRK leges posteriores darstellen[71], dem Art 6 EMRK in der ihm nach der Österreich bindenden Rechtsansicht zukommenden Bedeutung derogiert würde. Ist das Erkenntnis des EGMR als absolut nichtig zu betrachten, kann es mangels Urteilsqualität eine Bindung nach Art 53 EMRK nicht auslösen. Sollte der VfGH gebunden sein, dem Art 6 eine Bedeutung zu geben, die ihm eine die Bundesverfassung gesamtändernde Wirkung gibt, müßte Art 6 EMRK oder die Bestimmungen, die die Jurisdiktionsbefugnisse des EGMR fest-

---

[68] Man konnte allerdings auch die Auffassung vertreten, Art 53 EMRK ändere uberhaupt nichts an der Aufgabe des VfGH, seinen Entscheidungen jeweils seine eigene, nach bestem Wissen und Gewissen erarbeitete Verfassungsauslegung zugrunde zu legen. Der Rechtsansicht des EGMR Rechnung zu tragen, falle in die Verantwortung der Gesetzgebung. Der Umstand, daß der EGMR - auch wenn er nicht befugt ist, innerstaatliche Rechtsakte aufzuheben - gleichsam als hochste Instanz in der Grundrechtsprechung zur EMRK eingesetzt ist, spricht fur die oben im Text vertretene Ansicht. Vgl ferner die im Ergebnis weitgehend mit der Auffassung des VfGH übereinstimmende Position GRILLERS, Ubertragung, Funfter Abschnitt III 6. 2 (insb c, cc).

[69] GRILLER, Übertragung, Funfter Abschnitt III C. 2. c. cc. und Sechster Abschnitt I B. 2.

[70] "Theoretisch" denkbar ware ein Umschlag von Quantitat in Qualitat: Mehrere bindende Einzelentscheidungen geben dem Art 6 EMRK einen eine Gesamtänderung bedingenden Sinn.

[71] Da die EMRK durch das StaatsvertragssanierungsG BGBl 1964/59 rückwirkend in den Verfassungsrang gehoben wurde, sind alle nach dem 24. 9. 1958 (Tag der Kundmachung der EMRK im BGBl) erlassenen bundesverfassungsrechtlichen Regelungen leges posteriores gegenüber der EMRK.

legen, einer Kontrolle nach Art 140a B-VG unterzogen werden. Denn Art 50 Abs 3 B-VG sieht meines Erachtens[72] als verfassungsändernde Staatsverträge nur verfassungsteiländernde Verträge vor. Soweit die Erfüllung eines völkerrechtlichen Vertrages eine Gesamtänderung der Bundesverfassung erforderlich macht, muß zunächst ein nach dem für so eine Totalrevision vorgesehenen Verfahren erlassenes BVG den Weg für den Vertragsabschluß ebnen. Was schließlich den dritten Fall - nämlich eine spätere die Berücksichtigung der Rechtsansicht durch den VfGH ausschließende Verfassungsänderung - anbelangt[73], ist es Sache des Bundesverfassungsgesetzgebers, für eine der bindenden Rechtsansicht des EGMR entsprechende Änderung der Bundesverfassung zu sorgen.

In der Praxis hat - wie ausdrücklich betont werden muß - die Frage der rechtlichen Bindung österreichischer Organe, insbesondere des VfGH durch Urteile des EGMR insoweit eine große Bedeutung, als diese Urteile ja nur punktuell oder sektoral Bindungswirkungen entfalten[74]. Für die Praxis steht selbstverständlich die Frage im Vordergrund, ob und wie der Straßburger Rechtsprechung auch bei mangelnder rechtlicher Bindung Rechnung getragen werden soll. Das Ausmaß rechtlicher Bindung Österreichs ist in diesem Zusammenhang ein Datum unter vielen, die in einem rationalen Entscheidungsprozeß zu berücksichtigen sind. Die österreichische politische Praxis scheint diesem Datum allerdings ebensowenig Bedeutung zuzumessen wie dem Umstand, daß die Rechtsprechung der Straßburger Organe zu Art 6 EMRK rechtsdogmatisch nicht begründbar ist. Denn die zuständigen Organe der Verwaltung und der Gesetzgebung meinen offenbar, daß Österrreich aus politischen Gründen der Rechtsprechung der Straßburger Organe, ob diese Österreich rechtlich bindet oder nicht, Rechnung tragen und die Aufgabe des

---

[72] In Übereinstimmung mit ROSENZWEIG, 2. ÖJT 1964, II/2, 34 und HERBERT HALLER, Die Prüfung von Gesetzen (1979) 136: RILL, Kommentierung von Bestimmungen des B-VG, in: Svoboda - Dyens (Hrsg), Handbuch für Umweltschutz und Raumordnung (1973 ff) Ö 11-0-01 (S 62).

[73] Eben dieser Fall träte ein, wenn der VfGH durch ein Urteil des EGMR gebunden wäre, Nachbarrechte nach (Vbg) Baurecht für civil rights zu erachten, da die Gemeindeverfassungsnovelle 1962 BGBl 205, die eine Einschaltung von Tribunalen, wie dies Art 6 EMRK fordert, ausschließt, lex posterior gegenüber der EMRK ist.

[74] Daß dennoch auf die Frage relativ ausführlich eingegangen wurde, findet seine Begründung zum einen im VfGH-Erk B 267/86, zum anderen in dem Umstand, daß Fragen der Bindung an Rechtsakte internationaler Organe im Zuge der fortschreitenden internationalen Integration an praktischer Bedeutung gewinnen können.

meines Erachtens sachlich gerechtfertigten[75] Vorbehalts zu Art 5 EMRK anstreben muß. Dies erweisen der Diskussionsentwurf für ein BVG über die Gewährleistung eines fairen Verfahrens[76] und die Absicht der im Nationalrat vertretenen Parteien, ein BVG, mit dem das Bundes-Verfassungsgesetz in der Fassung von 1929 durch Bestimmungen über unabhängige Verwaltungssenate ergänzt wird, zu erlassen[77]. An einem ernsthaften Engagement Österreichs, auf internationaler Ebene eine vernünftige Schließung der wegen des Fehlens einer Rechtsschutzgarantie für Verwaltungsrechtssachen bestehenden Lücke zu erreichen, hat es - soweit ersichtlich - bisher gefehlt[78]. Die nunmehr in Aussicht genommene B-VGNov wird, bedingt durch weitreichende Ermächtigungen des einfachen Gesetzgebers[79], zu einer konzeptlosen Änderung des Rechtsschutzsystems führen. Aus den de lege ferenda gegen die offene Rechtsfortbildung des Art 6 EMRK durch den EGMR angeführten Gründen wird die Novelle keine substanzielle Verbesserung des Rechtsschutzes bringen[80].

---

[75] Ungeachtet der besprochenen Mängel.

[76] Republik Österreich, Bundeskanzleramt - Verfassungsdienst (Hrsg), Die Gewährleistung eines fairen Verfahrens (1987) 43 ff. Vgl vor allem die kritischen Anmerkungen von VIKTOR HELLER (31 f), MATSCHER (32 ff) und WIELINGER (38 ff) zu diesem Entwurf.

[77] Vgl den AB (668 BlgNR 17. GP), der auf der RV (132 BlgNR 17. GP) für ein BVG, mit dem das Bundes-Verfassungsgesetz durch Bestimmungen über unabhängige Verwaltungssenate ergänzt wird, beruht, und die Informationen über die Absichten der beiden großen politischen Parteien bei WEH, EuGRZ 1988, 447 FN 121.

[78] Es ist zu hoffen, daß das als Unterkomitee zum Leitungsausschuß der Menschenrechte eingesetzte Expertenkomitee für Entwicklung der Grundrechte im Rahmen des Europarates erfolgreiche Vorarbeit für die Schaffung eines Art 6a EMRK leistet, der besondere Rechtsschutzgarantien in Verwaltungsrechtssachen vorsehen soll.

[79] Nach einem neuen Art 129a B-VG sollen in jedem Land einzurichtende unabhängige Verwaltungssenate (völlig unübliche Bezeichnung für unabhängige Landesverwaltungsbehörden, deren Mitglieder als Einzelorgane oder in Senaten entscheiden) "nach Erschöpfung des Instanzenzuges, sofern ein solcher in Betracht kommt", ua "in Angelegenheiten, die ihnen durch die die einzelnen Gebiete der Verwaltung regelnden Bundes- und Landesgesetze zugewiesen werden, (erkennen)" (Abs 1 Z 3). Nach dem zweiten Absatz dieses neuen Art 129a B-VG "kann gesetzlich vorgesehen werden, daß die Entscheidungen in erster Instanz unmittelbar beim unabhängigen Verwaltungssenat angefochten werden können. In den Angelegenheiten der mittelbaren Bundesverwaltung dürfen derartige Bundesgesetze nur mit Zustimmung der beteiligten Länder kundgemacht werden".

[80] Siehe oben Seite 28 f.

Richard Novak

Verhältnismäßigkeitsgebot und Grundrechtsschutz

"Die Allgemeinheit der Wertbegriffe bedeutet nicht Belieben zur Ausfüllung, sondern Verpflichtung zu einer immanenten, also intentionalen Wertung. So sind zB Grundrechte nicht nur Schranken, sie beinhalten auch bestimmte richtungweisende Werte für die Gesetzgebung und Vollziehung"[1].

I. Einleitung

a) "Der Gesetzgeber ist nach der ständigen Judikatur des Verfassungsgerichtshofes (...) dem Art 6 StGG zufolge ermächtigt, die Ausübung der Berufe dergestalt zu regeln, daß sie unter gewissen Voraussetzungen erlaubt oder unter gewissen Umständen verboten ist (also auch den Erwerbsantritt behindernde Vorschriften zu erlassen), sofern er dabei den Wesensgehalt des Grundrechtes nicht verletzt und die Regelung auch sonst nicht verfassungswidrig ist. - Die jüngere Judikatur (...) hat dies dahin ergänzt und präzisiert, daß gesetzliche, die Erwerbsausübungsfreiheit beschränkende Regelungen nur dann zulässig sind, wenn sie durch das öffentliche Interesse geboten, geeignet, zur Zielerreichung adäquat und auch sonst sachlich zu rechtfertigen sind".

Das Zitat aus dem Erkenntnis des VfGH vom 6. 10. 1987 zur Bedarfsprüfung im Güterbeförderungsgewerbe[2] ist in mehrfacher Hinsicht aufschlußreich. Es unterstreicht zunächst die gedankliche Verknüpfung, die WINKLER in der als Motto gewählten These zwischen Wertbegriff und grundrechtlicher Normierung herstellt. Grundrechte sind nicht exakte, gesetzestechnisch ausgefeilte Festlegungen. Sie treten traditionsbedingt als parolenhafte Verbürgungen in Erscheinung; sind daher

---

[1] WINKLER, Wertbetrachtung im Recht und ihre Grenzen (1969) 47.
[2] G 1, 171/87.

zwangsläufig und in hohem Maß auf Interpretation und wertende Konkretisierung angelegt.

Die wiedergegebene Entscheidungs-Formel des VfGH bringt ferner unmittelbar zum Ausdruck, daß die Grundrechtsanwendung dynamische Momente in sich trägt, die Änderung von Wertvorstellungen einschließt. Ein Aspekt, der weitere Fragen aufwirft. Geht es hier bloß um Zufälligkeiten der Fallgestaltung und Schwankungen der rechtlichen Beurteilung; oder ist der Wechsel der Perspektive auch seinerseits verallgemeinerungsfähig und Ergebnis eines gewandelten Verfassungsverständnisses und Selbstverständnisses des Verfassungsgerichts?

b) Daß mit dem Gebot der Verhältnismäßigkeit von Grundrechtseingriffen ein Prinzip angesprochen ist, das es noch gar nicht gibt, wäre gewiß übertrieben. Von vornherein könnte dies nur für Österreich behauptet werden. In Deutschland gehört der Verhältnismäßigkeitsgrundsatz längst zum festen Bestand der Dogmatik. Er "hat in der Praxis des Bundesverfassungsgerichts eine beherrschende Bedeutung für die Kontrolle der öffentlichen Gewalt am Maßstab der Grundrechte erlangt"[3].

Eine Verengung des Problemfeldes folgt zudem aus dem stufenförmigen Aufbau der Rechtsordnung. Das Postulat, daß der Einsatz der Staatsmacht nicht außer Verhältnis zum angestrebten Zweck stehen dürfe, entstammt ursprünglich dem Verwaltungs- und namentlich dem Polizeirecht. Es ist dort positiviert und unbestritten. Man braucht nur an die Generalklausel des Art II § 4 Abs 2 V-ÜG 1929 zu erinnern, die den Sicherheitsbehörden die Befugnis zu den zur Gefahrenabwehr "erforderlichen Anordnungen" erteilt. In geradezu klassischer Prägung verpflichtet daneben § 2 Abs 1 VVG die Behörden der Verwaltungsvollstreckung, "jeweils das gelindeste noch zum Ziele führende Zwangsmittel anzuwenden"[4].

Offen bleibt somit lediglich Geltungsumfang und Wirkungsweise des Verhältnismäßigkeitsprinzips. Zu fragen ist, ob es auf die Ebene des Verfassungsrechtes projiziert werden darf und insoweit ein bindendes Regulativ für den Gesetzgeber bildet. Kann auch in Österreich davon ausgegangen werden, daß "die Grundsätze der Verhältnismäßigkeit und

---

[3] BADURA, Staatsrecht (1986) 84. Für die Schweiz vgl HAFELIN - HALLER, Schweizerisches Bundesstaatsrecht² (1988), zB 353 f.

[4] Des naheren dazu PESENDORFER, Das Übermaßverbot als rechtliches Gestaltungsprinzip der Verwaltung - zugleich ein Beitrag zur Bildung eines "inneren Systems" der Verwaltung, ZÖR 1977, 265. Vgl auch ANTONIOLLI - KOJA, Allgemeines Verwaltungsrecht² (1986) 563 ff.

des Übermaßverbotes ... übergreifende Leitregeln allen staatlichen Handelns" sind[5]?

c) Selbst in dieser thematisch begrenzten Form betritt der vorliegende Beitrag nicht schlechthin Neuland. Die einschlägige Entwicklung der verfassungsgerichtlichen Judikatur hat, wie sich zeigen wird, tiefere Wurzeln. Sie ist literarisch vorbereitet und für das spätere Schrifttum befruchtend geworden[6].

Was fehlt, ist der Versuch, die einzelnen Ansätze systematisch und vergleichend zusammenzutragen. Nicht zuletzt soll derart die Leistungsfähigkeit einer rechts- und grundrechtsimmanenten Wertbetrachtung, seit jeher Zentrum der wissenschaftlichen Bemühungen WINKLERS, exemplarisch dargetan werden.

II. Der Durchbruch - Freiheit der Erwerbsbetätigung

1. Die ältere Rechtsprechung

a) Gem Art 6 Abs 1 StGG 1867 können Staatsbürger "unter den gesetzlichen Bedingungen jeden Erwerbszweig ausüben". Die Erwerbsbetätigungsfreiheit ist demnach mit einem Gesetzesvorbehalt belastet; und zwar, da die Gewährleistung kein Gegenstück in der Europäischen MRK und ihren Zusatzprotokollen hat, mit einem solchen formellen Charakters. Rein nach dem Wortlaut des Art 6 StGG scheint die Ermächtigung des Gesetzgebers, "Bedingungen" festzulegen, eine voraussetzungslose zu sein.

Gleichwohl verbietet sich die Annahme von Grundrechten, die bloß nach Maßgabe des einfachen Gesetzes existierten. Sie würde der Idee verfassungsrechtlicher Freiheitsverbürgung ebenso widerstreiten wie

---

[5] So BVerfGE 23, 127 (133).

[6] Ohne Anspruch auf Vollständigkeit seien hier genannt die frühe Stellungnahme von KAFKA, Die Entwicklung der Grundrechte in Österreich, 2. ÖJT 1964, II/2, 6 (16 ff); ferner BERKA, Die Europäische Menschenrechtskonvention und die österreichische Grundrechtstradition, ÖJZ 1979, 365; 428 (372 ff, 430 f); *ders*, Medienfreiheit und Persönlichkeitsschutz (1982) 80 ff; KORINEK - GUTKNECHT, Der Grundrechtsschutz, in: Schambeck (Hrsg), Das österreichische Bundes-Verfassungsgesetz und seine Entwicklung (1980) 291 (304 f, 317 f); NOVAK, Schlechtwetter, Gleichheitssatz und Tendenzen der Verfassungsgerichtsbarkeit (Entscheidungsbesprechung), ZAS 1982, 232 (233 f); GRILLER, Verfassungswidrige Schrottlenkung? ÖZW 1985, 65 (71 ff); KOPETZKI, Rechtsfragen des Anhalteverfahrens, ÖJZ 1988, 193; 232 (234). Im Rahmen der Lehrbuchliteratur erste Hinweise bei WALTER - MAYER, Grundriß des österreichischen Bundesverfassungsrechts[6] (1988) 438 f.

dem institutionellen Sinn verfassungsgerichtlicher Gesetzeskontrolle. Die Judikatur ist denn auch der - denkbaren - Gefahr, Grundrechte leer laufen zu lassen, von Beginn an mit einer - freilich nicht minder theoretischen - Vorkehrung entgegengetreten.

Bereits im Erkenntnis VfSlg 3118/1956 zum 1. VerstaatlichungsG BGBl 1946/168 hat der VfGH ausgesprochen, "daß eine Verstaatlichung der gesamten Unternehmungen mit großem Kapitalbedarf und der gesamten Grundstoffindustrie deshalb dem Gesetzgeber verwehrt war, weil dann das verfassungsgesetzlich gewährleistete Recht des Staatsbürgers auf Freiheit der Erwerbsbetätigung (Art 6 StGG) in diesem Sektor praktisch beseitigt worden wäre". Die Verstaatlichungsaktion habe "notgedrungen" abgegrenzt werden müssen.

Was hier erstmals der Sache nach anklingt, ist die sog "Wesensgehaltssperre"; dh der Gedanke einer grundrechtlichen Minimalgarantie, die der gesetzgeberischen Verfügung absolut entzogen ist. Die Parallele zum deutschen Recht ist unschwer ersichtlich. Nach Art 19 Abs 2 GG darf ein Grundrecht keinesfalls "in seinem Wesensgehalt angetastet werden".

In weiteren verfassungsgerichtlichen Entscheidungen ist dann auch der Terminus selbst gebräuchlich und bald - für die Erwerbsbetätigungsfreiheit wie für andere unter Gesetzesvorbehalt garantierte Rechte - zur Standardformel geworden. Der Gesetzgeber sei bei der Ordnung der Berufsausübung "- außer an die sonstigen Vorschriften der Verfassung - dem Wesensgehalt des Grundrechtes entsprechend an die in der Natur der zu regelnden Materie (...) liegenden Grenzen, also an die sachlichen Grenzen der Materie, gebunden"[7].

b) Der damit erzielte Gewinn für die Bestandskraft der Grundrechte darf allerdings nicht überschätzt werden. Nicht nur, daß die Umschreibung mittels der "sachlichen Grenzen der Materie", eine Variante des Gleichheitssatzes, den Wesensgehalt weniger aufhellt als verdeckt[8]. Zu bedenken ist vor allem, daß es sich dabei bloß um eine äußerste, eher akademisch interessante denn faktisch wirkungsvolle Eingriffsschranke handelt. Gewiß, das Grundrecht darf im Wege des Gesetzesvorbehaltes oder seines Mißbrauchs nicht gänzlich aus den Angeln gehoben werden. Doch sollte in der Normalität einer demokratisch-rechtsstaatlich ver-

---

[7] VfSlg 4163/1962; ferner zB VfSlg 7304/1974, 8813/1980, 9233/1981.

[8] Dazu KORINEK, Gedanken zur Lehre vom Gesetzesvorbehalt bei Grundrechten, in: Merkl-FS (1970) 171 (177 ff).

faßten Gesellschaft ein derart radikaler Einbruch in den gesetzesfesten Kern von Grundrechten nicht zu befürchten sein.

Es kann daher auch nicht verwundern, daß der VfGH kaum jemals in die Lage gekommen ist, mit der Wesensgehaltssperre wirklich Ernst zu machen und ein Gesetz in dieser Richtung zu beanstanden. Typisch ist etwa das Erkenntnis VfSlg 5240/1966, in dem eine Bestimmung des Wr KinoG 1955 geprüft wurde, nach der die Erteilung der Lichtspielkonzession in das "schrankenlose Ermessen" der Behörde gestellt war.

Im Einleitungsbeschluß hatte der VfGH erwogen, die Vorschrift "verstoße gegen Art 6 StGG, weil dadurch der Wesensgehalt dieses Grundrechtes völlig ausgehöhlt" werde. "Außerdem" widerspreche sie dem Rechtsstaatsprinzip. Tatsächlich aufgehoben wurde die Regelung aber primär aus dem zweitangeführten Grund, nämlich wegen Verletzung des in Art 18 Abs 1 B-VG verankerten Legalitätsgebotes; und nur nebenbei auch wegen Unvereinbarkeit mit Art 6 StGG, ohne daß diesbezüglich der "Wesensgehalt" nochmals strapaziert worden wäre[9].

c) Der bescheidene Stellenwert der Erwerbsbetätigungsfreiheit hat kritische Reaktionen in der Lehre ausgelöst, deren gemeinsamer Nenner es war, grundrechtliche Verpflichtungen des Gesetzgebers zu suchen, die schon vor der ominösen "Wesensgehaltssperre" liegen[10]. Sie haben zunächst jedoch kein Echo gefunden. Der VfGH hat die überkommene Rechtsprechung fortgeführt. Bis in die 80er Jahre hinein wird mit den bereits bekannten Klauseln vom "Wesensgehalt" und von den "in der Natur der zu regelnden Materie" gelegenen bzw den "sachlichen Grenzen der Materie" operiert[11].

Auf der anderen Seite fallen in diese Zeitspanne immerhin zwei Entscheidungen, die - retrospektiv betrachtet - ein bedeutsames Präjudiz schaffen. Im Erkenntnis VfSlg 8765/1980 hatte der VfGH den für das apothekenrechtliche Konkurrenzverfahren ausschlaggebenden Begriff der Existenzgefährdung zu klären[12]. Er vertritt - abweichend vom VwGH

---

[9] Die weitere Aufhebung in VfSlg 5871/1968 (stm SchischulG) konnte allein deshalb erfolgen, weil es an einer einwandfreien "gesetzlichen Bedingung" iS des Art 6 mangelte.

[10] Vgl OBERNDORFER - BINDER, Der verfassungsrechtliche Schutz freier beruflicher, insbesondere gewerblicher Betätigung, in: Klecatsky-FS (1980) 677; KORINEK, Das Grundrecht der Freiheit der Erwerbsbetätigung als Schranke für die Wirtschaftslenkung, in: Wenger-FS (1983) 243.

[11] ZB VfSlg 9750/1983, 10050/1984.

[12] Vgl § 10 Abs 3 ApothekenG idF vor der Nov BGBl 1984/502.

und in einem Schulbeispiel verfassungskonformer, an Art 6 StGG orientierter Interpretation - eine restriktive Auslegung: Die Grundrechtsregelung gebiete, "den die Erwerbsfreiheit beschränkenden Bestimmungen des Apothekenrechtes im Zweifel einen Inhalt beizumessen, der nicht den wirtschaftlichen Schutz von Personen bewirkt, denen die Apotheke ... gehört oder die aus dem Betrieb in anderer Weise, zB als Pächter, einen Ertrag erzielen, sondern den Schutz der Apotheken zum Zwecke der Aufrechterhaltung der Versorgung der Bevölkerung mit Heilmitteln".

Hervorzuheben ist ferner VfSlg 9869/1983 zur Tierkörperverwertung. Ihre landesweite Monopolisierung bei nur einem Unternehmen sei unbedenklich; die Erwerbsausübungsfreiheit werde dadurch nicht "ihrem Wesen nach ausgehöhlt". Denn die Normierung bezwecke, "ganz besonderen, der menschlichen Gesundheit drohenden Gefahren zu begegnen", sei "im besonderen Interesse der Volksgesundheit" und "im besonderen öffentlichen Interesse" geboten[13].

2. Von der Schrottlenkung zu den Schischulen

a) Kündigen die beiden zuletzt erwähnten Entscheidungen eine Wende der Judikatur an, so ist der eigentliche Umschwung dem - wie nunmehr hinzugefügt werden muß - ersten Schrottlenkungs-Erkenntnis VfSlg 10179/1984 zu verdanken[14]. Zur Prüfung stand § 6 Abs 1 lit a SchrottlenkungsG BGBl 1978/275, wonach der zuständige Bundesminister "auf Antrag Schrotthändlern die Genehmigung zur Ausübung der Tätigkeit eines Werkbelieferungshändlers" ua dann zu erteilen hatte, wenn "dies im Interesse einer ausreichenden Versorgung der inländischen Unternehmen, die Eisen oder Stahl erzeugen, notwendig ist".

Die Bestimmung wurde aus zwei zusammenhängenden Gründen als verfassungswidrig aufgehoben. Einmal befand der VfGH auf einen Verstoß gegen den Grundsatz der Gesetzmäßigkeit der Verwaltung. Die Vorschrift lasse den möglichen und nötigen Grad an Bestimmtheit deshalb vermissen, weil sie "keine Regeln dafür aufstellt, wie die Verwal-

---

[13] Ebenso VfSlg 10038/1984.

[14] Dazu insb BINDER, Entscheidungsbesprechung, ÖZW 1985, 25; eingehend GRILLER, ÖZW 1985, 65. Im Gesamtüberblick zum folgenden ferner STOLZLECHNER, Der verfassungsrechtliche Rahmen des Wirtschaftsrechts und seine Konkretisierung durch die verfassungsgerichtliche Judikatur, ÖZW 1987, 33 (41 f); BINDER, Der materielle Gesetzesvorbehalt der Erwerbsfreiheit (Art 6 StGG) - Überlegungen zur neuen Judikatur des VfGH, ÖZW 1988, 1.

tungsbehörde vorzugehen hat, wenn mehr geeignete Genehmigungswerber auftreten, als Werkbelieferungshändler im Interesse einer ausreichenden Versorgung der inländischen Eisen- und Stahlindustrie notwendig sind". Sie enthalte für diesen Fall "keinerlei Auswahlkriterien" und verletze demnach das Determinierungsgebot des Art 18 B-VG.

Insoferne erinnert die Entscheidung an das früher genannte Erkenntnis VfSlg 5240/1966 zum Wr KinoG[15]. Anders als dort wird jedoch in VfSlg 10179/1984 der Freiheit der Erwerbsbetätigung eine durchaus eigenständige Bedeutung zugeordnet.

Zwar sei einzuräumen, daß "ein Konkurrenzschutz der Werkbelieferungshändler im Interesse der österreichischen Volkswirtschaft gelegen und daher eine Bedarfsprüfung im Prinzip gerechtfertigt sein" könne. "Weshalb aber eine Genehmigung zur Ausübung der Tätigkeit eines Werkbelieferungshändlers nur dann erteilt werden darf, wenn dies 'im Interesse einer ausreichenden Versorgung der inländischen Unternehmen, die Eisen oder Stahl erzeugen, *notwendig* ist'", sei nicht begründbar. Es müsse an Fälle gedacht werden, in denen die Zulassung eines weiteren Werkbelieferungshändlers zur Gewährleistung der Versorgung "nicht absolut notwendig wäre". - Und im Ergebnis: "Dadurch, daß § 6 Abs 1 lit a SchrottlenkungsG die Ausübung der Erwerbstätigkeit eines Werkbelieferungshändlers an eine Voraussetzung knüpft, die nicht durch das öffentliche Interesse geboten und auch sonst sachlich nicht zu rechtfertigen ist, verstößt die hier vorgesehene Einschränkung der Erwerbsfreiheit gegen Art 6 StGG"[16].

b) Die beiden in der chronologischen Abfolge der Rechtsprechung anschließenden Entscheidungen, ein Beschwerde- und ein Verordnungsprüfungs-Verfahren, brauchen nur kurz gestreift zu werden. VfSlg 10386/1985 unterstreicht - mit Bezugnahme auf das Vorerkenntnis zur Schrottlenkung - die schon aus VfSlg 8765/1980 geläufige grundrechtskonforme Auslegung des Begriffes der "Existenzgefährdung" im Apothekenrecht ebenso nachdrücklich wie die Divergenz zur Auffassung des VwGH[17]. Überdies wird die Umschreibung der Grundrechtsverletzung im Vollzugsbereich adaptiert. Der VfGH vermeidet den blassen, wenngleich durch Jahrzehnte gewohnten Vorwurf "denkunmöglicher" Geset-

---

[15] Oben 1. b.
[16] Anlaßfall in VfSlg 10267/1984. Abweichend noch VwSlg 10853 A/1982.
[17] Vgl bei 1. c; ferner - nach der ApothekenG-Nov BGBl 1984/502 - VfSlg 10692/1985 und VwGH 29. 6. 1987, 87/08/0053.

zesanwendung und hält fest, daß die belangte Behörde dem Gesetz "fälschlicherweise einen gegen Art 6 StGG verstoßenden Inhalt unterstellt" und damit den Beschwerdeführer "im verfassungsgesetzlich gewährleisteten Recht auf Erwerbsfreiheit verletzt" habe[18].

In verwandter Form hat der VfGH sodann in VfSlg 10594/1985 die Ermächtigung der GewO (§ 52 Abs 4), die Ausübung gewerblicher Tätigkeiten mittels Automaten unter bestimmten Voraussetzungen zu untersagen, dahin interpretiert, daß das Gesetz "eine - zum Schutzzweck - unverhältnismäßige Beschränkung" nicht erlaube. Die überschießende Verordnungsregelung wurde als gesetzwidrig aufgehoben[19].

Größere Aufmerksamkeit wieder verdient VfSlg 10718/1985 zu dem gleichfalls in der GewO 1973 statuierten Werbeverbot für Kontaktlinsenoptiker[20]. Das Erkenntnis bringt zusätzliche Momente ins Spiel.

Der VfGH läßt es unbestritten, daß der Gewerberechtsgesetzgeber "gesundheitspolitische Ziele" verfolgen dürfe. Doch seien solche bloß dazu angetan, die Konzessionspflicht für das Kontaktlinsenoptiker-Gewerbe - und die Verpflichtung zur vorherigen Beratung durch einen Facharzt für Augenheilkunde[21] - zu tragen. Hingegen sei zur Erreichung der genannten Ziele ein Werbeverbot "kein geeignetes Mittel". Da "auch andere öffentliche Interessen für das die Freiheit der Erwerbsausübung einschränkende Werbeverbot" nicht vorlägen und es "sachlich nicht zu rechtfertigen" sei, verstoße die Vorschrift der GewO "gegen Art 6 StGG (vgl VfSlg 10179/1984, 10386/1985)"[22].

c) Einen gewissen Höhepunkt der Entwicklung markiert das Erkenntnis VfSlg 10932/1986, mit dem jene Regelungen des GelegenheitsverkehrsG BGBl 1952/85 idF 1981/486 aufgehoben wurden, die die Erteilung der Konzession für das Taxi- (und das Ausflugswagen- und Mietwagen-) Gewerbe an das Vorhandensein eines näher bestimmten Bedarfes gebunden hatten[23]. Von der Heftigkeit der in breiten Kreisen ge-

---

[18] Näherhin dazu SPIELBUCHLER, Grundrechte und Grundrechtsformel, in: Floretta-FS (1983) 289.

[19] Vgl zB auch VfSlg 10752/1986.

[20] § 236c Abs 1 idF BGBl 1981/619. Zur "Vorgeschichte" vgl VfSlg 8646/1979.

[21] Vgl die Verordnung BGBl 1976/698 (§ 2).

[22] Dazu SCHWAIGHOFER, Entscheidungsbesprechung, OZW 1986, 125; MAYER, Die Bezeichnung von Anwaltssozietaten, das Werbeverbot für Rechtsanwalte und die Grundrechte, ÖJZ 1988, 292 (296 f).

[23] § 5 Abs 1 Satz 2 (Wortfolge: "ein Bedarf nach der beabsichtigten Gewerbeausubung sowie") und § 5 Abs 4.

führten Diskussion abgesehen, zeigt auch der Gedankengang der Entscheidung in manchem eine schärfere Akzentuierung. Das Resultat selbst freilich kann nach dem Bisherigen nicht sonderlich überraschen. Der VfGH betont die Zäsur seiner Rechtsprechungspraxis und kleidet die Verletzungsformel in ein neues Gewand. Die "jüngere Judikatur" habe die Eingriffsgrenzen "dahin ergänzt und präzisiert, daß gesetzliche, die Erwerbsausübungsfreiheit beschränkende Regelungen" das Grundrecht nur dann "nicht verletzen, wenn sie durch das öffentliche Interesse geboten und auch sachlich zu rechtfertigen sind".

Konkret müsse demnach untersucht werden, ob die angeordnete "Prüfung des Bedarfes (eine objektive Voraussetzung für den Zugang zum Gewerbe)" bzw "ob die objektiven Zulassungsvoraussetzungen, die eine Beschränkung des freien Wettbewerbes bewirken, im öffentlichen Interesse liegen und auch sachlich gerechtfertigt sind". Wesentlich sei also, "ob mit Grund anzunehmen ist, daß bei Fehlen objektiver Zulassungsvoraussetzungen öffentliche Interessen beeinträchtigt oder gefährdet würden; ferner, ob die Bedarfsprüfung ein an sich taugliches und auch adäquates Mittel ist, die Beeinträchtigung oder Gefährdung öffentlicher Interessen hintanzuhalten".

Die Frage wurde, ungeachtet des Umstandes, "daß dem Gesetzgeber bei Beurteilung dieser Kriterien ... von Verfassungs wegen ein weiter rechtspolitischer Gestaltungsspielraum" zukomme, in jeder Richtung verneint. Ein funktionierender Straßenverkehr läge zwar "selbstverständlich im öffentlichen Interesse". Doch sei es "weitgehend ein untaugliches, jedenfalls aber völlig unadäquates Mittel zu seiner Gewährleistung ..., durch eine Bedarfsprüfung die Anzahl der Taxikonzessionen zu beschränken".

Ähnlich werde das Ziel, für eine "möglichst sichere und ... angenehme Taxifahrt" vorzusorgen, "durchaus vom öffentlichen Interesse erfaßt". Es könne aber "durch eine Bedarfsprüfung überhaupt nicht erreicht werden". Dem erwähnten Zweck "können vielmehr vor allem (kraftfahrrechtliche) Vorschriften über die Verkehrstüchtigkeit der als Taxis verwendeten Fahrzeuge und (gewerbepolizeiliche) Bestimmungen über die persönlichen Voraussetzungen (besondere Verläßlichkeit sowie besondere Fähigkeiten und Kenntnisse), die die Gewerbeinhaber und ... die Fahrzeuglenker zu erfüllen haben, dienen".

Insgesamt sei die "die Erwerbsausübungsfreiheit stark beeinträchtigende Bedarfsprüfung" bei der Konzessionsverleihung "zur Durchsetzung öffentlicher Interessen zum Teil ein absolut ungeeignetes, zum Teil ein völlig unadäquates Mittel". Tatsächlich laufe sie auf einen "(nicht im öffentlichen Interesse gelegenen) Konkurrenzschutz" hinaus[24].

d) Die nächste verfassungsgerichtliche Aufhebung im Erkenntnis G 174/86 vom 5. 3. 1987 betraf die Bedarfsprüfung bei der kraftfahrrechtlichen Fahrschulbewilligung[25]. Hier genügt es, die Entscheidung als solche zu registrieren. Die Begründung entspricht so gut wie gänzlich dem "Taxi"-Erkenntnis.

Demgegenüber setzt das Erkenntnis G 1, 171/87 vom 6. 10. 1987, bei sehr verwandtem Sachverhalt - aufgehoben wurde die Bedarfs-Regelung des GüterbeförderungsG[26] -, einen weiteren Schritt. Die Verletzungsformel des Art 6 StGG wird erneut ausgebaut und erstmals in dieser, bereits eingangs des Beitrages zitierten Fassung verwendet: Gesetzliche, die Freiheit der Erwerbsbetätigung beschränkende Vorschriften seien nur zulässig, "wenn sie durch das öffentliche Interesse geboten, geeignet, zur Zielerreichung adäquat und auch sonst sachlich zu rechtfertigen sind".

Deutlich spürbar ist ferner das Bemühen um eine differenziert wertende Abwägung. Errichte das Gesetz "eine Schranke schon für den Antritt eines Gewerbes, die der Betroffene, der alle subjektiven Voraussetzungen erfüllt, aus eigener Kraft nicht überwinden" könne - wie sie die Bedarfsprüfung darstellt -, so liege "grundsätzlich ein schwerer Eingriff in die verfassungsgesetzlich gewährleistete Erwerbsausübungsfreiheit vor, der nur angemessen ist, wenn dafür besonders wichtige öffentliche Interessen sprechen und wenn keine Alternativen bestehen, um den erstrebten Zweck in einer gleich wirksamen, aber die Grundrechte weniger einschränkenden Weise zu erreichen".

Bemerkenswert ist auch, daß der VfGH den allgemein-ordnungspolitischen Horizont der Grundrechtsverbürgung miteinbezieht. Die Erwerbsbetätigungsfreiheit habe prinzipiell "einen freien Wettbewerb und damit einen Konkurrenzkampf zur Folge". Er sei "vom Verfassungsgesetzgeber ... mitgedacht" und dürfe "von Gesetzes wegen nur aus besonderen Gründen", etwa aus überwiegenden volkswirtschaftlichen Erwä-

---

[24] Aus der Literatur dazu insb DUSCHANEK, Jüngste Entwicklungen der Judikatur zur Erwerbsfreiheit, WiPoBl 1986, 752.

[25] § 110 Abs 1 lit b und Abs 2 KFG 1967 BGBl 267. Vgl jetzt die 12. KFG-Nov BGBl 1988/375.

[26] BGBl 1952/63 idF 1982/630; § 5 Abs 1 Satz 1 (Wortfolge: "ein Bedarf nach der beabsichtigten Gewerbeausübung besteht") und § 5 Abs 2.

gungen, "unterbunden werden". Dies bedinge, "daß schlechter wirtschaftende Betriebe zugunsten der besser wirtschaftenden weichen müssen". Was speziell das Vorbringen der BReg im Verfahren angehe, sei zu klären, ob der durch die Bedarfsprüfung bewirkte Konkurrenzschutz "geeignet und erforderlich ist", das öffentliche Interesse an einer klaglosen Güterbeförderung zu realisieren. Das sei nicht der Fall. Der "schwerwiegende Eingriff in die Erwerbsausübungsfreiheit" habe "relativ geringe Auswirkungen" auf den Gesamtgüterverkehr, "die von vornherein kaum in einem angemessenen Verhältnis zur Intensität des Grundrechtseingriffes (wird doch bereits der Zugang zum Gewerbe beschränkt) stehen". Der Schutz der etablierten Unternehmen vor Konkurrenz sei "nicht erforderlich", um ein bestmögliches Güterbeförderungssystem und einen wirtschaftlich gebotenen Gläubigerschutz sicherzustellen. Auch könne dem Argument der Wahrung der Lebensfähigkeit und Umweltfreundlichkeit des Eisenbahnsektors nicht global beigepflichtet werden. Mindestens im Nahverkehr sei die Bedarfsregelung "nicht dazu geeignet", die Güterbeförderung von der Straße auf die Schiene zu verlagern.

e) Etwas aus der Reihe der bisher erörterten Judikatur fällt das zeitlich unmittelbar folgende Erkenntnis G 75/87 vom 9. 10. 1987, mit dem der Beförderungsvorbehalt der Post für nicht periodisch erscheinende Druckschriften, namentlich für Werbematerial, beseitigt wurde[27].

Die Entscheidung beruht noch stärker als das Erkenntnis zur Güterbeförderung auf einer Gewichtung der jeweiligen Interessenlagen. Denn an sich wurden der Beförderungsvorbehalt und die korrespondierende Postpflicht - sowie deren "intrasystematische Fortentwicklung" - im Dienste der ökonomischen Absicherung des Postbetriebes vom VfGH gebilligt[28]. Worum es ging, war lediglich die Feinabstimmung. Eine "sachliche Rechtfertigung" des Postzwanges sei (nur) "solange gegeben, als die Post die ihr übertragenen Beförderungsleistungen ordnungsgemäß zu erbringen imstande ist". Dies treffe indessen - wie die Befugnis, Massensendungen unter bestimmten Bedingungen von der Annahme auszuschließen, oder die fehlenden Voraussetzungen einer gezielten Zustellung nach Kundengruppen und Einzugsgebieten zeigten - nicht ausnahmslos zu. Insoweit sei ein Widerspruch zu Art 6 StGG festzustellen.

---
[27] Aufhebung der Worte "wiederkehrend erscheinende" in der Ausnahmeregelung des § 10 PostG BGBl 1957/58.

[28] Die quasi "versteinerungstheoretische" Grundrechtssicht soll hier außer Betracht bleiben; dazu mit Recht kritisch BINDER, ÖZW 1988, 5.

Der Beförderungsvorbehalt gelte auch für Leistungen, "für die teilweise keine Beförderungspflicht ... und teilweise keine Beförderungsmöglichkeit" bestehe; darin sei "eine nicht mehr adäquate und sachlich nicht gerechtfertigte Beschränkung der Erwerbsfreiheit" zu erblicken.

Des weiteren hat der VfGH allerdings in zwei Erkenntnissen des Jahres 1987 eine Verletzung des Art 6 StGG - im Zuge von Beschwerdeverfahren - verneint. Mit Erkenntnis B 402/86 vom 17. 3. 1987 wurde ausgesprochen, daß das standesrechtliche Verbot für Anwälte, unternehmerisch Tätigkeiten auszuüben, die zu den Aufgaben eines Rechtsanwaltes zählen, seine Rechtfertigung in der "Funktion, die dem Anwaltsstand in einem Rechtsstaat obliegt", finde.

Vergleichbar knapp gehalten ist das Erkenntnis B 414/87 vom 14. 10. 1987 zur Bedarfsprüfung im Bestattergewerbe. Sie sei hier - im Gegensatz zu anderen, in der Judikatur bereits beanstandeten Regelungszusammenhängen - "ein geeignetes, adäquates und auch sonst sachlich gerechtfertigtes Mittel ..., um zu gewährleisten, daß die unverzichtbaren Leistungen in angemessener Weise erbracht werden".

f) Die letzte Runde an Gesetzesprüfungen ist durch das Erkenntnis G 132 ua/87 vom 1. 12. 1987 eingeleitet worden; eine Entscheidung, die, wie jene zum Taxigewerbe, einiges Aufsehen erregt hat. Als verfassungswidrig aufgehoben wurden die Bestimmungen des LadenschlußG über den sog Sperrhalbtag[29].

Der VfGH rekapituliert seine neuere Rechtsprechung und reichert sie mit einem zusätzlich unterscheidenden Merkmal an. Er habe den Standpunkt, daß das Grundrecht des Art 6 StGG berührende Vorschriften nur zulässig seien, "wenn sie durch das öffentliche Interesse geboten, geeignet, zur Zielerreichung adäquat und auch sonst sachlich zu rechtfertigen" sind, vornehmlich bei Beschränkungen des Erwerbsantrittes eingenommen. Aber "auch gesetzliche Regelungen, die die Berufsausübung beschränken", seien, wie das Erkenntnis zum Werbeverbot für Kontaktlinsenoptiker erweise, an der verfassungsrechtlich verbürgten Erwerbsfreiheit zu messen. Das bedeute, daß Ausübungsregelungen "bei einer Gesamtabwägung zwischen der Schwere des Eingriffs und dem Gewicht der ihn rechtfertigenden Gründe verhältnismäßig sein müssen". Doch stehe dem Gesetzgeber "ein größerer rechtspolitischer Gestaltungsspielraum" zur Verfügung, weil dieser Eingriff "weniger gravierend" sei als solche, "die den Zugang zum Beruf überhaupt behindern".

---

[29] BGBl 1958/156; § 3 Abs 1 und 3. Jetzt idF 1988/421.

Im speziellen Fall lägen die wettbewerbsordnenden und sozialpolitischen Motive des LadenschlußG gewiß im öffentlichen Interesse. Auch sei die Limitierung der Offenhaltezeiten ein "an sich taugliches Mittel" zur Zweckverwirklichung; sie könne "noch als gerechtfertigt" qualifiziert werden. Wenn aber dabei dem Gewerbetreibenden jede Dispositionsmöglichkeit entzogen und die Festlegung einem Verwaltungsorgan, dem Landeshauptmann, übertragen werde, sei die Einschränkung der Erwerbsausübungsfreiheit "nicht mehr adäquat". Das Interesse an einem einheitlichen Sperrhalbtag, der den Bediensteten die Vorhersehbarkeit der individuellen Arbeitszeit erleichtere, vermöge die Grundrechtsbeeinträchtigung nicht aufzuwiegen[30].

g) Eine Neuauflage des Streites um die Schrottlenkung bringt dann das Erkenntnis G 79/87 vom 1. 3. 1988. Nach der früher geschilderten Aufhebung im SchrottlenkungsG BGBl 1978/275 durch VfSlg 10179/1984 war das Gesetz novelliert und anschließend wiederverlautbart worden[31]; und zwar, wie es scheinen mochte, im Sinne einer verfassungskonformen, ja vom VfGH selbst angeregten Existenzgefährdungsklausel zugunsten der schon zugelassenen Werkbelieferungshändler[32].

Die nunmehrige Entscheidung kehrt zum Ausgangspunkt der Judikaturentwicklung zurück und korrigiert zugleich die ursprüngliche Anschauung: Aus VfSlg 10179/1984 könne nicht abgeleitet werden, der VfGH habe "einem Konkurrenzschutz für Werkbelieferungshändler seinerzeit die verfassungsrechtliche Unbedenklichkeit attestiert".

Ferner wird die zuvor im Ladenschluß-Erkenntnis herausgearbeitete abgestufte Betrachtungsweise bestätigt. Daß der Gestaltungsspielraum des Gesetzgebers bei Vorschriften über den Erwerbsantritt geringer sei als bei Ausübungsregeln, ergebe sich "auch aus dem engen inhaltlichen Zusammenhang des verfassungsgesetzlich gewährleisteten Rechtes der Freiheit der Erwerbsbetätigung gemäß Art 6 StGG mit dem verfassungsgesetzlich gewährleisteten Recht der freien Berufswahl gemäß Art 18 StGG"; Berufswahlfreiheit "ohne das Recht, den gewählten Beruf auch anzutreten", würde wenig zählen. Aus diesem "wechselseitigen Bezug" müsse gefolgert werden, daß "gesetzliche Regelungen, die weitere Bewerber aus nicht in deren Person gelegenen Gründen von einem be-

---

[30] Vgl die Glosse von HOHNE, Erste Runde im Kampf um den Ladenschluß: Aufhebung des "Sperrnachmittags", WBl 1988, 33; KUPKA, Ladenschluß in Österreich, WiVerw 1988, 120 (141 f).
[31] BGBl 1985/270 und 428.
[32] Vgl allerdings bereits GRILLER, ÖZW 1985, 76 ff.

stimmten Beruf ausschließen", vom Gesetzesvorbehalt des Art 6 StGG nur gedeckt sind, wenn öffentliche Interessen die Einschränkung "gebieten".

Stelle der Gesetzgeber zudem auf die Gefährdung der Existenz bestehender Betriebe ab, sei das ein "besonders schwerer Eingriff" in die Erwerbsbetätigungsfreiheit. Er wirke sogar massiver als eine "bloße Bedarfsprüfung", weil nicht mehr die objektive volkswirtschaftliche Situation für den Marktzugang maßgeblich sei, sondern die subjektive betriebswirtschaftliche Lage der vorhandenen Unternehmen. Das jeweils schwächste unter ihnen könne das Auftreten leistungsfähigerer Konkurrenten verhindern.

Die optimale Schrottent- und -versorgung diene unzweifelhaft einem "besonderen öffentlichen Interesse". Die Nichtzulassung weiterer Werkbelieferungshändler sei jedoch kein "geeignetes, zur Zielerreichung adäquates und auch sonst sachlich zu rechtfertigendes Mittel". Den bereits tätigen Betrieben komme "nicht eine derartig überragende Bedeutung" für das Funktionieren des Lenkungssystems zu, "daß die wirtschaftliche Existenz jedes einzelnen unter Hintanstellung der verfassungsrechtlichen Erwerbsantrittsfreiheit neuer Bewerber ... *auf alle Fälle* Vorrang verdient". Der "Schutz wirtschaftlich schwacher Werkbelieferungshändler" liege "nicht im öffentlichen Interesse"[33].

Den - vorläufigen - Schlußstrich zieht das Erkenntnis G 154/87 ua vom 12. 3. 1988 zum Tir SchischulG LGBl 1981/3. Der Aufhebung verfielen jene Bestimmungen des Gesetzes, die für Schischulen und deren Betriebsbewilligung ein Gebietsmonopol in Kombination mit einer Bedarfsprüfung vorgesehen hatten. Die Regelung sei "überschießend und inadäquat", sie beeinträchtige die Erwerbsfreiheit "in unverhältnismäßiger Weise"[34].

3. Die rechtsvergleichende Dimension

a) Daß der VfGH mit der dargelegten Entscheidungsreihe "die Verfassungsgerichtsbarkeit entdeckt" habe[35], ist bewußt pointiert formuliert. Dennoch enthält die Behauptung mehr als ein Körnchen Wahrheit. Innerhalb von knapp vier Jahren hat der VfGH in nicht weniger als neun

---

[33] Dazu jetzt die SchrottlenkungsG-Nov BGBl 1988/338.

[34] Vgl vorwegnehmend STREJCEK, Konkurrenzschutz im Schischulrecht, ZfV 1988, 15.

[35] So BINDER, ÖZW 1988, 1.

Fällen gesetzliche Regelungen wegen Verletzung des Art 6 StGG aufgehoben[36]. Dem steht nicht ein einziges oder, wenn man VfSlg 5240/1966 rechnen will, bestenfalls ein halbes Beispiel aus der jahrzehntelangen Vorjudikatur gegenüber[37]. Allein in der Quantität offenbart sich der Wandel.

Schwieriger ist es, das qualitativ Neue der Rechtsprechung zu lokalisieren. Nur umrißhaft können vorerst bestimmte Tendenzen ausgemacht werden. Zum einen zeigt sich eine allmähliche Vergewisserung und Verfestigung des Standortes, die ihren Niederschlag schon in der Umschreibung der den Gesetzgeber auch im Vorbehaltsbereich des Grundrechtes bindenden Schranken findet. Gemahnt das erste Schrottlenkungs-Erkenntnis VfSlg 10179/1984 wenigstens äußerlich noch stark an die Tradition der älteren Praxis, so werden die Grenzen im Taxi-Erkenntnis aus 1986 zunächst "ergänzt und präzisiert" und erfahren dann im Güterbeförderungs-Erkenntnis von 1987 ihre voll ausgebildete, seither ständige Fassung. Die Erwerbsbetätigungsfreiheit gewinnt Konturen. Ihre Schutzwirkung entwächst sozusagen dem "Wesensgehalt", geht eine Verbindung mit dem Gleichheitssatz ein und emanzipiert sich merklich auch von diesem.

Zum anderen ist ein Bestreben um Differenzierung festzustellen. Es kommt in der Unterscheidung zwischen Erwerbsantritt und Erwerbsausübung und in der Ausrichtung an jeweils verschiedenen Graden der Wichtigkeit öffentlicher Interessen und der Schwere der Grundrechtsschmälerung zum Tragen. Hier führt der Weg, fortschreitend deutlicher werdend, vom Güterbeförderungs- und Postpflicht-Erkenntnis zu den Entscheidungen Ladenschluß und Schrottlenkung II.

Ansonsten freilich läßt sich eine gemeinsame Linie fürs erste kaum herauskristallisieren. Man läuft in der Fülle der Besonderheiten von Sachverhalt und Rechtsquellen Gefahr, den Wald vor lauter Bäumen nicht mehr zu sehen.

An diesem Punkt empfiehlt sich ein vergleichender Blick auf die Grundrechtsdogmatik in Deutschland. Die apostrophierte "Entdeckung" ist keine Erfindung der österreichischen Verfassungsgerichtsbarkeit.

b) "Nach dem Grundsatz der Verhältnismäßigkeit muß die in Frage stehende Grundrechtsbegrenzung *geeignet* sein, den Schutz des Rechts-

---

[36] Mit dem, nach Drucklegung des Beitrages ausgesendeten Erk 21. 6. 1988, G 228/87 (Tir LichtspielG) erhöht sich die Zahl auf 10.
[37] Oben 1. b.

guts, um dessentwillen das Grundrecht begrenzt wird, zu bewirken. Sie muß dazu *erforderlich* sein, was nicht der Fall ist, wenn ein milderes Mittel ausreicht. Schließlich muß sie im engeren Sinne *verhältnismäßig* ("proportional") sein, dh in angemessenem Verhältnis zu dem Gewicht und der Bedeutung des Grundrechts stehen. Das Mittel ist geeignet, wenn mit seiner Hilfe der gewünschte Erfolg gefördert werden kann. Das Mittel ist erforderlich, wenn der Gesetzgeber nicht ein anderes, gleich wirksames, aber das Grundrecht nicht oder doch weniger fühlbar einschränkendes Mittel wählen könnte. Bei einer Gesamtabwägung zwischen der Schwere des Eingriffs und dem Gewicht sowie der Dringlichkeit der den Eingriff rechtfertigenden Gründe muß die Grenze der *Zumutbarkeit* noch gewahrt sein. Die Maßnahme darf den Betroffenen nicht übermäßig belasten"[38].

Das Zitat vermittelt ein Bild der deutschen Rechtslage gleichsam en miniature. Seine scheinbare Einfachheit darf nicht täuschen. Es zieht die Summe einer langjährigen Rechtsprechungspraxis und einer uferlosen literarischen Auseinandersetzung[39].

In der konkreten Anwendung vervielfachen sich die Facetten abstrakter "Verhältnismäßigkeit". Gerade die Erwerbsbetätigungsfreiheit oder Berufsfreiheit nach Art 12 GG liefert dafür Anschauungsmaterial. In einer sehr frühen Entscheidung, dem Apotheken-Urteil von 1958, hat das BVerfG ausgeführt, der Umfang der gesetzlichen Regelungsbefugnis gem Art 12 Abs 1 Satz 2 GG weise gewissermaßen mehrere "Stufen" auf. Am schwächsten gebunden sei der Gesetzgeber, wenn er eine "reine Ausübungsregelung" treffe, "die auf die Freiheit der Berufswahl nicht zurückwirkt". Insoferne genügten "vernünftige Erwägungen des Gemeinwohls"; der Grundrechtsschutz beschränke sich "auf die Abwehr in sich

---

[38] BADURA, Staatsrecht 85.

[39] Grundlegend LERCHE, Übermaß und Verfassungsrecht (1961). Ferner GRABITZ, Der Grundsatz der Verhaltnismäßigkeit in der Rechtsprechung des Bundesverfassungsgerichts, AÖR 1973, 568; H. SCHNEIDER, Zur Verhältnismaßigkeits-Kontrolle insbesondere bei Gesetzen, in: Bundesverfassungsgericht und Grundgesetz II (1976) 390; WENDT, Der Garantiegehalt der Grundrechte und das Übermaßverbot, AÖR 1979, 414; HIRSCHBERG, Der Grundsatz der Verhältnismäßigkeit (1981); SCHNAPP, Die Verhältnismäßigkeit des Grundrechtseingriffs, JuS 1983, 850; JAKOBS, Der Grundsatz der Verhaltnismäßigkeit, DVBl 1985, 97; RESS, Der Grundsatz der Verhältnismäßigkeit im deutschen Recht, in: Der Grundsatz der Verhaltnismäßigkeit in europäischen Rechtsordnungen (1985) 5. Aus der Judikatur - übereinstimmend mit der zusammenfassenden Charakterisierung BADURAS - zB BVerfGE 30, 292 (316); 67, 157 (173 ff); 70, 278 (286); jüngst Beschl 8. 3. 1988, 1 BvL 9/85 (= EuGRZ 1988, 179; NJW 1988, 1577/Ehename); 9. 3. 1988, 1 BvL 49/86 (= EuGRZ 1988, 278; JZ 1988, 555/Entmündigung).

verfassungswidriger, weil etwa übermäßig belastender und nicht zumutbarer gesetzlicher Auflagen". Eine Regelung dagegen, "die schon die Aufnahme der Berufstätigkeit von der Erfüllung bestimmter Voraussetzungen abhängig macht und die damit die Freiheit der Berufswahl berührt", sei bloß gerechtfertigt, wenn dadurch "ein überragendes Gemeinschaftsgut, das der Freiheit des Einzelnen vorgeht, geschützt werden soll". Dabei müsse wieder zwischen subjektiven und objektiven Zulassungsbedingungen unterschieden werden. Für die ersteren gelte "das Prinzip der Verhältnismäßigkeit in dem Sinne, daß die ... Voraussetzungen zu dem angestrebten Zweck der ordnungsmäßigen Erfüllung der Berufstätigkeit nicht außer Verhältnis stehen dürfen". Andererseits seien an objektive Bedingungen der Berufszulassung "besonders strenge Anforderungen zu stellen"; nur die Bekämpfung "nachweisbarer oder höchstwahrscheinlicher schwerer Gefahren für ein überragend wichtiges Gemeinschaftsgut" werde sie legitimieren können[40].

Diese sog "Stufentheorie" ist für das Verständnis der Berufsfreiheit, obzwar modifiziert, bis heute leitend geblieben[41].

c) Auch der Vergleich mit dem deutschen Recht verhilft gewiß nicht zur Quadratur des Kreises. Das Prüfungsprogramm der Verhältnismäßigkeit kann nicht als starres Schema benützt werden. Es ist mit fließenden Übergängen, namentlich zwischen den Merkmalen der "Erforderlichkeit" und der "Verhältnismäßigkeit im engeren Sinn" zu rechnen.

Dennoch läßt das Gesagte den Kurswechsel der österreichischen Judikatur in einem klareren Licht erscheinen und erlaubt eine Zuordnung mindest nach Hauptaspekten. So ist in VfSlg 10718/1985 das Werbeverbot für Kontaktlinsenoptiker erklärtermaßen (schon) an seiner - mangelnden - Zweck-"Eignung" gescheitert; es war "kein geeignetes Mittel" zur Erreichung gesundheitspolitischer Ziele. Fast durchwegs spielt ferner der Gedanke fehlender "Erforderlichkeit" herein, deutlich bereits in

---

[40] BVerfGE 7, 377 (405 ff).
[41] ZB BVerfGE 25, 1; 30, 292; 33, 171; 59, 302; 61, 291; 76, 196; jüngst Beschl 6. 10. 1987 (= BVerfGE 77, 84; EuGRZ 1988, 79; NJW 1988, 1195/Leiharbeitsverbot). Aus der Literatur MEESSEN, Das Grundrecht der Berufsfreiheit, JuS 1982, 397; TETTINGER, Das Grundrecht der Berufsfreiheit in der Rechtsprechung des Bundesverfassungsgerichts, AÖR 1983, 92; H.-P. SCHNEIDER und LECHELER, Artikel 12 GG - Freiheit des Berufs und Grundrecht der Arbeit, VVDStRL 43 (1985) 7 und 48.

VfSlg 10179/1984 zur Schrottlenkung[42] sowie im Taxi- und Schischul-Erkenntnis.

Endlich wird - beginnend mit dem Güterbeförderungs- und am besten wohl im Ladenschluß- und im 2. Schrottlenkungs-Erkenntnis - auch das dritte und zweifellos heikelste Glied der Kette, die "Verhältnismäßigkeit im engeren Sinn" oder "Proportionalität", sichtbar. Das ist kein Zufall, sondern in der inneren Logik der "Stufentheorie" begründet. Sie setzt nicht nur die Intensität des Grundrechtseingriffes, sie setzt auch das verfolgte rechtspolitische Ziel als variable Größe. Sobald aber verschiedene oder verschieden gewichtete öffentliche Interessen in Betracht kommen, muß zwangsläufig die eindimensionale Wertung nach Eignung und Erforderlichkeit in eine "Gesamtabwägung"[43] mit der Schwere der Rechtsbeeinträchtigung ausmünden.

Im einzelnen mag manches offen bleiben. Allein sprachlich verrät die Formulierung der Vorbehaltsschranken durch den VfGH Unsicherheit. Doch geht es nicht darum. Im Prinzip jedenfalls enthält die "jüngere Judikatur" ein Bekenntnis zum Verhältnismäßigkeitsgrundsatz. Er ist Regulativ für die gesetzgeberische Rechtsgestaltung und Korrektur für die verfassungsgerichtliche Gesetzeskontrolle geworden; und zwar - anders als die "Wesensgehaltssperre" - ein solches effektiver Natur. Die gelegentlich explizit auftauchende Wendung "(un)verhältnismäßig"[44] ist als terminus technicus zu nehmen.

Nicht zuletzt belegt das Apotheken-Urteil des BVerfG, bei teils abweichenden Lösungen, die Verwandtschaft der Fragestellung; es sei an VfSlg 8765/1980 und 10386/1985 erinnert. Mutatis mutandis hat das BVerfG auch zur Bedürfnisprüfung im Gelegenheitsverkehr und zum Ladenschluß entschieden[45]. Das Güterbeförderungs-Erkenntnis des VfGH ist bis in Nuancen der Ausdrucksweise dem Beschluß BVerfGE 40, 196, nachempfunden[46].

---

[42] Treffend GRILLER, OZW 1985, 73 f, 78.
[43] VfGH 1. 12. 1987 (Ladenschluß).
[44] Erkenntnisse Guterbeförderung, Ladenschluß und Schischulen.
[45] BVerfGE 11, 168; 13, 237 und 59, 336.
[46] Ferner das Urteil des Schweizerischen Bundesgerichts 8. 6. 1984 (= EuGRZ 1985, 310) in Sachen Kontaktlinsenoptiker (!); vgl HAFELIN - HALLER, Bundesstaatsrecht 437.

III. Ältere Ansätze, Querverbindungen und weitere Impulse

1. Eigentumsgarantie und Gleichheitssatz

a) Rechtsvergleichung vermag neue dogmatische Wege anzubahnen oder gedanklich nachzuvollziehen; sie kann nicht deren Richtigkeit beweisen. Auch wäre es verfehlt, die Entwicklung der österreichischen Rechtsprechung bloß als späte Anpassung an ausländische Erfahrungen zu sehen. Sie ist aus mehreren Quellen gespeist.

Ein früher Einstieg ist beim Eigentumsschutz zu suchen. Bereits in VfSlg 3666/1959 heißt es, dem Begriff der Enteignung nach Art 5 (Satz 2) StGG 1867 wohne die Forderung inne, daß sie nur zulässig sei, "wenn sie durch das allgemeine Beste gerechtfertigt, also durch das öffentliche Interesse geboten ist". Es müsse "ein konkreter Bedarf" bestehen, "dessen Deckung im öffentlichen Interesse liegt"; weiters müsse das zu entziehende Objekt "überhaupt geeignet" sein, den Bedarf "unmittelbar zu decken"; und es müsse "unmöglich sein, den Bedarf anders als durch Enteignung zu decken". - An dieser strikten Deutung der Voraussetzungen ist seither festgehalten worden[47].

Das Muster der Verhältnismäßigkeitsidee läßt sich unschwer nachzeichnen. Das Element der "Eignung" wird ausdrücklich hervorgehoben; und die "Unmöglichkeit" anderweitiger Bedarfsbefriedigung kann in den Kategorien der Verhältnismäßigkeit als "Erforderlichkeit" übersetzt werden.

Allerdings gilt das lediglich für die echte, förmliche Enteignung. Bei der Eigentumsbeschränkung bescheidet sich der VfGH nach wie vor - in Anlehnung an Art 1 Abs 2 des 1. ZProtMRK und endgültig erst seit 1983 - mit einem vagen "Allgemeininteresse" oder "öffentlichen Interesse"[48]. Wie ja generell die Eigentumsjudikatur - denkt man an die Verpflichtung zur Rückübereignung auf der einen, den hartnäckig verteidigten Irrtum der entschädigungslosen Enteignung auf der anderen Seite[49] - durch auffällige Zwiespältigkeiten geprägt ist.

---

[47] ZB VfSlg 8981/1980, 9911/1983; vgl auch VwSlg 9604 A/1978 und 10411 A/1981 (Enteignung als "ultima ratio").

[48] VfSlg 9911/1983 (Zwentendorf I) und Erk 1. 7. 1987, G 118, 271/86. Vgl aber auch VfSlg 7759/1976 zur "wirtschaftlichen Zumutbarkeit" im Ortsbildschutz und letzthin das Erk 10. 6. 1988, B 707/87.

[49] VfSlg 8980 bis 8982/1980 bzw VfSlg 9911/1983 und VfSlg 10841/1986 (Zwentendorf II).

b) Als kräftiger Motor rechtlicher Umschichtungen hat sich ferner der Gleichheitssatz erwiesen. Seine stetige Entfaltung zu einem beherrschenden, die übrigen Grundrechte überstrahlenden Verfassungsprinzip braucht des näheren nicht ausgebreitet zu werden. Es genügt, den jüngsten Entwicklungssprung ins Auge zu fassen, nämlich die Aufwertung zu einem grundsätzlichen "Sachlichkeitsgebot"[50].

Wenn auch im Postulat sachlich gerechtfertigter Differenzierung und Nicht-Differenzierung angelegt, hat die Gleichheit vor dem Gesetz damit doch eine neue Qualität gewonnen. Sie ist nicht mehr bloß "Relationsbegriff"[51]; sie fordert auch objektive, vergleichs-unabhängige "Sachlichkeit". Was hätte der Gleichheitssatz ansonsten mit der Einrichtung personeller Selbstverwaltung oder eines Gemeinderechenzentrums zu tun[52]?

"Sachlichkeit" oder Sach-Angemessenheit verlangt aber Maß[53]. Die gesetzliche Regelung muß gegenstands- und zieladäquat, sie darf nicht "überschießend" sein[54].

Die Nahebeziehung zum Verhältnismäßigkeitsgrundsatz ist unverkennbar und wird mitunter auch terminologisch entschlüsselt[55]. Umgekehrt kann wieder auf den Aufbau der Verletzungsformel bei der Erwerbsbetätigungsfreiheit Bezug genommen werden. In der Schlußpassage, daß Beschränkungen des Art 6 StGG "auch sonst sachlich zu rechtfertigen" sein müßten, trägt sie die Eierschalen des Gleichheitssatzes noch auf dem Kopf.

c) Um nicht im Abstrakten zu bleiben, sei die verfassungsgerichtliche Rechtsprechung zur (institutionellen) Bestandsgarantie der Gemeinde genannt. Ausgehend von VfSlg 8108/1977, hat der VfGH mehrfach Änderungen der kommunalen Gebietsstruktur, wie die Vereinigung oder Aufteilung von Gemeinden, geprüft und einer Revision unterzogen.

---

[50] ZB NOVAK, ZAS 1982, 233 f; KORINEK, Gedanken zur Bindung des Gesetzgebers an den Gleichheitsgrundsatz nach der Judikatur des Verfassungsgerichtshofes, in: Melichar-FS (1983) 48 f; KAROLLUS, Zur verfassungsrechtlichen Verankerung des strafrechtlichen Schuldprinzips, ÖJZ 1987, 677 (678 ff).

[51] NEISSER - SCHANTL - WELAN, Betrachtungen zur Judikatur des Verfassungsgerichtshofes (Slg 1967), ÖJZ 1969, 318; 645 (648).

[52] VfSlg 8215/1977 (8644/1979) und 8844/1980. Besonders deutlich auch VfSlg 10949/1986; Erk 4. 3. 1988, G 82 ua/87.

[53] NOVAK, ZAS 1982, 233.

[54] Vgl VfSlg 10517/1985; VfGH 11. 3. 1987, G 257/86 ua.

[55] ZB jüngst VfGH 14. 12. 1987, G 114 ua/87.

Zu klären sei - so zuletzt das Erkenntnis G 22/87 vom 17. 6. 1987 -, ob die im Zeitpunkt der Reformmaßnahme vom Gesetzgeber getroffene Prognoseentscheidung "vertretbar war oder nicht". Auch die in der Regel sachlich begründete Auflösung einer Kleingemeinde von weniger als 1000 Einwohnern könne, bei extremer Unzweckmäßigkeit, "vorhersehbarerweise völlig untauglich" sein, die angestrebte Verbesserung der Kommunalstruktur zu erreichen. Jede Strukturänderung hänge "von einer Vielzahl von Umständen" ab; habe Vor- und Nachteile.

Im konkreten Fall wurden vom VfGH Gemeindegröße, geographische Lage, Verkehrsbedingungen und Infrastruktur, die Stärkung der Finanzkraft und der "anhaltende Widerstand der Bevölkerung" in die Abwägung eingestellt. Die "Zusammenschau aller maßgebenden Umstände" zeige, daß die Vereinigung der Gemeinden "zahlreiche Nachteile und keine nennenswerten Vorteile" bewirkt habe. Das sei für den Gesetzgeber "prognostizierbar" gewesen. Die Regelung könne daher "sachlich nicht gerechtfertigt" werden und widerspreche dem Gleichheitsgebot[56].

Es kann nach allem nicht überraschen, daß die angeführte Judikatur ein Äquivalent im deutschen Recht besitzt. Auch dort war die kommunale Gebietsreform ein wichtiges Anwendungsfeld des Verhältnismäßigkeitsgrundsatzes[57].

2. Die materiellen Gesetzesvorbehalte der Europäischen MRK

a) Die Erwerbsbetätigungsfreiheit ist für die grundrechtsdogmatische Aufbruchsstimmung deshalb exemplarisch, weil sie, wie erwähnt, in der EMRK nicht verbürgt wird. Die Entformalisierung des Gesetzesvorbehalts ist eine Leistung der Rechtsprechung auf der Basis des StGG 1867. Anders steht es bei Grundrechten, die durch die Konvention wiederholt und überlagert, zum Teil auch ausgedehnt werden. In Betracht zu ziehen sind insb Art 8 (Privat- und Familienleben, Wohnung und Briefverkehr), Art 9 (Gedanken-, Gewissens- und Religionsfreiheit), Art 10 (freie Meinungsäußerung) und Art 11 (Versammlungs- und Vereinsfreiheit). Sie statuieren jeweils in Abs 2 Vorbehalte, die sich von jenen des

---

[56] Ferner im Überblick bereits VfSlg 9655/1983 und 10637/1985. Weitere Aufhebungen bzw Festellungen der Verfassungswidrigkeit in VfSlg 8108/1977, 9068/1981, 9793, 9814 und 9819/1983.

[57] Vgl STERN, Das Staatsrecht der Bundesrepublik Deutschland I (1977) 672. Aus der Rechtsprechung zB BVerfGE 50, 50.

StGG erheblich unterscheiden. Es sind "zweck- und wertorientierte materielle Gesetzesvorbehalte"[58]. Im wesentlichen wird darauf abgestellt, daß gesetzliche Beschränkungen des Grundrechts nur verfügt werden dürfen, wenn sie "in einer demokratischen Gesellschaft" zum Schutz der näher bezeichneten Gemeinwohlbelange und Individualinteressen "notwendig" bzw "unentbehrlich" sind[59].

Die Eingriffsgrenzen sind weit gesteckt. Nichtsdestoweniger sind sie vorhanden. Daß sie zudem in ihrer inhaltlichen Gestaltung das Prinzip der Verhältnismäßigkeit repräsentieren, ist von der Lehre überzeugend dargetan worden; und wird von den Europäischen Instanzen auch entsprechend praktiziert[60].

Dieser Umstand konnte auf die verfassungsgerichtliche Judikatur nicht ohne Rückwirkung bleiben. Der Effekt ist allerdings, wie im ganzen der Weg der Umsetzung der EMRK ein langwieriger und dornenvoller war, mit Verzögerung eingetreten[61]. Von wenigen frühen Vorstößen abgesehen, ergibt sich so eine Art Parallelaktion zum Kampf um die Erwerbsbetätigungsfreiheit.

b) Eindringlicher Beleg für das Gemeinte ist zunächst die - zweimalige - Aufhebung des § 3 FremdenpolizeiG (FrPG) über das Aufenthaltsverbot wegen Verletzung des in Art 8 EMRK gewährleisten Privat- und Familienlebens (und des Legalitätsprinzips). Nicht daß die damit vollzogene Entwicklung völlig von ungefähr gekommen wäre[62]. Sie ist aber in den beiden Entscheidungen manifest geworden.

In VfSlg 10737/1985 hatte es der VfGH mit § 3 FrPG alter Fassung zu tun. Er geht davon aus, daß dann, wenn eine Maßnahme wie das Aufenthaltsverbot "nicht bloß zufällig und ausnahmsweise, sondern geradezu

---

[58] BERKA, Die Gesetzesvorbehalte der Europäischen Menschrechtskonvention, ZÖR 1986, 71 (82).

[59] Vgl daneben noch Art 2 Abs 3 des 4. ZProtEMRK (Freizügigkeit).

[60] Dazu BERKA, Menschenrechtskonvention, ÖJZ 1979, 370 ff; *ders*, ZÖR 1986, 80 ff; GEISTLINGER, Wehrpflicht und Grundrechte - Gedanken zur Rechtsprechung von VfGH und Konventionsorganen, ZÖR 1982, 75 (92 ff); ENGEL, Die Schranken der Schranken in der Europäischen Menschenrechtskonvention ..., ZÖR 1986, 261; BERNEGGER, Die wirtschaftsrechtliche Bedeutung der Europäischen Menschenrechtskonvention, ÖZW 1987, 11; 45 (49 f).

[61] Vgl GUTKNECHT, Ratifikation und Prozeß der Akzeptanz der MRK in Österreich, ZfV 1987, 261.

[62] Eine Vorläuferrolle hat die mit VfSlg 8272/1978 einsetzende und zB in VfSlg 8445/1978, 8907/1980, 9252/1981 und 10187/1984 fortgeführte Judikatur zur nicht öffentlich in Erscheinung tretenden bzw nicht gewerbsmäßigen Prostitution.

in der Regel in das Familienleben, vielfach auch in das Privatleben" eingreife, "der Eingriffstatbestand besonders deutlich umschrieben sein" müsse. Der bisher vertretene Standpunkt, eine konventionskonforme Anwendung des Gesetzes sei ausreichend, könne, im Hinblick auf die "wegen der spezifischen Eingriffsnähe erforderliche besondere Strenge" des Auftrages des Art 8 Abs 2 EMRK, nicht beibehalten werden. Ein "eingriffsnahes Gesetz" müsse die "Eingriffsschranken" klar zu erkennen geben, Grundsätze der Interessenabwägung festlegen "und dabei auf eine angemessene Verhältnismäßigkeit Bedacht nehmen". - § 3 FrPG erfülle die genannten Anforderungen nicht; er verstoße gegen Art 8 EMRK und Art 18 B-VG[63].

In der Folge ist das FrPG durch BGBl 1986/555 novelliert worden. Dies freilich, nach Meinung des VfGH, noch immer in unzulänglicher Weise; mit Erkenntnis G 138 ua/87 vom 29. 9. 1987 wurde auch der neugefaßte § 3 als verfassungswidrig erklärt. Zwar enthalte die nunmehr getroffene Bestimmung das vermißte "Abwägungsgebot". Doch werde dort (bloß) der "materielle Eingriffsvorbehalt" des Art 8 Abs 2 EMRK "nahezu wörtlich wiederholt". Die Normierung leide daher, wie ihre Vorgängerin, an mangelhafter "Regelungsdichte"; der Gesetzgeber habe die aus Art 8 EMRK und Art 18 B-VG abzuleitende "spezifische Determinierungspflicht" - nach wie vor - verabsäumt[64].

Die Entscheidungen sprechen für sich. Das Kriterium der "Verhältnismäßigkeit" wird ausdrücklich herausgestrichen. Weniger zu erwarten war, daß das einfache Gesetz selbst - in der geforderten "Dichte" - dem Eingriff Maß und Ziel geben muß.

c) Ähnlich in Bewegung geraten ist die Judikatur zur Freiheit der Meinungsäußerung. Zu nennen ist vorerst das Erkenntnis VfSlg 10700/1985. Der nachmalige Beschwerdeführer hatte im Rahmen eines sog "Sommerfestes" ein obszönes Lied zum Vortrag gebracht und war wegen Anstandsverletzung bestraft worden. Der VfGH hob den angefochtenen Bescheid auf.

---

[63] An Sekundar-Entscheidungen vgl VfGH 8. 10. 1986, B 490/86; 26. 2. 1987, B 923 und B 1000/86; 7. 3. 1988, B 567/87; sowie 8. 10. 1986, B 536/86.

[64] Zum dritten Anlauf vgl BGBl 1987/575. Aus der Literatur ROSENMAYR, Aufenthaltsverbot, Schubhaft und Abschiebung, ZfV 1988, 1; RASCHAUER, Sind die Gesetzesvorbehalte der Grundrechte fur die Vollziehung unmittelbar anwendbares Recht?, ZfV 1988, 30; TRETTER, Neuerliche Verfassungs(Konventions)widrigkeit des § 3 Fremdenpolizeigesetz (Aufenthaltsverbot) und Neuregelung durch den österreichischen Gesetzgeber, EuGRZ 1988, 49.

Keinen Bedenken begegne, so wird begründend ausgeführt, das einschlägige Landesgesetz. Es richte sich nicht gegen die Meinungsäußerungsfreiheit, sondern gegen "jedes Verhalten in der Öffentlichkeit, das mit den allgemein anerkannten Grundsätzen der Schicklichkeit" unvereinbar sei. Die Regelung dürfe demnach "iS des Art 10 Abs 2 MRK auch anstößige Formen der öffentlichen Meinungsäußerung treffen". Der relativ vage Begriff des "öffentlichen Anstandes" erlaube es, eine Verletzung nur dann anzunehmen, wenn "die Notwendigkeit der damit verbundenen Einschränkung der Freiheit der Meinungsäußerung ... unter Bedachtnahme auf das in Rede stehende Grundrecht" im Einzelfall unzweifelhaft sei.

Indessen habe sich die Einstellung des Publikums zu "solchen Dingen" heutzutage geändert. Auch wer ein Theater besuche, müsse "weithin eine Sprache in Kauf nehmen, die er im täglichen Leben grob anstößig finden würde". - Die Garantie der Meinungsäußerungsfreiheit fordere "besondere Zurückhaltung in der Beurteilung einer Äußerung als strafbare Anstandsverletzung". Bei verfassungskonformer, das Grundrecht würdigender Auslegung habe die Behörde unter den gegebenen Umständen des "Sommerfestes" das Gesetz denkunmöglich, in einer die "Schranken des Art 10 MRK mißachtenden" Weise angewendet.

Das Erkenntnis liegt ganz auf der Linie der neueren Verfassungsrechtsprechung[65]. Zudem stellt es den Anschluß an die deutsche Dogmatik her. Seit jeher wird dort die Funktion des Verhältnismäßigkeitsprinzips darin erblickt, daß die Schranke der "allgemeinen Gesetze", die in Art 5 Abs 2 GG der freien Meinungsäußerung gezogen ist, im Lichte der Grundrechtsgewähr und im Sinne einer "Wechselwirkung ... selbst wieder eingeschränkt" werden muß[66]. Es ist "praktische Konkordanz" zwi-

---

[65] Dies umso deutlicher, wenn man noch VfSlg 5159/1965 und 7494/1975 entgegenhält. Vgl allerdings auch bereits VfSlg 6288/1970 und OGH SSt 51/47. Aus der jüngsten verfassungsgerichtlichen Judikatur Erk 2. 7. 1987, B 334/86; 12. 3. 1988, B 970/87, und 14. 3. 1988, B 1177/87. Speziell zur Rundfunk- und Informationsfreiheit VfSlg 9909/1983; 10948/1986 ("Ganze Woche"), und 10. 12. 1987, B 446/87; 11. 10. 1986, B 193/86 ("Medienjustiz"); sowie 16. 3. 1987, B 154/85. Aus dem Schrifttum BERKA, Die Kommunikationsfreiheit in Osterreich, EuGRZ 1982, 413; FANKHAUSER, Plaketten mit politischem Charakter in der Schule, RdS 1986, 2.

[66] BVerfGE 7, 198 (209 - Lüth); ferner zB BVerfGE 12, 113; 61, 1; 71, 206. Vgl auch SCHMITT GLAESER, Die Meinungsfreiheit in der Rechtsprechung des Bundesverfassungsgerichts, AÖR 1988, 52; GORNIG, Die Schrankentrias des Art 5 II GG, JuS 1988, 274.

schen Grundrecht und grundrechtsbegrenzendem Rechtsgut anzustreben[67].

In einer weiteren Entscheidung des VfGH vom 19. 3. 1987, G 147 ua/86, ist dann die Aufhebung jener Vorschrift des MedienG gefolgt, wonach periodische Druckwerke an anderen öffentlichen Orten als Straßen nur verbreitet werden durften, "sofern es der Verfügungsberechtigte nicht untersagt"[68]. Das Gesetz habe damit das Verbreitungsverbot ausschließlich an die Tatsache der Untersagung geknüpft, ohne nach der Art des öffentlichen Ortes, den Untersagungsgründen und der Person des Verfügungsberechtigten zu differenzieren. Habe eine Privatperson eine Liegenschaft öffentlichen Zwecken gewidmet, so werde sie Inhalt und Ausmaß der Widmung "auch unter dem Blickwinkel des Art 10 Abs 2 MRK in aller Regel ... nach freiem Gutdünken festlegen" können. An Orten aber, "über welche die öffentliche Hand in der für sie typischen Weise verfügt" - wie etwa eine Bahnhofshalle[69] -, dürfe die Meinungsäußerung "nur aus Gründen eingeschränkt oder unterbunden werden, die als solche vor Art 10 Abs 2 MRK Bestand haben". Die "den Verfügungsberechtigten der öffentlichen Hand bindenden Schranken" seien "andere als jene, die auch Private treffen". - Erkannt wurde auf Verstoß gegen die Freiheit der Meinungsäußerung. Der Grundrechtseingriff war nicht "unentbehrlich" zum Schutz "der Rechte anderer" (Art 10 Abs 2 EMRK); er war unverhältnismäßig[70].

3. Das Beispiel Kunstfreiheit

a) Durch BGBl 1982/262 ist in Art 17a StGG die Freiheit des künstlerischen Schaffens, der Vermittlung von Kunst und ihrer Lehre eingerückt worden. Die Gewährleistung bietet sich in mehrfacher Beziehung an, die Thematik der Verhältnismäßigkeit nochmals in Kürze zu verdeutlichen. Einmal ist die Kunstfreiheit eine späte Errungenschaft und in einen bereits angebahnten Wandel des Grundrechtsverständnisses hin-

---

[67] HESSE, Grundzüge des Verfassungsrechts der Bundesrepublik Deutschland[16] (1988) 27, 127 f.
[68] BGBl 1981/314; § 47 Abs 1.
[69] Vgl die Anlaßfälle in VfGH 19. 3. 1987, B 555 ff/84.
[70] Das Erkenntnis könnte, über den direkten Zusammenhang hinaus, einen Fortschritt in Richtung Fiskalgeltung der Grundrechte bedeuten. Des weiteren sei zu den Konventionsrechten der Art 9 (Religions- und Bekenntnisfreiheit) und 11 (Versammlungsfreiheit) verwiesen auf VfSlg 10547/1985 sowie auf VfSlg 10443/1985 und VfGH 1. 12. 1986, B 106, 373/86.

eingepflanzt worden. Sie ist ferner keinem förmlichen Gesetzesvorbehalt unterworfen, daher eingriffsfester als die Meinungsäußerungsfreiheit und mindestens in diesem Umfang ein inhaltlich neues Grundrecht. Die - tatsächliche oder scheinbare - Vorbehaltslosigkeit ist es denn auch, die das Schrifttum bisher am meisten beschäftigt hat. Die Erörterungen kreisen weniger um die Substanz der Verbürgung als um deren Grenzen[71]. Es war eine Frage der Zeit, daß der VfGH seinerseits mit dem Problem konfrontiert wurde.

b) In VfSlg 10401/1985 hatte der VfGH über die Beschwerde eines "akademischen Aktionsmalers" gegen einen baurechtlichen Abtragungsauftrag zu entscheiden. Geltend gemacht wurde der Charakter der konsenslos errichteten Anlage als "Herstellung eines universellen Kunstmodells" und demgemäß eine Verletzung des Rechtes auf Freiheit der Kunst.

Die Beschwerde wurde abgewiesen. Zwar sei es richtig, daß die Kunstfreiheit ohne Gesetzesvorbehalt garantiert werde. Doch könne der Meinung, die baupolizeiliche Beurteilung eines Kunstwerkes sei unzulässig, nicht gefolgt werden. Auch "der Künstler in seinem Schaffen" bleibe "an die allgemeinen Gesetze gebunden"; sein Tun "wird durch die Freiheit der Kunst nicht privilegiert". Eine "dem geschützten Bereich vergleichsweise fernstehende Verhaltensnorm" wie die Baubewilligungspflicht sei "für sich allein ebensowenig als Beschränkung der Freiheit der Kunst zu werten wie das Verbot der Benützung fremden Eigentums oder der unnötigen Erregung störenden Lärms, die Pflicht zur Anzeige von Versammlungen oder zur Entrichtung einer Abgabe für öffentliche Veranstaltungen". Erst "die Kriterien, nach denen eine Baubewilligung zu erteilen oder zu versagen ist, könnten nach Zielsetzung oder Auswirkung allenfalls mit dem Recht auf Freiheit der Kunst in Konflikt geraten".

Die Lösung mag brauchbar sein und irgendwie auch dem "Willen" des parlamentarischen Ausschusses entsprechen[72]. Ihre Tragfähigkeit ist

---

[71] Vgl NEISSER, Die verfassungsrechtliche Garantie der Kunstfreiheit, ÖJZ 1983, 1; BERKA, Die Freiheit der Kunst (Art 17a StGG) und ihre Grenzen im System der Grundrechte, JBl 1983, 281; MAYERHOFER, Die Freiheit der Kunst vor strafrechtlichen Eingriffen, ÖJZ 1984, 197; ders, Die Freiheit der Kunst und die Schranken des Strafrechts, ÖJZ 1986, 577; LEBITSCH, Probleme praventiver Veranstaltungspolizei im Lichte der Kunstfreiheit, ÖJZ 1984, 477; MANDLER, Probleme der Kunstfreiheitsgarantie des Art 17a StGG, JBl 1986, 21; 84; OHLINGER, Entscheidungsbesprechung, Medien und Recht 1988, 51.

[72] Vgl AB 978 BlgNR 15. GP.

gleichwohl fragwürdig[73]. Denn im Ergebnis unterstellt der VfGH damit der Kunstfreiheit einen Allgemein-Vorbehalt.

Das ist genau jene Vorgangsweise, die, bei völlig verwandten Voraussetzungen, im deutschen Recht abgelehnt wird. Art 5 Abs 3 GG, der die Kunstfreiheit - vorbehaltslos - verbürgt, gilt vielmehr als "lex specialis" gegenüber der freien Meinungsäußerung des Art 5 Abs 1 "und verbietet es deshalb, die Schranken des Abs 2", namentlich die der "allgemeinen Gesetze", für Abs 3 zu übernehmen. Die begrenzend-"konkordante" Zuordnung darf nur zu einem verfassungsgeschützten Rechtsgut gesucht werden[74].

c) Immerhin erstreckt sich die Analogie, die der VfGH zur Meinungsäußerungsfreiheit ziehen zu können glaubt, auch in die umgekehrte Richtung. Im Erkenntnis B 1218/86 vom 7. 12. 1987 hat er eine Causa erledigt, die frappant an den Reim von Wilhelm Busch erinnert, daß Musik, weil mit Geräusch verbunden, oft störend empfunden werde. In der Weltstadt der Musik war über eine Konzertpianistin eine Verwaltungsstrafe mit der Begründung verhängt worden, daß sie durch halbstündiges Klavierspielen am Vormittag das Delikt der Lärmerregung gem Art VIII EGVG (Landesgesetz Wien) begangen habe.

Der VfGH behob den Bescheid unter Bezugnahme auf sein Vorerkenntnis VfSlg 10401/1985[75]. Wie eine Bauvorschrift sei auch die Strafnorm des Art VIII EGVG "ihrer Zielsetzung nach" nicht gegen künstlerische Betätigung gerichtet. Ihr Vollzug könne jedoch zu einer Behinderung des Schaffens, der Vermittlung und Lehre der Kunst führen. Die Anwendung der Bestimmung verlange daher "eine Abwägung zwischen der durch Art 17a StGG geschützten künstlerischen Freiheit und jenen Rechtsgütern, zu deren Schutz sie besteht". - Hätte Art VIII EGVG den Inhalt, Kunsttätigkeit zu pönalisieren, "ohne daß dies erforderlich ist", um ein anderes von der Rechtsordnung als schutzbedürftig anerkanntes Gemeinschaftsgut zu sichern, "so wäre er im Hinblick auf diese (unverhältnismäßige) Auswirkung verfassungswidrig". Der "relativ vage Begriff der ungebührlichen Erregung störenden Lärms" gestatte aber die gebotene "Abwägung mit grundrechtlich geschützten Positionen"; und Art 17a StGG nötige dazu. Da nun die Behörde es unterlassen habe, den Um-

---

[73] Mit Recht kritisch B. DAVY, Entscheidungsbesprechung, EuGRZ 1985, 516.
[74] Vgl BVerfGE 30, 173 (191 ff - Mephisto); 67, 213; 75, 369; Beschl 3. 11. 1987, 1 BvR 1257/84, 861/85 (= BVerfGE 77, 240).
[75] Und auf die Entscheidung zum "analogen Problem" (!) in VfSlg 10700/1985 (obszönes Lied und Meinungsäußerungsfreiheit).

stand, daß das inkriminierte Verhalten im Schutzbereich des Art 17a StGG lag, "abwägend zu berücksichtigen", habe sie den Bescheid mit Verfassungswidrigkeit belastet.

Kommentierend braucht bloß auf zuvor Gesagtes verwiesen zu werden. Die "allgemeinen Gesetze" sind in ihrer - nach Ansicht des VfGH - die Kunstfreiheit "beschränkenden Wirkung" wenigstens grundrechtskonform "selbst wieder einzuschränken"[76].

IV. Ausblick

a) Faßt man zusammen, so birgt die dargestellte Entwicklung Chancen und Gefahren. Sie ist von Anfang an nicht reibungslos verlaufen. Schon früh hat FORSTHOFF vor dem Qualitätsumschlag gewarnt, den die Übertragung des im Polizeirecht beheimateten Verhältnismäßigkeitsgrundsatzes auf die Ebene des Verfassungsrechtes mit sich bringen müsse. Folge sei eine "Herabstufung der Gesetzgebung", ihre "Unterstellung unter die Kategorien des Verwaltungsrechts"[77]. Die skeptischen Stimmen, die der Aus- und Überdehnung des Prinzips, der Tendenz zu einer "quasi-grundrechtspolitischen Ersatzgesetzgeberschaft" des Richters mit Argwohn begegnen, sind bis heute nicht verstummt[78].

Kritik ist Anzeichen der Ausgereiftheit einer Theorie. Doch hat sie reale Hintergründe, die auch in Österreich nicht verleugnet werden können. Zwar wird der VfGH nicht müde, die Grenzen seiner Prüfungsbefugnis zu betonen. Unverändert heißt es in den jüngsten Erkenntnissen zur Erwerbsbetätigungsfreiheit, daß dem einfachen Gesetzgeber "bei der Entscheidung, welche Ziele er mit seinen Regelungen verfolgt, ... ein weiter rechtspolitischer Gestaltungsspielraum eingeräumt" sei. Der VfGH habe "nicht zu beurteilen, ob die Verfolgung eines bestimmten Zieles etwa aus wirtschaftspolitischen oder sozialpolitischen Gründen zweckmäßig ist"; er könne "dem Gesetzgeber nur entgegentreten, wenn

---

[76] BVerfGE 61, 1 (10 f); oben FN 66. Vgl nunmehr die erste Gesetzesaufhebung in VfGH 16. 6. 1988, G 97 ff/88 (AusländerbeschäftigungsG). Ferner OGH 21. 1. 1988, 13 Os 121/87.

[77] Der Staat der Industriegesellschaft[2] (1971) 143.

[78] SCHOLZ, Rechtsfrieden im Rechtsstaat, NJW 1983, 705 (709); ferner RESS, Verhaltnismaßigkeit 5, 7 ff, 33 ff.

dieser Ziele verfolgt, die keinesfalls als im öffentlichen Interesse liegend anzusehen sind"[79].

Indessen verspricht die Beteuerung mehr, als die Praxis zu halten bereit ist. Ökonomische und soziale Funktionen von Wettbewerbsbeschränkungen, Kosten und Nutzen von Gemeindezusammenlegungen werden, wie gezeigt, durchaus ins Kalkül gezogen. Der "Gestaltungsspielraum" der Rechtssetzung ist geschmolzen; die verfassungsgerichtliche Kontrollintensität hat zugenommen.

Man möchte fragen, ob die prognostische Einschätzung der Tauglichkeit gesetzlicher Mittel, die Suche nach Alternativen, das Messen in Zumutbarkeiten noch legitime Aufgabe der Rechtsprechung sind - oder "Ansichtssache"[80]. Trotzdem ist der "Wirklichkeitsbezug" unter den vorgebenen Prämissen der Verhältnismäßigkeit unausweichlich: Wer den Inhalt einer Rechtsvorschrift erfassen will, muß "auch Lebenssachverhalte und Sozialbeziehungen in ihrer Allgemeinheit, Veränderlichkeit und Werthaftigkeit kennen und verstehen"[81].

b) Der Gesetzgeber steht zudem nicht bloß repressiv, er gerät auch präventiv unter Druck. Die (erste) Aufhebung im SchrottlenkungsG durch VfSlg 10179/1984 ist bekanntlich, neben Art 6 StGG, mit einer Verletzung des Art 18 B-VG begründet worden. Ganz entschieden hat der VfGH ferner in den beiden Erkenntnissen zum FrPG aus Art 8 EMRK und Art 18 B-VG eine "spezifische Determinierungspflicht" abgeleitet[82].

Auch dieser Ansatz ist kein zufälliger. Das Verhältnismäßigkeits- und das Legalitätsprinzip stützen und steigern sich gegenseitig in ihren Ansprüchen.

Seit jeher ist der Gesetzgeber durch Art 18 B-VG gehalten, alle "wesentlichen" Momente des Verwaltungshandelns vorauszubestimmen[83].

---

[79] 1. 3. 1988, G 79/87 (Schrottlenkung II); 12. 3. 1988, G 154/87 ua (Tir SchischulG).

[80] FORSTHOFF, Staat 141. Neuerdings zum Problem HELLER, Judicial self restraint in der Rechtsprechung des Supreme Court und des Verfassungsgerichtshofes, ZÖR 1988, 89.

[81] WINKLER, Die Wissenschaft vom Verwaltungsrecht, in: Ermacora ua (Hrsg), Allgemeines Verwaltungsrecht (1979) 15.

[82] VfSlg 10737/1985 und 29. 9. 1987, G 138 ua/87. Weiters wurde im Ladenschluß-Erk 1. 12. 1987, G 132 ua/87, ein Verstoß gegen Art 18 B-VG immerhin erwogen. Aus der älteren Judikatur vgl VfSlg 5240/1966, 5923/1969, 7169/1973.

[83] Von VfSlg 176/1923 bis zuletzt etwa VfGH 13. 10. 1987, G 90 ua, V 26 ua/87.

"Wesentlich" im grundrechtsrelevanten Bereich bedeutet aber "wesentlich für die Verwirklichung der Grundrechte"[84]. Zwangsläufig fordert dann die Verfeinerung der Rechtsprechung, das Gebot der Verhältnismäßigkeit der Grundrechtsbeeinträchtigung dem Gesetz - mindestens dem "eingriffsnahen" Gesetz - eine erhöhte "Regelungsdichte" ab[85]. - Engmaschigkeit und Kasuistik der rechtlichen Normierung werden vorangetrieben.

c) Man wird vor diesem weiteren Horizont der neuen Grundrechtsjudikatur nicht blindlings Beifall zollen dürfen. Sie ist eine Gratwanderung im Spannungsfeld der Staatsfunktionen. Die demokratisch fundierte Rechtsgestaltung durch das Parlament und die rechtsstaatlich beflügelte Umgestaltung durch das Verfassungsgericht rücken aneinander.

In den Erkenntnissen zur Erwerbsbetätigungsfreiheit wird mehrfach die Systementscheidung der Verfassung für einen "freien Wettbewerb" und "Konkurrenzkampf" angesprochen[86]. Das ist wahr; und läßt sich freilich auch anders wenden: Verfassungsgerichtliche Gesetzesprüfung kann - in ihren Konsequenzen - nicht "unpolitisch" sein.

Ebenso symptomatisch und bedenklicher zweifellos ist es, daß in den vergangenen Jahren die politischen Instanzen dazu neigen, dem VfGH ad hoc in den Arm zu fallen. Das Taxi-Erkenntnis von 1986 etwa ist durch eine Verfassungsbestimmung der GelegenheitsverkehrsG-Novelle aus 1987 unterlaufen worden[87]. Die latente Vertrauenskrise könnte akut werden.

---

[84] BVerfGE 47, 46 (79 - Sexualkunde). Im übrigen zur sog "Wesentlichkeitstheorie" - diesfalls eine Zweit-Erfindung des Rades im deutschen Recht - die Beiträge von OSSENBUHL und PAPIER, Der Vorbehalt des Gesetzes und seine Grenzen, in: Gotz - Klein - Starck (Hrsg), Die öffentliche Verwaltung zwischen Gesetzgebung und richterlicher Kontrolle (1985) 9 und 36 (mit Besprechung NOVAK, ZfV 1987, 418); STAUPE, Parlamentsvorbehalt und Delegationsbefugnis (1986); VON ARNIM, Zur "Wesentlichkeitstheorie" des Bundesverfassungsgerichts, DVBl 1987, 1241.

[85] Vgl nochmals die Fremdenpolizei-Erkenntnisse (FN 82).

[86] 6. 10. 1987, G 1, 171/87 (Güterbeförderung); 1. 12. 1987, G 132 ua/87 (Ladenschluß); 1. 3. 1988, G 79/87 (Schrottlenkung II).

[87] BGBl 1987/125 (§ 10 Abs 2 nF); dazu FUNK, Zur Bewirtschaftung von Taxikonzessionen. Oder: Wie demontiert man die Verfassung? WBl 1987, 182. Vgl ferner VfSlg 9950/1984, 10394 und 10505/1985 (Lenkerauskunft) und 10. KFG-Nov BGBl 1986/106 (mit Einleitungsbeschl VfGH 4. 12. 1987, B 774/87) sowie FAG-Nov BGBl 1986/384 (Verfassungsbestimmungen); Politikerpensions-Erk 18. 3. 1987, G 225/86 ua, und BVG BGBl 1987/281.

So bleibt für die "Wertbetrachtung" im Sinne WINKLERS eine letzte und oberste Orientierung; nämlich der Zugewinn an Freiheit, den das gewandelte Verfassungsverständnis abgeworfen hat. Das gilt nicht nur für den jeweils konkreten Freiheitswert der Einzelgrundrechte, der die Staatsmacht zwingt, Maß zu halten. Es gilt auch für die Freiheitlichkeit der gewaltenteiligen Ordnung insgesamt, die auf starken Kontrollen beruht.

Georg Ress

Verwaltungsakt, Verordnung und subjektives Recht

Einige rechtsvergleichende Überlegungen
zur Relativität von Rechtsbegriffen

I. Verwaltungsakt und subjektiv-öffentliches Recht

1. Als GUNTHER WINKLER im Jahr 1956 seine Habilitationsschrift "Der Bescheid - Ein Beitrag zur Lehre vom Verwaltungsakt"[1] publizierte, hat er im Vorwort darauf hingewiesen, daß "eine Arbeit über den Verwaltungsakt auf den reichen Ergebnissen der bisherigen Lehren und der Verwaltungsrechtsprechung aufbauen, mindestens sich aber damit auseinandersetzen muß" und daß die Untersuchung deshalb "soweit als möglich auch auf Deutschland ausgedehnt werden (mußte), weil die Problematik gleichartig ist und in vielem Grundlegenden kaum von der österreichischen abweicht. Der rege und fruchtbare Austausch, der zwischen Österreich und Deutschland gerade auf dem Gebiet des Verwaltungsrechts und seiner Lehre seit eh und je stattfindet, ist dafür hinreichende Bekräftigung".

Wer heute die Kapitel über Verwaltungsakt und Bescheid in einem österreichischen Lehrbuch des Verwaltungsrechts aufschlägt, wird angesichts der Verwandtschaft der Problemstellungen nicht erstaunt sein, nach wie vor Auseinandersetzungen mit der deutschen Lehre und Hinweise auf das deutsche Verwaltungsverfahrensgesetz (§ 35 VwVfG) zu finden[2]. WINKLER hat sich in seiner Arbeit über den Bescheid zwei Fragen gewidmet, dem Begriff und der Rechtserheblichkeit, eine Behandlung der Folgen des Verwaltungsakts und seiner Dauer dagegen zurück-

---

[1] Der Bescheid - Ein Beitrag zur Lehre vom Verwaltungsakt (1956).

[2] Vgl zB ADAMOVICH - FUNK, Allgemeines Verwaltungsrecht³ (1987) 266. Zum Begriff der "Regelung" in der Legaldefinition des Verwaltungsaktes in § 35 VwVfG vgl ERICHSEN, Das Verwaltungshandeln, in: Erichsen - Martens (Hrsg), Allgemeines Verwaltungsrecht⁸ (1988) 182 ff.

gestellt. Reizvoll ist es, die Frage aufzuwerfen, wie weit sich eine Veränderung oder andere Akzentuierung der Probleme seit der Diskussion in WINKLERS Schrift andeutet und ob sich insoweit der Begriff des Verwaltungsakts in der Bundesrepublik Deutschland von jenem in Österreich unterscheidet. Das soll an einem Problem, dem Verhältnis des subjektiven öffentlichen Rechts zum Begriff des Verwaltungsakts, verdeutlicht werden.

2. Unter den Merkmalen des Bescheides, womit nur der formelle Verwaltungsakt als ein Sondertyp des Verwaltungakts bezeichnet wird, zählt WINKLER die Willensäußerung selbst, das Verwaltungsorgan, die *behördliche* Willensäußerung, die *individuell* bestimmte Person und die *formelle* Willensäußerung auf. Es fällt auf, daß sich diese Darstellung von einer in den Lehrbüchern heute gängigen durch ihre klare Konzentration auf Einzelelemente der Willensäußerung unterscheidet. Im Lehrbuch ADAMOVICH - FUNK[3] werden unter den Merkmalen des Verwaltungsakts neben dem Handeln eines Verwaltungsorgans die Einseitigkeit der Erzeugung, der hoheitliche Charakter, die Außenwirkung, die rechtsgestaltende Funktion und der individuelle Charakter genannt. Während der individuelle und der hoheitliche Charakter auch bei WINKLER in den Begriffen der individuell bestimmten Person und der behördlichen Willensäußerung erscheinen, fragt sich, ob in den Elementen der "Willensäußerung" des Verwaltungsorgans, die er aufführt, die drei Merkmale "Handeln eines Verwaltungsorgans", die Einseitigkeit der Erzeugung, die Außenwirkung und die rechtsgestaltende Funktion enthalten sind. Die vielleicht bemerkenswerteste Akzentverschiebung kommt in der deutlichen begrifflichen Verklammerung zwischen der "Außenwirkung", der "rechtsgestaltenden Funktion" und dem "subjektiv-öffentlichen Recht" zum Ausdruck.

3. Unter der rechtsgestaltenden Funktion wird ein Element verstanden, welches in § 35 des deutschen VwVfG mit dem Begriff der "Regelung" umschrieben wird. Dieses Element wird auch in der österreichischen Lehre aufgegriffen. So heißt es bei ADAMOVICH - FUNK, daß "Verwaltungsakte die Rechtssphäre der von ihnen Betroffenen verändern, indem sie deren Rechte begründen, abändern oder aufheben (Gestaltungsakte im engeren Sinne), Leistungspflichten regeln (Verwaltungsakte auf Leistung), Rechte oder rechtserhebliche Tatsachen feststellen (Feststellungsakte) oder Rechte faktisch berühren bzw beeinträchtigen

---

[3] ADAMOVICH - FUNK, Allgemeines Verwaltungsrecht 260 ff.

(sogenannte tatsächliche Verwaltungsakte wie zB das Eindringen in ein Gebäude zu polizeilichen Zwecken)"[4]. Ausdrücklich wird vermerkt, daß das Element der Rechtsbetroffenheit "im Mittelpunkt der Lehre vom Verwaltungsakt" steht, die "speziell im Hinblick auf die Gewährleistung und den Schutz von subjektiv-öffentlichen Rechten entwickelt wurde"[5]. Nach dieser Auffassung hängt die Entwicklung des Begriffs des Verwaltungsakts rechtssystematisch mit der Entwicklung des Begriffs des subjektiv-öffentlichen Rechts notwendigerweise zusammen. Insgesamt gesehen lasse sich "eine langfristige Entwicklungstendenz des Vordringens des subjektiven Rechts und *damit* auch des Verwaltungsakts in Bereiche feststellen, die früher als 'besondere Gewaltverhältnisse' gedeutet wurden". Das subjektiv-öffentliche Recht sei "keine konstante Größe, sondern ein juristisches Transformat von gesellschaftlich bedingten und historisch wandelbaren Wertvorstellungen. Dieser Begriff unterliegt inhaltlichen Veränderungen und ist überdies mit einer gewissen Unschärfe behaftet. Er kann daher nicht ein für alle Mal analytisch festgemacht werden, sondern muß anhand seiner Entwicklung mit Hilfe von Beispielen beschrieben werden"[6]. Damit wird die rechtliche Existenz des Verwaltungsrechts begrifflich mit dem subjektiv-öffentlichen Recht verknüpft und von dessen "inhaltlichen Veränderungen" abhängig. Diese Betrachtungsweise versteht sich nicht von selbst[7] und hat sich erst nach

---

[4] ADAMOVICH - FUNK, Allgemeines Verwaltungsrecht 263.

[5] ibid; vgl auch FUNK, Verwaltungshandeln und Verwaltungsakt, in: Ermacora ua (Hrsg), Allgemeines Verwaltungsrecht (1979) 163.

[6] ibid. Zur "funktionalen Relativierung" der inhaltlichen Anforderungen an das subjektive öffentliche Recht vgl RESS, Das subjektive öffentliche Recht, in: Ermacora ua (Hrsg), Allgemeines Verwaltungsrecht 118 ff.

[7] Daß sich diese Auffassung nicht von selbst versteht, sondern nur die strukturelle Widerspiegelung einer staatlichen Konzeption ist, wonach dem Bürger ein allgemeines materielles subjektiv-öffentliches Recht gegen den Staat auf Freiheit und damit Unbelastetsein von gesetzlich nicht gedeckten Pflichten zusteht, liegt auf der Hand. Problematisch wird diese "Berührung" subjektiv-öffentlicher Rechte in jenen Fällen, in denen zB ein Antrag im Einklang mit der materiellen Rechtslage abgelehnt wird (negative Feststellung), oder das Bestehen eines Rechts (Anspruchs) oder das Vorliegen eines bestimmten Tatbestandes festgestellt wird. Wenn man vom Fall der irrtümlichen - und dann konstitutiven - Feststellung absieht, verändert sich das materielle subjektive Recht des Bürgers in diesen Beispielsfällen nicht. Die "Berührung" der subjektiven Rechte beschränkt sich auf die Verbindlichkeit der Feststellung der ohnedies bestehenden (materiellen) Rechtslage. Man kann zwar sagen, es ändere sich die "rechtliche Situation" des Bürgers iwS (so spricht auch die französische Lehre davon, daß der "acte administratif affecte leur situation juridique" - DELVOLVÉ gibt als Beispiel die Ablehnung einer Genehmigung, "qui n'apporte rien de nouveau à l'état du droit, mais qui empêche

und nach herausgebildet. Der Bescheid wird zum "Instrument für eine bestimmte Art der Regelung (Gestaltung iwS) von subjektiven Rechten"[8].

4. In der Untersuchung von G. WINKLER über die Merkmale des Bescheids spielen zur Erkenntnis der "Willensäußerung" als normatives Sollen nicht nur deren Abgrenzung von der schlichten Wissensäußerung - wie Beurkundung oder Mitteilung - eine Rolle[9], sondern auch die zwei Arten der Willensäußerungen, einerseits die konstitutiven oder gestaltenden Akte, auch Verfügungen genannt, und andererseits die deklaratorischen oder feststellenden Akte, auch Entscheidungen genannt. Beide sind entweder auf Feststellung oder Begründung, Abänderung oder Aufhebung von Rechten oder Rechtsverhältnissen gerichtet[10], sodaß insofern die Beziehung zu "Rechten oder Rechtsverhältnissen" eine entscheidende Rolle spielt. WINKLER erfaßt diese für den Begriff des Bescheids maßgebliche Berührung subjektiver Rechte des Adressaten oder Dritter über die *Zielrichtung* der Willensäußerung[11]. Er kommt zu dem Ergebnis, daß jeder Bescheid Entscheidung und. Verfügung zugleich ist, denn jeder enthält sowohl gestaltende als auch feststellende Elemente. Daher liege das Problem der Abgrenzung theoretisch wie praktisch nicht

---

l'administré d'exécuter son projet". [Guide Juridique Dalloz I 10, Acte Administratif Rz 18, 1987]). In seiner Untersuchung zur rechtlichen Qualität von Prüfungsentscheidungen tritt auch bei FUNK (in: Lehne - Loebenstein - Schimetschek [Hrsg], Die Entwicklung der österreichischen Verwaltungsgerichtsbarkeit, FS zum 100jahrigen Bestehen des osterreichischen Verwaltungsgerichtshofs [1976] 187 f, 191 f) die Beruhrung zu subjektivoffentlichen Rechten zurück. Es kommt zur Unterscheidung nur noch darauf an, ob Prüfungsentscheidungen "geeignet" sind, mit Verbindlichkeitsanspruch geaußert zu werden. Die Frage der Schaffung einer für die Rechte der Einzelperson verbindlichen (feststellenden oder gestaltenden) Regelung fuhrt FUNK zu der "strukturell-theoretischen Überlegung: läßt sich die Verkündung des Prufungsergebnisses als Bekanntgabe eines Willensaktes deuten, der als rechtsverbindliche Anordnung, also mit Geltungsanspruch, auftritt?" Hier tritt nicht mehr die "Beruhrung" subjektiver offentlicher Rechte, sondern die autoritative Anordnung in den Vordergrund, die aus einer bloßen Wissensfeststellung (Gutachten) eine rechtlich verbindliche Feststellung zu machen in der Lage ist. Nicht mehr von der Beruhrung subjektiver Rechte, sondern von einem "Interessenausgleich" ist die Rede, um die Funktion der Bescheidnatur und Rechtskraftfahigkeit bei Prufungsentscheidungen zu deuten. Subjektive Rechte würden nur dann beruhrt, wenn anzunehmen wäre, der Einzelne habe auch ein Recht darauf, daß ihm gegenüber die Rechtslage nicht verbindlich festgestellt werde, auch wenn die materielle Rechtslage selbst sich nicht andert.

[8] FUNK, Der Verwaltungsakt im osterreichischen Rechtssystem (1978) 55.
[9] Bescheid 48.
[10] Bescheid 49.
[11] Bescheid 49 ff und 91 f.

in der Unterscheidung zwischen Feststellung und Gestaltung innerhalb des Bescheids, sondern zwischen Bescheid und Beurkundung. Zwar besteht zwischen Feststellung und Gestaltung auch nach WINKLER "schlechthin ein logischer Unterschied"[12]. Der Unterschied zwischen Gestaltungsbescheid und Feststellungsbescheid und zwischen dem konstitutiven und deklaratorischen Verwaltungsakt ist aber kein prinzipieller, sondern nur ein gradueller, weil in jedem Bescheid Feststellung und Gestaltung oder Entscheidung und Verfügung zusammentreffen[13].

WINKLER erfaßt den Bescheid nicht nur als Willensäußerung, sondern damit auch gleichzeitig als konkrete Norm, also einen Sollensakt[14]. Diese Klassifikation als "Norm" unterscheidet die österreichische Lehre zwar von der traditionellen deutschen Begriffsbestimmung. Dieser liegt jedoch lediglich ein verengter Normbegriff zugrunde[15]. In der Sache wird mit dem Begriff der Regelung auch in der deutschen Lehre das normative Element erfaßt. Die Frage stellt sich allerdings, ob der Begriff des Bescheids sich geradezu in erster Linie vom Begriff des subjektiven öffentlichen Rechts ableitet und in diesem Begriff ein wesensbestimmendes Element findet, wie dies ADAMOVICH - FUNK zu behaupten scheinen, oder ob die Sollensanordnung im Verwaltungsakt (Willensäußerung) neben dem Begriff des subjektiven öffentlichen Rechts steht und die Willensäußerung als ein Wesensmerkmal des Bescheids unabhängig vom subjektiven Recht erfaßt und definiert werden kann. Das wäre sicher dann der Fall, wenn es Willensäußerungen gibt, die ihren Sollenscharakter auch unabhängig von der Existenz eines subjektiven öffentlichen Rechts der Einzelperson, an die sich der Sollenssatz richtet, behalten, und die gleichwohl als Verwaltungsakte anzusehen sind.

5. Hierbei zeigt sich nun eine begriffliche und auch konzeptionelle Weichenstellung. In einem System, in welchem es in erster Linie auf die objektive Entsprechung des Verwaltungsakts mit den ihn determinierenden gesetzlichen Bestimmungen ankommt, steht die objektive Rechtmäßigkeit im Vordergrund. Auf ihre Überprüfung kann auch ein spezifisches System der Verwaltungsgerichtsbarkeit (Beanstandungsverfah-

---

[12] Bescheid 58.
[13] Siehe dazu auch RESS, Die Entscheidungsbefugnis in der Verwaltungsgerichtsbarkeit (1968) 74 ff.
[14] Bescheid 58 f.
[15] Dazu Nachweise bei RESS, Entscheidungsbefugnis 73 f.

ren) ausgerichtet sein[16]. In einem solchen System ist für den Begriff des Verwaltungsakts die Frage der Verletzung subjektiv-öffentlicher Rechte irrelevant, und es wäre im übrigen auch möglich, vom rein normativen Charakter einer Willensäußerung abzusehen und die objektive Übereinstimmung auch auf Beurkundungen und sonstige Wissensäußerungen, die im übrigen auch auf dem Willen der Verwaltung, sie abzugeben, beruhen, zu erstrecken. Im Rahmen einer solchen begrifflichen Konzeption käme demnach der Unterscheidung zwischen Bescheid und Beurkundung keine entscheidende Bedeutung zu. Einen solchen Schritt ist die Lehre vom Verwaltungsakt nicht gegangen. Der normative Charakter der Willenserklärung ist sowohl nach österreichischer als auch nach deutscher Rechtslage ein konstitutives Element des Begriffs des Verwaltungsakts. Gleichwohl bedeutet diese Konzeption nicht zwingend, daß jeweils ein subjektives öffentliches Recht eines einzelnen betroffen sein muß, um zu dem Ergebnis zu kommen, daß überhaupt ein Verwaltungsakt vorliegt; es ist jedoch offensichtlich, daß sowohl in der österreichischen als auch in der deutschen Lehre der Begriff des Verwaltungsaktes heute ausschließlich von der "Berührung" subjektiver öffentlicher Rechte zu erfassen und abzugrenzen versucht wird.

6. Daß eine andere Betrachtungsweise selbst den modernen Prozeßordnungen nicht fremd ist, welche die Anfechtbarkeit von Verwaltungsakten vom objektiven Vorliegen eines Verwaltungsaktes und der "Verletzung" bzw dem "Eingriff" in subjektiv-öffentliche Rechte abhängig machen, zeigt § 42 Abs 2 der deutschen Verwaltungsgerichtsordnung (VwGO), welche das Vorliegen eines Verwaltungsakts als Element neben der Rechtsverletzung aufführt. Ginge man davon aus, daß die rechtliche "Betroffenheit" ein konstitutives Element für den Begriff des Ver-

---

[16] BETTERMANN, Die Legitimation zur verwaltungsgerichtlichen Anfechtung nach österreichischem und deutschem Recht, in: Schima-FS (1969) 71 ff, hatte seinerzeit den Unterschied zwischen österreichischer und deutscher Verwaltungsgerichtsbarkeit gerade an dieser mehr objektiven oder subjektiven Ausrichtung zu verdeutlichen versucht (74). In Deutschland sei "Schutzobjekt der Verwaltungsgerichtsbarkeit das subjektive Recht des Bürgers oder des Betroffenen, in Österreich das objektive Recht" (73). BETTERMANN wies zur Begründung auf die Amtsbeschwerden nach Art 131 Abs 1 Z 2 B-VG hin und darauf, daß sachlicher Streitgegenstand und Gegenstand des Urteils des österreichischen Verwaltungsgerichts auch bei der Parteibeschwerde nur die Rechtswidrigkeit des angefochtenen Bescheids, nicht auch die Verletzung des Beschwerdeführers in seinen Rechten sei. Diese "subjektive" Rechtsverletzung sei vielmehr Prozeßvoraussetzung (77). Nach deutschem Recht stelle dagegen das der Anfechtungsklage stattgebende Urteil nicht nur die Rechtswidrigkeit des Verwaltungsakts, sondern zugleich auch die Rechtsverletzung des Klägers rechtskraftfähig fest.

waltungsakts ist, dann käme es bei der Prüfung der Betroffenheit nur noch darauf an, ob gerade Rechte des Klägers (Beschwerdeführers) und nicht etwa die Rechte irgendeiner dritten Person berührt und verletzt sein können. Das Element der Klagebefugnis wäre auf die Frage reduziert, ob sie in der Person des Klägers und nicht in der Person eines Dritten vorliegt. Daß überhaupt eine rechtliche Betroffenheit durch den Akt, dh eine "Berührung" in einem subjektiv-öffentlichen Recht, anzunehmen ist, müßte schon vor der Prüfung feststehen, wenn es sich überhaupt um einen Verwaltungsakt handeln soll. Diese Art der Betrachtungsweise entspricht allerdings nicht der herkömmlichen Auffassung. Diese prüft das Vorliegen des Verwaltungsaktes unabhängig von der Frage, ob eine Klagebefugnis und damit eine rechtliche Betroffenheit besteht. Das Aufbauschema von § 42 VwGO ist demnach eher von einem Dualismus zwischen dem Begriff des Verwaltungsakts und dem Begriff des subjektiven öffentlichen Rechts geprägt.

Ein solches "Aufbauschema" ist aber kein Dogma und steht einer geschärften Einsicht in die strukturelle Verbindung zwischen Verwaltungsaktsbegriff und subjektivem öffentlichen Recht nicht im Wege. Dieses andere konzeptionelle Schema geht von einer Betrachtung aus, bei der dem einzelnen subjektive öffentliche Rechte generell gegen den Staat in der Form einer Freiheitssphäre, die alle denkbaren Bereiche erfaßt, zustehen. Zwar besteht kein Anspruch generell auf gesetzmäßiges Handeln der Verwaltung, wohl aber hat der einzelne subjektiv-öffentliche Rechte, sofern *seine* individuelle Freiheitssphäre betroffen ist[17]. Die Abgrenzung zwischen dem, was zur individuellen Freiheitssphäre gehört, und dem,

---

[17] Für das österreichische Verständnis aufschlußreich ist die Anmerkung, die die Herausgeber LEHNE - LOEBENSTEIN - SCHIMETSCHEK zur Abhandlung von FROMONT über Verwaltungsgerichtsbarkeit in Frankreich und Italien (in: VwGH-FS [1976] 132, FN 8a) angebracht haben. FROMONT hatte behauptet, daß in Österreich die Verwaltungsgerichte ausschließlich mit dem Schutz einer besonderen Kategorie subjektiver Rechte: der subjektiv-öffentlichen Rechte betraut sind, worauf von den Herausgebern die Hinzufügung für nötig befunden wurde: "Neben der Geltendmachung der Verletzung subjektiv-öffentlicher Rechte steht allerdings auch die Behauptung, durch die Auferlegung von Pflichten, die in der Rechtsordnung nicht gedeckt sind, in Rechten verletzt zu sein". Welche Rechte sind dies, wenn nicht das subjektiv-öffentliche, von gesetzlich nicht gedeckten Pflichten freigehalten zu werden? Dieser allgemeine Freiheitsraum des Bürgers ist auch ein subjektives öffentliches Recht. Würde man es nicht als solches bezeichnen, so wäre im Akt, der durch die Rechtsordnung nicht gedeckte Pflichten auferlegt, ein Verwaltungsakt zu sehen, der spezifische subjektiv-öffentliche Rechte nicht berührt, sondern nur die allgemeine Rechts-(Freiheits-)sphäre (vgl dazu RESS, in: Ermacora ua [Hrsg], Allgemeines Verwaltungsrecht 120, zur Frage, ob Rechtsstellungen als status negativus den subjektiven Rechten einzuordnen sind).

was in den Raum bloß objektiver Rechtsgestaltung gehört, macht die ganze Schwierigkeit des Begriffs des subjektiven öffentlichen Rechts[18] - und in dieser Konzeption: auch des Begriffs des Verwaltungsaktes - aus.

Denkt man den Begriff und die Entwicklung des Verwaltungsakts vom Rechtsschutzsystem her und von den Möglichkeiten der prozessualen Anfechtung, dann wird in der Tat der Begriff der subjektiven rechtlichen Betroffenheit zu einem konstitutiven Merkmal des Verwaltungsaktsbegriffs[19]. Je weiter die Rechtssphäre des einzelnen gefaßt wird, je umfangreicher also der Raum der rechtlichen Betroffenheit sein kann und damit je häufiger die Voraussetzungen des Begriffs des "Eingriffs" oder des noch diffuseren Begriffs der "Berührung" erfüllt sein können, um so häufiger wird auch ein Verwaltungsakt vorliegen. Dafür gibt es eindeutige Aussagen: "Das Vorliegen eines als Bescheid anfechtbaren Verwaltungsaktes wird daher nicht zuletzt davon abhängen, daß eine behördliche Erledigung die Rechtssphäre eines Adressaten verändert oder zumindest berührt und daß dadurch - unter objektiven Gesichtspunkten - ein *Rechtsschutzbedürfnis* gegenüber behördlichem Handeln besteht"[20]. Durch den Begriff des subjektiven Rechts wird "mittelbar auch der Begriff des Verwaltungsaktes definiert"[21].

7. Welche Funktion hat nun die Einbeziehung der "Berührung" des subjektiv-öffentlichen Rechts in die Definitionsmerkmale des Verwaltungsaktes? Sie dient - ebenso wie auf der prozessualen Ebene zur Vermeidung der Popularklage - auf der materiellen Ebene zur Aussonderung bestimmter Emanationen der Verwaltung, die nicht mehr unter den Begriff des für den Bürger rechtlich unmittelbar relevanten Verwaltungshandelns eingeordnet werden sollen. Akte, welche nur rein objektiv

---

[18] Zu der Gefahr und den Grenzen einer "Subjektivierung der gesamten objektiven Rechtsordnung" vgl Nachweise bei RESS, in: Ermacora ua (Hrsg), Allgemeines Verwaltungsrecht 124 f.

[19] Die Deutung des Bescheidbegriffs von der Rechtsschutzgarantie her (Bescheid als Prozeßvoraussetzung für die Anrufung des Verwaltungsgerichtshofs nach Art 131 B-VG und des Verfassungsgerichtshofs nach Art 144 B-VG) hat "Abgrenzungswert" (so OBERNDORFER, Die Osterreichische Verwaltungsgerichtsbarkeit [1983] 65). Der Rechtsschutzgedanke wird sowohl in der osterreichischen als auch in der deutschen Rechtsordnung zur Beantwortung der Frage herangezogen, ob ein Verwaltungsakt (Bescheid) vorliegt (vgl VwSlg 9458 A/1977; ADAMOVICH - FUNK, Allgemeines Verwaltungsrecht 256 ff; fur die deutsche Lehre vgl ERICHSEN, in: Erichsen - Martens [Hrsg], Allgemeines Verwaltungsrecht 172). Deutlich hebt diesen Zusammenhang zwischen Bescheid und subjektivem Recht auch RINGHOFER, Strukturprobleme des Rechts (1966) 58, hervor.

[20] OBERNDORFER, Verwaltungsgerichtsbarkeit 65.

[21] KOPP, VwGO^5 (1981) Anhang § 42 Rz 4 a.E.

die Rechtslage gestalten, aber nicht gleichzeitig Rechte eines einzelnen berühren, fallen demnach aus dem Begriff des Verwaltungsakts heraus[22]. Man könnte einwenden, daß es derartige Akte gar nicht geben kann, weil alle Akte, die Rechte in einem Einzelfall regeln, eine Willensäußerung enthalten und an eine bestimmte oder bestimmbare Person gerichtet sein werden, folglich die Voraussetzungen der individuellen Regelung zumindest gegenüber dem Adressaten (Adressatentheorie) auf jeden Fall enthalten werden. Richten sie sich nicht an einen individuell bestimmten Adressaten und können demnach Rechte dieser Person nicht berührt sein, so handelt es sich auch nicht um einen Verwaltungsakt, sondern eventuell um eine Verordnung oder eine reine Innenmaßnahme (Weisung)[23].

Die Aufnahme des Merkmals der "Berührung" eines subjektiven öffentlichen Rechts als eines konstitutiven Merkmals des Bescheidbegriffs (über den Begriff der Rechtsgestaltung) führt zur Abhängigkeit des Verwaltungsaktsbegriffs von dem relativ schillernden Begriff des subjektiven öffentlichen Rechts und zu einer Doppelbehandlung dieses Elements auf der materiellen (begrifflichen) und prozessualen (Klagebefugnis-)Ebene. In früheren Betrachtungen zum Begriff des Verwaltungsakts war eine derartige Verbindung (Einbeziehung in den Begriff) deshalb nicht so deutlich, weil für sie nur die Beziehung zur Rechtsgestaltung, nicht jedoch die Beziehung zum subjektiv-öffentlichen Recht maßgeblich waren. Rechtsgestaltung durch einen Verwaltungsakt konnte im weitesten Sinne auch vorliegen, wenn nur die objektive Rechtsordnung verändert wurde. Dabei kommt es theoretisch nicht darauf an, daß dadurch subjektive Rechte eines einzelnen betroffen werden. Ob und inwieweit der einzelne die Möglichkeit hat, einen derartigen Verwaltungsakt anzufechten, ist eine Frage der Ausgestaltung der Prozeßordnungen; diese können an eine Verletzung subjektiver Rechte anknüpfen, müssen dies jedoch nicht.

8. In der französischen Lehre ist die Klagebefugnis auf das Interesse bezogen und relativ weit gefaßt, der Begriff des subjektiv-öffentlichen

---

[22] Zu dieser Möglichkeit siehe oben FN 7; Beispiele bei KOPP, VwGO Rz 32 ff.

[23] Zur unterschiedlichen Abgrenzung zwischen Verwaltungsakt und Verordnung in Österreich (individuell/generell) und der Bundesrepublik Deutschland (eher nach: konkret/abstrakt) siehe einerseits ADAMOVICH - FUNK, Allgemeines Verwaltungsrecht 265 ff, und HACKL, Die Verordnung, in: Ermacora ua (Hrsg), Allgemeines Verwaltungsrecht 177 f; andererseits ERICHSEN, in: Erichsen - Martens (Hrsg), Allgemeines Verwaltungsrecht 196 ff.

Rechts zurückgedrängt[24]. In Frankreich (wie auch in Italien) können "alle Verwaltungsakte vor dem Verwaltungsgericht von den Personen angefochten werden, deren Interessen verletzt sind"[25]. Dennoch kennt auch die französische Lehre den Begriff des einseitigen Verwaltungsakts (acte unilatéral) als eine an eine individuelle Person gerichtete behördliche Anordnung (Willensäußerung). Dieser Vergleich legt die Annahme nahe, daß Art und Umfang der Einbeziehung des subjektiven öffentlichen Rechts in die Begriffsbestimmung ein spezifisches Element der Rechtsentwicklung in Österreich und der Bundesrepublik Deutschland aufgrund der verfassungsrechtlichen Lage (zB Art 2 GG) sein könnte, nicht jedoch ein begriffsnotwendiges Element. Die Unterscheidung zwischen verschiedenen Begriffen von Verwaltungsakten in den einzelnen Rechtsordnungen zeigt deren Abhängigkeit von der gesamten Rechtsordnung, insbesondere der Struktur der Verwaltungsgerichtsbarkeit und ist damit ein Beispiel für die funktionale Relativität dieser Begriffe.

Gleichwohl hat auch in der französischen Lehre und Judikatur eine Annäherung an den Begriff des Verwaltungsakts im Sinne deutscher und österreichischer Terminologie stattgefunden. Ein Verwaltungsakt liegt nach neuerer Lehre nur dann vor, wenn die rechtliche Lage von Einzelpersonen im weitesten Sinn berührt wird. Nicht notwendig ist, daß die Lage verändert wird. Die Ablehnung eines Antrags, welche die Rechtslage selbst nicht verändert, ist gleichwohl ein Verwaltungsakt, weil er die "situation juridique" des Einzelnen berührt. Insofern ist der Begriff des Verwaltungsakts mit dem Begriff einer "décision faisant grief" identisch. P. DELVOLVÉ stellt fest: "Pour qu'un acte fasse grief, il n'est pas nécessaire qu'il crée des droits nouveaux ou des obligations nouvelles: il suffit qu'il entraîne certains *conséquences* sur les intéressés"[26].

Welche Konsequenzen sind gemeint? Es scheint, als habe die französische Lehre die Kehrseite des Begriffs "effets de droit sur les administrés" dogmatisch nicht in dem Sinne entwickelt, daß in all diesen Fällen, wenn es sich um Rechtswirkungen handeln soll, auch subjektiv-öffentli-

---

[24] Vgl FROMONT, in: VwGH-FS (1976) 133: "In Frankreich dagegen spielt die Unterscheidung von subjektiven Rechten und Interessen keine Rolle bei der Abgrenzung der Kompetenzen der Verwaltungsgerichtsbarkeit".

[25] FROMONT, in: VwGH-FS (1976) 134.

[26] Guide juridique Dalloz I 10, Acte Administratif Rz 19; *ders*, L'acte administratif (1983) 32, unter Hinweis auf Conseil d'Etat, 26. Nov. 1976, Soldani, Recueil 507.

che Rechte des einzelnen berührt sind. Es genügt die Berührung ihrer rechtlich geprägten Interessensphäre[27].

II. Verwaltungsakt und Verordnung

9. Die Relativität der Rechtsaktformen läßt sich an zwei weiteren Beispielen zeigen, die beide die Funktion der Abgrenzung zwischen Verwaltungsakt und Verordnung betreffen, einmal im europäischen Gemeinschaftsrecht, zum anderen im deutschen und österreichischen Recht.

Nach der Rechtsprechung des EuGH im Antidumping-Verfahren[28] können Antidumping-Verordnungen gegenüber einem bestimmten Personenkreis auch den Charakter von Verwaltungsakten ("Entscheidungen") haben, gegenüber anderen ihre Rechtsnatur als Verordnungen aber behalten, also doppelfunktionell wirken. Der EuGH ließ Klagen von Importeuren von japanischen Kugellagern[29] gegen die Antidumping-Verordnung des Rates 1778/77[30] nach Art 173 Abs 2 EWGV zu mit der Begründung, daß Art 1 dieser Verordnung, obwohl in allgemeiner Form gefaßt, in Wahrheit nur die Lage von 4 großen, japanischen Kugellagerherstellern nach Maßgabe der von ihnen eingegangenen Verpflichtungen (zur Änderung ihrer Preise) direkt und individuell betreffe. Während in diesem Fall noch angenommen werden konnte, daß die Verordnung als verschleierter Verwaltungsakt in Verordnungsform und deshalb als anfechtbar anzusehen ist, hat die spätere Rechtsprechung klar eine doppelfunktionelle Typisierung derartiger Antidumping-Verordnungen herausgearbeitet. Es handelt sich um eine gleichzeitige Einstufung eines Rechtsaktes als Verordnung und als Verwaltungsakt. Während der EuGH im Fall *Alusuisse Italia*[31] die Klage eines unabhängigen Importeurs gegen die Antidumping-Verordnung der Kommission

---

[27] DELVOLVÉ, L'acte administratif 31 f, unterscheidet allerdings auch für das französische Recht die rechtliche Berührung von der bloß tatsächlichen.

[28] Vgl SCHWARZE, Rechtsschutz gegen Anti-Dumpingmaßnahmen der EG, Europarecht (1986) 217 ff.

[29] EuGH-Urteile vom 29. 3. 1979, Rs 113/77, Slg 1979, 1185 ff; Rs 118/77, Slg 1979, 1277; Rs 119/77, Slg 1979, 1303 ff; Rs 120/77, Slg 1979, 1337 ff; Rs 121/77, Slg 1979, 1363 ff.

[30] Klage der Importeure in die EG gegen Kugellager-Antidumpingzoll-VO der EWG (VO des Rates Nr 1778/77, ABl EG Nr 196/3 vom 3. 8. 1977).

[31] Rs 307/81, Slg 1982, 3463.

Nr 1411/81 als unzulässig mit der Begründung abwies, daß die Verordnung hinsichtlich der unabhängigen Einführer, die im Gegensatz zu den Ausführern nicht namentlich in der Regelung aufgeführt seien, Maßnahmen von allgemeiner Geltung, also Verordnungen im Sinne von Art 189 Abs 2 EWGV darstellten, hat er im Fall *Allied Corporation* seine Linie aus den Kugellagerfällen bestätigt und Exporteuren aus Drittländern die Möglichkeit eingeräumt, direkt gegen Antidumping-Verordnungen zu klagen. Wörtlich führt der EuGH aus:

"Nach Art. 13 Abs. 1 der Verordnung Nr. 3017/79 werden 'sowohl vorläufige als auch endgültige Antidumping- oder Ausgleichszölle ... durch Verordnungen festgesetzt'. Zwar haben diese Maßnahmen tatsächlich, wenn man die Kriterien des Art. 173 Abs. 2 EWG-Vertrag anlegt, aufgrund ihrer Rechtsnatur und ihrer Tragweite normativen Charakter, da sie für die Gesamtheit der betroffenen Wirtschaftsteilnehmer gelten. Dies schließt jedoch nicht aus, daß ihre Bestimmungen diejenigen Hersteller und Exporteure, denen Dumping-Praktiken vorgeworfen werden, unmittelbar und individuell betreffen. Nach Art. 2 der Verordnung Nr. 3017/79 dürfen Antidumping-Zölle nämlich nur aufgrund von Feststellungen eingeführt werden, die sich aus Untersuchungen der Herstellungskosten und der Ausfuhrpreise bestimmter Unternehmen ergeben.

Demnach können die Rechtsakte, durch die Antidumping-Zölle eingeführt werden, diejenigen produzierenden und exportierenden Unternehmen unmittelbar und individuell betreffen, die nachweisen können, daß sie in den Rechtsakten der Kommission oder des Rates namentlich genannt oder von den vorhergehenden Untersuchungen betroffen waren"[32].

Im Fall *Timex*[33] war von einer namentlichen Benennung keine Rede mehr; gleichwohl hielt der EuGH die Rolle der Klägerin im Antidumping-Verfahren und ihre Stellung auf dem Markt, auf den sich die angefochtenen Rechtsvorschriften beziehen, für bedeutsam genug, um ihr gegenüber eine unmittelbare und individuelle Betroffenheit der Verordnungen zu bejahen. Da die Firma *Timex* im Antidumping-Verfahren gehört wurde und der Ablauf der Untersuchungen weitgehend auf Erklärungen der *Timex Corporation* beruhte, folgert der EuGH, "daß der angegriffene Rechtsakt eine Entscheidung darstellt, die die Firma Timex

---

[32] EuGH Rs 239 und 275/82, *Allied Corporation ua*, Slg 1984, 1005 ff, 1030 f; vgl auch schon die Entscheidung EuGH, Rs 191/82, FEDIOL, Slg 1983, 2913.

[33] EuGH Rs 264/82, *Timex Corporation*, Slg 1985, 849.

Corporation unmittelbar und individuell im Sinne von Art. 173 Abs. 2 EWGV betrifft"[34].

Seit dem Urteil des EuGH in Sachen *Allied Corporation* ist klar, daß ausländische Exporteure gemäß Art 173 Abs 2 EWGV gegen die in einer Verordnung enthaltenen vorläufigen oder endgültigen Antidumping-Maßnahmen unabhängig davon klagen können, ob sie in der Verordnung besonders genannt sind, vorausgesetzt, daß sie in die Untersuchung der Kommission verwickelt waren[35]. Unabhängig importierenden Unternehmen ist demgegenüber die Nichtigkeitsklage nach Art 173 Abs 2 EWGV gewährt, weil ihnen gegenüber der Rechtsakt Verordnungscharakter hat[36]. Ein und dieselbe Antidumping-Verordnung hatte deshalb, je nach Adressatenkreis, sowohl Entscheidungs- als auch Verordnungscharakter und damit eine doppelte Rechtsnatur. Eine solche Konstruktion entspricht allerdings nicht der - im anderem Zusammenhang geäußerten - theoretischen Grundauffassung des EuGH, welcher im Fall *Moskel*[37] in einem Zwischenstreit ausdrücklich festgestellt hatte, daß "ein und dieselbe Bestimmung nicht zugleich ein Rechtsakt von allgemeiner Geltung und eine Einzelfallmaßnahme sein kann". Die Konstruktion einer doppelten Rechtsnatur der Antidumping-Verordnungen, obwohl sie auch Zustimmung gefunden hat[38], ist eindeutig von Rechtsschutzgesichtspunkten geprägt. Entscheidungscharakter soll eine Antidumping-Verordnung gegenüber denjenigen haben, die davon unmittelbar betroffen sind. Das seien nicht nur jene, die namentlich in der Verordnung genannt oder in das vorherige Untersuchungsverfahren einbezogen seien, sondern auch diejenigen, denengegenüber die Verordnung unmittelbare Wirkungen ohne einen mitgliedstaatlichen Vollziehungsakt auslöse. Eine solche "unmittelbare Betroffenheit" liege auch dann vor, wenn der mitgliedstaatliche Vollziehungsakt sich in einem rein technischen Vollzug ohne die Möglichkeit gestaltender Ermessenshandlung er-

---

[34] ibid 865.

[35] BELLIS, Judicial Review of EEC-Anti-Dumping and Anti-Subsidy Determinations after FEDIOL: The Emergence of a New Admissibility Test, Common Market Law Review 21 (1984) 539 ff.

[36] RICHTER, Doppelnatur von Rechtsakten im Anti-Dumpingverfahren, RIW 1968, 561 ff, 562.

[37] Rs 45/81, Slg 1982, 1129 ff, 1144.

[38] MOLLER, Die Verordnung der Europäischen Gemeinschaften im gemeinschaftsrechtlichen System, JÖR NF 18 (1969) 6.

schöpfe[39]. Berücksichtigt man, daß von einer Verordnung je nach ihrem personellen, sachlichen und temporären Geltungsbereich die einzelnen Gemeinschaftsbürger generell und einheitlich erfaßt werden sollen, dann ist der Gedankengang des EuGH schwer nachzuvollziehen[40]. Erklärbar bleibt diese "doppelfunktionelle" Betrachtungsweise nur aus der Erwägung, daß ansonsten die Hersteller und Ausführer von durch die Verordnung betroffenen Waren ohne Rechtsschutz blieben. Aus den Kriterien der unmittelbaren und individuellen Betroffenheit läßt sich das Ergebnis nicht herleiten, denn "der Hersteller und die Ein- und Ausführer (werden) zwar durch die Verordnung individualisiert ..., aber nicht ohne weiteres unmittelbar betroffen. Denn die Verordnung trifft sie nicht automatisch, es sei denn, anläßlich des Imports, aber in dieser Situation sind sie nicht mehr Teil einer geschlossenen Gruppe, da jeder, der die fraglichen Waren importieren will, von dem Zoll betroffen wird"[41].

Nicht zu überzeugen vermag der EuGH, wenn er, wie im Fall *Timex*[42] deutlich wird, von der individuellen Betroffenheit auf die Rechtsnatur einer angegriffenen Maßnahme - und zwar nur gegenüber einem bestimmten Personenkreis - schließt. So führt der EuGH aus: "Die streitige Verordnung beruht somit auf der individuellen Situation der Klägerin. Daraus folgt, daß der angegriffene Rechtsakt eine Entscheidung darstellt, die die Firma Timex unmittelbar und individuell im Sinne von Art. 173 Abs. 2 EWGV betrifft"[43].

Dieser Schluß wäre nur dann zulässig, wenn dieselben Kriterien, nach denen die individuelle Betroffenheit bestimmt wird, auch zur Abgrenzung von Entscheidung und Verordnung herangezogen würden. Dies ist jedoch gerade nicht der Fall. Denn ob sich die Regelung ausschließlich auf eine feststehende Zahl abgeschlossener Sachverhalte bezieht und damit individuell bestimmt ist, hängt nicht davon ab, wer in welchem Umfang am Verfahren beteiligt war, das zum Erlaß der Regelung geführt hat[44].

---

[39] SCHWARZE, Rechtsschutz Privater gegenuber normativen Rechtsakten im Recht der EWG, in: Staatsrecht-Völkerrecht-Europarecht, Schlochauer-FS (1981) 935.
[40] Vgl SCHWARZE, Rechtsschutz 229.
[41] ibid.
[42] EuGH Rs 264/82, Slg 1985, 849.
[43] ibid 866.
[44] RICHTER, RIW 1968, 563.

Stellt man das Rechtschutzbedürfnis in den Vordergrund, so wäre es nicht undenkbar, einen Rechtsakt je nach dem Rechtsschutzbedürfnis einzelner Personenkreise für anfechtbar oder für nicht anfechtbar anzusehen. Diese Relativität wäre unter prozessualen Gesichtspunkten dann vertretbar, wenn damit nicht auf der materiellen Seite - der Qualifikation des Rechtsaktes - begriffliche Verrenkungen verbunden wären.

10. Ein vergleichbares Problemfeld, in dem die Relativität von Rechtsaktformen zum Ausdruck kommt, bildet die Abgrenzung zwischen Verordnung und Verwaltungsakt im nationalen Recht. Die Abgrenzung zwischen Verordnung und Verwaltungsakt ist in Österreich und in der Bundesrepublik Deutschland nicht gleich. Während in der Bundesrepublik die Abgrenzungsmerkmale konkret/abstrakt im Vordergrund stehen und auch Allgemeinverfügungen als Verwaltungsakte anerkannt werden[45], ist im österreichischen Recht die "Figur der Allgemeinverfügung als Unterfall des Verwaltungsaktes fremd"[46]. Nach österreichischem Rechtsverständnis handelt es sich bei solchen Akten zum Teil um Verordnungen, zum Teil um sog dingliche Bescheide.

In der österreichischen Lehre wird relativ apodiktisch behauptet, daß "Abgrenzungsunschärfen zwischen Allgemeinregelungen und Einzelakt ... grundsätzlich nur im Sinne eines Entweder - Oder bewältigt werden können". Die Existenz und Zulässigkeit von sogenannten "janusköpfigen Verwaltungsakten", dh Kombinationen von Allgemeinregelungen und Einzelakt in der Einheit eines Verwaltungsaktes, seien grundsätzlich zu vermeiden. "Jedenfalls sind janusköpfige Kombinationen von Bescheiden und Verordnungen wegen der Unterschiede in der Erzeugungsweise, dem Rechtsschutz, der Kundgabe und der Bestandskraft (Rechtskraftwirkung) auszuschließen; nur bei verfahrensfreien Verwaltungsakten kann es unter Umständen zu janusköpfigen Verbindungen kommen"[47].

Demgegenüber gibt es in der deutschen Literatur und Rechtsprechung Stimmen, die insbesondere die Verkehrszeichen, die Allgemeinverbindlichkeit von Tarifverträgen, bestimmte Naturschutzmaßnahmen sowie bestimmte Organisationsakte durch einen doppelten Rechtscha-

---

[45] Vgl dazu ERICHSEN, in: Erichsen - Martens (Hrsg), Allgemeines Verwaltungsrecht 197 f. Die Allgemeinverfügung wird in § 35 Satz 2 VwVfG definiert als "ein Verwaltungsakt, der sich an einen nach allgemeinen Merkmalen bestimmten oder bestimmbaren Personenkreis richtet oder die öffentlich-rechtliche Eigenschaft einer Sache oder ihre Benutzung durch die Allgemeinheit betrifft".
[46] ADAMOVICH - FUNK, Allgemeines Verwaltungsrecht 266.
[47] Ibid.

rakter - zugleich Verordnung und Verwaltungsakt - gekennzeichnet sehen. Für ein Parkverbotsschild ist angenommen worden, daß dieses gegenüber jenen Kraftfahrern, die täglich an einem solchen Schild möglicherweise vorbeifahren, Rechtsnormcharakter habe, weil sich ein solcher Hoheitsakt auf die Dauer an eine unbestimmte und unbekannte Vielzahl von Adressaten wende. Gegenüber dem ein Geschäft betreibenden Anlieger, der wegen der Aufstellung seine motorisierte Kundschaft verliere, sei es jedoch als Verwaltungsakt zu werten[48]. Allgemeinverbindlichkeitserklärungen von Tarifverträgen nach § 5 Tarifvertragsgesetz sollen - nach einer früher in der arbeitsrechtlichen Literatur vertretenen Auffassung[49] - im Verhältnis zu den betroffenen Außenseitern eine Verordnung, im Verhältnis zwischen Staat und den Tarifvertragsparteien eine staatliche Einzelmaßnahme, also einen Verwaltungsakt darstellen. Auch die Anordnung zur Errichtung und die Eintragung von Naturdenkmälern und Naturschutzgebieten wurden als Rechtsakte mit Doppelnatur - einerseits "normative Teilrechtssätze gegenüber der Allgemeinheit", andererseits "Verwaltungsakte gegenüber den privatrechtlich Berechtigten und Betroffenen" - angesehen[50]. Eine Doppelnatur wurde auch Gebietsänderungsakten zugeschrieben[51]. Gegenüber den beteiligten Gebietskörperschaften sollte es sich um rechtsgestaltende Verwaltungsakte,

---

[48] Ältere Auffassungen bei EULERT-GREHN, Das Parkverbot als doppelgleisiger Hoheitsakt, DAR 1962, 285 ff; HOHENESTER, Rechtscharakter der durch Verkehrszeichen verkörperten Anordnungen, DAR 1964, 245 ff. Die osterreichische Lehre und Judikatur klassifiziert die Verkehrszeichen als Kundmachung von Verordnungen (ADAMOVICH - FUNK, Allgemeines Verwaltungsrecht 230), wahrend die herrschende Lehre in der Bundesrepublik die Verkehrszeichen als Verwaltungsakte einordnet.

[49] NIPPERDEY - HEUSSNER, Die Rechtsnatur der Allgemeinverbindlichkeitserklarung von Tarifverträgen, in: Staatsbürger und Staatsgewalt. Jubilaumsschrift zum 100-jährigen Bestehen der deutschen Verwaltungsgerichtsbarkeit und zum zehnjahrigen Bestehen des Bundesverwaltungsgerichts I (1963) 211 ff (236); HUECK - NIPPERDEY, Lehrbuch des Arbeitsrechts[7] II/1 (1967) 660.

[50] MESSINGER-WEBER, Norm und Verwaltungsakt im Naturschutzrecht (1961) 59 ff; SCHOTTHOFER, Die Naturschutz-Anordnungen und ihr Verhaltnis zum Landesstraf- und Verordnungsgesetz, BayVBl 1957, 241 ff.

[51] SCHWEIGER, Rechtsverordnungen im formellen Sinn? DÖV 1955, 360 ff; OBERMAYER, Über die Rechtsnatur und Anfechtbarkeit kommunaler Gebiets- und Statusänderungen, BayVBl 1958, 69 ff; SCHACK, Rechtsverordnungen im formellen Sinn? DÖV 1958, 273 ff; RASCH, Entstehung und Auflosung von Korperschaften des öffentlichen Rechts, DVBl 1970, 765 ff; MORTEL, Grenzfalle des Verwaltungsakts, BayVBl 1957, 10 ff (12); auch die Judikatur hat sich einer modifizierten Doppelnatur derartiger Gebietsänderungsakte zum Teil angeschlossen, vgl OVG Luneburg DÖV 1963, 150 ff; vgl auch derzeit: REDEKER - VON OERTZEN, Verwaltungsgerichtsordnung[8] (1985) § 42 Rz 43.

gegenüber den betroffenen Bevölkerungskreisen um Rechtsverordnungen handeln. Man hat versucht, die dogmatischen Schwierigkeiten dadurch zu beheben, indem in dem äußerlich einheitlichen Gewande zwei dogmatisch selbständige Hoheitsakte erblickt wurden[52].

Wenngleich aus der Sicht des Rechtsschutzes eine derartige doppelfunktionelle Deutung und damit Verwischung der Unterscheidung - auf der Prozeßrechtsebene - dann denkbar ist, wenn es allein darauf ankommt, bestimmten Personenkreisen, die von einer staatlichen Maßnahme in ihren Rechten verletzt sein können, den Zugang zum Gericht zu eröffnen, so steht die materielle Seite, nämlich die Unterscheidung zwischen den einzelnen Rechtsakttypen, einer derartigen Beliebigkeit entgegen. Deshalb werden derartige Kombinationen von Verordnungen und Verwaltungsakt in der deutschen Rechtsordnung ebenso wie im österreichischen Recht grundsätzlich ausgeschlossen. Rechtswirksamkeitsvoraussetzungen, Fehlerfolgen sowie Rechtsschutz sind für eine Verwaltungsmaßnahme verschieden zu beurteilen, je nachdem ob eine Verordnung oder ein Verwaltungsakt vorliegt. Ein und dieselbe Maßnahme der Verwaltung kann nicht gleichzeitig nichtig und rechtswirksam sein, kann inhaltlich nicht gleichzeitig eine konkret individuelle und abstrakt generelle Regelung enthalten[53]. Das materielle Recht mit dem Fehlerfolgenkalkül steht einer derartigen Relativierung aus rein prozeßrechtlichen Gründen entgegen. Deshalb hat sich auch die Lehre von der Doppelnatur von einzelnen Rechtsakten in der Praxis nicht durchgesetzt. Verkehrszeichen werden - nach herrschender Auffassung in der Bundesrepublik und im Gegensatz zur österreichischen Auffassung - als Verwaltungsakte eingeordnet[54]. Gleiches gilt für die Erklärung zum Naturdenkmal[55]. Die Allgemeinverbindlichkeitserklärung von Tarifverträgen stellt eine Rechtsverordnung dar, die die Geltung der Bindung an den Tarifvertrag auf die Außenseiter erstreckt[56]. Es kann sich im Rahmen eines einheitlichen Gewandes auch ein Verwaltungsakt unter der Allge-

---

[52] VOLKMAR, Allgemeiner Rechtssatz und Einzelakt (1962) 196 ff.

[53] Vgl VON MUTIUS, Rechtsnorm und Verwaltungsakt, in: Fortschritte des Verwaltungsrechts, Wolff-FS (1973) 167 ff, 173 ff; BACHOF, Satzungsgenehmigung und Satzungsoktroi, Verwaltungsakte und Doppelnatur? in: Weber-FS (1974) 515 ff, 522; auch BayVGH, DÖV 1964, 850.

[54] BVerfG, NJW 1965, 2395; BVerwG 59, 221; ERICHSEN, in: Erichsen - Martens (Hrsg), Allgemeines Verwaltungsrecht 198 f mwN.

[55] KOPP, VwGO § 42 Anh 67.

[56] BVerwG AP Nr 6 und 7 zu § 5 TVG; BVerfG, DÖV 1981, 117; BAG AP Nr 12 zu § 5 TVG; ZÖLLNER, Arbeitsrecht[3] § 37 III 5.

meinverbindlichkeitserklärung verbergen, der die Entscheidung auf Antrag einer der beiden Tarifvertragsparteien darstellt, den Tarifvertrag für allgemeinverbindlich zu erklären. Es wäre jedoch verfehlt, aus diesem Grunde von einer Doppelnatur der Allgemeinverbindlichkeitserklärung selbst zu sprechen. Auch bei Gebiets- und Statusänderungen hat sich die Auffassung einer Doppelnatur nicht durchsetzen können[57].

III. Verfassung und Rechtsaktformen

11. Die Betrachtung hat gezeigt, daß selbst so grundlegende Rechtsbegriffe wie Verwaltungsakt, Verordnung, subjektives öffentliches Recht in ihren Beziehungen zueinander in den Rechtsordnungen in feinen Nuancen durchaus unterschiedlich eingeordnet werden. Es ist die Einbeziehung in ein jeweils sinnvolles Ganzes einer Rechtsordnung, welches sich in diesen unterschiedlichen Klassifikationen widerspiegelt. GUNTHER WINKLER hat, wie kaum ein anderer, die funktionelle rechtliche Bedingtheit der einzelnen rechtlichen Regelungen untersucht[58]. "Konkret dogmatisches Denken ist wegen der Verflechtung allen Rechts zwangsläufig systematisches Denken"[59], hat GUNTHER WINKLER geschrieben. Es ist auch funktionales Denken, denn "alle erheblichen Vorschriften sind in ihrem inneren Sinnzusammenhang zu sehen".

Die Funktionalität darf gerade nicht mit Beliebigkeit verwechselt werden. Die einzelnen komplexen Rechtsbegriffe weisen jeweils in der einzelnen Rechtsordnung spezifische Funktionen und Relationen auf, aus denen sie nicht beliebig - auch nicht zum Zweck der Erkenntnisförderung auf höherer Ebene bei der Rechtsvergleichung - herausgelöst werden dürfen.

---

[57] ULE, Verwaltungsprozeßrecht[9] (1987) 181; *ders*, Zwangseingemeindungen und Verfassungsgerichtsbarkeit, VwArch 60 (1969) 101 ff (110); BayVGH, DÖV 1964, 850; FICHTMULLER, Doppelnatur von Verwaltungsakten? JuS 1965, 350 ff; MUNZER, Rechtsschutz der Gemeinden im Verfahren zur kommunalen Gebietsänderung nach nordrheinwestfälischem Recht (1971) 72 ff; KNEMEYER, Zur Rechtsnatur von Gebiets- und Bestandsänderungsakten gemäß Art. 9 Abs. 2 BV, BayVBl 1976, 180 ff.

[58] Deutlich in seiner früheren Abhandlung über "Die Entscheidungsbefugnis des österreichischen Verwaltungsgerichtshofs im Lichte der Gewaltentrennung", in: Staatsburger und Staatsgewalt I (1963) 279 ff = Orientierungen im öffentlichen Recht (1979) 105 ff.

[59] WINKLER, Die Wissenschaft vom Verwaltungsrecht, in: Ermacora ua (Hrsg), Allgemeines Verwaltungsrecht 14.

Dies mag noch einmal an der Fragestellung einer doppelfunktionalen Deutung einer Verwaltungsmaßnahme als Verwaltungsakt und Verordnung verdeutlicht werden. Es ist ein Element des Rechtsstaatsbegriffs der beteiligten Rechtsordnungen, der rechtlichen Klarheit und Rechtssicherheit, ob derartige Kombinationen zugelassen werden. Da die Unterscheidung insbesondere für den Rechtsschutz und für die Rechtsfolgen Bedeutung hat, kann die Einordnung als Verwaltungsakt und Verordnung eines einheitlichen rechtlichen Phänomens außerordentliche praktische Bedeutung haben. Sie hat darüber hinaus auch verfassungsrechtliche Relevanz in der jeweiligen Rechtsordnung. Wenn man zB davon ausgeht, daß in Art 19 Abs 4 GG Rechtsschutz gegen Verwaltungsakte und nicht gegen Verordnungen gewährleistet ist[60], dann könnte die Einordnung eines bestimmten Phänomens als Verordnung gegen Art 19 Abs 4 verstoßen, weil damit der verfassungsrechtlich gewährleistete Rechtsschutz gemindert wird. Art 19 Abs 4 verbietet jedenfalls die Beliebigkeit der Klassifikation eines bestimmten Phänomens als Verordnung oder Verwaltungsakt. Art 19 Abs 4 legt eine bestimmte Abgrenzung zwischen Verordnung und Verwaltungsakt zugrunde, so daß zB die Frage, ob ein Bebauungsplan als eine Satzung oder die Verkaufsrechtsausübung der Gemeinde als ein Verwaltungsakt qualifiziert wird, jeweils auch eine verfassungsrechtlich determinierte Frage ist. Der durch Art 19 Abs 4 GG gewährleistete Rechtsschutz führt tendenziell zu einer Ausweitung des Verwaltungsaktsbegriffs. Die gleiche verfassungsrechtliche Vorprägung ist dem österreichischen Recht eigen. Zwar hat der Verfassungsgerichtshof ausgesprochen[61], daß die Bundesverfassung den Bescheidbegriff nicht definiert, er hat aber die Verfassungswidrigkeit der sogenannten verschleierten Verfügung in Verordnungsform entwickelt und damit ausgesprochen, daß es verfassungsrechtlich unzulässig sei, individuelle Anordnungen in die Form einer Verordnung zu kleiden und damit der Anfechtung im Instanzenzug zu entziehen. Auch nach österreichischem Recht darf von Verfassungs wegen nicht als Verordnung in Erscheinung treten, was dem Inhalt nach ein Bescheid zu sein hat. Der Gesetzgeber hat daher zu beachten, daß er jeweils die nur verfassungs-

---

[60] Das BVerfG hat die Erstreckung des Art 19 Abs 4 GG auf formelle Gesetze abgelehnt (BVerfGE 24, 49, 401; 25, 365; 31, 367 f; 45, 334), die Ausdehnung auf Verordnungen offen gelassen (BVerfGE 31, 364, 368). In der Literatur wird die Einbeziehung untergesetzlicher Rechtssätze überwiegend befürwortet, vgl SCHMIDT - ASSMANN, in: Maunz - Dürig - Herzog - Scholz, Kommentar zum GG, Art 19 Abs IV, Anm 53.
[61] VfSlg 4986/1965. Vgl dazu MELICHAR, Die Festlegung bestimmter Rechtssatzformen durch den Gesetzgeber, in: Kelsen-FS (1971) 115 f.

rechtlich zulässige Form vorsieht. Wählt er die unrichtige Rechtsform, so verstößt seine Anordnung gegen die Bundesverfassung.

Die verfassungsrechtliche Vorprägung wirkt sich aber nicht nur auf das Verhältnis zwischen Verordnung und Verwaltungsakt aus, sondern auch auf die Abgrenzung zwischen Verwaltungsakt und anderen, nicht als Verwaltungsakt qualifizierten Maßnahmen, zB Prüfungsentscheidungen, Gutachten, Beurkundungen usw. Die Abgrenzung muß, wie wir gesehen haben, in den einzelnen Rechtsordnungen nicht zwingend nach den gleichen Leitvorstellungen (Zweck der Verwaltungsgerichtsbarkeit) verlaufen. Sofern die neue Judikatur des Europäischen Gerichtshofs für Menschenrechte einer Tendenz zur Vereinheitlichung Ausdruck verleiht[62], sollte dieser funktionale Gesichtspunkt nicht unberücksichtigt bleiben. Er spricht mehr für eine Würdigung des *Ergebnisses* eines Rechtssystems (zB hinsichtlich Funktion, Ziel und Niveau des Rechtsschutzes), als die Beurteilung und Würdigung von einzelnen, aus dem Zusammenhang gerissenen Elementen.

---

[62] Vgl die Ausführungen in den Erkenntnissen des VfGH vom 14. 10. 1987, EuGRZ 1988, 166 und 173, zur ausdehnenden Interpretation des Art 6 EMRK durch den EGMR seit dem Fall König (Serie A 27, Z 85 ff = EuGRZ 1978, 406 ff). Siehe dazu WEH, Der Anwendungsbereich des Art. 6 EMRK - Das Ende des "cautions approach" und seine Auswirkungen in den Konventionsstaaten, EuGRZ 1988, 433 ff.

Christian Kopetzki

Berufliche Immunität und zivilrechtliche Haftung

I. Einleitung

Gem Art 57 Abs 1 B-VG dürfen die Mitglieder des Nationalrates[1] "wegen der in Ausübung ihres Berufes geschehenen Abstimmungen niemals, wegen der in diesem Beruf gemachten mündlichen oder schriftlichen Äußerungen nur vom Nationalrat verantwortlich gemacht werden". Seit jeher wurde angenommen, daß diese "*berufliche Immunität*" zwar einen sehr beschränkten Anwendungsbereich - nämlich das *parlamentarische* Verhalten des Abgeordneten -, innerhalb dieses Anwendungsbereiches jedoch eine umfassende Schutzrichtung hat: In der österreichischen Verfassungsrechtslehre herrscht nahezu völlige Übereinstimmung, daß Art 57 Abs 1 B-VG den Abgeordneten nicht nur vor strafbehördlicher oder disziplinärer Verfolgung, sondern auch vor *zivilrechtlichen* Klagen Privater bewahrt. Diese Deutung hat vor allem im Hinblick auf die "in diesem Beruf" getätigten *Äußerungen* des Abgeordneten weitreichende Konsequenzen. Wer etwa durch eine Parlamentsrede in seiner Ehre oder seinem wirtschaftlichen Ruf verletzt wird, hat keine rechtliche Möglichkeit, sich dagegen zur Wehr zu setzen. Das differenzierte zivil- und strafrechtliche Instrumentarium, das im Regelfall für einen Ausgleich zwischen Meinungsfreiheit und Persönlichkeitsschutz sorgt[2], wird hier kraft Verfassung ausgeschaltet. Auch die Ver-

---

[1] Gleiches gilt für die Mitglieder der Landtage (Art 96 B-VG) und des Bundesrates (Art 58 B-VG).

[2] Vgl zum *zivilrechtlichen* Schutz der Ehre und des wirtschaftlichen Rufes vor allem § 1330 ABGB (Schadenersatz, Widerruf, Veröffentlichung); darüber hinaus besteht die Möglichkeit einer Unterlassungsklage; zu alldem mwN REISCHAUER in Rummel, ABGB II § 1330. Zum *strafrechtlichen* Schutz vgl §§ 111, 115 StGB (üble Nachrede, Beleidigung).

breitung parlamentarischer Äußerungen über die Medien ist durch die *sachliche Immunität* gegen Ersatzansprüche der Geschädigten geschützt[3].

Ganz unbestritten war dieses Verständnis von der beruflichen Immunität freilich zu keiner Zeit. Schon im vorigen Jahrhundert finden sich Stimmen, die eine Ausdehnung der beruflichen Immunität auf die *zivilrechtliche* Verantwortlichkeit des Abgeordneten ablehnten; sie sind unter der Geltung des B-VG zwar leiser geworden, doch nie völlig verstummt. In einem Zivilprozeß, der jüngst die österreichischen Gerichte beschäftigte[4], lebte diese alte Streitfrage wieder auf: Als Rechtsmittelgericht vertrat das OLG Wien[5] die Auffassung, daß sich die berufliche Immunität nicht auf zivilrechtliche Schadenersatz- und Unterlassungsklagen nach § 1330 ABGB beziehe. Weder der Wortlaut noch die Entstehungsgeschichte sprächen für eine Einbeziehung eines Schutzes vor privatrechtlichen Ansprüchen Dritter, die - wie im gegenständlichen Fall - durch Äußerungen eines Abgeordneten in ihrer Ehre oder in ihrem wirtschaftlichen Ruf geschädigt werden[6].

Die Ansicht des OLG Wien wurde von dem in letzter Instanz angerufenen OGH allerdings nicht bestätigt[7]. Die Auslegung, daß sich Art 57 Abs 1 B-VG nicht auf zivilrechtliche Klagen nach § 1330 ABGB beziehe, widerspreche schon dem eindeutigen Wortlaut der Verfassung. Aus diesem folge zweifelsfrei, daß Abgeordnete "von keiner anderen Behörde,

---

[3] Art 33 B-VG. Ein Entschädigungsanspruch gegen den Medieninhaber gem §§ 6 f MedienG, BGBl 1981/314 idF 1987/211, ist bei wahrheitsgetreuen Berichten über Verhandlungen in einer öffentlichen Sitzung von NR, BR, Bundesversammlung oder LT ausdrücklich ausgeschlossen (§ 6 Abs 2 Z 1, § 7 Abs 2 Z 2 MedienG).

[4] Auf einer Pressekonferenz bezeichnete eine Abgeordnete zum NR ein ehemaliges Regierungsmitglied als "Gesetzesbrecher", da dieses in seiner Funktion als Handelsminister durch die Erteilung von Einfuhrgenehmigungen für Schimpansen gegen Bestimmungen des Washingtoner Artenschutzabkommens verstoßen habe. Der gerugte Politiker - im Privatberuf Rechtsanwalt - sah durch den Vorwurf des bewußten Rechtsbruches sein Fortkommen gefährdet und klagte gem § 1330 Abs 2 ABGB auf Unterlassung und Widerruf sowie auf Veröffentlichung des Widerrufes in mehreren Zeitungen.

[5] OLG Wien 17. 7. 1987, 15 R 159/87 = JBl 1988, 43.

[6] Daß die Äußerung im entscheidungserheblichen Sachverhalt auf einer *Pressekonferenz* erfolgte und daher - entgegen der Auffassung des OLG Wien - schon aus *diesem* Grund ohnehin *nicht* unter den *beruflichen* Immunitätsschutz fallen konnte (so dann auch der OGH EvBl 1988/79), ändert an der grundlegenden Bedeutung der (vom OLG Wien freilich am ungeeigneten Anlaßfall behandelten) Frage nach der *Schutzrichtung* der beruflichen Immunität nichts.

[7] OGH 11. 12. 1987, 2 Ob 668/87 = EvBl 1988/79; ebenso in der Folge OGH 28. 1. 1988, 6 Ob 504/88.

also auch nicht von einem Zivilgericht, zur Verantwortung gezogen werden können".

Mit diesem höchstgerichtlichen Beschluß kann der konkrete Fall als geklärt gelten. Dennoch spricht einiges dafür, die grundsätzliche Frage nach dem Verhältnis der beruflichen Immunität zur Zivilgerichtsbarkeit erneut aufzugreifen. Schon der Umstand, daß zwei Rechtsmittelgerichte unter Berufung auf Wortlaut, Geschichte und Teleologie der Verfassung zu geradezu konträren Ergebnissen gelangen, erweckt Erstaunen. Dazu kommt, daß die österreichische Lehre zum Immunitätsrecht des B-VG die von ihr überwiegend vertretene These, die berufliche Immunität schließe auch zivilrechtliche Klagen aus, nie näher begründet hat[8]. Dementsprechend gering ist der argumentative Aufwand, der zur Untermauerung des gegenteiligen Standpunktes geleistet wurde. Auch aus diesem Grunde empfiehlt sich eine Befassung mit der Frage, bevor diese unverdienterweise wieder zu einer "strittigen" wird.

Im vorliegenden Zusammenhang ist somit zu untersuchen, ob die verfassungsrechtliche Wendung *"verantwortlich machen"* auch eine Klage umfaßt, mit der ein durch eine parlamentarische Äußerung in seinen Rechten verletzter Privater einen zivilrechtlichen Schadenersatz- oder Unterlassungsanspruch geltend macht[9]. Wäre dies zu bejahen, dann müßte die Klage als unzulässig angesehen werden, da ein derartiges "Verantwortlichmachen" durch Art 57 Abs 1 B-VG ausschließlich dem Nationalrat vorbehalten ist.

Der Text der Verfassung gibt, wie das OLG Wien einleitend feststellt, keine nähere Erklärung des Wortes "verantwortlich". Dies ist allerdings weder Anlaß zur Resignation noch Freibrief für ein Verfassungsorakel. Schon früh wurde darauf hingewiesen, daß die "stereotype Formel, welche die Unverantwortlichkeit der Volksvertreter normirt, für sich allein betrachtet nicht im Stande ist, über alle einschlägigen Fragen Aufschluss zu geben"; es sei daher "ganz erklärlich, wenn bei jeder neu

---

[8] Vorwurfsvoll OLG Wien JBl 1988, 43.

[9] Der berufliche Immunitätsschutz hinsichtlich *Abstimmungen* wird in diesem Rahmen nicht näher behandelt; auch die Problematik des *Anwendungsbereiches* der beruflichen Immunität und damit zugleich der Abgrenzung der beruflichen von der außerberuflichen Immunität steht nicht im Mittelpunkt der Untersuchung; zur Frage, wann eine Äußerung "in diesem Beruf" gemacht wurde, vgl nur die Zusammenfassung unter VII.

auftauchenden Frage die Praxis in gleichem Maasse in Verlegenheit geräth"[10].

Mit seiner Untersuchung zur Abgeordnetenimmunität hat WINKLER nicht nur der jahrzehntelangen Vernachlässigung dieses Verfassungsinstituts in der Lehre ein Ende bereitet, sondern durch die Verdeutlichung entwicklungsgeschichtlicher, systematischer und teleologischer Zusammenhänge zugleich den Weg für die Bewältigung künftiger immunitätsrechtlicher Probleme gewiesen[11]. Wie für viele Bereiche der Verfassung gilt im besonderen für die Immunität, daß sich die einzelnen Regelungen wegen ihrer begrifflichen Weite und Bruchstückhaftigkeit anhand des bloßen Wortlauts kaum deuten lassen[12]. Die in den einzelnen Begriffen eingeschlossenen Sinnbezüge müssen bei der Auslegung daher stets mitgedacht werden[13]. Vor allem kann sich "eine Analyse des geltenden Art 57 B-VG ... über die historisch gewordene Konzeption nicht hinwegsetzen"[14]. Das bedeutet zum einen, daß die sprachlichen Produkte des Verfassungsgesetzgebers vor dem Hintergrund ihrer Entwicklungsgeschichte sowie der zu ihrem Entstehungszeitpunkt bestehenden (einfachgesetzlichen) Rechtsordnung zu sehen sind[15]. Das bedeutet angesichts der textlichen Kontinuität der Immunitätsregelungen aber auch, daß die zu den historischen Vorläuferbestimmungen entwickelte Lehre und Praxis mittelbar bei der Auslegung berücksichtigt werden können: Der österreichische Verfassungsgesetzgeber hat die Bestimmungen über die berufliche Immunität seit 1861 nicht nur im wesentlichen unverändert beibehalten, sondern er verstand dieses Anknüpfen an historische Vorbilder trotz geänderter staatsrechtlicher Verhältnisse jeweils auch als Übernahme des Immunitätsrechts in seiner konkreten, historisch überlieferten Bedeutung. Bei der Erschließung dieses überlieferten und vom Verfassungsgesetzgeber erkennbar vorausgesetzten

---

[10] SEIDLER, Die Immunitat der Mitglieder der Vertretungskorper nach österreichischem Rechte (1891) 93.

[11] WINKLER, Eingriff in das Verfahren Prinke? Berichte und Informationen 22 (1967) = Orientierungen im offentlichen Recht (1979) 267 (270 ff).

[12] Vgl allgemein auch SCHAFFER, Die Verfassungsinterpretation in Osterreich (1971) 28 ff; ders, Die Interpretation, in: Schambeck (Hrsg), Das österreichische Bundes-Verfassungsgesetz und seine Entwicklung (1980) 57 (61 f).

[13] Vgl WINKLER, Die Rechtspersònlichkeit der Universitaten (1988) 1 f.

[14] WINKLER, Eingriff 270.

[15] Zu dieser in der Verfassungsinterpretation traditionellen Sinnerfüllung durch niederrangiges Recht vgl statt aller SCHAFFER, Interpretation 61.

Verständnisses kann die zeitgenössische Literatur eine wertvolle Hilfe leisten. Damit soll keineswegs einer "Versteinerung" der immunitätsrechtlichen Regelungen auf ihren entstehungszeitlichen Bedeutungsgehalt das Wort geredet werden; nicht zuletzt die materielle Kontinuität des beruflichen Immunitätsrechts weist aber der historischen Interpretation einen besonderen Stellenwert zu. Ob sich deren Ergebnisse vor dem Hintergrund aktueller systematischer und teleologischer Zusammenhänge aufrechterhalten lassen, müssen weitere Überlegungen zeigen.

In diesem Sinne seien daher im folgenden zunächst die Immunitätsbestimmungen in den historischen Verfassungen sowie die hierzu entwickelten Lehrmeinungen näher beleuchtet, soweit dies für die gewählte Themenstellung erforderlich ist.

II. Die historische Entwicklung im Spiegel der Lehre

1. Monarchie

Richtungweisend für alle späteren Verfassungen wurde die Regelung der beruflichen Immunität im § 1 des Gesetzes vom 3. 10. 1861, RGBl 98, in betreff der Unverletzlichkeit und Unverantwortlichkeit der Mitglieder des Reichsrates und der Landtage; die Formulierung findet sich später unverändert im § 16 Abs 2 StGG 1867 über die Reichsvertretung, RGBl 141, wieder:

"Die Mitglieder des Reichsrates können wegen der in Ausübung ihres Berufes geschehenen Abstimmungen niemals, wegen der in diesem Berufe gemachten Äußerungen aber nur von dem Hause, dem sie angehören, zur Verantwortung gezogen werden."

Die *Materialien* zum Immunitätsgesetz 1861 geben einen wertvollen Einblick in die Motive des Gesetzgebers. Erklärte Zielsetzung dieser Bestimmung war die unbedingte Sicherung der parlamentarischen Redefreiheit. Die Abgeordneten sollten "nur ihrem Gewissen folgen und frei und ohne Rücksicht ihre Überzeugung aussprechen"[16]. Von Anfang an war man sich darüber im klaren, daß eine solche unbedingte Garantie "rückhaltsloser Meinungsäußerung"[17] mit der Schutzlosigkeit jener er-

---

[16] So der Ausschußbericht des AH, BlgAH 1. Sess, 1; StProtAH 1. Sess, 143. Vgl zum Gedanken der "vollen Redefreiheit" insb die Ausführungen von Staatsminister SCHMERLING, StProtAH 1. Sess, 166.
[17] StProtHH 1. Sess, 74.

kauft werden müßte, die durch parlamentarische Äußerungen etwa in ihrer "Privatehre" verletzt würden.

Vor allem im Herrenhaus stießen der Regierungsentwurf und der (hinsichtlich der beruflichen Immunität) weitgehend gleichlautende Ausschußantrag des Abgeordnetenhauses auf herbe Kritik[18]. Es könne leicht geschehen, daß sich einzelne Abgeordnete "zu schmachvollen Äußerungen wider die Privatehre" verleiten lassen, wenn sie wüßten, daß sie dafür "nichts anders zu befürchten haben sollten, als einen Ordnungsruf des Präsidenten oder als eine, keine weiteren Nachwirkungen nach sich ziehende Rüge"[19]. Wenn "durch das, was in dem Hause gesprochen wird, Personen, die außerhalb des Hauses stehen, in irgend einer Weise an ihrer Ehre, an ihrem Rufe gekränkt werden, die ihnen vollen Anspruch auf gerichtliche Schritte gibt", dann ließe es sich schwer rechtfertigen, "warum sie diese gerichtlichen Schritte nicht thun können, warum sie ihre Ehre nicht dadurch sollen schützen können, wenn die beleidigenden und verletzenden Worte in einer Versammlung, an einem Orte gesprochen worden sind, wodurch sie eine viel größere Publicität erhalten, als wenn dieses etwa in einem Kaffeehaus geschehen wäre; in welch letzterem Falle die Möglichkeit einer gerichtlichen Vertheidigung gegeben sein würde"[20]. Angesichts der spärlichen Sanktionsmittel der Geschäftsordnung stellte dann der Berichterstatter des Herrenhausausschusses die rhetorische Frage: "Kann der Verläumdete, kann ein Organ der Regierung, kann der verläumdete Private damit zufrieden sein, daß einfach dem Verleumder der Ruf zur Ordnung zugeht, oder gesagt wird, es werde ihm für den Augenblick die Rede entzogen? Ich glaube es wird sich das Gerechtigkeitsgefühl empören, daß man sich mit so etwas begnügen sollte"[21]. Als Instrument gegen "Mißbräuche der Redefreiheit" und um "dem Verletzten zu seinem Rechte verhelfen zu können"[22] wurde die Gesetzesvorlage im Herrenhaus schließlich dahingehend modifiziert, daß bei strafgesetzwidrigen Äußerungen dem Reichsrat die Möglichkeit offenstehen sollte, den Abgeordneten - ähnlich wie bei der außerberuflichen Immunität - an die Gerichte auszuliefern[23].

---

[18] StProtHH 1. Sess, 74 ff.
[19] FREIHERR VON LICHTENFELS, StProtHH 1. Sess, 77.
[20] GRAF LEO THUN, StProtHH 1. Sess, 81.
[21] FREIHERR VON LICHTENFELS, StProtHH 1. Sess, 90.
[22] FREIHERR VON LICHTENFELS, StProtHH 1. Sess, 77.
[23] Der Herrenhausausschuß beantragte folgenden Zusatz: "Sollte es sich um Äußerungen handeln, welche sich als Vergehungen wider die allgemeinen Strafgesetze dar-

Dieser Abänderungsvorschlag wurde im Abgeordnetenhaus verworfen[24]; man erblickte hierin nicht bloß eine Modifikation, sondern die gänzliche Preisgabe der parlamentarischen Redefreiheit: "Eine Redefreiheit, welche möglicherweise den Redner in die Arme der Strafgewalt führen kann, ist offenbar *keine* Redefreiheit"[25].

Diese kurze Übersicht über die Ursprünge des österreichischen Immunitätsrechts macht deutlich, daß der Konflikt zwischen der parlamentarischen Redefreiheit und dem Ehrenschutz außenstehender Personen schon bei der Entstehung des Immunitätsgesetzes 1861 Pate stand und vom Gesetzgeber ganz bewußt und ohne Einschränkung *zugunsten* der unbeschränkten Redefreiheit entschieden wurde. Wendet man sich nun der Frage zu, ob mit der Befreiung der Abgeordneten von jeder außerparlamentarischen Verantwortlichkeit auch die Geltendmachung *zivilrechtlicher* Ansprüche Privater ausgeschlossen werden sollte, so scheinen die Materialien zunächst wenig Aufschluß zu geben. Zweifellos stand in den parlamentarischen Verhandlungen die Schutzfunktion der beruflichen Immunität gegenüber der *Strafverfolgung* im Vordergrund[26]. Daraus den Schluß zu ziehen, der Schutz der beruflichen Immunität *beschränke* sich nach dem Willen des Gesetzgebers auf die Strafverfolgung[27], wäre jedoch verfehlt. Schon im englischen Recht, das dem *beruflichen* Immunitätsrecht der meisten europäischen Verfassungen als Vorbild diente[28], galt es als charakteristisch, "daß die parlamentarische Berufsausübung von den Gerichten des allgemeinen Rechtes eximiert und der ausschliesslichen Competenz des Parlamentes unterworfen ist"[29]. "Das We-

---

stellen und die Anwendung der nach der Geschäftsordnung dagegen zulässigen Maßregeln als unzulänglich erscheinen, so steht dem Hause frei, den Fall zur gerichtlichen Verhandlung zu weisen" (StProtHH 1. Sess, 76 f).

[24] Bericht des Ausschusses des AH über die von dem Herrenhause vorgenommenen Änderungen, BlgAH 1. Sess, 1; StProtAH, 1. Sess, 1131 ff.

[25] Abg KAISER, StProtAH 1. Sess, 1132. Vgl auch Abg PRAZAK, StProtAH 1. Sess. 1134: "Lieber kein Immunitätsgesetz ... als ein solches"; PALACKY, StProtHH 1. Sess, 79: "Unter solchen Umständen ist ja eine Kritik dessen, was im Staate vorgeht, beinahe illusorisch".

[26] Vgl 9. Sitzung des AH v 29. 5. 1861, StProtAH 1. Sess, 143 ff; 10. Sitzung v 1. 6. 1861, StProtAH 1. Sess, 177 ff; 10. Sitzung des HH v 21. 6. 1861, StProtHH 1. Sess, 74 ff; 50. Sitzung des AH v 6. 9. 1861, StProtAH 1. Sess, 1131 ff.

[27] So ZUCKER, Zur Auslegung der Bestimmungen des österr Rechtes über die Immunität der Abgeordneten, AÖR 1893, 121 (123 ff).

[28] Vgl für Österreich nur GRAF LEO THUN, StProtHH 1. Sess, 81; HOEGEL, Strafvollzug und Immunität, JBl 1898, 397.

[29] SEIDLER, Immunität 10.

sen der parlamentarischen Redefreiheit, wie sie nunmehr in den größeren Verfassungsstaaten des europäischen Continents anerkannt ist, besteht darin, daß alle Aeusserungen ... der Cognition der ordentlichen Criminal- und Disciplinarbehörden, sowie der *Civilgerichte* des Staates schlechthin entzogen sind"[30]. In diesem *Vorverständnis* der parlamentarischen Redefreiheit liegt die Erklärung, warum der Gesetzgeber für die berufliche Immunität den Begriff der "Verantwortung" verwendete, dem nach dem damaligen *Sprachgebrauch* ein weiterer Inhalt zukam als dem (in den Regelungen über die außerberufliche Immunität gebrauchten) Begriff der "Verfolgung"[31]. Auch die Materialien belegen eindeutig, daß mit dem allgemeinen Begriff "Verantwortung" jedenfalls *auch*, aber keinesfalls *ausschließlich* die (straf)gerichtliche "Verfolgung" gemeint war[32]. Er betrifft "alles, was überhaupt einer Verantwortung ähnlich sein kann"[33]. Daß darin auch die zivilrechtliche Verantwortung mitgedacht war, zeigt sich vor allem an den (bedauernden) Wortmeldungen im Herrenhaus, wonach die berufliche Immunität den Geschädigten eben *jeden* "Anspruch auf gerichtliche Schritte" und *jede* "Möglichkeit einer gerichtlichen Vertheidigung" entziehe[34]. Dazu kommt, daß nach der traditionellen immunitätsrechtlichen Terminologie unter "Verantwortung" immer schon die zivilrechtliche Haftung mitverstanden wurde[35]. Damit steht in Einklang, daß das Immunitätsrecht in den parlamentarischen Verhandlungen nicht nur als Ausnahmeregelung zum Strafrecht, sondern

---

[30] HUBRICH, Die parlamentarische Redefreiheit und Disciplin (1899) 15 f (Hervorhebung von mir).

[31] Zu diesem Sprachgebrauch bereits eingehend BLODIG, Die Immunität der Abgeordneten des österreichischen Reichsrats, ZBl 11 (1893) 251 gegen ZUCKER.

[32] Vgl Abg MUHLFELD, der zur Verdeutlichung die Formulierung "zu keiner Zeit gerichtlich verfolgt oder sonst ... zur Rechenschaft gezogen werden" vorschlug (StProtAH 1. Sess, 181 f). Es sei üblich, "bei mehreren Fallen, die unter einen allgemeinen Begriff zusammenfallen, diejenigen Fälle, die man besonders treffen will, ... auch voranzustellen, und dann mit allgemeinen Ausdrucken eben hinzuweisen, daß nicht bloß diese Spezies sondern daß ein Genus angesprochen werden will". Die Änderung wurde als überflussig, weil selbstverstandlich, abgelehnt (vgl StProtAH 1. Sess, 192).

[33] Abg KAISER, StProtAH 1. Sess, 192 (zum Begriff "Rechenschaft", der aber mit dem Begriff "Verantwortung" gleichgesetzt wurde: StProtAH 1. Sess, 1132).

[34] ZB GRAF LEO THUN, StProtHH 1. Sess, 81.

[35] Vgl nur ZACHARIA, Sind in den deutschen constitutionellen Monarchieen die Gerichte befugt, uber Klagen zu entscheiden, welche vor ihnen wegen gesetzwidriger Äußerungen eines Mitgliedes der I. oder der II. Kammer erhoben werden? AcP 17 (1834) 173 (177 f): "Es giebt überhaupt *zwei Arten der rechtlichen Verantwortlichkeit*; - die Verantwortlichkeit, welche eine *Strafe*, und die, welche eine der beeintrachtigten Parthey zu leistende *Genugthuung* zur Folge hat" (Hervorhebungen im Original).

auch als Modifikation des "Civilprozesses" angesehen wurde[36]. Wenn sich die Diskussionen dennoch auf die strafgerichtliche Verfolgung konzentrierten, so nur deshalb, weil man "vor allem die gerichtliche Verfolgung im Auge [hat], weil sie am schwersten fallen würde, zumal mit der oftmaligen Beigabe der Haft"[37].

Vor diesem Hintergrund ist es nicht erstaunlich, wenn sich auch in der wissenschaftlichen *Literatur* zum Immunitätsrecht der Monarchie bald die Auffassung durchsetzte, daß in der "Unverantwortlichkeit" auch die "civilrechtliche Haftbarkeit" eingeschlossen sei. Schon KISSLING meinte, daß die berufliche Immunität die "civilprozessuale Geltendmachung eines Rechtsanspruches" verhindere[38]. Anderenfalls hätten sowohl Regierungen als auch politische gegnerische Parteien die Möglichkeit, auf dem Wege des Zivilprozesses mißliebigen Abgeordneten schwerste Vermögensnachteile zuzufügen und sie zum Aufgeben ihrer politischen Tätigkeit zu zwingen. Auch in der Terminologie des ABGB werde der Begriff "Verantwortung" für privatrechtliche Haftung gebraucht.

SEIDLER griff in seiner umfangreichen Untersuchung aus 1891 die Frage nach dem Inhalt des Begriffs der *"Verantwortlichkeit"* erneut auf[39]. Dieser bedeute in den verschiedensten Rechtsgebieten "die Verpflichtung desjenigen, der bei einem bestimmten Thun und Lassen an Normen gebunden ist, Rechenschaft abzulegen, Rede und Antwort zu stehen und im Falle der festgestellten Normenwidrigkeit die Rechtsfolgen derselben auf sich zu nehmen, mit einem Worte sein Thun und Lassen zu vertreten". Je nach dem Rechtsgebiete, welchem die entsprechenden Normen angehören, unterscheide man daher zwischen straf-, disziplinar- und zivilrechtlicher Verantwortlichkeit. Wegen der historischen Schutzrichtung der Immunität gegen die Regierungsgewalt könne allerdings "die Frage aufgeworfen werden, ob das Privileg auch gegenüber dritten Personen, welche sich durch die Parlamentsrede eines Volksvertreters in ihren Privatrechten verletzt erachten", gelte. Dies sei "mit Rücksicht auf die ganz allgemeine Fassung der diesbezüglichen Verfassungsbestimmungen, welche *jede* Verantwortlichkeit außerhalb des Parlamentes, ohne zu unterscheiden, *in welcher Art und von wem dieselbe geltend gemacht werde, ausschliessen, zu bejahen*". Es bedürfe daher "wohl nicht erst besonderer Be-

---

[36] ZB StProtAH 1. Sess, 145, 158, 168 f.
[37] Abg MUHLFELD, StProtAH 1. Sess, 182
[38] KISSLING, Die Unverantwortlichkeit der Abgeordneten und der Schutz gegen Mißbrauch derselben [1](1882), [2](1885) 22 f.
[39] SEIDLER, Immunität 78 ff.

gründung, daß hiemit jede Art der Geltendmachung civilrechtlicher Verantwortlichkeit, Einrede nicht minder, als Klage, ausgeschlossen erscheint"[40].

Auch SPIEGEL sah in jeder Geltendmachung eines direkt aus der parlamentarischen Äußerung entspringenden zivilrechtlichen Anspruches ein - unzulässiges - "zur Verantwortung ziehen" des Abgeordneten. Das berufsmäßige parlamentarische Verhalten sei "nicht geeignet, die deliktische Grundlage eines zivilrechtlichen Anspruches zu bilden"[41].

Die Vertreter der Gegenposition, die in der beruflichen Immunität kein Hindernis für die gerichtliche Geltendmachung eines Schadenersatzanspruches gegen Abgeordnete sahen[42], waren nicht nur in der Minderzahl, sie ließen auch jede nähere Begründung ihres Standpunktes vermissen. So begnügte sich PRAZAK im wesentlichen mit dem Hinweis auf ein nicht weiter erörtertes allgemeines Verständnis des Begriffes "Zur Verantwortung ziehen"[43], das sich jedenfalls schon damals nicht mit dem *juristischen* Wortverständnis deckte. Einer ähnlichen Argumentation bediente sich FINGER[44]. Zu erwähnen sind in diesem Zusammenhang auch jene Autoren, die - allerdings ohne auf die zivilrechtliche Haftung Bezug zu nehmen - den Begriff der "Verantwortung" mit jenem der (strafgerichtlichen) "Verfolgung" gleichsetzten und damit implizit auch jede Befreiung von der zivilrechtlichen Verantwortung verneinten[45]. Sie

---

[40] SEIDLER, Immunität 79 (Hervorhebungen im Original). Ebenso im Ergebnis BLODIG, ZBl 11 (1893) 252.

[41] SPIEGEL, Art "Immunität der Reichsrats- und Landtagsmitglieder", ÖStWB^2 II (1906) 863 (868); gleichlautend schon in ÖStWB^1 II/1 (1896) 128 f. Lediglich bei Ansprüchen wegen Verletzungen *vertraglicher* Verpflichtungen durch das parlamentarische Verhalten verneinte SPIEGEL - wenngleich ohne nähere Begründung - den Immunitätsschutz.

[42] PRAZAK, Rakouské právo ústavní (Österreichisches Verfassungsrecht)^2 II (1901) 116; FINGER, Das Strafrecht^3 I (1912) 671 f.

[43] PRAZAK, Rakouské právo ústavní^2 II 116. Sein zusätzlicher Hinweis in FN 8, daß sich nicht einmal die Unverantwortlichkeit des Monarchen auf zivilrechtliche Ansprüche beziehe, beruht auf einer mißverständlichen Deutung des § 20 ABGB und wurde bereits von SPIEGEL (ÖStWB^2 II 868) widerlegt.

[44] FINGER, Strafrecht^3 I 671 f: "Es wird im Leben Niemandem, der wegen eines Privatanspruches vor eine Behörde gerufen wird, einfallen, zu sagen, er sei zur Verantwortung gezogen worden"; gegen FINGER auch ZAGLER, Das Privileg der beruflichen Immunität, JBl 1971, 604 (608).

[45] So LAHNER, Zeugnispflicht und Immunität, GrünhutsZ 27 (1900) 183 (184 f), unter Berufung auf den "gewöhnlichen Wortsinn" und die (anders formulierte) belgische

standen mit dieser Auslegung sowohl zu dem (zwischen "Verantwortung" und "Verfolgung" unterscheidenden) Gesetzeswortlaut als auch zu den Materialien im Widerspruch[46].

Im Ergebnis läßt sich festhalten, daß die berufliche Immunität des StGG 1867 nach dem herrschenden zeitgenössischen Verständnis auch jede gerichtliche Geltendmachung zivilrechtlicher Verantwortlichkeit ausschloß. Sowohl der Text der Verfassung als auch ihre Entstehungsgeschichte stützten diese Auffassung. Späteren Publikationen schien diese Auslegung so gefestigt, daß eine genauere Begründung unterblieb. TEZNER begnügte sich 1912 mit der lapidaren Feststellung: "Es handelt sich hier um Zuständigkeitsbestimmungen von *unbeschränktem* Umfang und von *absolut* zwingender Kraft", die sich auch "gegen Zivilgerichte" richten[47].

2. Republik

Die Bestimmungen über die berufliche Immunität in der republikanischen Verfassung folgten beinahe wörtlich dem StGG 1867 über die Reichsvertretung; die geringfügigen sprachlichen Abweichungen betreffen die veränderte Natur und Bezeichnung des Vertretungskörpers sowie die Wendung "verantwortlich gemacht werden" statt "zur Verantwortung gezogen werden". So hieß es zunächst in Art 6 Abs 1 des Gesetzes über die Volksvertretung, StGBl 1919/179:

"Die Mitglieder der Nationalversammlung können wegen der in Ausübung ihres Berufes geschehenen Abstimmungen niemals, wegen der in diesem Berufe gemachten Äußerungen nur von dem Hause verantwortlich gemacht werden."

Mit dieser Formulierung sollte die Regelung der beruflichen Immunität in der aus dem StGG 1867 überlieferten Gestalt rezipiert werden[48]. Das gilt ohne Einschränkung auch für das B-VG 1920, das in seinem Art 57 Abs 1 nur wiederholte, "was schon im Art 6 des Gesetzes über die

---

Verfassung 1831. Ebenso ZUCKER, AÖR 1893, 123 ff, unter Berufung ebenfalls auf die belgische Verfassung sowie die (fehlgedeuteten) Materialien, dazu schon oben bei FN 31.

[46] Gegen die Gleichsetzung von "Verantwortung" und "Verfolgung" ausführlich bereits BLODIG, ZBl 11 (1893) 251 ff.

[47] TEZNER, Die Volksvertretung (1912) 621 (Hervorhebung im Original). Der Ausschluß zivilrechtlicher Klagen ergab sich zwingend aus dem anerkannten Grundprinzip der beruflichen Immunität, nämlich der Exemtion parlamentarischer Äußerungen "von jeder außerparlamentarischen Kontrolle" (ibid 622).

[48] Vgl WINKLER, Eingriff 269; KELSEN, Die Verfassungsgesetze der Republik Österreich III (1919) 132 f.

Volksvertretung ... normiert war"[49]. Auch die B-VG-Novelle 1929 hielt an dieser Textierung fest, allerdings mit der Einschränkung des Immunitätsschutzes auf *mündliche* Äußerungen:

> "Die Mitglieder des Nationalrates können wegen der in Ausübung ihres Berufes geschehenen Abstimmungen niemals, wegen der in diesem Beruf gemachten mündlichen Äußerungen nur vom Nationalrat verantwortlich gemacht werden."

Angesichts dieser Textkontinuität zwischen der Bestimmung des B-VG 1929 und jener des StGG erscheint es einleuchtend, daß auch die Lehre zum B-VG der beruflichen Immunität keine neuen Aspekte abgewinnen konnte, zumal das Immunitätsrecht als ganzes "nur flüchtig behandelt"[50] wurde. Nach wie vor wurde hervorgehoben, daß die berufliche Immunität den Abgeordneten "jeder Verantwortung gegenüber einem außerhalb des Parlamentes stehenden Forum" enthebt[51], und nach wie vor war es eine zwingende Konsequenz daraus, daß Abgeordnete wegen ihrer parlamentarischen Äußerungen auch zivilgerichtlich nicht belangt werden können[52]. Dieser Auffassung folgte auch die Praxis[53].

---

[49] KELSEN - FROHLICH - MERKL, Die Verfassungsgesetze der Republik Österreich V (1922) 145. Vgl auch FRISCH, Lehrbuch des osterreichischen Verfassungsrechtes (1932) 88.

[50] WINKLER, Eingriff 271.

[51] ADAMOVICH, Grundriß des osterreichischen Staatsrechts (1927) 167; ADAMOVICH - SPANNER, Handbuch des osterreichischen Verfassungsrechts⁵ (1957) 200; ahnlich ERMACORA, Handbuch des Grundfreiheiten und der Menschenrechte (1963) 577.

[52] Am ausfuhrlichsten ZAGLER, JBl 1971, 608; ebenso RINGHOFER, Die Österreichische Bundesverfassung (1977) 186; WALTER, Osterreichisches Bundesverfassungsrecht. System (1972) 267; WALTER - MAYER, Grundriß des österreichischen Bundesverfassungsrechts² (1978) 101. Die - soweit ersichtlich - einzige Gegenmeinung wurde von ERMACORA, Österreichische Verfassungslehre (1970) 245 FN 2, vertreten, aber nicht begründet; die Formulierung, Art 57 B-VG biete "keinen Schutz gegen zivilrechtliche Klagen", steht überdies im Gegensatz zu der vom selben Autor an anderer Stelle getroffenen Feststellung, die berufliche Immunität entziehe die parlamentarische Tatigkeit der rechtlichen Kontrolle "jeder Instanz" (Handbuch 577). Bloß referierend KOBES, Immunitat eines Abgeordneten zum Nationalrat (1971) 21.

[53] Vgl die bei WALTER, Bundesverfassungsrecht 267 FN 150, zitierte E OLG Wien 20. 3. 1967, 7 R 49/67. Auch in SZ 50/111, wo der OGH anläßlich einer Klage gem § 1330 ABGB auf Unterlassung und Widerruf den Schutz der *sachlichen* Immunitat fur einen Abgeordneten verneinte, der seine im LT gemachten Behauptungen später in einem Leserbrief wiederholt hatte, stand außer Zweifel, daß der Abgeordnete gegen eine derartige Klage durch die *berufliche* Immunitat geschutzt gewesen wäre, hätte er es nur bei seinen Äußerungen im Parlament bewenden lassen.

3. Deutschland

Ein Blick auf die Entwicklung des Rechts der beruflichen Immunität (Indemnität) der BRD zeigt deutliche Parallelen. Gemäß Art 30 der deutschen Reichsverfassung 1871 konnten Reichsratsmitglieder für berufliche Äußerungen nicht "gerichtlich oder disziplinarisch verfolgt oder sonst außerhalb der Versammlung zur Verantwortung gezogen werden"[54]; nach der überwiegenden zeitgenössischen Lehre waren dadurch auch Zivilklagen unzulässig[55]. So schreibt etwa HUBRICH in seiner Schrift zur parlamentarischen Redefreiheit: "Während das Verbot der 'gerichtlichen Verfolgung' den Reichstagsabgeordneten seiner strafrechtlichen Haftbarkeit vor den Strafgerichten entledigt, befreit das Verbot des sonstigen 'Zur-Verantwortung-ziehens' denselben in strafrechtlicher Hinsicht auch vor dem staatsanwaltlichen oder polizeilichen Ermittlungsverfahren; nicht minder ist aber auch der Reichstagsabgeordnete dadurch *privilegiert gegenüber Civilklagen, die Private unter dem Versuch, die parlamentarische Berufsausübung dem Abgeordneten als ein bestimmte Rechtsnachtheile nach sich ziehendes Unrecht zu imputieren, vor den Civilgerichten erheben.* Ebenso wie das Wort 'Verfolgen' ergiebt der Ausdruck 'zur Verantwortung ziehen', dass nach dem Willen des Reichsgesetzgebers der Abgeordnete nicht nur vor dem Erduldenmüssen der Folgen der Verantwortung, sondern auch von jeglichem auf Herbeiführung dieser Folgen gerichteten Verfahren befreit sein soll"[56]. Auch LABAND hielt eine "gerichtliche Verfolgung im Wege des Civilprozesses wegen Leistung von Schadens-Ersatzes" für ausgeschlossen[57].

Die Indemnitätsbestimmungen der Weimarer Reichsverfassung übernahmen in Art 36 fast wörtlich den Text der Reichsverfassung 1871[58]; die

---

[54] "Kein Mitglied des Reichstages darf zu irgend einer Zeit wegen seiner Abstimmung oder wegen der in Ausübung seines Berufes gethanen Äußerungen gerichtlich oder disziplinarisch verfolgt oder sonst außerhalb der Versammlung zur Verantwortung gezogen werden"; dazu HARTH, Die Rede- und Abstimmungsfreiheit der Parlamentsabgeordneten in der Bundesrepublik Deutschland (1983) 61.

[55] ZB HUBRICH, Redefreiheit 370 mwN in FN 62; SCHWEDLER, Parlamentarische Rechtsverletzungen nach deutschem Reichsrecht (1898) 24. Umfangreiche Nachweise bei HÄRTH, Rede- und Abstimmungsfreiheit 70.

[56] HUBRICH, Redefreiheit 370 (Hervorhebung von mir).

[57] LABAND, Das Staatsrecht des Deutschen Reiches I (1876) 572 FN 3.

[58] Art 36 WRV: "Kein Mitglied des Reichstags oder eines Landtags darf zu irgendeiner Zeit wegen seiner Abstimmung oder wegen der in Ausübung seines Berufs getanen Äußerungen gerichtlich oder dienstlich verfolgt oder sonst außerhalb der Versammlung zur Verantwortung gezogen werden."

herrschende - wenngleich nicht ganz unbestrittene - Meinung sah darin auch einen Schutz vor zivilgerichtlichen Klagen[59]. Auch das Grundgesetz folgt in Art 46 Abs 1 den historischen Vorbildern, allerdings mit der Besonderheit, daß erstmals "verleumderische Beleidigungen" vom Indemnitätsschutz ausgeschlossen werden[60]. Daß sich Art 46 Abs 1 GG aber grundsätzlich auch auf die zivilrechtliche Verantwortlichkeit erstreckt und somit jede Zivilklage verbietet, gilt als "praktisch einhellige Meinung in der staatsrechtlichen Literatur"[61].

III. Der Begriff "verantwortlich" in Art 57 Abs 1 B-VG

Die geltende Fassung des Art 57 Abs 1 B-VG beruht auf der B-VG-Novelle BGBl 1979/134. Die Textierung weicht von jener des Jahres 1929 nur insoweit ab, als *schriftliche* Äußerungen wieder dem Schutz der beruflichen Immunität unterstellt werden. Im großen und ganzen war damit der Rechtszustand vor 1929 wiederhergestellt:

"Die Mitglieder des Nationalrates durfen wegen der in Ausubung ihres Berufes geschehenen Abstimmungen niemals, wegen der in diesem Beruf gemachten mundlichen oder schriftlichen Außerungen nur vom Nationalrat verantwortlich gemacht werden."

Die Gleichartigkeit der Formulierungen in den Fassungen 1929 und 1979 sowie die weitgehende Geschlossenheit, mit der in Lehre und Praxis zum B-VG 1929 der Begriff der "Verantwortlichkeit" auch auf die *zivilrechtliche* Verantwortung bezogen wurde, legen es für sich genommen schon nahe, diese Auslegung auch nach 1979 beizubehalten[62]: Mit der

---

[59] ANSCHUTZ, Die Verfassung des Deutschen Reichs[14] (1933) 229; weitere Nachweise bei HARTH, Rede- und Abstimmungsfreiheit 72.

[60] 46 Abs 1 GG: "Ein Abgeordneter darf zu keiner Zeit wegen seiner Abstimmung oder wegen einer Äußerung, die er im Bundestage oder in einem seiner Ausschusse getan hat, gerichtlich oder dienstlich verfolgt oder sonst außerhalb des Bundestages zur Verantwortung gezogen werden. Dies gilt nicht fur verleumderische Beleidigungen."

[61] So KEWENIG - MAGIERA, Umfang und Regelung der Indemnitat von Abgeordneten insbesondere bei schriftlichen Fragen an die Regierung, ZParl 12 (1981) 223 (225). Statt aller MANGOLDT - KLEIN, Das Bonner Grundgesetz[2] II (1964) 971; ACHTERBERG, Parlamentsrecht (1984) 241; HARTH, Rede- und Abstimmungsfreiheit 125 f; ROLL, Indemnität gegenüber zivilrechtlichen Ansprüchen, NJW 1980, 1439; SCHRODER, Rechtsfragen des Indemnitätsschutzes, Der Staat 1982, 25 (36 f). Ganz vereinzelt blieb die Gegenmeinung von RULAND, Indemnitat und Amtshaftung fur Abgeordnete, Der Staat 1975, 457 (480 ff).

[62] So jedenfalls auch - wenngleich ohne Begrundung - die gesamte verfassungsrechtliche Literatur nach der Novelle 1979: WALTER - MAYER, Grundriß Verfassung[6] (1988) 130; CZERNY - FISCHER, Kommentar zur Geschäftsordnung des Nationalrates[2]

neuerlichen und - abgesehen von der Erweiterung auf schriftliche Äußerungen - *unveränderten* Inkraftsetzung des Art 57 Abs 1 durch die B-VG-Novelle 1979 übernahm der Verfassungsgesetzgeber die berufliche Immunität in ihrer überlieferten Ausprägung. Die Neufassung läßt "die sog berufliche Immunität im bisher bestehenden Zustand unangetastet"[63]. Daß dies ganz bewußt beabsichtigt war, belegen die Materialien[64]. Nichts spricht daher dafür, dem vom Verfassungsgesetzgeber des Jahres 1979 *vorausgesetzten* Begriff "verantwortlich" einen vom bisher allgemein anerkannten Verständnis abweichenden Inhalt beizumessen[65].

Die Subsumtion der zivilrechtlichen Verantwortlichkeit unter den Verantwortungsbegriff des Art 57 Abs 1 B-VG gewinnt an Überzeugungskraft, wenn man die Verwendung des Begriffs der "Verantwortlichkeit" in der unterverfassungsgesetzlichen Rechtsordnung zum Zeitpunkt des Inkrafttretens des Art 57 B-VG betrachtet. Dort meint "Verantwortung", je nach Zusammenhang des Rechtsgebietes, in welchem der Begriff Verwendung findet, sowohl die *verwaltungs-*[66] und *justizstrafrechtliche*[67] als auch die *zivilrechtliche* Verantwortlichkeit. Insb im Schadener-

---

(1982) 25; BERCHTOLD, Die Neuordnung der Immunität, ÖJZ 1979, 505; ADAMOVICH - FUNK, Österreichisches Verfassungsrecht³ (1985) 226; PREE, Österreichisches Verfassungs- und Verwaltungsrecht (1986) 59; STERN, Diskussionspunkt Immunität, Politische Perspektiven 1983/7, 4; Erlaß BMJ GZ 375.001/6-II 2/79 (CZERNY - FISCHER, Geschäftsordnung 431 [432]): "Klagen ... wären daher zurückzuweisen". Ebenso jüngst Abg KELLER, StProtNR 17. GP, 8479 ("keinerlei ...zivilrechtliche[r] Konsequenz").

[63] BERCHTOLD, ÖJZ 1979, 505.

[64] Nach der Absicht des Verfassungsgesetzgebers sollte die berufliche Immunität hinsichtlich des Abstimmungsverhaltens unverändert beibehalten (IA 126/A, II-4416 BlgNR 14. GP, 7: "entspricht in vollem Umfang der geltenden Rechtslage"), hinsichtlich der Äußerungen aber auf schriftliche Äußerungen *erweitert* werden (AB 1240 BlgNR 14. GP, 2: "Danach soll künftighin die 'berufliche' Immunität auch hinsichtlich schriftlicher Äußerungen ... gegeben sein"; StProtNR 14. GP, 12778: "... daß die berufliche Immunität erweitert wird um die schriftlichen Äußerungen"). Für eine Absicht zur *Einschränkung* der beruflichen Immunität auf die nicht-zivilrechtliche Verantwortung besteht keinerlei Anhaltspunkt. Im Gegenteil: Aus den parlamentarischen Verhandlungen geht unmißverständlich hervor, daß mit der immunitätsrechtlichen Befreiung von "Verantwortung" stets auch die Geltendmachung eines zivilrechtlichen Anspruches ausgeschlossen wird (zB StProtBR 385. Sitzung, 13596 zu Art 33 B-VG; dazu unten FN 75).

[65] In diesem Sinne auch OGH EvBl 1988/79. Zu dieser inhaltlichen Kontinuität vorausgesetzter Begriffsbilder im Zusammenhang mit den Immunitätsbestimmungen KOPETZKI, Grenzen der außerberuflichen Immunität der Abgeordneten, ZÖR 37 (1986) 101 (106 mwN).

[66] Vgl zB § 9 VStG ("strafrechtliche Verantwortlichkeit").

[67] Vgl zB § 29 PresseG, BGBl 1922/218 ("Verantwortlichkeit für strafbare Handlungen").

satzrecht wird der Begriff "verantwortlich" mit "schadenersatzpflichtig" gleichgesetzt[68]. In all diesen Beispielen - die sich beliebig erweitern ließen - bedeutet "verantwortlich sein" nichts anderes als "haften", also das "Einstehenmüssen" für die von der Rechtsordnung vorgesehenen *Sanktionen rechtswidrigen Verhaltens*. Die Begriffe "Haftung" und "Verantwortlichkeit" werden nicht nur in der allgemeinen Rechtslehre, sondern auch in der positiven Rechtsordnung synonym gebraucht[69].

Dasselbe gilt für die Verfassung. Hier weist der Begriff "verantwortlich" sowohl auf die *staatsrechtliche* (Art 142 B-VG)[70] als auch auf die *disziplinarrechtliche*[71] Verantwortung hin.

Mit der Erkenntnis, daß der Begriff der "Verantwortung" in der Rechtsordnung in einer umfassend abstrakten, dh *alle* Formen der Haftung bezeichnenden Weise verwendet wird, ist selbstverständlich noch nicht bewiesen, daß der Begriff in Art 57 Abs 1 B-VG ebenfalls diese umfassende Bedeutung hat. In den einzelnen konkreten Rechtsgebieten wird mit "Verantwortung" ja durchaus etwas jeweils Verschiedenes gemeint. Während sich aber in diesen Fällen die Art der Verantwortlichkeit aus dem konkreten Regelungszusammenhang ergibt, fehlt ein derartiger - den Begriffsinhalt einengender - Kontext im Fall des Art 57 Abs 1 B-VG. Daß der Verfassungsgesetzgeber nichtsdestoweniger ganz allgemein von "Verantwortung" spricht, legt - lege non distinguente - auch ein umfassendes Begriffsverständnis nahe. Für eine weite, insb auch die zivilrechtliche Verantwortlichkeit einschließende Auslegung spricht überdies die differenzierende Verwendung des Begriffspaars "verantwortlich gemacht" in Art 57 Abs 1 B-VG einerseits und "behördlich verfolgt" in Art 57 Abs 3 B-VG andererseits. Da mit einer "behördlichen Verfolgung" iSd Art 57 Abs 3 neben der justiz- auch die verwaltungs- und disziplinarrechtliche Verantwortung erfaßt wird[72], bliebe für den Begriff "ver-

---

[68] Vgl zB §§ 1300, 1301, 1302, 1305, 1313, 1320 ABGB. Darauf hat erstmals KISSLING, Unverantwortlichkeit 23, zutreffend hingewiesen; ebenso nun auch OGH EvBl 1988/79.

[69] Vgl nur KELSEN, Reine Rechtslehre² (1960) 125: "Das Individuum, gegen das die Unrechtsfolge gerichtet ist, *haftet* für das Unrecht, ist dafur rechtlich *verantwortlich*" (Hervorhebung im Original). Zum Begriff der "Verantwortlichkeit" jungst ausführlich GALLENT, Politische, straf- und zivilrechtliche Verantwortlichkeit von Gemeindeorganen, ÖGZ 1988/8, 2.

[70] Vgl Art 68, 76, 103 Abs 3, 105, 118 Abs 5, 119 Abs 3 und 4, 142 B-VG.

[71] Art 20 Abs 1 B-VG. Zu diesem Begriff der "Verantwortung" vgl KUCSKO-STADLMAYER, Das Disziplinarrecht der Beamten (1985) 95 ff.

[72] KOPETZKI, ZOR 37 (1986) 105.

antwortlich" - wollte man den Zivilbereich ausnehmen - kaum mehr eine vom Begriff der "Verfolgung" unterscheidbare Deutung[73].

Eine Bestätigung findet die hier vertretene Auslegung des Art 57 Abs 1 B-VG schließlich auch im systematischen Zusammenhang mit Art 33 B-VG, wonach wahrheitsgetreue Berichte über die Verhandlungen in den öffentlichen Sitzungen des NR und seiner Ausschüsse "von *jeder* Verantwortung frei" bleiben (sog "sachliche Immunität"). Da die sachliche Immunität nur eine Konsequenz aus der beruflichen Immunität und der Öffentlichkeit der Sitzungen ist[74], muß angenommen werden, daß sich die Schutzrichtung der beruflichen und der sachlichen Immunität deckt, daß also die Begriffe "Verantwortung" in Art 33 und Art 57 Abs 1 B-VG inhaltsgleich sind. Durch den ausdrücklichen Ausschluß *jeder* Verantwortung ist im Art 33 B-VG aber jedenfalls unzweifelhaft (und deutlicher als in Art 57 Abs 1 B-VG) klargestellt, daß damit auch die zivilrechtliche Verantwortung erfaßt ist[75].

IV. Der Sinn der beruflichen Immunität

Ein Blick auf den Schutzzweck der beruflichen Immunität kann die bisherigen Überlegungen nur verstärken. Die berufliche Immunität dient dem Schutz der *Abstimmungs- und Argumentationsfreiheit* des Abgeord-

---

[73] In diesem Sinn auch ZAGLER, JBl 1971, 608; BLODIG, ZBl 11 (1893) 251 ff. Vgl weiters oben II. 1. Das OLG Wien (JBl 1988, 44) setzt hingegen "Verantwortung" irrigerweise mit "Verfolgung" gleich, indem es meint, der Widerruf gem § 1330 ABGB sei keine *Strafe* und es komme daher eine sinngemäße Anwendung der Vorschriften über den Schutz vor *Strafverfolgung* nicht in Frage. Damit unterstellt das Gericht dem Verfassungsgesetzgeber, daß er innerhalb eines Artikels dasselbe Phänomen mit unterschiedlichen Begriffen bezeichnet.

[74] KELSEN - FROHLICH - MERKL, Verfassungsgesetze V 99; SLADECEK, Über die Immunität der parlamentarischen Reden und der parlamentarischen Berichterstattung, ZStW 16 (1896) 127 (128); vgl auch StProtBR 385. Sitzung, 13596.

[75] Vgl StProtBR 385. Sitzung, 13596, zu Art 33 B-VG: "Das heißt, daß ... weder eine strafrechtliche noch eine disziplinäre Verfolgung eingeleitet oder *ein zivilrechtlicher Anspruch geltend gemacht werden kann*" (Hervorhebung von mir); ebenso WALTER - MAYER, Grundriß Verfassung[6] 143; KLECATSKY - MORSCHER, Bundesverfassungsrecht[3] (1982) 329; ADAMOVICH - SPANNER, Handbuch[5] 182; WALTER, Bundesverfassungsrecht 279. Dem Art 33 B-VG korrespondiert § 6 Abs 2 Z 1 MedienG, wonach bei wahrheitsgemäßen Berichten über Verhandlungen allgemeiner Vertretungskörper der (zivilrechtliche) Entschädigungsanspruch wegen übler Nachrede etc iSd § 6 Abs 1 MedienG entfällt. Aus dem Zusammenhang dieser Bestimmung mit § 30 MedienG geht hervor, daß der Gesetzgeber auch diesen Entschädigungsanspruch als (unzulässige) Form eines "Verantwortlichmachens" ansieht. Vgl auch § 7 Abs 2 Z 2 und § 11 Abs 1 Z 1 MedienG.

neten und damit dem Schutz der parlamentarischen *Willensbildungsfreiheit*[76]. Der Abgeordnete soll nach außen hin unabhängig sein. Er bleibt zwar wie jeder andere Staatsbürger an die Verhaltensnormen der Rechtsordnung gebunden - der Abgeordnete ist nicht "legibus solutus" -, er soll aber für seine Abstimmungen überhaupt keine und für seine Äußerungen jedenfalls keine "außerparlamentarischen" Sanktionen befürchten müssen. Es liegt auf der Hand, daß im Hinblick auf diese intendierte Unabhängigkeit die Bedrohung des Abgeordneten durch Sanktionen des Zivilrechts ebenso schwer wiegt wie etwa die Bedrohung durch Sanktionen des Straf-, Verwaltungs- oder Disziplinarrechts. Mehr noch: Ein Abgeordneter, der mit Schadenersatzforderungen oder Prozeßkosten in mitunter existenzbedrohender Höhe rechnen muß, ist in der Freiheit seiner Berufsausübung stärker beeinträchtigt, als dies bei den vergleichsweise oft weniger eingreifenden Sanktionen anderer Rechtsbereiche der Fall wäre[77].

Trotz dieses anscheinend eindeutigen Befundes berufen sich allerdings in der deutschen Literatur auch die Vertreter der gegenteiligen Position auf den Schutzzweck der Immunität. Für eine unbeschränkte zivilrechtliche Haftung des Abgeordneten wird mitunter ins Treffen geführt, daß die berufliche Immunität ihrer historischen Entwicklung nach den Abgeordneten nur *gegenüber dem Staat* schützen soll. "Nur der Staat, nicht aber die Gesellschaft, die Bürger, drohten seine Unabhängigkeit zu gefährden"[78]. Dieser Gedankengang dürfte auch der Entscheidung des OLG Wien zugrundeliegen, wenn es einleitend heißt, die berufliche Immunität diene dem Schutz der Abgeordneten vor Willkür der (ursprünglich monarchischen) Vollziehung, nicht jedoch dem Schutz vor privatrechtlichen Ansprüchen *Dritter*[79].

Daß die berufliche Immunität ihren historischen Wurzeln nach gegen die Vollziehung gerichtet war, kann außer Streit gestellt werden und wird auch von niemandem bestritten. Daraus folgt aber noch nicht, daß diese (als Antwort auf eine konkrete historische Problemlage zu verste-

---

[76] Vgl ZAGLER, JBl 1971, 604; die Novelle 1979 hat diese ursprüngliche (vgl II. 1) Zielsetzung deutlich bestätigt (AB 1240 BlgNR 14. GP, 1: "Beitrag zur vollen Freiheit der parlamentarischen Argumentation in Wort und Schrift").

[77] Vgl bereits KISSLING, Unverantwortlichkeit 23. Zur Beeinträchtigung parlamentarischer Kontrollfunktionen durch Millionenklagen siehe aus jüngster Zeit nur Abg KÖNIG, StProtNR 17. GP, 8472.

[78] ZB RULAND, Der Staat 1975, 481.

[79] JBl 1988, 44.

hende) *Staatsrichtung* auch im heutigen Konzept des B-VG die einzige Schutzrichtung der beruflichen Immunität ist. Doch selbst wenn man dies vorläufig annehmen wollte, wäre daraus für die gegenständliche Problematik gar nichts gewonnen. Denn zweifellos wird mit der gerichtlichen Geltendmachung eines zivilrechtlichen Anspruches ein *staatlicher* Rechtsschutzmechanismus in Gang gebracht, der dem Beklagten gegenüber *hoheitsrechtlich* in Erscheinung tritt. Nur der materiellrechtliche Anspruch ist ein privatrechtlicher; seine Durchsetzung im Zivilprozeß - also das eigentliche "Verantwortlich-machen" - erfolgt mit Hoheitsgewalt, die ihren deutlichsten (wenngleich nicht einzigen) Ausdruck im Vollstreckungsverfahren findet. Das Rechtsschutzversprechen wird vom Staat gegeben, "der durch seine Gerichte den Rechtsschutzwerbern gegenüber Hoheitsgewalt im Verhältnis der Überunterordnung ausübt"[80]. Auch im Zivilprozeß wird also der Abgeordnete hoheitsrechtlich zur Verantwortung gezogen[81]. Der Umstand, daß im Zivilprozeß - im Gegensatz etwa zum Strafverfahren - das Verfahren auf private Initiative in Gang gebracht wird[82], vermag daran nichts zu ändern[83]. Die Stoßrichtung der beruflichen Immunität ist - anders als bei der außerberuflichen Immunität - jedenfalls "die richterliche Gewalt insgesamt"[84,85]. Für die österreichische Verfassungsrechtslehre bedarf dieses Ergebnis keiner besonderen Hervorhebung, da sie diesen *gewaltentrennenden* Aspekt der Immunität seit jeher betonte. "Das Parlament ist in seiner organisatorischen Einheit in der Reichweite der verfassungsrechtlichen Institution

---

[80] HOLZHAMMER, Österreichisches Zivilprozeßrecht² (1976) 4.

[81] So im Ergebnis bereits LABAND, Staatsrecht I 571 und FN 3; HUBRICH, Redefreiheit 370; ebenso ZAGLER, JBl 1971, 608 sowie die ganz hL der BRD: mwN MANGOLDT - KLEIN, Grundgesetz II 971; RULAND, Der Staat 1975, 481 FN 160 und FN 8.

[82] Darauf wird von den Befürwortern der zivilrechtlichen Verantwortlichkeit des Abgeordneten wiederholt hingewiesen: mwN RULAND, Der Staat 1975, 481.

[83] Auf die Initiative zur Verfahrenseinleitung kommt es übrigens auch bei der außerberuflichen Immunität nicht an: KOPETZKI, ZÖR 37 (1986) 105 FN 12.

[84] SCHRÖDER, Der Staat 1982, 37. Vgl auch KELSEN, Allgemeine Staatslehre (1925) 355, wonach hinsichtlich der von der beruflichen Immunität erfaßten Tatbestände "nur die Judikatur des Parlamentes Platz greifen darf, die Judikatur jeder anderen Behörde, insbesondere auch jedes Gerichtes ausgeschlossen ist".

[85] Ganz anders die außerberufliche Immunität (Art 57 Abs 2 bis 6 B-VG): Ihr Schutz ist sowohl in *sachlicher* (Schutz nur vor behördlicher Verfolgung wegen *strafbarer* Handlungen, die überdies mit der politischen Tätigkeit in Zusammenhang stehen müssen) als auch in *zeitlicher* Hinsicht (die außerberufliche Immunität endet mit dem Wegfall des Mandates) begrenzt. Außerdem ist der Schutz der außerberuflichen Immunität insofern *relativ*, als er zur Disposition des Vertretungskörpers steht (Auslieferung).

der Immunität *jeder richterlichen Kontrolle entzogen*. Darin liegt eine konsequente Folge der Trennung der Gewalten in unserem Staat"[86].

Die bisherigen Überlegungen zeigen, daß selbst eine ausschließlich staatsgerichtete Deutung einer Einbeziehung von zivilrechtlichen Klagen in den Schutzbereich der beruflichen Immunität keineswegs entgegensteht. Abgesehen davon ist aber die These von der ausschließlichen Staatsrichtung als solche zweifelhaft. Es fällt nämlich auf, daß die Verfassung die Schutzrichtung der beruflichen Immunität ganz *umfassend* formuliert und nicht auf die Abwehr staatlicher Bedrohungen beschränkt; die Freiheit des Abgeordneten von jeder "außerparlamentarischen" Geltendmachung seiner Verantwortung ist schon vom Wortlaut her eine unbegrenzte: Sie unterliegt (in scharfem Gegensatz zur außerberuflichen Immunität) weder einer Einschränkung in der Zeit ("niemals") noch in der Zielrichtung ("nur vom NR"). Damit ist es schlechthin jedermann - ob staatlich oder privat - verwehrt, den Abgeordneten für sein parlamentarisches Verhalten in irgendeiner Weise zur Verantwortung zu ziehen[87].

In dieselbe Richtung weist neben dem Wortlaut des Art 57 B-VG auch die Stellung der Immunität im verfassungsrechtlichen Konzept der *Repräsentativdemokratie*. Im Zusammenhalt mit dem Grundsatz des *freien Mandats* (Art 56 B-VG) garantiert die berufliche Immunität die Entscheidungsfreiheit des Abgeordneten. Als Ort der Willensbildung der das souveräne Volk repräsentierenden Abgeordneten ist das Parlament *jeder* rechtlichen Kontrolle oder Beeinflussung von außen entzogen, sei es ex ante in Form von "Aufträgen" (Art 56), sei es ex post als "zur Verantwortung ziehen" durch außerparlamentarische Instanzen (Art 57). Gerade dieser Zusammenhang mit dem Grundsatz des freien Mandats[88], der bekanntlich nicht in erster Linie gegen den Staat, sondern gegen die

---

[86] WINKLER, Eingriff 283 (Hervorhebung im Original).

[87] Vom Schutzzweck her betrachtet liegt es folglich nahe, auch außergerichtliche Schritte von privater Seite für unzulässig anzusehen, wie etwa den Ausschluß aus einer Partei, die Kündigung einer Stellung oder andere Maßnahmen aus der "gesellschaftlichen Sphäre"; in diese Richtung schon BLODIG, ZBl 11 (1893) 252. So für die BRD auch MANGOLDT - KLEIN, Grundgesetz II 971; die hL der BRD lehnt dieses weite Verständnis aber ab: mwN HARTH, Rede- und Abstimmungsfreiheit 126. Ablehnend für Österreich auch ZAGLER, Rechtspolitische Erwägungen zur Abgeordnetenimmunität, OJZ 1972, 421 (424), der an anderer Stelle (JBl 1971, 608) aber offenbar eher mit einer weiten Auslegung sympathisiert, ohne sich im Ergebnis freilich festzulegen.

[88] Dazu MANTL, Repräsentation und Identität (1975) 346; RINGHOFER, Bundesverfassung 186; SPIEGEL, ÖStWB² II 864. Vgl auch VfSlg 4126/1961.

Wähler gerichtet ist, spricht dafür, daß dem B-VG der Gedanke einer umfassenden Absicherung des Abgeordneten gegen alle außerhalb des Parlaments stehenden "Mächte" zugrundeliegt. Der Abgeordnete muß "heute eher gegen 'intermediäre' Gewalten als gegen den Staat geschützt werden"[89]. Mag dies auch nicht der historische Ursprung der Immunität gewesen sein, so findet dieses Verständnis nichtsdestoweniger eine Stütze im Text und im System der Verfassung, die insofern über ihre historischen Anlässe hinausweist[90].

Die jüngsten Immunitätsfälle aus der österreichischen Gerichtspraxis bestätigen nicht nur die Schutzbedürftigkeit des Abgeordneten gegenüber zivilrechtlichen Klagen Privater, sie zeigen darüber hinaus auch die Relativität der Unterscheidung zwischen "staatlichen" und "privaten" Bedrohungen und damit die Fragwürdigkeit jeder daran anknüpfenden Verengung des Immunitätsschutzes: Ein ehemaliger Minister, der eine Abgeordnete wegen rufschädigender Äußerungen klagt, die sich auf seine amtliche Tätigkeit bezogen[91], mag rechtlich gesehen als Privater handeln - im Ergebnis bedeutet die Klage aber nichts anderes, als daß die Abgeordnete für ihre Kritik an Maßnahmen der Hoheitsverwaltung zur Verantwortung gezogen wird. Ebenso handelt ein im Eigentum der öffentlichen Hand stehendes Landes-Elektrizätsversorgungsunternehmen, das einen Abgeordneten wegen seiner Kritik an der Preispolitik des Unternehmens klagt[92], als Privatrechtssubjekt (Aktiengesellschaft); dennoch richtet sich die Klage auch hier gegen die kritische Äußerung des Abgeordneten gegenüber der Wahrnehmung einer öffentlichen Versorgungsaufgabe durch ein verstaatlichtes Unternehmen.

Schon diese wenigen Beispiele machen hinreichend deutlich, daß - wie WINKLER es plastisch formulierte - der Immunität auch außerhalb ihrer ursprünglichen historischen Entstehungsgründe "immer neue Aktualität zuwächst und zuwachsen kann, da sie in ihren Bestimmungsgründen

---

[89] MANGOLDT - KLEIN, Grundgesetz II 971.

[90] Deutet man die Immunität als verfassungsgesetzlich gewährleistetes Recht des einzelnen Abgeordneten (vgl zB ERMACORA, Handbuch 576 f) und bejaht man weiters eine umfassende (nicht bloß staatsgerichtete) Schutzrichtung der beruflichen Immunität, dann führt dies im Fall des Art 57 Abs 1 B-VG zwangsläufig zur Annahme einer *Drittwirkung* von Grundrechten.

[91] So der Sachverhalt im eingangs erwähnten Fall JBl 1988, 43 und EvBl 1988/79.

[92] So der Sachverhalt in OGH 28. 1. 1988, 6 Ob 504/88 (BEWAG). In beiden Fällen kam es nur deshalb zu einem Zivilverfahren, weil die Äußerung nicht in Ausübung einer parlamentarischen Funktion, sondern auf einer *Pressekonferenz* getätigt wurde.

seit eh und je völlig offen war"[93]. Der Umstand, daß das Institut der beruflichen Immunität unverändert "in verschiedenen politischen Ordnungen und Verfassungskonzepten Geltung haben konnte, spricht für seine Zeitlosigkeit und seine stets mögliche vielgestaltige Aktualität im Hinblick auf je und je andere Gefährdungen. Denn über allen Gesichtspunkten aus konkreten historisch-politischen Situationen und Tendenzen steht der Wert eines funktionsfähigen und wirksamen Parlamentes, das vor beliebigen Angriffen und Beeinträchtigungen zu schützen ist. Dieser Wert kann aber immer neu und anders gefährdet sein"[94].

V. Die Immunität - ein Grundrechtsproblem?

Wiederholt wurden als Begründung für eine einschränkende Auslegung der Immunität oder gar für ihre Abschaffung die Grundrechte bemüht. So wird etwa behauptet, die Immunität verstoße gegen den *Gleichheitsgrundsatz*[95]. Eine andere Auffassung geht dahin, daß durch die Regelung der beruflichen Immunität - wollte man sie auch auf die zivilrechtliche Verantwortlichkeit beziehen - dem in seinem wirtschaftlichen Ruf "entschädigungslos" geschädigten Staatsbürger ein Sonderopfer auferlegt würde, das mit der *Eigentumsgarantie* des Art 5 StGG in Widerspruch stünde[96].

Aus juristischer Sicht sind diese Argumente abwegig; als Institut des *Verfassungsrechts* unterliegt die Immunität von vornherein nicht dem Maßstab der Grundrechte. Die immunitätsrechtlichen Regelungen des B-VG sind insofern leges speciales zu den einzelnen Grundrechten und können diese wegen ihrer Gleichrangigkeit gar nicht verletzen[97].

Doch auch bei einer davon absehenden inhaltlichen Betrachtung ist festzuhalten, daß die zentrale grundrechtliche Problematik der beruflichen Immunität ganz woanders liegt, nämlich in ihrem Spannungsverhältnis zur *Rechtsweggarantie* des Art 6 Abs 1 EMRK. Danach hat jedermann das verfassungsgesetzlich gewährleistete Recht, daß über seine

---

[93] WINKLER, Eingriff 282. Zur Bedeutung der Immunität in der parlamentarischen Demokratie - insb unter dem Aspekt des Minderheitenschutzes - vgl auch WITTMAYER, Demokratie und Parlamentarismus (1928) 85 f.
[94] WINKLER, Eingriff 277.
[95] Vgl LH RATZENBOCK, *Die Presse* v 24. 8. 1988, 4.
[96] OLG Wien JBl 1988, 44.
[97] Zutreffend OGH EvBl 1988/79.

zivilrechtlichen Ansprüche - dazu gehört auch ein Schadenersatz- oder Unterlassungsanspruch wegen Ehrenbeleidigung oder Rufschädigung[98] - ein unabhängiges Gericht entscheidet. Eben dieser Zugang zu Gericht[99] ist dem Geschädigten aber durch Art 57 Abs 1 B-VG verwehrt. Zwar würde auch ein Widerspruch zwischen Art 57 Abs 1 B-VG und Art 6 EMRK keine Verfassungswidrigkeit der beruflichen Immunität nach sich ziehen; da Österreich aber zur Erfüllung der EMRK völkerrechtlich verpflichtet ist, hätte ein derartiger Widerspruch eine *Völkerrechtswidrigkeit* des Art 57 B-VG zur Folge. Diese Konsequenz könnte eine einschränkende völkerrechtskonforme Auslegung des Art 57 Abs 1 nahelegen.

Im Ergebnis erweist sich jedoch auch dieser Verdacht als unbegründet. Wie der Europäische Gerichtshof für Menschenrechte wiederholt festgestellt hat, ist das Recht auf Zugang zu Gericht nach Art 6 Abs 1 EMRK nicht absolut garantiert. Es unterliegt, wie andere Grundrechte auch, *immanenten Gewährleistungsschranken,* hinsichtlich deren Ausgestaltung den Vertragsstaaten ein gewisser Beurteilungsspielraum zukommt[100]. Eine dieser immanenten Beschränkungen, die in der Straßburger Rechtsprechung schon frühzeitig anerkannt war, ist die parlamentarische Immunität; sie stellt eine den meisten Mitgliedstaaten des Europarates bekannte Ausnahme von der Jurisdiktion der Gerichte dar. In diesem Sinn hat die Europäische Kommission für Menschenrechte in mehreren Fällen - darunter auch gegen Österreich - Beschwerden zurückgewiesen, in denen eine Verletzung des Art 6 Abs 1 EMRK aufgrund des mangelnden zivilrechtlichen Schutzes gegen ehrverletzende parlamentarische Äußerungen geltend gemacht wurde[101]. Die parlamen-

---

[98] EKMR 6. 2. 1969, Appl 3374/67, CD 29, 29 (30); mwN FROWEIN - PEUKERT, Europäische Menschenrechtskonvention (1985) 123.

[99] Näher FROWEIN - PEUKERT, Menschenrechtskonvention 128.

[100] Aus jüngerer Zeit zB EGMR, Ashingdane-Urteil 28. 5. 1985, Z 57, EuGRZ 1986, 8 (12); vgl dazu auch FROWEIN - PEUKERT, Menschenrechtskonvention 130 ff; MATSCHER, La notion de "décision d'une contestation sur un droit ou une obligation (de caractère civil)" au sens de l'article 6 § 1 de la Convention européenne des Droits de l'Homme, in: Protecting Human Rights. The European Dimension, Wiarda-FS (1988) 395 (408 ff).

[101] EKMR 6. 2. 1969, Appl 3374/67, CD 29, 29 (gegen Österreich); bestätigt im Bericht Golder 1. 6. 1973, Publications of the European Court of Human Rights, Series B, Bd 16, 52 Z 93 ("not the court, but the defendant, is inaccessible"). Im Ergebnis ebenso, wenngleich mit anderer dogmatischer Begründung EKMR 17. 12. 1976, Appl 7729/76, DR 7, 164 (gegen Großbritannien), wo die EKMR in einem Fall parlamentarischer Immunität bereits die Existenz eines "civil right" iSd Art 6 gegenüber ehrverletzenden Äußerungen verneinte ("the applicant has no 'civil right' to protection of his reputation

tarische Immunität sei - so die Kommission - "a principle of public law generally recognised in States with parliamentary systems, particulary in the States Parties to the Convention"; deshalb müsse auch die Rechtsweggarantie des Art 6 im Lichte dieses traditionellen Instituts ausgelegt werden. "It is inconceivable that the States Parties to the Convention wished, in undertaking to recognise the right set forth in Article 6, to make any derogation from a fundamental principle of the parliamentary system, one which is embodied in the constitutions of virtually all those States"[102].

VI. Ergebnis

Die Untersuchung hat zum Ergebnis geführt, daß Abgeordnete für ihre "beruflichen" Äußerungen weder von staatlicher noch von privater Seite zivilgerichtlich zur Verantwortung gezogen werden können. Rechtsverletzungen bleiben zwar rechtswidrig; der Abgeordnete kann dafür aber von niemandem (außer dem Parlament) haftbar gemacht werden[103]. Dies bedeutet in erster Linie den Ausschluß von *Schadenersatzklagen*, etwa wegen Ehrenbeleidigung oder Rufschädigung gem § 1330 ABGB, oder wegen Herabsetzung eines Unternehmens gem § 7 UWG 1984. Ebenso müssen Klagen auf *Widerruf* der Tatsachenbehauptung bzw Veröffentlichung desselben (§ 1330 Abs 2 ABGB) als unzulässig angesehen werden, da diese in gleicher Weise auf die Verhängung von Unrechtsfolgen (Sanktionen) abzielen und damit auf ein "Verantwortlichmachen" des Abgeordneten iSd Art 57 Abs 1 B-VG. Nichts an-

---

against them" [175]); zu diesem "aktionenrechtlichen" Ansatz MATSCHER, in: Wiarda-FS (1988) 409. Vgl auch FROWEIN - PEUKERT, Menschenrechtskonvention 132; MIEHSLER - VOGLER, in: Golsong ua (Hrsg), Internationaler Kommentar zur EMRK (1986 ff), Art 6 Rz 279.

[102] EKMR 6. 2. 1969, Appl 3374/67, CD 29, 30. Dieser Kommissionspraxis im Ergebnis zustimmend MATSCHER, in: Wiarda-FS (1988) 409 f.

[103] Die dogmatische Einordnung der beruflichen Immunität aus der Sicht des Zivil- und Zivilprozeßrechts muß hier offen bleiben. Näher zu untersuchen wäre, ob der beruflichen Immunität ausschließlich prozessuale (Unzulässigkeit des Rechtswegs), oder auch materiellrechtliche Wirkungen (Anspruchsverlust) zukomme. Die *strafrechtliche* Literatur neigt zu letzterer Auffassung und nimmt einen personlichen Strafausschließungsgrund an (vgl FOREGGER - SERINI, StPO³ [1982] 17). Der Text des Art 57 Abs 1 B-VG spricht jedoch eher dafür, daß nur die (prozessuale) *Durchsetzung* des Anspruchs ausgeschlossen werden sollte.

deres kann schließlich auch für *Unterlassungsklagen* gelten[104]: Wenn die Verfassung im Interesse der Äußerungs- und Argumentationsfreiheit des Abgeordneten sogar die (nachträgliche) Sanktionierung in Form des Schadenersatzes verbietet, dann muß dies umso mehr für Maßnahmen gelten, welche (vorbeugend) auf die *Verhinderung* der Äußerung gerichtet sind[105].

VII. Exkurs: Der Kreis der geschützten Äußerungen

Abschließend sei kurz auf die Problematik des *Anwendungsbereiches* der beruflichen Immunität eingegangen, die in jüngster Zeit ebenfalls zu Auslegungsdivergenzen Anlaß gegeben hat. Nach bisheriger Lehre und Rechtsprechung ist der Kreis der geschützten Äußerungen ("in diesem Beruf") eng zu verstehen und auf Äußerungen in Ausübung parlamentarischer Funktionen in Anwendung der Geschäftsordnung beschränkt[106]. Unter den beruflichen Immunitätsschutz fallen danach nur Äußerungen bei Sitzungen des NR und seiner Ausschüsse[107], nicht hingegen Äußerungen bei Wählerversammlungen oder Pressekonferenzen, und zwar auch

---

[104] Wie hier ADAMOVICH - FUNK, Verfassungsrecht 226; wohl auch ZAGLER, JBl 1971, 608.

[105] Unter diesem teleologischen Aspekt verliert auch der mögliche Einwand an Gewicht, man könne bei einer Unterlassungsklage überhaupt nicht von der Geltendmachung einer "Haftung" bzw "Verantwortung" des Beklagten sprechen. Eine ähnliche Frage stellt sich übrigens bei der Auslegung des § 1330 Abs 2 Satz 3 ABGB: Ob trotz des dort vorgesehenen *Haftungs*ausschlusses eine *Unterlassungsklage* dennoch zulässig bleibt, ist zwar strittig, wird aber vom OGH verneint (EvBl 1984/60; mwN REISCHAUER in Rummel, ABGB II § 1330 Rz 27).

[106] Zu dieser ganz herrschenden Auffassung vgl ausführlich mwN ZAGLER, JBl 1971, 605 ff; *ders*, ÖJZ 1972, 423; ebenso ERMACORA, Handbuch 577; WALTER, Bundesverfassungsrecht 266; CZERNY - FISCHER, Geschäftsordnung 25; RINGHOFER, Bundesverfassung 186; ADAMOVICH - SPANNER, Handbuch⁶ 219; KELSEN - FRÖHLICH - MERKL, Verfassungsgesetze V 146; MAYERHOFER - RIEDER, StPO (1980) § 1 Anm 2; RITTLER, Lehrbuch des österreichischen Strafrechts² I (1954) 245; PRAZAK, Rakouské právo ústavní² 114; SPIEGEL, ÖStWB² II 866 f; TEZNER, Volksvertretung 620 ff; SEIDLER, Immunität 85. Nun auch OGH EvBl 1988/79 gegen OLG Wien JBl 1988, 43; OGH 28. 1. 1988, 6 Ob 504/88. Derartige Äußerungen unterliegen aber - sofern sie mit der politischen Tätigkeit im Zusammenhang stehen - der *außerberuflichen* Immunität.

[107] Erforderlich ist überdies, daß die Äußerung dem Abgeordneten in seiner Organfunktion als Mandatar zugerechnet werden kann; nicht geschützt sind daher zB Privatgespräche oder persönliche Beleidigungen ohne jeden Zusammenhang mit dem Verhandlungsgegenstand (vgl TEZNER, Volksvertretung 623; SPIEGEL, ÖStWB² II 866; WALTER, Bundesverfassungsrecht 266; ZAGLER, JBl 1971, 607; *ders*, ÖJZ 1972, 423).

dann nicht, wenn es sich lediglich um die Wiederholung parlamentarischer Äußerungen handelt[108]. Dieses restriktive Verständnis des Begriffs "in diesem Beruf" lag bereits dem Immunitätsgesetz 1861 zugrunde[109]. Vereinzelt wurde versucht, den "Beruf" des Abgeordneten unter Hinweis auf die tatsächliche Einheit der inner- und außerparlamentarischen politischen Tätigkeit der Mandatare extensiv auszulegen und insbes auf Pressekonferenzen und Medieninterviews auszudehnen[110], wobei mitunter der Eindruck enstand, es handle sich hier um die Alternative zwischen einer historischen und einer - wie auch immer verstandenen - "aktualen" Verfassungsinterpretation. Gewiß kann ein und derselbe Wortlaut zu verschiedenen Zeiten aufgrund unterschiedlicher normativer Zusammenhänge auch Verschiedenes bedeuten[111]; für einen derartigen Bedeutungswandel gibt es gerade im Verfassungsrecht berühmte Beispiele. Im konkreten Fall spricht gegen einen solchen Bedeutungswandel aber, daß der Verfassungsgesetzgeber des Jahres 1979 das ursprüngliche restriktive Verständnis der Worte "in diesem Beruf" neuerlich ausdrücklich bekräftigt hat[112], ohne daß *seither* irgendwelche Veränderungen im rechtlichen oder auch tatsächlichen Kontext des Immunitätsrechts nachgewiesen werden könnten. Auch wird der eindeutige historische Befund nach wie vor durch die Systematik des Art 57 B-VG gestützt: Wollte man die berufliche Immunität auf "außerparlamentarische Äußerungen" ausdehnen, so käme man wegen der beschränkten Reich-

---

[108] Vgl OGH SZ 50/111 betreffend einen Leserbrief. Allerdings muß es einem Abgeordneten wohl unbenommen sei, zB auf einer Pressekonferenz unter dem Schutz der sachlichen Immunität (Art 33 B-VG) *selbst* über seine parlamentarischen Äußerungen zu *berichten*. Die Grenzziehung zwischen einer (nach Art 57 B-VG schutzlosen) *Wiederholung* und einem (durch Art 33 B-VG geschutzten) *Bericht* wird damit freilich zu einer Frage der Formulierungskunst.

[109] Die "berufliche" Immunitat sollte nur fur die Ausübung *parlamentarischer* Funktionen des Abgeordneten gelten (vgl etwa StProtAH 1. Sess, 143, 184 und 1132). Schon in den Verhandlungen 1861 wurde allerdings darauf hingewiesen, daß der undeutliche Ausdruck "in Ausübung ihres Berufes" "nicht ganz glucklich gegriffen" sei und besser durch die Formulierung "in Ausübung ihrer Functionen als solche" ersetzt werden sollte (Abg SCHINDLER, StProtAH 1. Sess, 184).

[110] So LGZ Wien 30. 4. 1987, 1 Cg 272/86-6 und OLG Wien JBl 1988, 43. In diese Richtung schon BLODIG, ZBl 11 (1893) 255 ff und jungst wieder ADAMOVICH - FUNK, Verfassungsrecht 226.

[111] Vgl zuletzt HELLER, Judicial self restraint in der Rechtsprechung des Supreme Court und des Verfassungsgerichtshofes, ZOR 1988, 89 (127).

[112] IA 126/A, II-4416 BlgNR 14. GP, 7: Kein beruflicher Immunitätsschutz fur Wahlerversammlungen, Klubsitzungen oder Pressekonferenzen.

weite der "innerparlamentarischen" Sanktionsmöglichkeiten nämlich zu der befremdlichen Annahme, daß solche Äußerungen *weder* der Jurisdiktion der Gerichte *noch* der Disziplinargewalt des Vertretungskörpers unterliegen; dies würde dem Grundgedanken des Art 57 Abs 1 B-VG zuwiderlaufen, wonach Abgeordnete für ihre Äußerungen "nur" - *aber jedenfalls* - vom Nationalrat verantwortlich gemacht werden können[113]. Die B-VG-Novelle 1979 hat schließlich die letzten Zweifel daran beseitigt, daß die berufliche Immunität nur das *parlamentarische*, nicht hingegen das gesamte *politische* Verhalten des Abgeordneten schützt[114]: Art 57 Abs 3 B-VG ordnet Handlungen - einschließlich Äußerungen -, die mit der "politischen Tätigkeit" zusammenhängen, typischerweise der *außerberuflichen* Immunität zu. Der Kreis der *beruflichen* und der *politischen* Äußerungen kann sich daher nicht decken.

Im Ergebnis zwingt die Verfassung also den Abgeordneten, den Ort der politischen Auseinandersetzung wieder zunehmend ins Parlament zu verlegen, wenn er den Schutz der beruflichen Immunität genießen will. Daß das Parlament diese ihm zugedachte Rolle als Stätte der diskursiven Überzeugung unter den Bedingungen des modernen Parteienstaates und der Massenmedien realiter nicht erfüllt[115], und daher auch eine Beschränkung des beruflichen Immunitätsschutzes auf das Parlament der heutigen politischen Wirklichkeit nicht ganz gerecht wird, steht auf einem anderen - rechtspolitischen - Blatt[116]. Die offenkundige Entscheidung des Verfassungsgesetzgebers zugunsten eines "engen" beruflichen Immunitätsschutzes läßt sich im Wege der Interpretation aber nicht überspielen.

---

[113] Vgl WITTMAYER, Demokratie 85.

[114] Zutreffend OGH EvBl 1988/79.

[115] Vgl etwa schon SCHMITT, Verfassungslehre (1928) 318 f. Dieser Befund trifft überdies fur viele Institutionen des parlamentarischen Systems zu und ist kein Spezifikum der Immunität. Zum "illusionären Charakter" des Konzepts demokratischer Repräsentation zuletzt RILL, Verfassungskonzept und Sozialpartnerschaft, in: Ress (Hrsg), Rechtsfragen der Sozialpartnerschaft (1988) 33 (58).

[116] Vgl WELAN, Immunitätsreform, *Kurier* v 16. 9. 1988, 5, der (de lege ferenda?) eine Erweiterung der *parlamentarischen* Redefreiheit zu einer allgemeinen *politischen* Meinungsäußerungsfreiheit des Parlamentariers fordert. In diesem Fall wäre allerdings nicht ganz einzusehen, weshalb diese politische Meinungsäußerungsfreiheit nur jenen Politikern zustehen soll, die zufällig auch Abgeordnete sind.

VIII. Ausblick

Seit es einen Immunitätsschutz gibt, fehlte es nicht an kritischen Stimmen gegenüber einer derartigen "Privilegierung" der Abgeordneten. Vor allem das Fehlen jeglichen Schutzes der persönlichen Ehre gegenüber einem Mißbrauch der parlamentarischen Redefreiheit wurde wiederholt beklagt[117]. Die Angewohnheit mancher Mandatare, im Schutz der Immunität "die unerhörtesten Beschuldigungen und Beschimpfungen gegen politische Gegner von Stapel zu lassen"[118], hat dieser Kritik stete Nahrung gegeben. Dennoch hat sich der Verfassungsgesetzgeber bei der Abwägung zwischen der unbeschränkten Redefreiheit der Abgeordneten und dem Persönlichkeitsschutz der durch solche Reden möglicherweise beleidigten Bürger stets und ohne Einschränkungen *für* die parlamentarische Redefreiheit entschieden. Nach dem Willen des Verfassungsgesetzgebers *"steht das Parlamentsinteresse ... höher als jedes andere Interesse"*[119]. Vorstöße zur Einschränkung der beruflichen Immunität, insb zur Ausnahme von Ehrenbeleidigungen, wurden mit der Begründung abgelehnt, "daß das freie Wort ein unentbehrliches Requisit der Parlamentsverfassung ist"[120]. Daran zu rütteln besteht auch de constitutione ferenda kein Anlaß, will man nicht die Freiheit parlamentarischer Berufsausübung einer "krankhaften Sucht nach Injurienprozessen"[121] opfern.

Bei Reformüberlegungen zur Herstellung einer "Waffengleichheit" zwischen Abgeordneten und "gewöhnlichen" Staatsbürgern sollte daher nach Wegen gesucht werden, wie dieses Ziel ohne gleichzeitige Aushöhlung des Immunitätsschutzes erreicht werden könnte. "Die Remedur gegen parlamentarischen Unfug ist anders herzustellen als durch Preisgebung des Immunitätsrechts"[122]. Zwei Ansatzpunkte bieten sich an:

---

[117] ZB TEZNER, Volksvertretung 625; SEIDLER, Immunität 97; ZAGLER, ÖJZ 1972, 425.

[118] TEZNER, Volksvertretung 631.

[119] WINKLER, Eingriff 276 (Hervorhebung im Original).

[120] So der Abg GRABMAYER im Jahre 1907 gegen einen (nicht verwirklichten) Antrag im Verfassungsausschuß (mwN HAUKE, Entwicklungsgeschichte und Probleme des Immunitätsrechtes, ZÖR 1915, 38 [48 FN 25]). Schon 1861 verzichtete man auf derartige Einschränkungen, wie sie in vielen deutschen Verfassungen enthalten waren (vgl StProt-AH 1. Sess, 165 f, sowie oben II. 1).

[121] Vgl HARTH, Rede- und Abstimmungsfreiheit 60. Für eine Ausnahme von Zivildelikten vom Schutz der beruflichen Immunität de lege ferenda jedoch ZAGLER, ÖJZ 1972, 425.

[122] TEZNER, Volksvertretung 622.

Ein Reformansatz findet sich im ursprünglichen Konzept der beruflichen Immunität als *Sondergerichtsbarkeit*. Berufliche Immunität bedeutet nicht Unverantwortlichkeit; sie garantiert dem Abgeordneten bloß einen "besonderen Gerichtsstand" für die Geltendmachung dieser Verantwortlichkeit, nämlich den Vertretungskörper[123]. Freilich ist dieses aus dem englischen Immunitätsrecht stammende Merkmal der beruflichen Immunität[124] im Laufe der Geschichte immer mehr in den Hintergrund getreten. Schon in den französischen Verfassungen verblaßte der Gedanke der Parlamentsgerichtsbarkeit gegenüber dem (aus der Lehre von der Volkssouveränität ideologisch angereicherten) Gedanken der Unverantwortlichkeit[125]. Die österreichische Verfassung steht zwar insofern der englischen Konzeption näher, als sie keine Unverantwortlichkeit des Abgeordneten normiert und durchaus Raum läßt für eine parlamentarische Geltendmachung seiner Verantwortung; die hiefür auf einfachgesetzlicher Ebene vorgesehenen (rein disziplinarischen) Sanktionsmittel der Geschäftsordnung wie zB der Ruf zur Sache oder der Wortentzug sind für sich genommen aber kaum geeignet, einen wirksamen Ausgleich für den Wegfall außerparlamentarischer Sanktionen zu schaffen[126]. Vielfach wurde daher das eigentliche Rechtsschutzdefizit im Bereich der beruflichen Immunität im Fehlen entsprechender Parlamentskompetenzen gesehen[127]. Bei der Ausgestaltung derartiger Kompetenzen müßte aller-

---

[123] Arg Art 57 Abs 1 B-VG: "nur vom Nationalrat verantwortlich gemacht werden"; dazu zuletzt ZAGLER, JBl 1971, 609 ff. Zur Immunität als "Selbstgerichtsbarkeit" vgl auch WITTMAYER, Demokratie 86. Gegen die verbreitete Terminologie von der "Verantwortungsfreiheit" schon BREULING, Immunität und Republik (1927); ihm folgend BILFINGER, AÖR 1928, 456 (458), der auf die notwendige Unterscheidung zwischen Verantwortung und Realisierung derselben hinweist.

[124] Vgl SEIDLER, Immunität 4 ff, 10.

[125] SEIDLER, Immunität 16 ff, 33 f; HARTH, Rede- und Abstimmungsfreiheit 30 ff.

[126] Dazu ZAGLER, JBl 1971, 609 ff. Vgl schon die ausführlichen Auseinandersetzungen zu diesem Punkt in den Verhandlungen 1861 (oben II. 1). Zaghaften Versuchen zu Beginn dieses Jahrhunderts, einen Ehrenschutz für Außenstehende in Form eines innerparlamentarischen Beschwerdeverfahrens einzurichten (vgl § 5 h der RV für eine Novelle zur Geschäftsordnung des Reichsrates, 2552 BlgAH 17. Sess; dazu SPIEGEL, ÖStWB² II 865), war kein Erfolg beschieden.

[127] Für viele SEIDLER, Immunität 97; HUBRICH, Redefreiheit 4 ff; KIBLING, Unverantwortlichkeit 4 ff, 18 ff; HARTH, Rede- und Abstimmungsfreiheit 151 f. Schon im Jahre 1788 warnte SIEYES, "daß den Mitgliedern der gesetzgebenden Körperschaft wesentlich das Recht zukommt, von außen nicht zur Verantwortung gezogen zu werden", daß aber "dieses Vorrecht keinen Bestand haben kann, wenn nicht in ihr selbst zur Rechtsprechung eine Art Gericht eingesetzt ist" (zitiert nach HARTH, Rede- und Abstimmungsfrei-

dings dafür Sorge getragen werden, daß diese nicht als Disziplinierungsmittel der Mehrheit gegen die parlamentarische Minderheit mißbraucht werden können[128].

Zum anderen wäre daran zu denken, bei schuldhaften Rechtsverletzungen, die durch parlamentarische Äußerungen begangen werden, einen *Amtshaftungsanspruch* gegen den Staat einzuräumen, der an die Stelle des (wegen Art 57 Abs 1 B-VG nicht durchsetzbaren) Anspruches gegen den Mandatar tritt. Dieser Schritt läge sachlich umso näher, als es sich ja im vorliegenden Fall um Eingriffe handelt, die in Ausübung einer staatlichen *Organfunktion* ("in diesem Beruf") erfolgen[129]. Die berufliche Immunität stünde einer Amtshaftung (wohl aber einem Regreß) nicht entgegen, weil die Haftung nicht gegenüber dem Abgeordneten geltend gemacht wird[130]. Auf diese Weise könnte das im beruflichen Immunitätsrecht angelegte Spannungsverhältnis zwischen dem *rechtsstaatlichen* Ideal eines umfassenden Rechtsschutzes und dem Verfassungskonzept *demokratischer Repräsentation* gemindert werden.

---

heit 33 FN 98). Vgl auch JAN, Aberkennung der Abgeordneteneigenschaften im bayrischen Landtag, AÖR 1925, 314.

[128] Interessant scheint auch das aus der französischen Verfassungsgeschichte bekannte Institut der *"Abgeordnetenanklage"* (Art 111 der Verfassung 1795; vgl HARTH, Rede- und Abstimmungsfreiheit 33). Der Abgeordnete würde damit für sein "berufliches Verhalten" neben der disziplinaren Verantwortung nach der Geschaftsordnung auch einer *staatsrechtlichen* Verantwortlichkeit gegenuber dem VfGH unterliegen (vgl in diesem Zusammenhang auch § 9 UnvereinbarkeitsG).

[129] Vgl KELSEN - FROHLICH - MERKL, Verfassungsgesetze V 146. De lege lata ist ein Amtshaftungsanspruch ausgeschlossen, da parlamentarische Außerungen der Staatsfunktion *"Gesetzgebung"* zuzuordnen sind (und zwar auch dann, wenn die Äußerung nicht im Zuge eines Gesetzgebungsverfahrens erfolgt, sondern zB bei parlamentarischen Kontrollakten iSd Art 52 und 53 B-VG). Gem Art 23 Abs 1 B-VG und § 1 Abs 1 AHG besteht eine Amtshaftung nur gegenüber Akten "in Vollziehung der Gesetze", was wegen der formellen Terminologie der Verfassung als Beschränkung auf Verwaltung und Gerichtsbarkeit zu verstehen ist: SCHRAGEL, Kommentar zum Amtshaftungsgesetz^2 (1985) 66 Rz 57; AICHER, Das System der Haftung fur staatliches Fehlverhalten, in: Aicher (Hrsg), Die Haftung für staatliche Fehlleistungen im Wirtschaftsleben (1988) 1 (25 f); ÖHLINGER, Der Anwendungsbereich des Amtshaftungsgesetzes, ibid 121 (138 ff). In der BRD wird eine Amtshaftung für parlamentarisches Fehlverhalten einzelner Abgeordneter hingegen zunehmend bejaht: mwN RULAND, Der Staat 1975, 457.

[130] Freilich ist nicht zu übersehen, daß die ursprüngliche ratio legis für den Ausschluß der Gesetzgebungsfunktion von der Amtshaftung gerade im Charakter der gesetzgebenden Organe als *Volksvertretungen* liegt (ÖHLINGER, in: Aicher (Hrsg), Haftung 139). Die mit einer Amtshaftung verbundene Beeinträchtigung des Gewaltentrennungsgedankens läge aber durchaus im Rahmen des von der Verfassung konzipierten Systems der Gewaltenverbindung (vgl WINKLER, Das osterreichische Konzept der Gewaltentrennung in Recht und Wirklichkeit, Der Staat 1967, 293 = Orientierungen 229 [240 ff]).

Karl Wenger

Wirtschaftsrecht - eine juristische Disziplin im Spannungsfeld von Sein und Sollen

Nach wie vor liegt eines der zentralen rechtsphilosophischen Probleme in der Frage[1], in welchem Verhältnis die in unserer Welt vorgefundenen Fakten, kurz das *Sein*, und die an die Menschen als Ideen und Werte herangetragenen Verhaltensanforderungen, kurz das *Sollen*, zueinander stehen. Gerade für die österreichische Rechtswissenschaft hat die damit angesprochene Problematik zufolge ihrer nachhaltigen Beeinflussung durch HANS KELSENS Reine Rechtslehre, zu deren Basisthesen die absolute Trennung von Sein und Sollen gehört, bis heute auch Auswirkungen auf die praktische Jurisprudenz gehabt. Dies zeigt sich insbesondere in jener Art von Rechtsbetrachtung, die bis vor kurzem vor allem in der Lehre vom öffentlichen Recht weitgehend dominierte und von ADAMOVICH - FUNK treffend als "formaler Reduktionismus" bezeichnet wird[2]. Die davon ausgehenden Fehlentwicklungen in ihren Ursachen offenzulegen, ohne deshalb die nicht zu leugnenden Verdienste der "Wiener Schule" um eine methodische Präzisierung juristischer Analysen zu verkennen, war und ist eines der wissenschaftlichen Hauptanliegen des Jubilars. Dies zeichnete sich bereits in seiner 1956 erschienenen Habilitationsschrift "Der Bescheid - Ein Beitrag zur Lehre vom Verwaltungsakt"[3] in Umrissen ab. In seiner "Wertbetrachtung im Recht" aus

---

[1] Vgl KAUFMANN, Recht und Gerechtigkeit in schematischer Darstellung, in: Kaufmann - Hassemer (Hrsg), Einführung in Rechtsphilosophie und Rechtstheorie der Gegenwart (1977) 291.

[2] ADAMOVICH - FUNK, Allgemeines Verwaltungsrecht[3] (1987) 82 ff.

[3] WINKLER, Der Bescheid - Ein Beitrag zur Lehre vom Verwaltungsakt (1956) 27: "Die Rechtsordnung als Ordnung für menschliches Verhalten hat zum Ziel, dieses zu regeln und zu bestimmen. Sie nimmt daher auf Zustände, Vorgänge oder Verhaltensweisen in der *Seinswelt* Bezug und setzt sie in Verbindung mit dem Menschen, vielleicht wiederum in Anbetracht bestimmter Zustände, Ereignisse und Verhaltensweisen. In einer rechtlich geordneten Gemeinschaft kann jeder einzelne zu einem konkreten Verhalten bestimmt sein. Und für jedes solche Verhalten enthält die Rechtsordnung eine bestimmte Folge. Dem entsprechenden menschlichen Verhalten kommt daher, gemessen

dem Jahre 1969 präzisierte er die einschlägigen Fragestellungen[4]. In seinem 1979 in der Zeitschrift "Rechtstheorie" erschienenen Aufsatz "Sein und Sollen" erfuhren diese Fragen ihre vorerst letzte Beantwortung. Nicht nur in diesem letzten Beitrag, dessen Untertitel dies expressis verbis zum Ausdruck bringt, sondern mehr oder weniger in fast allen seinen Publikationen geht es dem Jubilar um grundsätzliche "Orientierungen für eine kritische und gegenstandsbezogene Theorie vom positiven Recht"[5].

Die folgende Skizze will an Hand konkreten Materials und konkret diskutierter und judizierter Problembereiche lediglich einiges zur Erhärtung und Abrundung von WINKLERS wissenschaftstheoretischer Position beitragen. Sie will damit beispielhaft zeigen, daß und wie sich WINKLERS methodologische Schlußfolgerungen[6] sehr wohl eignen, das konkrete

---

an der Rechtsordnung, ein besonderer Wert zu, weil es dieser entspricht und besondere Folgen als *gesollt* auslöst" (Hervorhebung von mir).

[4] WINKLER, Wertbetrachtung im Recht und ihre Grenzen (1969) 11: "Nur wer das Recht in seiner Gegebenheit, formal und inhaltlich, sieht, kann es einigermaßen kennen, nur wer sich eine möglichst dichte und umfassende Rechtserfahrung erworben hat, der weiß auch um die Gegenstandsimmanenz und Gegenstandstranszendenz. Dem ist die Beschreibung des Gegebenen und des Vorgegebenen in einer adäquaten Weise eine zweifelsfreie Aufgabe ... Der Beschreibung folgt die Bewertung, der gegenstandsimmanenten die transzendente Sicht. Eine Gegenstandsbewertung ohne Gegenstandserfassung kann sich nur auf eine Selbsttäuschung gründen. Die Theorie der Reinen Rechtslehre ... hat sich ... als Irrweg erwiesen, weil in ihr die Form dem Gegenstand gleich erachtet und die Formalbetrachtung zur zentralen und im Grunde ausschließlichen Rechtsbetrachtung gemacht wird. Darüber hinaus aber auch deshalb, weil sie sich irreführend auf den Ausgangspunkt gründet, daß die Methode den Gegenstand bestimmt und nicht umgekehrt; weil sie damit im Zusammenhang, unter Berufung auf die sogenannte transzendentale Logik, Denkbehelfe voraussetzt und vorgibt, die nicht gegenstandsadäquat sind und daher in ihrer Anwendung den Gegenstand verzerren."
"Positives Recht ist ein durch eine anerkannte Rechtssetzungsautorität geschaffenes, formgebundenes, werthaftes und werterfülltes Sinngefüge von Sollvorschriften für Menschen einer bestimmten Gemeinschaft, charakterisiert durch Zwang" (37).
"Von Bedeutung für ein volles Rechtsverständnis ist ... nicht nur die Einsicht in das Recht als einen allgemeinen Wert der Ordnung, sondern ebenso die Einsicht in die Werte, die das Recht beinhaltet. Daher implizieren diese Feststellungen für die rechtsimmanente Betrachtung die von SCHWINGE so ansprechend hervorgehobene teleologische Auslegung als die einzig entsprechende Methode inhaltlicher Rechtsbetrachtung. Sie dient nicht etwa ... dem subjektiven Dafürhalten, ... sondern der Ermittlung des den Verhaltensvorschriften beigegebenen objektivierten Sinnes" (42 f).

[5] WINKLER, Sein und Sollen, Rechtstheorie 1979/3, 257 ff.

[6] Die methodologischen Schlußfolgerungen sind auf Seite 279 der zitierten Arbeit kurz in 13 Thesen zusammengefaßt.

Rechtsverständnis und die daraus folgende Problemlösungskapazität des Juristen unter den gegebenen Bedingungen entscheidend zu verbessern. Die relativ junge juristische Disziplin *Wirtschaftsrecht*, der der Jubilar nicht nur während seines langjährigen Wirkens als akademischer Lehrer und Funktionär - bei anfänglich weitgehendem Unverständnis der überwiegenden Zahl österreichischer Juristen - eine konsequente Förderung bis zur Verankerung in den sozialwissenschaftlichen und juristischen Studienvorschriften[7] angedeihen ließ, und die er auch durch einige gehaltvolle Beiträge[8] bereichert hat, bietet sich als Demonstrationsobjekt nicht zuletzt deshalb an, weil sich an ihr die Unverzichtbarkeit inhaltlicher Rechtsbetrachtung in besonders augenfälliger Weise zeigt.

Die erkenntnistheoretische Präferenz einer Anknüpfung an die inhaltlichen Elemente der einschlägigen rechtlichen Regelungen kommt beim Wirtschaftsrecht zunächst und vor allem in den Versuchen zu einer *begrifflichen Umschreibung als eigenständige juristische Disziplin* zum Ausdruck. Obwohl die Diskussion darüber bis 1968 nach WALTER R. SCHLUEP zu 35 verschiedenen Definitionsvorschlägen geführt hat, liegen diesen fast ausschließlich rechtsinhaltliche Begriffsmerkmale zugrunde[9]. WALTHER HUG hat dazu schon in seiner St. Gallener Rektoratsrede 1939 durchaus plausibel, aber ohne nähere wissenschaftstheoretische Begründung festgestellt, der ein bestimmtes Rechtsgebiet bezeichnende Begriff Wirtschaftsrecht lasse sich nach formellen Kriterien nicht bestimmen. Eine solche Begriffsbestimmung könne vielmehr "nur durch eine Besinnung auf den Begriff der Wirtschaft im Rechtssinne und die Aufgabe des

---

[7] Die erstmalige curriculummäßige Verankerung erfolgte im BG v 15. 7. 1966, BGBl 1966/179, über sozial- und wirtschaftswissenschaftliche Studienrichtungen, wo in § 4 Abs 7 lit e "Wirtschaftsverwaltungsrecht" als Wahlfach für die Diplomprüfung der volkswirtschaftlichen Studienrichtung und in § 5 in einem thematischen Zusammenhang mit den wirtschaftswissenschaftlichen Kernfächern auch als Diplomarbeitsfach eingeführt wurde. Das BG über das Studium der Rechtswissenschaft, BGBl 1978/140, führte "Wirtschaftsrecht" in § 5 Abs 2 Z 9 lit d als selbständiges Wahlfach für den 2. Studienabschnitt ein. (Dazu FUNK, Das Wirtschaftsverwaltungsrecht als Teil des Wirtschaftsrechts, in: Fröhler-FS [1980] 299.) Durch § 20 Abs 2 RechtsanwaltsprüfungsG, BGBl 1985/556, wurde das Wirtschaftsrecht Gegenstand der mündlichen 2. Teilprüfung der Rechtsanwaltsprüfung.

[8] Das Elektrizitätsrecht, in: Weber - Wenger - Winkler, Beiträge zum österreichischen Wirtschaftsverwaltungsrecht (1962) 70 ff; Staat und Verbände, VVDStRL 24 (1966) 34 ff; Gesetzgebung und Verwaltung im Wirtschaftsrecht (1970); Die Genehmigung der Zivilflugplatz-Benützungsbedingungen nach § 74 Luftfahrtgesetz, ÖJZ 1974, 561.

[9] SCHLUEP, Was ist Wirtschaftsrecht? in: Hug-FS (1968) 25.

Normenkomplexes 'Wirtschaftsrecht' im Ganzen der Rechtsordnung gewonnen werden"[10]. Da die Aufgabe des Rechts immer nur darin bestehen könne, bestimmte *äußere Sachverhalte zu ordnen*, müsse der Begriff der Wirtschaft im Rechtssinne an *"äußere Lebenstatbestände"* anknüpfen, welche die wirtschaftliche Tätigkeit zum Gegenstande haben[11]. Das große rechtspolitische Problem der *inhaltlichen Gestaltung* des Wirtschaftsrechts bestehe darin, den Dualismus privatrechtlicher und öffentlichrechtlicher Ordnung zu überwinden und unter Wahrung der beiden Bestandteile in ihnen einen Ausgleich zu finden[12]. *Gesetzgeber und Wissenschaft* hätten bei der *Gestaltung des Wirtschaftsrechts* das Gleichgewicht zwischen *Einzelinteressen* und *Gesamtinteressen* zu finden und damit ein angemessenes Verhältnis zwischen *Freiheit* und *Bindung* zu schaffen.

HUG hat mit dieser Umschreibung der Eigenheiten des Wirtschaftsrechts zwar die auch heute noch für wesentlich erachteten inhaltlichen Merkmale des Wirtschaftsrechts als eigenständige juristische Disziplin herausgearbeitet, er hat aber aus diesen Merkmalen keine Definition im Sinne der traditionellen Logik gebildet. Für diese Zurückhaltung lassen sich durchaus einsichtige Gründe ins Treffen führen. EBERHARD SCHWARK erörtert[13] einige dieser Gründe: Das Wirtschaftsrecht beziehe sich auf den komplexen Lebenssachverhalt des Wirtschaftsprozesses, der eigenen, nämlich ökonomischen Regeln folge, welche die Wirtschaftswissenschaften zu analysieren und zu optimieren suchten. Wirtschaftsrecht könne auch nicht als ein "Instrument der Wirtschaftspolitik" definiert werden. Das berge die Gefahr einer "politischen Überfrachtung". Ebensowenig lasse sich das Wirtschaftsrecht im Hinblick auf eine eigene Methode inhaltlich eingrenzen, die sich durch den Bezug zum tatsächlichen Wirtschaftsprozeß und aus der häufigen Verwendung wirtschaftswissenschaftlicher Begriffe ergebe. Derartige Probleme fänden sich in durchaus vergleichbarer Weise auch in anderen Rechtsgebieten. Schließlich könne die sog ökonomische Analyse des Rechts nicht zur Ermittlung von Begriff und Inhalt des Wirtschaftsrechts dienen, denn die damit verfolgte Implementierungskontrolle und Kostenanalyse könne bei allen Rechts-

---

[10] HUG, Die Problematik des Wirtschaftsrechts (1939) 20.
[11] HUG, Problematik 20
[12] HUG, Problematik 34.
[13] In der 6. neubearbeiteten Auflage des seinerzeit von GERD RINCK verfaßten Lehrbuches "Wirtschaftsrecht".

normen durchgeführt werden[14]. Das Wirtschaftsrecht liege *quer zu den klassischen Gebieten des Privatrechts und des öffentlichen Rechts.* Seine Problemorientierung auf die sinnvolle Ordnung und Steuerung der Volkswirtschaft oder deren Teile könne sowohl mit Mitteln des Privatrechts als auch des öffentlichen Rechts geschehen, erschwere aber seine Einordnung in das Rechtssystem. Im Hinblick auf die wertmäßige Struktur eines gemischten Wirtschaftssystems - das die konkrete Wirtschaftsordnung auch in Österreich kennzeichnet - bezweifelt SCHWARK schließlich, ob der Gesichtspunkt der "gesamtwirtschaftlichen Richtigkeit" als Definitionsmerkmal für das Wirtschaftsrecht geeignet sei[15]. Ähnlich hat bereits früher WINFRIED BROHM[16] gegen ein solches vor allem von WALTER SCHMIDT-RIMPLER[17] und FRITZ RITTNER[18] vorgeschlagenes begriffskonstitutives Merkmal eingewendet, unter einer individualrechtlich geprägten Verfassungsordnung regle das Recht mit der Gesamtordnung zugleich die individualrechtliche Stellung und umgekehrt.

Diese und ähnliche Bedenken gegen eine Begriffsbestimmung der Disziplin Wirtschaftsrecht sind durchaus überzeugend, wenn eine solche Begriffsbestimmung durch eine Definition im Sinne der klassischen Logik erfolgen soll[19]. Was immer man als konstitutive Merkmale einer solchen Definition einführt, läßt sich als differentia specifica des Wirtschaftsrechts in konkreten Anwendungsfällen keineswegs immer mit der für eine Begriffsabgrenzung nach dem Schema aut/aut erforderlichen Eindeutigkeit und Intensität nachweisen. Deshalb bietet sich als geeignete Denkform zur begrifflichen Bestimmung der Disziplin Wirtschaftsrecht die *typologische Begriffsbestimmung* an, die in der Jurisprudenz auch anderweitig Anwendung findet[20].

---

[14] RINCK - SCHWARK, Wirtschaftsrecht[6] (1986) 7 ff. Die 5. noch von GERD RINCK 1977 allein besorgte Auflage enthielt die bezogenen Ausführungen noch nicht.

[15] RINCK - SCHWARK, Wirtschaftsrecht 7 ff.

[16] BROHM, Wirtschaftsrecht - Anrecht und Aufgabe, DÖV 1979, 18.

[17] SCHMIDT-RIMPLER, Wirtschaftsrecht, HdSW 12 (1965) 686 ff.

[18] RITTNER, Wirtschaftsrecht[2] (1987) 13.

[19] RITTNER, Wirtschaftsrecht 12, meint, es sei unmöglich, die Rechtsnormen - auch nur einer Rechtsordnung - in einem zweidimensionalen System, also nach den Grundsätzen der divisio (differentia specifica, genus proximum) aufzuteilen. Aufgabe und Funktion der Rechtssystematik genau genug zu erfassen, verlange vielmehr ein multidimensionales Systemdenken.

[20] SCHWARK (Rinck - Schwark, Wirtschaftsrecht[6] 9) kommt zu dem Schluß, es gebe keine scharfe Sonderung iS einer Definition des Wirtschaftsrechts, die allgemein akzeptiert werden könnte. Es ließen sich, stets mit Blick auf das geltende Recht, Bestim-

Die Begriffsbestimmungsvorschläge der zitierten Autoren sind durchwegs rechtsinhaltlicher Art. Wissenschaftstheoretische Voraussetzung einer rechtsinhaltlichen Begriffsbestimmung des Rechtsgebietes Wirtschaftsrecht ist allerdings, daß der Inhalt des positiven Rechts als solchen und damit auch eines einzelnen Teilgebietes desselben nicht beliebig ist. Unter der Prämisse der Beliebigkeit jedweden Rechtsinhalts bliebe dieser konsequenterweise einschließlich der rechtsimmanenten Zwecke der objektiven rechtswissenschaftlichen Erkenntnis verschlossen und die Jurisprudenz hätte nur die Form des Rechts zu erfassen. Als Konsequenz davon dürften in die Rechtsbegriffe keine anderen als formale Elemente aufgenommen werden[21].

Der einseitigen formalistischen Position ist neben den von WINKLER[22] vorgebrachten Gegenargumenten vor allem folgendes entgegenzuhalten: Erkennt man das Recht als an bestimmten Werten orientierte Verhaltensnormen von Menschen für bestimmte Bereiche der sozialen Wirklichkeit (Sein) im Rahmen der dort der freien Entscheidung der Menschen verbliebenen Gestaltungsmöglichkeiten menschlichen Verhaltens, so kann man mit HEINRICH HENKEL[23] bei den rechtsinhaltsbestimmenden Faktoren zwischen den *Vorgegebenheiten* und der *Aufgegebenheit* des Rechts unterscheiden. Die in der vom Rechtserzeugungsprozeß in der sozialen Wirklichkeit vorgefundenen Vorgegebenheiten des jeweiligen Regelungsgegenstandes, in der Sprache EUGEN HUBERS[24] die Realien der Gesetzgebung, sind Faktoren, mit denen die Rechtsetzung unvermeidlich rechnen muß, wenn sie *richtiges Recht* erzeugen will. Diese sowohl in der *Natur-* als auch in der *Kulturwelt* des Menschen vorhandenen Vorgegebenheiten determinieren das Recht als Realfaktoren nur insofern, als die in ihnen enthaltenen Ordnungselemente vom rechtserzeugenden Menschen nicht ignoriert werden können, ohne die Sinnhaftigkeit einer Rechtsnorm in Frage zu stellen. In welcher Weise und mit welcher Wir-

---

mungsfaktoren iS einer typologischen Bestimmung des Gehalts entwickeln. Solche typologischen Bestimmungsfaktoren des Wirtschaftsrechts sind für SCHWARK der gesamtwirtschaftliche Bezug des Wirtschaftsrechts, seine Steuerungsfunktion, seine Orientierung am Gerechtigkeitsanliegen und seine institutionelle Sicht. Allgemein zur typologischen Begriffsbestimmung in der Jurisprudenz WENGER, Die offentliche Unternehmung (1969) 214 ff.

[21] So KELSEN, Reine Rechtslehre^2 (1960) 201 und *ders*, Hauptprobleme der Staatsrechtslehre (Neudruck 1960) 92.

[22] WINKLER, Wertbetrachung 39 ff und speziell in Rechtstheorie 1979/3, 261 ff.

[23] HENKEL, Einfuhrung in die Rechtsphilosophie (1964).

[24] HUBER, Recht und Rechtsverwirklichung^2 (1925) insb 31 ff.

kung sie eine Berücksichtigung des rechtlichen Sollensinhalts erfordern, hängt nach HENKEL "von der Art und Bedeutung der jeweiligen Vorgegebenheit ab". Immer aber wird diese im Hinblick auf die rechtlichen Sollensnormen, wie weit ihr Einfluß im einzelnen auch reichen mag, den Inhalt des Rechtssatzes noch mehr oder weniger weitgehend offen lassen, manchmal sogar in der Weise, daß in der rechtlichen Lösung eine Wahl zwischen mehreren Seinsstrukturen erst getroffen werden muß[25]. Daß die vom Menschen vorgefundenen Vorgegebenheiten der belebten und unbelebten Natur in einem weitaus größeren Maße den sinnvollen Rechtsbildungsprozeß determinieren als die Vorgegebenheiten der vom Menschen selbst gestalteten und einem ständigen Wandel unterliegenden Kulturwelt[26], der auch die Wirtschaft zuzuzählen ist, bedarf wohl keiner näheren Begründung. Zu den Vorgegebenheiten der Kulturwelt gehören ebenso die jeweils vorhandenen Sozialstrukturen[27], die Interessenpluralität in der Gesellschaft[28] und die dominierende soziale Wertordnung[29], die auch im Ganzen in der Rechtsordnung Niederschlag findet.

Möglichkeiten und Spielraum sinnvoller Rechtsbildung und Rechtsanwendung werden nicht nur durch die natürlichen und kulturellen Vorgegebenheiten des Rechts determiniert, sondern auch durch die wesensmäßige Ausrichtung jedweden Rechts an der *Rechtsidee*, für die ERICH FECHNER den treffenden Ausdruck "Aufgegebenheit des Rechts"[30] geprägt hat. Durch die Rechtsidee als eine *Wertidee* (Idealfaktor) wird der Rechtsetzung und der Rechtsanwendung ein ethisches *Leitbild* für die inhaltliche Gestaltung vorgegeben, die für die Rechtsqualität der positiven Rechtsvorschriften konstitutiv ist. Die Rechtsidee weist nach HENKEL drei einander ergänzende, aufeinander bezogene und miteinander verbundene, aber nichtsdestoweniger in einem gewissen Spannungsverhältnis stehende Grundtendenzen auf: *Gerechtigkeit, Zweckmäßigkeit und Rechtssicherheit*. Von diesen Regelungstendenzen darf bei konkreten

---

[25] HENKEL, Einführung 163 f.
[26] HENKEL, Einführung 164.
[27] HENKEL, Einführung 198 ff.
[28] HENKEL, Einführung 225 ff.
[29] HENKEL, Einführung 237 ff.
[30] FECHNER, Rechtsphilosophie² (1962) 203. HENKEL, der den Ausdruck "Aufgegebenheit des Rechts" von FECHNER übernimmt, behandelt unter dieser Thematik (Einführung 299 ff) neben der Rechtsidee ieS auch die Problematik des Typus und der Individualität im Recht sowie des Gemeinwohls.

rechtlichen Problemlösungen keine außer Acht gelassen werden. Bei der jeweiligen Lösung ist vielmehr durch entsprechende Gewichtung eine möglichst weitgehende Harmonisierung anzustreben, wenn sich Grundtendenzen der Rechtsidee als kontroversiell erweisen[31].

Für den Gesetzgeber ist bei der Sichtung und Wertung der ihm aufgegebenen Regelungsmaterie zwangsläufig die *Typik der Lebensverhältnisse* maßgebend. Er muß aber in der begrifflichen Formulierung der gesetzlichen Tatbestände und Rechtsfolgebestimmungen dem Rechtsanwender eine hinreichende Berücksichtigung der *Individualität des jeweiligen Falles* ermöglichen[32]. Dieser Grundsatz hat im Hinblick auf die besondere Dynamik und Komplexität der Regelungsmaterie gerade im Wirtschaftsrecht auch erhebliche praktische Bedeutung.

Da das Recht nicht Selbstzweck, sondern nur ein Teil der in der sozialen Realität wirksamen Normenordnung ist, deren Teilbereiche in vielfältiger Wechselbeziehung zueinander stehen, können die rechtsimmanenten Ziele der Rechtsidee nicht letztes Ziel rechtlicher Regelung sein. Als solches kommt nur ein umfassender Grundwert der gesamten Sozialordnung in Frage, für dessen Realisierung das Recht nur eines von mehreren Mitteln zur guten Ordnung des zwischenmenschlichen Verhaltens ist. Dieser auch die rechtlichen Gehalte der Rechtsidee überwölbende umfassende Grundwert der Sozialordnung ist das *Gemeinwohl*. Um dessen Inhalt festzustellen, ist jeweils ein ausgewogenes Verhältnis zwischen dem für den Regelungsgegenstand relevanten *Allgemeininteresse* und den betroffenen *Einzelinteressen* anzustreben. Eine einseitige interessenmäßige Orientierung, wie sie sowohl den Kollektivismus als auch den Individualismus und den Gruppenegoismus charakterisiert, widerspricht dem Gemeinwohl. Dessen Verwirklichung findet zwar im modernen Staat in einer Hebung des allgemeinen Wohlstandes und Lebensstandards einen sinnfälligen Ausdruck, erschöpft sich aber darin nicht[33]. Diese Mehrdimensionalität des Gemeinwohls als des obersten Richtwerts ist auch im Wirtschaftsrecht zu beachten, soll es nicht zu einer Denaturierung des gesamten Soziallebens und seiner normativen Ordnung kommen.

Soll dieses Ergebnis für die Begriffsbestimmung der juristischen Disziplin "Wirtschaftsrecht" fruchtbar gemacht werden, so ist vorweg festzu-

---

[31] HENKEL, Einführung 299 ff.
[32] HENKEL, Einführung 251 ff.
[33] HENKEL, Einführung 365 ff.

halten, daß das Wirtschaftsrecht unbestritten ein *Teilgebiet des geltenden positiven österreichischen Rechts* ist. Daraus folgt, daß die aus den Vorgegebenheiten und aus der Aufgegebenheit des Rechts für das Recht überhaupt abgeleiteten inhaltlichen Bestimmungsmöglichkeiten[34] zumindest dem Grunde nach auch für das Wirtschaftsrecht Gültigkeit haben müssen. Die festzustellenden typologischen Merkmale des Wirtschaftsrechts können gegenüber dem genus proximum Recht als disziplinspezifische Besonderheiten logisch lediglich die Funktion von differentiae specificae haben. Nur unter dieser Prämisse läßt sich das Wirtschaftsrecht als eigenständiges Systemglied in das System der Gesamtrechtsordnung eingliedern und gegenüber dessen anderen Systemgliedern zureichend abgrenzen, ohne die innere Einheit und wertungsmäßige Folgerichtigkeit des Gesamtsystems in Frage zu stellen. Sohin bieten sich für die begriffliche Bestimmung des Wirtschaftsrechts als eigenständige Kategorie im grundsätzlich offenen System der geltenden Rechtsordnung[35] nachstehende typologische Merkmale an, die als solche bezüglich ihrer Ausgeprägtheit und Vollständigkeit weniger strengen Anforderungen unterliegen als die Merkmalschemata von Klassifikationsbegriffen der traditionellen Logik[36]. Bei der Beschreibung dieser Typusmerkmale läßt sich auch das in ihnen jeweils zum Ausdruck kommende Spannungsverhältnis zwischen Sein und Sollen näher darstellen.

* *Wirtschaft als Regelungsgegenstand*

Schon vom rein sprachlichen Verständnis her kann davon ausgegangen werden, daß sich die rechtlichen Regelungen des mit dem Ausdruck "Wirtschaftsrecht" bezeichneten Normenkomplexes auf die Wirtschaft beziehen müssen. Die Wirtschaft als Regelungsgegenstand ist, wie bereits erwähnt, ein Lebenssachverhalt aus der Kulturwelt des Menschen, die als vom Menschen gestaltbare und gestaltete grundsätzlich wandel-

---

[34] Die Behauptung KELSENS, es könne jeder beliebige Inhalt Recht sein (Reine Rechtslehre² 201), ist wissenschaftstheoretisch und rechtsphilosophisch unhaltbar.

[35] Wie CANARIS überzeugend dargetan hat, läßt sich das positive Recht als axiologische oder teleologische Ordnung und nicht als axiomatisch-deduktives System iS der Logik begreifen (Systemdenken und Systembegriff in der Jurisprudenz [1969]). Zur Offenheit bzw Beweglichkeit des Rechtssystems und zur Inhomogenität und Beweglichkeit der Bestimmungskriterien des Systemglieds "Wirtschaftsrecht" siehe FUNK, in: Fröhler-FS (1980) 312 ff.

[36] Zur logischen Struktur des Typus grundlegend HAMPEL und OPPENHEIMER, Der Typusbegriff der neuen Logik (1936) und HEYDE, Typus - Ein Beitrag zur Typologik, Studium Generale 5 (1952) 235.

bare Vorgegebenheit der sinnvollen rechtlichen Normierung größere Entscheidungsfreiräume beläßt als die Vorgegebenheiten der belebten und unbelebten Natur.

Zur operationalen Feststellung der Vorgegebenheiten des Regelungsgegenstandes Wirtschaft bedarf es allerdings vorweg einer Klarstellung des in der Alltagssprache keineswegs immer eindeutig gebrauchten Ausdrucks "Wirtschaft". Sie obliegt offenbar den Wirtschaftswissenschaften[37]. Diese verstehen darunter ganz allgemein den Gesamtbereich der Dispositionen und Handlungen von Menschen, die der planvollen Deckung des Bedarfes an Sachgütern und Leistungen dienen, welche im Zuge eines arbeitsteilig organisierten *Produktionsprozesses* unter kombinierter Verwendung von Produktionsmitteln erstellt werden[38]. Die an diesem *Wirtschaftsprozeß* als *Wirtschaftssubjekte* Beteiligten sind in einer Marktwirtschaft physische und juristische Personen als Träger wirtschaftlicher Betriebe und Unternehmungen einerseits und die öffentlichen und privaten Haushalte, deren Träger auch als Arbeitnehmer aktiv an der Güter- und Leistungserstellung mitwirken, andererseits. Da in einer hochentwickelten Gesellschaft jede dieser *primären Wirtschaftseinheiten* aus Gründen wirtschaftlicher Rationalität (Wirtschaftlichkeitsprinzip) nur einen Teil der insgesamt benötigten Güter und Leistungen erzeugt, findet zwischen den in eigener Verantwortung planenden und handelnden primären Wirtschaftseinheiten ein als *Wirtschaftsverkehr* bezeichneter ständiger Güter- und Leistungsaustausch statt. Über ihn werden die vielfältigen einzelwirtschaftlichen Aktivitäten zu einer *Gesamtwirtschaft* integriert, die - heute etwas ungenau[39] - üblicherweise als "*Volkswirtschaft*" bezeichnet wird. Erfolgt der Güter- und Leistungsaus-

---

[37] Nach FIKENTSCHER (Wirtschaftsrecht I [1983] 1) ist der Begriff der Wirtschaft außerrechtlich vorgegeben und einerseits der Lebenswirklichkeit und andererseits den Wirtschaftswissenschaften zu entnehmen. Der Jurist dürfe auf den Lebenssachverhalt Wirtschaft zurückgreifen, wo ihm die wirtschaftswissenschaftliche Definition der Wirtschaft ungeeignet erscheine. Freilich werde er sich im Zweifel mit Vorteil der Ergebnisse der Wirtschaftswissenschaften bedienen.

[38] Diese Begriffsbestimmung lehnt sich an STACKELBERG (Grundlagen der theoretischen Volkswirtschaftslehre [1948] 3), J. H. MULLER (Wirtschaft, in StL 8 [1963] Sp 718) und E. SCHNEIDER (Einführung in die Wirtschaftstheorie I^9 [1961] III f und 3 ff) an.

[39] Bereits A. WEBER hat darauf hingewiesen, es sei ohne weiteres klar, daß das Ineinandergreifen der Einzelwirtschaft nicht an den Grenzen eines Staates aufhört. Daher sei der Name "Volkswirtschaft" nicht ganz passend; "Sozialökonomie" oder "Gesellschaftswirtschaft" wäre wohl eine bessere Bezeichnung (Allgemeine Volkswirtschaftslehre^7 [1958] 1).

tausch über den Markt als Ausgleichsregulator von Angebot und Nachfrage, so haben wir es mit einem *marktwirtschaftlichen System* zu tun. Werden arbeitsteilige Erstellung und Austausch wirtschaftlicher Güter und Leistungen durch einen zentralen hoheitlichen Plan festgelegt, der den primären Wirtschaftseinheiten nur die Funktion ausführender Vollzugsorgane zuweist, so sprechen wir von einem *planwirtschaftlichen System*.

Die geschichtliche Erfahrung zeigt, daß sowohl die Organisation der Wirtschaftseinheiten als auch der Wirtschaftsverkehr stets einer rechtlichen Regelung bedürfen, weil nur eine solche ein funktionsgerechtes Verhalten der Wirtschaftssubjekte auf Dauer zu gewährleisten vermag[40].

Während aber die aus den Vorgegebenheiten der belebten und der unbelebten Natur resultierenden Bedingungen der Rechtserzeugung und der Rechtsanwendung in beiden Wirtschaftssystemen als Seinsgegebenheiten (Realfaktoren) im wesentlichen gleich wirksam sind, ist die zunächst politische Entscheidung, welches der beiden in der sozialen Realität freilich nur in unterschiedlichen Ausprägungen realisierbaren Wirtschaftssysteme tatsächlich verwirklicht werden soll, eine *Wertentscheidung* erster Ordnung. Als solche gehört sie ohne Zweifel zum Bereich des *Sollens*. Ob und in welcher Ausprägung allerdings dieses Sollen in der sozialen Wirklichkeit dann auch ein rechtliches Sollen werden kann, ist seinerseits wieder von einer Reihe von Vorgegebenheiten abhängig: von dem im betreffenden Kulturkreis herrschenden ontologischen Menschenbild und damit zusammenhängend von der Interessenstruktur der konkreten Gesellschaft und der in ihr dominierenden sozialen Wertordnung. Die darüber hinaus für die Rechtsgestaltung und Rechtsanwendung maßgeblichen Vorstellungen von der Aufgegebenheit des Rechts stehen damit in einer engen Verbindung.

Da in einem marktwirtschaftlichen System die gesamtwirtschaftliche Koordination der Güterproduktion und der Güterverteilung durch die autonome Entscheidung der Wirtschaftssubjekte über den Markt, maW durch Selbststeuerung der am Wirtschaftsverkehr teilnehmenden Wirtschaftseinheiten erfolgt, genügt theoretisch als rechtliche Regelung des Wirtschaftsverkehrs durchaus das *Privatrecht*. Der rechtsgeschäftliche Verkehr wird im Rahmen der Privatautonomie über Verträge abgewickelt, deren aus dem Interessenausgleich der Vertragspartner folgende

---

[40] Dies hat bereits MAX WEBER in seiner (von WINCKELMANN aus dem nachgelassenen Manuskript herausgegebenen) Rechtssoziologie² (1967) 69 ff überzeugend dargetan (MAX WEBER verstarb 1920).

"Richtigkeitsgewähr"[41] auch objektiv ein optimales gesamtwirtschaftliches Ergebnis gewährleistet. Diese für Vertragsinhalt und Rechtssicherheit gleicherweise sich ergebende "Richtigkeitsgewähr" setzt allerdings, wie der Begründer dieser Theorie W. SCHMIDT-RIMPLER bereits betont hat, voraus, daß nach der realen Machtlage der Vertragsparteien eine wechselseitige Interessenbeeinflussung möglich und ein einseitiges Vertragsdiktat ausgeschlossen ist[42]. Als aber im Laufe der Zeit aus der Beobachtung der tatsächlichen Machtlagen im Wirtschaftsverkehr immer deutlicher wurde, daß in soundsovielen Fällen die Voraussetzungen für die Richtigkeitsgewähr privatautonomer Verträge nicht oder nicht mehr gegeben waren, suchte man nach einer entsprechenden Korrektur durch Beschränkung der Privatautonomie der Wirtschaftssubjekte mittels rechtlicher Sonderregelungen, vor allem öffentlich-rechtlicher Art. Das war die Geburtsstunde des Wirtschaftsrechts, dessen korrigierende Funktion vor allem in der Orientierung der Wirtschaftssubjekte an den Erfordernissen der *Gesamtwirtschaft* ansetzte. Damit entstand allerdings ein Spannungsverhältnis zwischen den Interessen der Wirtschaftssubjekte und dem Staat als Schöpfer und Anwender des Wirtschaftsrechts. Dieses macht eine Präferenzentscheidung zwischen der individuellen Freiheit als einem wesentlichen Bestandteil der gesellschaftlichen Wertordnung und dem gemeinwohlorientierten Allgemeininteresse als Voraussetzung sozial erträglicher Ergebnisse der gesamtwirtschaftlichen Wohlstandsverteilung notwendig und daraus resultierende Konfliktentscheidungen unverzichtbar. Diese Entscheidungen sind *Wertentscheidungen* im Rahmen der sachlichen Gegebenheiten und Möglichkeiten. Sachlogisch kann Bezugspunkt der speziellen wirtschaftsrechtlichen Regelungen nur die *Gesamtwirtschaft*[43] sein. In einem überwiegend marktwirtschaftlichen System bedürfen jedoch die gesamtwirtschaftlich bedingten Beschränkungen der individuellen Vertragsfreiheit stets einer im Wertsystem der

---

[41] SCHMIDT-RIMPLER, Grundfragen einer Erneuerung des Vertragsrechts, AcP 147 (1941) 130 ff. Unter "Richtigkeit" wird dabei verstanden, daß einerseits der Gerechtigkeit und andererseits der von der Rechtsgemeinschaft her zu beurteilenden Zweckmäßigkeit Rechnung getragen ist. Dazu insb BYDLINSKI, Privatautonomie und objektive Grundlagen des verpflichtenden Rechtsgeschäftes (1967) 62 ff.

[42] SCHMIDT-RIMPLER, AcP 147 (1941) 157 ff; BYDLINSKI, Privatautonomie 62 f.

[43] Insofern ist sowohl jenen Autoren zuzustimmen, die als konstitutives Begriffsmerkmal das gesamtwirtschaftliche Richtigkeitskriterium (SCHMIDT-RIMPLER, RITTNER, MAYER-MALY, BYDLINSKI) bzw den gesamtwirtschaftlichen Bezug (SCHWARK) hervorheben, als auch jenen, die Wirtschaftsrecht als Kritik des Privatrechts verstehen (so ASSMANN ua, Wirtschaftsrecht als Kritik des Privatrechts [1980]).

Gesamtrechtsordnung begründeten Legitimation, die insbesondere aus den in den Grund- und Freiheitsrechten der Verfassung zum Ausdruck kommenden Grundwertentscheidungen ableitbar sein muß.

* *Wirtschaftspolitische Steuerungsfunktion*

Schon aus den Ausführungen zum Regelungsgegenstand des Wirtschaftsrechts ergibt sich, daß einer seiner Hauptzwecke die Beeinflussung des Verhaltens der Wirtschaftssubjekte im Sinne der gesamtwirtschaftlichen Richtigkeit ist. Der Inhalt des Kriteriums der gesamtwirtschaftlichen Richtigkeit läßt sich, sofern man ihn nicht mit dem Ergebnis einer Selbststeuerung des Marktes gleichsetzt, nur aus den *Zielsetzungen* der *Wirtschaftspolitik* und den von dieser entwickelten *Steuerungsmaßnahmen* ermitteln. Im demokratischen Rechtsstaat muß, wie die Ökonomen W. A. JOHR und H. W. SINGER[44] betont haben, eine wirtschaftspolitische Maßnahme, damit sie Wirklichkeit werden kann, Bestandteil der Rechtsordnung werden. Die Rechtsordnung muß für die Durchführung dieser Maßnahmen bestimmte staatliche Organe vorsehen, bzw allenfalls schaffen. Diesen Organen muß die Durchführung der Maßnahmen als Rechtspflicht auferlegt werden. Den Wirtschaftssubjekten muß nicht nur das wirtschaftsrechtlich gesollte Verhalten als Rechtspflicht vorgeschrieben, sondern auch ermöglicht werden, sich gegen rechtswidrige Verfügungen mit rechtlichen Mitteln zu wehren. Diese enge Beziehung zwischen Wirtschaftspolitik und Wirtschaftsrecht setzt eine verständnisvolle Zusammenarbeit zwischen dem "Juristen in seiner Funktion als Rechtswahrer" und dem "Sozialökonomen in seiner Funktion als ökonomischer Sachwalter" voraus[45]. Da es bei der Verrechtlichung wirtschaftspolitischer Maßnahmen um mehr geht als um die "bloße Einkleidung" ökonomischer Gedanken "in die Form des Rechts", und da die Verrechtlichung sich vielmehr "auch auf den Inhalt" der letztlich verbindlichen Maßnahmen auswirkt[46], ist die interdisziplinäre Kooperation zwischen Wirtschaftspolitik und Jurisprudenz an wichtige Vorbedingungen gebunden. Diese Vorbedingungen sind nach H. GIERSCH "ökonomisches Sachverständnis beim Juristen und Gefühl für das Eigen-

---

[44] JOHR - SINGER, Die Nationalökonomie im Dienste der Wirtschaftspolitik (1955) 101 ff.

[45] GIERSCH, Allgemeine Wirtschaftspolitik - Grundlagen (1960) 341. Dem ausdrücklich zustimmend V. ARMIN, Volkswirtschaftspolitik - Eine Einführung³ (1980) 42; im selben Sinne auch JOHR - SINGER, Nationalökonomie 102.

[46] JOHR - SINGER, Nationalökonomie 102.

gewicht der rechtlichen Normen und Institutionen beim Sozialökonomen"[47]. Bei einer Kooperation unter diesen Vorbedingungen läßt die wechselseitige Ergänzung und Befruchtung der unterschiedlichen Denkweisen beider Disziplinen erwarten, daß die Maßnahmenvorschläge optimale Gestalt und Durchschlagskraft erhalten[48]. Wer längere Zeit in der praktischen Wirtschaftspolitik gearbeitet hat, wird diese Feststellungen kaum bestreiten. Dennoch bedürfen die damit angesprochenen Probleme einer näheren Differenzierung und kritischen Analyse, ob die vorerst allgemein formulierten Aussagen auch als theoretisch hinreichend begründet akzeptiert werden können[49].

Zunächst wieder einiges zur begrifflichen Klarstellung. Wirtschaftspolitik ist einmal ein Teilbereich der allgemeinen Politik[50]. Diese *praktische* Wirtschaftspolitik ist das Erfahrungsobjekt der *theoretischen Wirtschaftspolitik*[51], die wiederum ebenso wie die Volkswirtschaftstheorie, die Betriebswirtschaftslehre und die Finanzwissenschaft eine wirtschaftswissenschaftliche Teildisziplin ist[52]. Die theoretische Wirtschaftspolitik will klarstellen, wie der praktische Wirtschaftspolitiker handeln müßte, wenn er bestimmte wirtschaftspolitische Ziele optimal verwirklichen will. Um als angewandte Wissenschaft einen Beitrag zur Rationalisierung der praktischen Wirtschaftspolitik leisten zu können, muß sie versuchen, die in Betracht kommende wirtschaftliche Lage systematisch zu bestimmen, die voraussichtliche Entwicklung zu prognostizieren und die zur Zielrealisierung geeigneten Maßnahmen (Instrumente, Mittel) systematisch

---

[47] GIERSCH, Wirtschaftspolitik 341.

[48] V. ARMIN, Volkswirtschaftspolitik 42.

[49] Bemerkenswerte Beiträge davon enthalten vor allem die Berichte und Diskussionsbeiträge der 3. Arbeitstagung der Gesellschaft für Wirtschafts- und Sozialwissenschaften zum Thema "Das Verhältnis der Wirtschaftswissenschaft zur Rechtswissenschaft", welche vom 14. bis 16. Juni 1963 in Würzburg stattfand, und die im 1964 erschienenen Bd 33 der Schriften des Vereins für Sozialpolitik - Gesellschaft für Wirtschafts- und Sozialwissenschaften, Neue Folge 1 - 235, publiziert wurden. Ebenso erwähnenswert sind die Beiträge von RAISCH und K. SCHMIDT ("Rechtswissenschaft und Wirtschaftswissenschaften") und von KRUSSELBERG ("Wirtschaftswissenschaft und Rechtswissenschaft") in dem 1973 von D. GRIMM hrsg Sammelband "Rechtswissenschaft und Nachbarwissenschaften I" (143 - 167 und 168 - 192).

[50] GIERSCH, Wirtschaftspolitik 18 ff.

[51] PUTZ, Grundlagen der theoretischen Wirtschaftspolitik^4 (1979) 3.

[52] STREISSLER - STREISSLER, Grundzüge der Volkswirtschaftslehre für Juristen^2 (1986) 7. Die Wirtschaftsgeschichte ist eher als Teil der Geschichtswissenschaft anzusehen.

darzustellen und ihre Auswirkungen abzuschätzen[53]. H. OHM sieht die Hauptaufgabe der theoretischen Wirtschaftspolitik in der Klarstellung der Eignung der wirtschaftspolitischen Mittel zur Realisierung der wirtschaftspolitischen Ziele in qualitativer, zeitlicher und sonstiger Hinsicht. Die Methode hiezu ist die *teleologische Betrachtungsweise*, die im Prinzip eine Umkehrung der für die Volkswirtschafts- und Betriebswirtschaftslehre sowie für die Finanzwissenschaft typischen Kausal- bzw Funktionsanalyse darstellt. Die Aussagen darüber sind *Werturteile, Sollensaussagen*[54]. Die Diagnose der Lage des Wirtschaftspolitikers vor allem mit Hilfe der Nationalökonomie und der Wirtschaftsstatistik dagegen besteht aus *Seinsaussagen*. Beide Aussagearten sind für die Erzeugung und Anwendung des Wirtschaftsrechts im Hinblick auf seine wirtschaftspolitische Steuerungsfunktion relevant.

Daß ausreichende Informationen des Legisten über die Tatsachen des wirtschaftlichen Lebenssachverhaltes gerade für ein brauchbares Wirtschaftsrecht unverzichtbar sind, wurde bereits in den Anfängen des Wirtschaftsrechts immer wieder betont[55]. Wer nie einen Betrieb von innen gesehen und nie die Vorgänge auf einem Wochenmarkt aus eigenem Erleben kennengelernt hat, wird die Voraussetzungen und Folgen rechtlich geregelter wirtschaftspolitischer Maßnahmen kaum realistisch beurteilen können. Insofern sind möglichst exakte Seinsaussagen über die wirtschaftliche Lage und die daran anknüpfenden Sollensvorschläge des Wirtschaftspolitikers eine sachlogische Voraussetzung für operationale Tatbestandsformulierungen und Tatbestandsinterpretationen des Wirtschaftsjuristen. Der Wirtschaftsjurist darf allerdings die Sollensvorschläge des Wirtschaftspolitikers nicht ungeprüft übernehmen. Er muß bei den Werturteilen des Wirtschaftspolitikers unterscheiden, ob es sich um subjektive, normative, ontologische oder teleologische Werturteile handelt und beachten, daß nur teleologische Aussagen objektiv überprüfbar sind[56]. Er muß ferner prüfen, wie die Verrechtlichung der öko-

---

[53] PUTZ, Grundlagen 18 ff und 106 ff.
[54] OHM, Allgemeine Wirtschaftspolitik I⁴ (1972) 25 ff.
[55] So zB von EHRLICH, Grundlegung einer Soziologie des Rechts (1913) (Auflage 1925, Neudruck 1966), wo erstmals die Notwendigkeit einer Rechtstatsachenforschung theoretisch begründet wurde. Dazu REHBINDER, Die Begründung der Rechtssoziologie durch Eugen Ehrlich (1967). TETTINGER, Rechtsanwendung und gerichtliche Kontrolle im Wirtschaftsverwaltungsrecht (1980) 152, hält eine intensivierte Rechtstatsachenforschung für das Wirtschaftsrecht für unabdingbar. Siehe auch NUSSBAUM, Rechtstatsachenforschung (1968).
[56] OHM, Wirtschaftspolitik 28 ff.

nomischen Sollensvorschläge sich in die geltende Rechtsordnung einfügen würde, wobei auch nach dem Rang der berührten Rechtsvorschriften zu unterscheiden ist. Er hat insbesondere auf allfällige Widersprüche aufmerksam zu machen. bzw widerspruchsvermeidende Alternativen zu überlegen[57]. Analoges gilt sinngemäß für die Interpretation bei der Rechtsanwendung[58].

Zu einer für Rechtsetzung und Rechtsanwendung zureichenden Klarstellung der Ausgangslage gehören aber nicht nur wirtschaftliche Fakten ieS. Da wirtschaftpolitische Maßnahmen stets *Interessen* berühren und nur als Resultat eines sachgerechten *Interessenausgleichs* konzipierte legistische Vorschläge eine echte Chance zur wirksamen wirtschaftspolitischen Steuerung ohne unerwünschte Friktionen haben, ist eine Feststellung der Interessenlage der Betroffenen etwa im Wege eines *Begutachtungsverfahrens*[59] und eine *Mitwirkung von Interessenvertretern* beim Gesetzesvollzug wie zB in entsprechenden *Beiräten*[60] gerade im Wirtschaftsrecht zur Vermeidung unüberwindbarer Spannungen zwischen Sein und Sollen von besonderer Bedeutung.

Angesichts der existentiellen Gebundenheit des Rechts an die *Sprache*[61] als *Sinnvermittlungsmedium*[62] zwischen Rechtsetzung und Rechtsanwendung bedarf es im Hinblick auf die wirtschaftspolitische Steuerungsfunktion des Wirtschaftsrechts noch einer kurzen methodologischen Klarstellung der Besonderheit seiner Begriffsbildung[63]. Diese Besonderheit liegt darin, daß in die wirtschaftsrechtlichen Normtatbestände viel-

---

[57] V. ARNIM, Volkswirtschaftspolitik 42.
[58] Siehe insbesondere TETTINGER, Rechtsanwendung 173 ff.
[59] KORINEK, Wirtschaftliche Selbstverwaltung (1970) 114 ff.
[60] KORINEK, Beiräte in der Verwaltung, in: Ermacora ua (Hrsg), Allgemeines Verwaltungsrecht (1979) 463 ff.
[61] Näheres dazu HENKEL, Einfuhrung 46 ff; FORSTHOFF, Recht und Sprache (1940); HATZ, Rechtssprache und juristischer Begriff (1963); HAFT, Recht und Sprache, in: Kaufmann - Hassemer (Hrsg), Einfuhrung in die Rechtsphilosophie und Rechtstheorie der Gegenwart (1977) 112.
[62] Vgl REHFELDT, Einfuhrung in die Rechtswissenschaft (1962) 10.
[63] REHFELDT, Einfuhrung 10 f: "... ohne Sprache gäbe es kein begriffliches Denken. Begriffliches Denken ist ein stummes Sprechen und Begriffsbildung und Wortbildung gehen Hand in Hand ... Zusammenfassend mussen wir aber feststellen, daß Menschentum und begriffliches Denken, Gemeinschaft und tradierte Verhaltensnormen einander wechselseitig bedingen. Fiele eines dieser Glieder aus, so fielen alle und keines von ihnen kann ohne diese Bedingtheit durch alle anderen eigentlich verstanden werden. Folglich auch nicht das Recht als ein Komplex tradierter Verhaltensnormen".

fach wirtschaftswissenschaftliche Begriffe aufgenommen werden, die typischerweise nach anderen Kriterien gebildet werden als Rechtsbegriffe in anderen Rechtsgebieten oder die Begriffe der Alltagssprache. Die Übernahme wirtschaftswissenschaftlicher Begriffe in Rechtstexte[64] hat ihre Ursache darin, daß die begriffliche Erfassung und sprachliche Präzisierung[65] rechtlich zu regelnder komplizierter wirtschaftlicher Lebenssachverhalte wissenschaftstheoretisch einwandfrei im Regelfall nur durch die Wirtschaftswissenschaften erfolgen kann[66].

Ihrer inhaltlichen Struktur nach sind Begriffe wie "gesamtwirtschaftliches Gleichgewicht" (Art 13 Abs 2 B-VG, § 2 BHG); "außenwirtschaftliches Gleichgewicht", "stabiler Geldwert" (§ 2 Abs 2 BHG); "marktkonformes Verhalten", "volkswirtschaftlich gerechtfertigt" (KartG, PreisG); "fortschreitende Entwicklung der österreichischen Volkswirtschaft" (LandwirtschaftsG); "Zahlungsausgleich mit dem Ausland", "Kaufkraft des Geldes im Inland" (NationalbankG) aus der Sicht des Juristen nur sog unbestimmte Rechtsbegriffe. Mit L. FRÖHLER und P. OBERNDORFER ist dem VwGH auch zuzustimmen, daß der objektive Sinn solcher Begriffe durch Bezugnahme auf "Maßstäbe und Wertvorstellungen zu ermitteln ist, welche sich in bestimmten Lebens- und Sachbereichen her-

---

[64] Näheres dazu: RINCK, Wirtschaftswissenchaftliche Begriffe in Rechtsnormen, in: "Recht im Wandel", FS 150 Jahre C. Heymanns Verlag (1965) 361; WENGER, Unternehmung 209 ff mwN; ZUCK, Wirtschaftsverfassung und Stabilitätsgesetz (1975) 105 ff; TETTINGER, Rechtsanwendung 144 ff.

[65] HAFT, in: Kaufmann - Hassemer 117 f, fordert mit guten Argumenten eine "juristische Begriffsverwendungslehre", die der am Verstehen orientierten Auslegungslehre gleichberechtigt an die Seite gestellt werden könnte. Sie wäre überall da zu Rate zu ziehen, wo die Kategorie des Verstehens obsolet wird, weil der Erfahrungshorizont des Autors Gesetzgeber verlassen ist und der Richter nichts als ein Stück Sprache in der Hand hält. Aufgabe einer solchen juristischen Begriffsverwendungslehre wäre es, jene sprachlichen "Vor-Normen" aufzudecken, die dem "Vor-Verständnis" des Interpreten mit Notwendigkeit zugrundeliegen. Ehe man einen Text verstehen kann, muß man ja die Sprache handhaben können, aus der er gebildet worden ist. Daß dies regelmäßig intuitiv geschieht, hindert nicht daran, hier, speziell für den juristischen Zweck, die zu beachtenden Prinzipien explizit zu machen.

[66] Die moderne Wissenschaftstheorie sieht in der Begriffsbildung nicht mehr einen isolierten Einzelprozeß, der unabhängig von erkenntnis- und wissenschaftstheoretischen Bedingungen vollzogen werden kann. Da Begriffe nicht nur Ordnungs- und Abgrenzungs-, sondern auch Aussagefunktion haben, ist die einzelwissenschaftliche Begriffsbildung nur verständlich, wenn man sie im Zusammenhang mit der Problematik des Aufbaus und der Struktur wissenschaftlicher Hypothesen und Theorien sieht. Die Entwicklung solcher Hypothesen und Theorien zur wissenschaftlichen Erfassung und Erklärung wirtschaftlicher Lebenssachverhalte ist unbestritten Sache der Wirtschaftswissenschaften. Vgl WENGER, Unternehmung 210.

ausgebildet haben"[67]. Fraglich ist allerdings, ob der Wirtschaftsjurist die hiezu in den Wirtschaftswissenschaften entwickelten, zT voneinander abweichenden Begriffsbestimmungen ohne nähere Prüfung in den ihnen von einem bestimmten Wirtschaftswissenschaftler zugemessenen Bedeutungsgehalt übernehmen darf. Nach heute herrschender Ansicht ist das schon wegen der unterschiedlichen Erkenntnisinteressen der Rechtswissenschaft und der Wirtschaftswissenschaft nicht der Fall. Der Jurist muß zwar das wirtschaftswissenschaftliche Hintergrundverständnis solcher Begriffe sorgfältig ermitteln, er muß aber auch ökonomische Werturteile als solche feststellen sowie allfällig versteckte ökonomische Werturteile offenlegen, diese Werturteile auf ihre Vereinbarkeit mit dem Wertsystem des geltenden Rechts prüfen und innerhalb des so ermittelten Rahmens jene Begriffsbedeutung auswählen, die den tragenden wirtschaftsrechtlichen Normen der Verfassung (ds insbesondere die Grundrechte des Wirtschaftslebens) inhaltlich am ehesten adäquat und im Interesse der Rechtssicherheit am besten rechtlich faßbar und meßbar ist[68]. Nur bei einer derart differenzierten Vorgangsweise ist auch zu erwarten, daß das Wirtschaftsrecht seiner wirtschaftspolitischen Steuerungsfunktion in einer Weise gerecht wird, die sowohl den sachlogischen Vorgegebenheiten als auch den ihm als Teil der Rechtsordnung aufgegebenen Anforderungen der Rechtsidee und des Gemeinwohls zureichend entspricht. Daraus folgt, daß zufriedenstellende konkrete Lösungen des Problems sowohl bei der Begriffsbildung vom Rechtserzeuger als auch bei der Interpretation solcher Begriffe vom Rechtsanwender stets von Fall zu Fall neu gesucht werden müssen[69].

---

[67] FROHLER - OBERNDORFER, Das Wirtschaftsrecht als Instrument der Wirtschaftspolitik (1969) 198 unter Bezugnahme auf VwSlg 2765 A/1952 und 6297 A/1964.

[68] ZUCK, Wirtschaftsverfassung, 111; dem zustimmend TETTINGER, Rechtsanwendung 157, 170.

[69] RAISCH - SCHMIDT, Rechtswissenschaft 167, fuhren die Notwendigkeit, "über die Brauchbarkeit und Verbindlichkeit wirtschaftswissenschaftlicher Erkenntnis für jeden zu vollziehenden Rechtssetzungs- oder Rechtsprechungsakt neu zu entscheiden", auf die Kompliziertheit des zu bewältigenden Stoffes und die methodischen Verschränkungen der beiden Wissenschaftsbereiche zurück.

* *Begrenzung der Zulässigkeit von Bindungen der Wirtschaftssubjekte im Wege wirtschaftsrechtlicher Regelungen zwecks grundsätzlicher Aufrechterhaltung der Wirtschaftsfreiheit*

Im Verfassungs- und Rechtsstaat der Gegenwart ist die Rechtsordnung ein stufenförmig gegliedertes axiologisch-teleologisches System[70]. Rechtsvorschriften im Verfassungsrang haben allgemeinere Inhalte, können nur unter qualifizierten Bedingungen erzeugt, abgeändert und aufgehoben werden; sie haben daher eine höhere Bestandskraft als einfachgesetzliche Regelungen und diese wieder eine höhere als Verordnungen und Individualakte. Dieselbe *Rangstruktur* müssen logischerweise auch die jeweils in den Rechtsvorschriften *positivierten Wertungen* aufweisen. Aus dem Systemcharakter der Rechtsordnung ergibt sich zwingend, daß positivierte Wertungen niedrigerrangigen Rechts mit denen höherrangigen Rechts nicht in Widerspruch stehen dürfen. Das Gesetzes-, Verordnungs- und Bescheidaufhebungsrecht der *Verfassungsgerichtsbarkeit* soll *institutionell* die Vermeidung solcher Widersprüche gewährleisten, bzw dennoch vorhandene beseitigen. Wirtschaftsrechtliche Bindungen werden in Österreich grundsätzlich in einfachen Gesetzen und Verordnungen generell-abstrakt normiert und in individuell-konkreten Verwaltungsakten und in richterlichen Urteilen und Beschlüssen konkretisiert.

Die *wirtschaftlichen Grundrechte der österreichischen Verfassung* stehen zwar durchwegs unter *Gesetzesvorbehalt*, dessen die längste Zeit herrschendes rein formales Verständnis der Normierung von freiheitsbeschränkenden Bindungen durch den einfachen Wirtschaftsrechtsgesetzgeber in rechtsinhaltlicher Hinsicht praktisch kaum wirksame Grenzen setzte[71]. Seit jedoch der Verfassungsgerichtshof - nicht zuletzt unter dem Einfluß der in Österreich in Verfassungsrang stehenden EMRK - zu einem *rechtsinhaltlichen Verständnis der Grundrechte und ihrer Gesetzesvorbehalte* übergegangen ist, hat sich das grundlegend geändert. Ohne daß hier im einzelnen auf diese neuere Judikatur eingegangen werden

---

[70] Zur erkenntnistheoretischen Grundlegung vor allem KRAFT, Die Grundlagen einer wissenschaftlichen Wertlehre (1951); daran anknüpfend BYDLINSKI, Juristische Methodenlehre und Rechtsbegriff (1982) 217 ff; WENGER, Unternehmung 184 ff.

[71] Zur grundsätzlichen Kritik siehe KORINEK, Das Grundrecht der Freiheit der Erwerbsbetätigung als Schranke für die Wirtschaftslenkung, in: Wenger-FS (1983) 243 ff.

kann[72], läßt sich feststellen, daß dieser zufolge einfachgesetzliche Beschränkungen der *in ihrem Wesensgehalt garantierten Freiheit wirtschaftlicher Betätigung* nur noch deren nähere Ausführung regeln dürfen. Eingriffsgesetze dürfen den Wesensgehalt des Grundrechts und die sonstigen Vorschriften der Bundesverfassung nicht verletzen. Die Eingriffsgesetze müssen *durch das öffentliche Interesse* geboten und auch sonst *sachlich zu rechtfertigen sein*. Der Eingriff muß ein an sich *taugliches und auch adäquates Mittel sein*, die Gefährdung öffentlicher Interessen hintanzuhalten. Die *Wirkungen* eines Eingriffsgesetzes auf die Erwerbsfreiheit sind *nicht nur rechtlich, sondern auch in ihrer tatsächlichen und vor allem wirtschaftlichen Bedeutung* zu beurteilen. Bei Beschränkungen der Ausübung einer bereits angetretenen Erwerbstätigkeit steht jedoch dem Gesetzgeber ein größerer rechtspolitischer Gestaltungsspielraum offen als bei Regelungen, die den Zugang zu einem Beruf (den Erwerbsantritt) beschränken, weil und insoweit durch solche die Ausübung einer Erwerbstätigkeit regelnde Vorschriften der Eingriff in die verfassungsgesetzlich geschützte Rechtssphäre weniger gravierend ist als durch Vorschriften, die den Zugang zum Beruf überhaupt behindern.

Mit dieser Judikatur hat der VfGH nicht nur die wertbezogene Rechtsinhaltsbetrachtung im Wirtschaftsrecht und die begrenzende Bindung rangniedrigerer Wertsetzungen an ranghöhere Werte anerkannt. Er hat auch aus der *unlöslichen Verbindung von Sein und Sollen* im positiven Recht die *praktischen Schlüsse* gezogen und damit der vom Jubilar[73] gegen den Widerstand der seinerzeit herrschenden Meinung in akribischer Arbeit erarbeiteten und mit unbeirrter Konsequenz vertretenen rechtstheoretischen Einsicht in die sachlogische Struktur des Rechts zum Durchbruch verholfen.

* *Spezifische Konsequenzen aus den Wertungsmaßstäben der Rechtsidee und aus dem sozialen Ideal "Gemeinwohl" für das Wirtschaftsrecht*

Wie bereits oben[74] dargelegt, ergeben sich für das Wirtschaftsrecht zufolge seiner unbestrittenen Eigenschaft als Teil der Gesamtrechtsord-

---

[72] Eine zusammenfassende Wurdigung dieser Judikatur enthält der Beitrag von BINDER, Der materielle Gesetzesvorbehalt der Erwerbsfreiheit (Art 6 StGG) - Überlegungen zur neuen Judikatur des VfGH, OZW 1988, 1.

[73] Siehe dazu vor allem WINKLERS Thesen in "Sein und Sollen" (Rechtstheorie 1979/3, 279).

[74] Siehe Seite 128.

nung selbstverständlich auch rechtsinhaltliche Konsequenzen aus der für das Recht schlechthin notwendig gebotenen Orientierung an der *Rechtsidee* und am *Gemeinwohl*[75]. Prüft man, ob diesbezüglich am Wirtschaftsrecht gegenüber anderen Rechtsgebieten disziplinspezifische Besonderheiten feststellbar sind, so zeigt sich, daß dies in einigen Punkten offenbar der Fall ist. Diese Besonderheiten treten zwar in den einzelnen Teilen des Wirtschaftsrechts in unterschiedlicher Anzahl und Intensität, aber immerhin doch mit einer Deutlichkeit in Erscheinung, die es rechtfertigt, sie zu einem Typusmerkmal des Wirtschaftsrechts zusammenzufassen. Bei diesen aus dem werthaltigen Rechtsbegriff und aus dem Gemeinwohlideal abgeleiteten Wertungsmaßstäben handelt es sich zwar nicht um ausdrücklich rechtlich positivierte Sollensinhalte[76] wie bei den Grundrechten oder um aus den spezifisch rechtlichen Vorgegebenheiten sachbedingt folgende inhaltliche Determinanten. Sie stellen aber in der sozialen Wirklichkeit besonders relevante Wertungen dar[77], deren Berücksichtigung in der Rechtserzeugung und Rechtsanwendung zwar disziplin-, problem- und fallbedingte Unterschiede aufweisen kann, deren Nachweislichkeit aber nichtsdestoweniger für die Rechtsqualität des betreffenden Rechtsbereichs konstitutiv ist[78].

Hinsichtlich der Elemente der *Rechtsidee* zeigt sich die angedeutete Problematik im Wirtschaftsrecht besonders an den Prinzipien der *Rechtssicherheit* und der *Gerechtigkeit*. Nicht zufällig geht die in dem im Staatsverlag der DDR erschienenen "Lexikon der Wirtschaft - Wirtschaftsrecht" enthaltene Begriffsbestimmung des Wirtschaftsrechts ("Rechtszweig, der die Leistung und Durchführung der innerstaatlichen Wirtschaftstätigkeit durch die staats- und wirtschaftsleitenden Organe, Kombinate, Betriebe und sonstigen Organisationen zu regeln hat")[79] auf

---

[75] BYDLINSKI, Methodenlehre 290 ff; HENKEL, Einführung 365 ff.

[76] Bezüglich der Rechtsidee BYDLINSKI, Methodenlehre 294 ("Zur Ergänzung des positiven Rechts benötigte Größen") und 307 ("Zum gesuchten umfassenden, werthaltigen Rechtsbegriff kann man ... *neben* dem positiven Recht, das den leitenden, rechtskritischen Wertmaßstäben standhalt, *auch* diese Maßstäbe selbst rechnen"). Dasselbe ist hinsichtlich des Gemeinwohls festzustellen, wie insb HENKEL, Einführung 365 ff und v. ARNIM, Gemeinwohl und Gruppeninteressen (1977) 5 ff, 212 ff, überzeugend dartun.

[77] BYDLINSKI (Methodenlehre 17 FN 36) geht auf die Gemeinwohlidee nicht näher ein und laßt in einer Anmerkung seine Skepsis gegenüber Ruckgriffsmoglichkeiten auf Gemeinwohlvorstellungen erkennen, die mE nicht überzeugend begründet ist.

[78] Dazu vor allem HENKEL, Einführung 299 ff.

[79] Lexikon der Wirtschaft - Wirtschaftsrecht, hrsg V GORNER ua, Gesamtredaktion Such (1978) 7 (im Vorwort der Hrsg); vgl auch das ebenfalls im Staatsverlag der DDR

diese Problematik ebensowenig ein wie auf eine Grenzziehung durch Grundrechte, obwohl sich solche formal auch in der DDR-Verfassung finden[80]. Reale Existenz und damit nachweisbare Auswirkungen auf das Wirtschaftsrecht können eben die genannten vorrechtlichen Wertungsmaßstäbe nur in einer Gesellschaft haben, in der über die Grundwerte einer freiheitlich-rechtsstaatlichen Demokratie - bei aller sonstigen Meinungspluralität - wenigstens qualifizierte partielle Übereinstimmung herrscht[81]. Der der Rechtsidee immanente Wertungsmaßstab der allgemeinen Zweckmäßigkeit verlangt vom Gesetzgeber vor allem, daß er das Praktikabilitätskriterium beachtet. Schafft er zu komplizierte wirklichkeitsfremde Verhaltensnormen oder verlangt er mehr oder weniger Unzumutbares, so bleiben Rechtsnormen in der Praxis regelmäßig undurchführbar. Die Erfahrungen mit manchen Bewirtschaftungsvorschriften der Kriegs- und Nachkriegszeit haben dies hinreichend bestätigt. In Zweifelsfällen wird, wie BYDLINSKI[82] betont, "die bei praktisch undurchführbaren Gesetzen alsbald einsetzende desuetudo klärend wirken".

Besondere Probleme für das Wirtschaftsrecht birgt der präpositive Wertungsmaßstab der *Rechtssicherheit*. Zwar hat man zum Unterschied von den Anfängen des Wirtschaftsrechts inzwischen erkannt, daß praktisch unbegrenzte *Ermächtigungsklauseln*[83] und *Ermessensbestimmungen* keineswegs eine sachnotwendige Konsequenz aus der Dynamik des Regelungsgegenstandes sind. Aber auch die Festsetzung konkretisierter Anwendungsbedingungen und Einzelziele unter Rückgriff auf wirtschaftswissenschaftliche Erkenntnisse erhöht die Orientierungsfunktion[84] wirtschaftsrechtlicher Vorschriften für die disponierenden Wirtschaftssubjekte oft nur auf ein gerade noch akzeptables Mindestmaß. Keines-

---

erschienene Wirtschaftsrecht - Lehrbuch (1955) v HEUER und einem Autorenkollektiv 35 ff.

[80] Verfassung der DDR v 6. 4. 1968, GBl der DDR Teil I Nr 8 v 9. 4. 1968, 199, Kap 1: Grundrechte und Grundpflichten der Burger (Art 19 - 40).

[81] Vgl ZIPPELIUS, Das Wesen des Rechts - Eine Einführung in die Rechtsphilosophie³ (1973) 109 ff.

[82] BYDLINSKI, Methodenlehre 333.

[83] Klassische Beispiele in Österreich waren die KaisV v 10. 10. 1914, RGBl 274, mit welcher die Regierung ermächtigt wurde, aus Anlaß der durch den Kriegszustand verursachten außerordentlichen Verhältnisse die notwendigen Verfügungen auf wirtschaftlichem Gebiet zu treffen, und das formal erst 1946 (BGBl 143) aufgehobene Kriegswirtschaftliche Ermächtigungsgesetz, RGBl 1917/307. Siehe auch KRAUSE, Wirtschaftslenkung und Ermächtigungsstil, in: Hueck-FS (1959) 413.

[84] Vgl ZIPPELIUS, Wesen 125 ff.

falls aber genügt es den Anforderungen des Maßstabes der Rechtssicherheit, wenn die *Zuerkennung von Subventionen* und die *Vergabe öffentlicher Aufträge* nur in verwaltungsinternen Richtlinien geregelt sind, deren Einzelheiten mangels allgemein zugänglicher Publikation von vielen Interessenten erst mühsam und oft zu spät oder gar nicht feststellbar sind. Dieser Informationsmangel wird durch die fehlende Außenwirkung solcher Richtlinien noch potenziert, die es den zuständigen Verwaltungsorganen möglich macht, in Einzelfällen von den Richtlinien teilweise oder zur Gänze abzugehen. Statutargesetzliche Regelungen, wie sie in den letzten Jahrzehnten für Teilbereiche vor allem des Subventionswesens getroffen wurden, können zwar keine Rechtsansprüche gegenüber Dritten begründen, wohl aber hinreichende Publizität und rechtliche Bindung der zuständigen Verwaltungsorgane gewährleisten. Hier hat die Rechtspolitik noch eine wichtige Aufgabe zu erfüllen, deren Realisierung derzeit nur zu oft noch durch massive Gruppeninteressen sowohl von bestimmten Wirtschaftssubjekten als auch von bestimmten Politikern und Bürokraten verhindert wird. Bleibt als weiteres Problem die *Kurzlebigkeit zahlreicher wirtschaftsrechtlicher Vorschriften* und ihre oftmalige Änderung, die tatsächlich durch die Dynamik des Wirtschaftslebens zumindest teilweise mitbedingt ist. Hier handelt es sich um gegenstandsbedingte Spannungen zwischen rechtlichen Sollensinhalten und Seinsgegebenheiten, die durch eine weise Beschränkung des Gesetzgebers auf notwendige Grundsatzregelungen einerseits und sachkundige und funktionsbezogene Rechtsanwendung andererseits wohl auch nur bis zu einem erträglichen Maß gemildert werden können. Die von manchen Autoren[85] geforderte *"dynamische Sicht" des Wirtschaftsrechts* steht hier noch vor ihrer Bewährungsprobe. Im Wirtschaftsrecht harren noch zahlreiche Probleme einer Lösung. Den Ansprüchen der Gerechtigkeit als dem dritten Element der werthaften Rechtsidee, die nach SCHMIDT-RIMPLER im Recht und damit auch im Wirtschaftsrecht immer Vorrang

---

[85] Nach HOPT (Rechtssoziologische und rechtsinformatorische Aspekte im Wirtschaftsrecht, BB 1972, 1019) muß Wirtschaftsrecht als "Prozeß" verstanden werden, "der normativ dem faktischen Wandlungsprozeß entspricht". Das bedeute "eine Absage an die herkömmliche statische Betrachtung des Wirtschaftsrechts als bereits in Kraft gesetzter und noch nicht aufgehobener Ordnungs- oder Koordinationsnormen". Ähnlich meint STEINDORFF (Einführung in das Wirtschaftsrecht der BRD [1977] Vorwort), Wirtschaftsrecht bedeute ständiges Bemühen um verbesserte Steuerung und Ordnung der Wirtschaft und sei deshalb selbst nur als Prozeß erfaßbar. Diesen beiden Autoren folgend SCHUHMACHER, Verbraucher und Recht in historischer Sicht (1981) 7 f.

hat[86], entspricht wohl am ehesten ihre Ausformung als *austeilende Gerechtigkeit* (justitia distributiva). Diese ist auch der Funktion des Wirtschaftsrechts am ehesten adäquat. Als objektives Sinnprinzip fordert sie, daß "die rechtliche Zuteilung der Vorteile und Lasten die Menschen bei gleicher Betroffenheit ihrer gleich fundamentalen Interessen gleich erfolgt, im übrigen aber auf Grund einer 'Würdigkeitsbeurteilung', die sich konsequent ohne willkürliches Schwanken an solchen Kriterien orientiert, die mit der jeweiligen Regelungsmaterie und den jeweiligen Regelungszwecken in einem einsichtigen Zusammenhang stehen"[87].

Daß der Gesetzgeber den Prinzipien der Rechtsidee nicht in gleicher Intensität und nicht ohne Spannungen, Widersprüche und Gegensätze Rechnung tragen kann, erklärt sich nach HENKEL aus der Polarität der Rechtsidee[88], läßt aber dennoch deren umfassende Einheit unzerstört. Die richtige Gewichtsverteilung zwischen ihren trotz unterschiedlicher Ausprägung einander Ergänzung und Ausgleich fordernden Wirkungsmomenten zu finden, gehöre zur nicht mehr regulierbaren Kunst der Gesetzgebung und Rechtsanwendung. Die Akzente zwischen den verschiedenen Tendenzen würden dabei weitgehend durch die sachlichen Bedingungen und Bedürfnisse der Regelungsmaterie und der Regelungsmethode gesetzt, aber auch durch einen außerrechtlichen "letzten" Wert mitbestimmt. Dieser letzte Wert ist das soziale Leitbild *"Gemeinwohl"*[89]. Dieses verlangt das "Zustandebringen eines ausgeglichenen Verhältnisses zwischen dem Allgemeininteresse und den Einzelinteressen", wobei die auseinanderstrebenden Einzelinteressen zwar an das Allgemeininteresse gebunden werden, aber doch so, daß bei dieser "Eingliederung des Einzelwohls in das Gesamtgefüge" auch sichergestellt wird, daß "jeder seinen verhältnismäßigen Anteil an dem aus der gesellschaftlichen Kooperation sich ergebenden Bestand an materiellen, geistigen und sonstigen Gütern erhält"[90].

W. SCHMIDT-RIMPLER hat aus der Verbindung der aus der werthaften Rechtsidee folgenden sozialen Wertungsmaßstäbe mit der Orientierung am *Gemeinwohl als sozialem Ideal* den obersten Wertungsgrundsatz des Wirtschaftsrechts, der letztlich dessen Stellung als eigenständiges Sy-

---

[86] SCHMIDT-RIMPLER, HdSW 12 (1965) 690.
[87] BYDLINSKI, Methodenlehre 345.
[88] HENKEL, Einführung 349.
[89] HENKEL, Einführung 350.
[90] HENKEL, Einführung 374.

stemglied im Rechtssystem rechtfertigt, die disziplinspezifische Orientierung am *Wertungsgrundsatz der gesamtwirtschaftlichen Richtigkeit* abgeleitet[91]. Das Wirtschaftsrecht geht bei der ihm aufgegebenen richtigen Gestaltung des Wirtschaftslebens nicht von einer Betrachtung und Wertung der isolierten Beziehungen der einzelnen am konkreten Wirtschaftsprozeß beteiligten Wirtschaftssubjekte aus wie etwa das bürgerliche Recht und das Handelsrecht. Es wertet vielmehr das Verhalten des einzelnen unter dem Gesichtspunkt seiner Auswirkung auf die Gesamtwirtschaft und der Rückwirkung der Gesamtwirtschaft auf die Stellung des einzelnen, es will das Ganze der wirtschaftlichen Beziehungen nach dem Ergebnis dieser Wertung richtig gestalten. Es geht ferner davon aus, daß für eine gesamtwirtschaftlich richtige Gestaltung des Wirtschaftslebens grundsätzlich *zwei rechtliche Wege* offen stehen, nämlich die *rechtlich geordnete Selbstbestimmung* des Verhaltens der Wirtschaftssubjekte bei funktionsfähigem Wettbewerb und Beseitigung von Machtungleichgewichten zwischen den Beteiligten einerseits und die hoheitliche Bestimmung des wirtschaftlichen Verhaltens durch den Staat andererseits.

Stellt die begriffliche Bestimmung des Wirtschaftsrechts, wie dies häufig geschieht, "allein auf das Moment der hoheitlich gelenkten oder organisierten Wirtschaft ab, so wird damit das Wirtschaftsrecht einseitig auf die hoheitliche Ordnungsform beschränkt und die Selbstbestimmungsordnung als Faktor der gesamtwirtschaftlichen Gestaltung zu Unrecht ausgeschaltet"[92]. Der gesamtwirtschaftliche Richtigkeitsgedanke des Wirtschaftsrechts kann außer durch hoheitliche Verhaltensnormierungen auch dadurch verwirklicht werden, daß man zur *Sicherung eines funktionsfähigen Wettbewerbs* als Ausgleichsregulator ungleicher Marktmachtpositionen (KartG, UWG) oder zum *Ausgleich situationsbedingter Schwächen bestimmter Vertragspartner*, insbesondere der Konsumenten (KSchG), in *die einschlägigen privatrechtlichen Regelungen zwingende Bestimmungen einbaut*, deren Verletzung vom Benachteiligten *gerichtlich* geltend gemacht werden kann. Aus dieser Wahlmöglichkeit zwischen zwei rechtstechnischen Möglichkeiten zur Durchsetzung des gesamtwirtschaftlichen Richtigkeitsgedankens erklärt sich ohne besondere Schwierigkeiten die *Verzahnung* und *Gemengelage* von öffentlichem Recht und

---

[91] SCHMIDT-RIMPLER, HdSW 12 (1965) 690; TETTINGER, Rechtsanwendung 119 f.
[92] SCHMIDT-RIMPLER, HdSW 12 (1965) 693.

Privatrecht[93], wie sie ähnlich auch im Arbeitsrecht feststellbar ist. Dieses bezieht sich aber zum Unterschied vom Wirtschaftsrecht nicht auf das gesamte Wirtschaftsleben, sondern nur auf die Rechtsbeziehungen zwischen Dienstgebern und Dienstnehmern einschließlich der Mitwirkung ihrer Interessenverbände bei der Gestaltung dieser Beziehungen. F. RITTNER[94] hat in bezug auf die begriffliche Abgrenzung des Wirtschaftsrechts von anderen herkömmlich als selbständige Systemglieder des Rechtssystems angesehenen Rechtsgebieten darauf hingewiesen, daß fast alle Rechtssätze und -institute des Wirtschaftsrechts auch in anderen Systemzusammenhängen eine Rolle spielen. Dies sei etwa im Verwaltungsrecht, im Verfassungsrecht, im Vertragsrecht, im Gesellschaftsrecht oder im Bergrecht der Fall. Im Wirtschaftsrecht würden sie aber allein unter dem gesamtwirtschaftlichen Richtigkeitsgedanken gesehen, während dort die (spezifischen) Wertungen *dieser* Rechtsgebiete im Vordergrund stünden.

Als Ergebnis der vorstehenden Analyse kann fürs erste festgestellt werden, daß sich mit Hilfe einer gegenstandsadäquaten Rechtsinhaltsbetrachtung ein relativ neues Rechtsgebiet theoretisch durchaus operational und praktisch brauchbar bestimmen und von anderen Rechtsgebieten abgrenzen läßt. Dies gilt unbeschadet des Umstandes, daß in der Praxis vor allem im Lehrbetrieb aus rein pragmatischen Überlegungen die theoretisch erarbeitete Begriffsabgrenzung nicht immer konsequent durchgeführt wird[95].

Zum zweiten hat sich gezeigt, daß die dem Gesetzgeber und dem Rechtsanwender in einem konkreten Gebiet des positiven Rechts zur Lösung aufgegebenen Rechtsprobleme sich nur unter folgenden Voraussetzungen zufriedenstellend lösen lassen:

* Die rechtlich relevanten Wertungen sind in ihrer Beziehung und Abhängigkeit zu den aus dem Regelungsgegenstand ableitbaren Seinsaussagen offenzulegen und kritisch zu hinterfragen;

---

[93] SCHMIDT-RIMPLER, HdSW 12 (1965) 694. Im selben Sinne auch MAYER-MALY, Rechtswissenschaft² (1981) 137, und BYDLINSKI, Arbeitsrechtskodifikation und allgemeines Zivilrecht (1969) 12.

[94] RITTNER, Wirtschaftsrecht 15.

[95] Für die Berücksichtigung auch pragmatischer Gesichtspunkte wie zB des Systems bestehender Fachgebietsgrenzen oder der didaktischen Ergiebigkeit der Gegenstandsabgrenzung spricht sich ua auch FUNK, in: Frohler-FS (1980) 314, aus.

* innerhalb der rechtlich relevanten Wertungen ist zwischen rechtlich nicht positivierten und rechtlich positivierten Wertungen, innerhalb dieser zwischen höherrangigen und niedrigerrangigen zu unterscheiden und ihre Beziehung und Abhängigkeit aufzudecken;

* die aus den Seinsgegebenheiten und den maßgeblichen Wertungen ableitbaren Lösungsmöglichkeiten sind auf ihre Auswirkungen auf den Regelungsbereich als Teil der sozialen Wirklichkeit zu untersuchen;

* die aus den dabei zutage tretenden Spannungsverhältnissen zwischen Sein und Sollen einerseits und den Sollensinhalten untereinander andererseits sich ergebenden Unklarheiten und Lücken sind allenfalls unter Zuhilfenahme der in Betracht kommenden Seinswissenschaften zu konkretisieren und zu präzisieren;

* von den nach diesen Denkoperationen noch verbliebenen Lösungsmöglichkeiten ist jener der Vorzug zu geben, die einem ausgewogenen Verhältnis der Elemente der Rechtsidee in Verbindung mit dem Gemeinwohlideal am ehesten entspricht.

Bernhard Raschauer

Wirtschaftliche Zumutbarkeit

I.

Die "wirtschaftliche Zumutbarkeit" stellt sich in mehreren Zusammenhängen als eine inhaltliche Schranke öffentlicher Lasten dar. Zum einen tritt die "wirtschaftliche Zumutbarkeit" oder die "wirtschaftliche Vertretbarkeit" damit neben die "Unmöglichkeit" oder die "tatsächliche Undurchführbarkeit" als eine Grenze *gesetzlicher Leistungspflichten*. Gleichwohl bestehen Unterschiede. Die Grenze der Unmöglichkeit ist im positiven Recht zwar nur vereinzelt ausdrücklich angesprochen[1]; diese Regelungen können jedoch mit gutem Grund als besondere Ausprägungen eines allgemeinen Rechtsgrundsatzes verstanden werden. Im Sinn des althergebrachten ultra posse nemo tenetur werden in Wahrheit Leistungspflichten aller Art limitiert. Dementsprechend findet die "Unmöglichkeit" als Leistungsgrenze in der Rechtsanwendung zu Recht auch dort Berücksichtigung, wo eine ausdrückliche gesetzliche Bezugnahme nicht gegeben ist[2].

Demgegenüber ist die Schranke der "wirtschaftlichen Zumutbarkeit" nicht in gleicher Weise verallgemeinerungsfähig. Öffentlich-rechtliche Leistungspflichten werden im allgemeinen[3] nur dann und insoweit durch Gesichtspunkte der wirtschaftlichen Zumutbarkeit begrenzt, als dies gesetzlich ausdrücklich vorgesehen ist. Aus diesem Grund hat der VwGH in VwSlg 7789 A/1970 zu Recht seine frühere Rechtsprechung zu § 129 Abs 4 der Wr BauO[4] aufgegeben und anerkannt, daß bei Instandset-

---

[1] Vgl zB § 68 Abs 4 lit c AVG und dazu VwSlg 2198 A/1951. - Eine Form der Unmöglichkeit bildet die "technische Unmöglichkeit": vgl zB § 18 Abs 1 Tir NSchG, weiters zB VwSlg 7780 A/1970.
[2] Vgl zB VwSlg 4460 F/1972.
[3] Vgl zu "verfassungskonformen Gesetzesergänzungen" noch unten.
[4] Vgl zB VwSlg 1569 A/1950, 2472 A/1952.

zungsaufträgen nach dieser Bestimmung nicht zu prüfen ist, ob die Aufträge für den Betroffenen wirtschaftlich zumutbar sind. Des weiteren stellt die objektive Unmöglichkeit - was vollstreckungsrechtlich bedeutsam sein kann - eine absolute Leistungsgrenze dar, während die wirtschaftliche Unzumutbarkeit, gleich der subjektiven Unmöglichkeit, nur eine relative Schranke bildet.

Verschiedentlich werden aber auch *gesetzliche Ermächtigungen* zur Statuierung öffentlich-rechtlicher Pflichten durch den Gesichtspunkt der wirtschaftlichen Zumutbarkeit begrenzt. Die wirtschaftliche Zumutbarkeit tritt in diesen Fällen neben die aus dem Verhältnismäßigkeitsgrundsatz[5], dem Grundsatz von Treu und Glauben, aus den verschiedenen Formen administrativer Selbstbindungen uam erwachsenden inhaltlichen Determinanten für behördliches Handeln. Wiederum sind Unterschiede nicht zu übersehen: Zum einen verpflichtet der Verhältnismäßigkeitsgrundsatz als allgemeiner Rechtsgrundsatz[6] die Eingriffsverwaltung auch dann zum Einsatz des "gelindesten zum Ziel führenden Mittels", wenn dies im Einzelfall gesetzlich nicht ausdrücklich angeordnet ist. Zum anderen stellen Gesichtspunkte der wirtschaftlichen Zumutbarkeit mitunter in höherem Maße auf subjektive Faktoren des Betroffenen ab als der eher an objektiven Zusammenhängen orientierte Verhältnismäßigkeitsgrundsatz.

II.

Fragen der *Zumutbarkeit* stellen sich in vielen rechtlichen Zusammenhängen[7] - sie reichen von der Obliegenheit, eine durch das Arbeitsamt vermittelte zumutbare Beschäftigung anzunehmen (§ 9 AlVG) über Fragen der Zumutbarkeit des Schulweges (§ 8 SchulpflichtG) oder des Vorsprechens bei österreichischen Vertretungsbehörden (§ 22 Abs 2

---

[5] In manchen Erkenntnissen wird aus der Verhältnismäßigkeit auf die "wirtschaftliche Zumutbarkeit" (zB VwGH 7. 7. 1987, 86/07/0259) bzw "wirtschaftliche Vertretbarkeit" (zB VwSlg 2472 A/1952) geschlossen. Vgl andererseits die ausdrückliche Ersetzung der Grenze der wirtschaftlichen Zumutbarkeit durch das Verbot der Unverhältnismäßigkeit in § 79 Abs 1 GewO idF BGBl 1988/399; vgl auch die Nov 1984 zum deutschen Bundes-ImmissionsschutzG sowie Art 17 Abs 1 des Schweizerischen UmweltschutzG.

[6] PESENDORFER, Das Übermaßverbot als rechtliches Gestaltungsprinzip der Verwaltung - zugleich ein Beitrag zur Bildung eines "inneren Systems" der Verwaltung, ZÖR 1977, 265.

[7] Vgl zum deutschen Recht LUCKE, Die (Un-)Zumutbarkeit als allgemeine Grenze öffentlich-rechtlicher Pflichten des Bürgers (1973).

StbG), über Fragen der Zumutbarkeit der Versorgung (§ 53a Abs 1 GewO) oder der Ergreifung bestimmter Vorsichtsmaßnahmen (§ 8 Abs 6 ktn LandschaftsschutzG) bis zur Frage der Zumutbarkeit bestimmter Immissionen (§ 77 Abs 2 GewO) oder zu der vom VfGH entwickelten Frage der Zumutbarkeit des Rechsschutzumweges bei Individualanträgen[8] - eine Vielfalt, die die gemeinsame Erörterung mit Fragen der wirtschaftlichen Zumutbarkeit von vorneherein ausschließt.

Denn der Kreis der mit der wirtschaftlichen Zumutbarkeit verbundenen Fragen stellt sich seinerseits höchst vielgestaltig dar. Eine erste Durchsicht von Beispielen aus dem Rechtsmaterial zeigt, daß dem Rechtsbegriff der wirtschaftlichen Zumutbarkeit durchaus nicht stets die gleiche rechtliche Bedeutung zukommt.

Nach § 6 Abs 4 lit a und b ElWiG besteht die die Elektrizitätsversorgungsunternehmen treffende Anschluß- und Versorgungspflicht dann nicht, wenn dies "im Einzelfall wirtschaftlich nicht zumutbar ist" oder wenn dem Inhaber einer Eigenanlage die Selbstversorgung "wirtschaftlich zumutbar" ist. Des weiteren kann ein Elektrizitätsversorgungsunternehmen von der Behörde zur Abnahme der überschüssigen elektrischen Energie aus fremden Eigenanlagen gemäß § 8 leg cit nur zu Bedingungen verpflichtet werden, "die unter Berücksichtigung der Wertigkeit der abgegebenen elektrischen Energie wirtschaftlich zumutbar sind".

Gemäß § 4 Abs 4 NahversG darf eine Lieferpflicht "insbesondere in jenen Fällen nicht angeordnet werden, in denen die Belieferung dem Lieferanten wirtschaftlich unzumutbar ist". Nach § 13 Abs 4 MOG besteht die mit der Zuweisung eines Versorgungsgebietes verbundene Milchlieferpflicht dann nicht, "wenn die Zustellung dem zuständigen Bearbeitungs- und Verarbeitungsbetrieb wirtschaftlich nicht zumutbar ist".

Nach § 29 Abs 1 EisbG wird die Betriebspflicht wie folgt beschränkt: "Auf Antrag des Konzessionsinhabers oder des Betriebsunternehmers hat die Behörde, abgesehen von einer betriebsbedingten Einstellung, die vorübergehende oder dauernde Einstellung des ganzen oder eines Teils des Verkehrs einer Eisenbahn (eines Streckenteiles) zu bewilligen, wenn seine Weiterführung dem Eisenbahnunternehmen wirtschaftlich nicht zugemutet werden kann" (vgl auch die §§ 75 Abs 5 und 113 Abs 2 LFG).

Gemäß § 9 Abs 8 Z 2 nö NSchG ist eine Erklärung zum Naturdenkmal zu widerrufen, wenn die Erhaltung des Naturdenkmals dem Berech-

---

[8] VfSlg 8009/1977. Vgl dazu RASCHAUER, Unmittelbare Gesetzesanfechtung durch einzelne in Österreich, EuGRZ 1977, 262 (264).

tigten "im Hinblick auf seine wirtschaftliche Lage nicht mehr zugemutet werden kann". Ähnlich ist § 18 Abs 1 leg cit zu sehen: "Bei bescheidmäßiger Vorschreibung von Vorkehrungen ist auf die wirtschaftliche Zumutbarkeit für den Berechtigten Rücksicht zu nehmen".

In allen diesen Fällen werden Wirtschaftssubjekten im öffentlichen Interesse Pflichten - Kontrahierungspflichten, Betriebspflichten, Erhaltungspflichten - auferlegt, die - da sie den Rahmen der normalen Bürgerpflichten übersteigen - durch das Kriterium der wirtschaftlichen Zumutbarkeit beschränkt wurden. In anderen Fällen hat die Gesetzgebung auf die übermäßige Belastung dadurch Rücksicht genommen, daß ein Entschädigungsanspruch statuiert wurde[9]. Demgegenüber sind Limitierungen von der Art des § 18 Abs 1 Tir NSchG sachlich nicht geboten, da die zugrundeliegende Wiedergutmachungspflicht den Rahmen der normalen Bürgerpflichten nicht übersteigt. Nach der genannten Bestimmung hat die Behörde im Fall einer erheblichen Beeinträchtigung die Verpflichtung auszusprechen, "die Beeinträchtigung innerhalb einer angemessenen Frist zu beseitigen bzw zu beenden oder, wenn dies technisch nicht möglich oder wirtschaftlich nicht vertretbar ist, soweit zu vermindern, als dies technisch möglich und wirtschaftlich vertretbar ist".

Eine Zwischenstellung nahm die bis zur Gewerberechtsnovelle BGBl 1988/399 geltende Bestimmung des § 79 Abs 1 GewO ein[10], derzufolge belästigungsabwehrende nachträgliche Auflagenvorschreibungen "für den Betriebsinhaber wirtschaftlich zumutbar sein" mußten. Diese Bestimmung wurde durch ein Verbot unverhältnismäßiger Auflagen ersetzt. Gleichzeitig sieht der mit dieser Novelle neu eingefügte § 82 Abs 5 GewO eine Fristenerstreckung vor, wenn bestimmte Maßnahmen für den Betriebsinhaber "erst innerhalb dieser Frist wirtschaftlich zumutbar" sind.

Weiters sei § 70 Abs 3 der stm BauO zitiert: "Ist die Behebung der Baugebrechen nicht mehr möglich oder wirtschaftlich nicht zumutbar, so kann aus Gründen der Sicherheit die Räumung oder Schließung von

---

[9] Vgl zB § 28 Abs 1 oö NSchG, § 35 Abs 1 sbg NSchG.

[10] Vgl als "Grenzfall" auch § 33 Abs 2 WRG. - Daraus ergeben sich manchmal terminologische Unstimmigkeiten: In dem zu § 33 Abs 2 WRG ergangenen Erkenntnis 7. 7. 1987, 86/07/0259, spricht der VwGH von "wirtschaftlicher" Zumutbarkeit, obwohl im Gesetz nur von "zumutbar" die Rede ist, er behandelt jene aber nur "nach objektiven Gesichtspunkten", letztlich also im Sinn des Verhältnismäßigkeitsgrundsatzes.

Bauten oder Teilen derselben und nötigenfalls deren Abbruch angeordnet werden"[11].

Mit dem zuvor angeführten Beispiel hat diese Bestimmung gemeinsam, daß es sich nicht um die Begrenzung einer öffentlich-rechtlichen Leistungspflicht handelt, sondern um eine inhaltliche Determinante für das behördliche Vorgehen.

Schließlich sei noch § 7 Abs 4 des stm MüllwirtschaftsG angeführt, demzufolge die Gemeinde den Abfuhrbereich so festzulegen hat, daß die Abfuhr für die Gemeinde technisch möglich und wirtschaftlich zumutbar ist.

Zu diesen Beispielen aus der Gesetzgebung ist nun das Erkenntnis des VfGH VfSlg 7759/1976 hinzuzufügen. In diesem Erkenntnis hat der VfGH die Auffassung vertreten, daß eine sinnvolle und zweckentsprechende Auslegung der mit der Wr Altstadterhaltungsnovelle begründeten besonderen Pflichten gebiete, dem Gesetz zu unterstellen, daß diese Pflichten unter dem Vorbehalt der wirtschaftlichen Zumutbarkeit stehen. Damit stellt sich die Frage, ob es neben den gesetzlich angeordneten Fällen der Bedachtnahme auf die wirtschaftliche Zumutbarkeit noch Fälle eines verfassungsrechtlich vorgegebenen Vorbehaltes zugunsten der wirtschaftlichen Zumutbarkeit gibt.

III.

Der VwGH hatte in seinem Anfechtungsantrag vorgebracht, die Bestimmungen der § 60 Abs 1 lit e und § 129 Abs 2, Abs 4 Satz 2 und Abs 10 der Wr BauO idF der Altstadterhaltungsnovelle LGBl 1972/16 verstießen gegen das Gleichheitsgebot und gegen den Grundsatz der Unverletzlichkeit des Eigentums. Diese Bestimmungen begründen nämlich für Eigentümer von Gebäuden in Schutzzonen besondere Erhaltungs-, Behebungs- und Instandsetzungspflichten und ermächtigen die Behörde zur Erlassung diesbezüglicher Anordnungen. Im Verhältnis zu Eigentümern von außerhalb der Schutzzonen gelegenen Gebäuden werde dadurch eine sachlich nicht gerechtfertigte unterschiedliche vermögensmäßige Belastung bewirkt. Zudem handle es sich bei dieser besonderen Belastung der Eigentümer von Gebäuden in Schutzzonen um

---

[11] Vgl die Übersicht über vergleichbare Bestimmungen bei GEUDER, Assanierungsrecht (1979) 258 ff, sowie die Diskussion der "wirtschaftlichen und technischen Abbruchreife" ibid 40 ff.

Maßnahmen der Kulturpolitik, an der die Gesamtbevölkerung interessiert ist; für den einzelnen, der an Stelle der öffentlichen Hand zum Träger der Kulturpolitik werde, wirke sich diese im öffentlichen Interesse gelegene Schutzmaßnahme nicht wertsteigernd aus. Schließlich werde die vermögensmäßige Belastung ohne Berücksichtigung der wirtschaftlichen Zumutbarkeit auferlegt und könne ein Ausmaß bis zum unpfändbaren Existenzminimum erreichen.

Das - abweisende - Erkenntnis des VfGH war denkbar knapp begründet: "Der VfGH ist der Auffassung, daß die vom VwGH angefochtene Bestimmungen des § 129 Abs 2, 4 und 10 BO[12] einer verfassungskonformen Auslegung zugänglich sind. Außerdem ist im Zweifel anzunehmen, daß der Gesetzgeber eine zweckentsprechende und sinnvolle Regelung erlassen wollte. Eine sinnvolle und zweckentsprechende Handhabung der mit dem zweiten Satz des § 129 Abs 4 leg cit geschaffenen Ermächtigungen erfordert die *Berücksichtigung wirtschaftlicher Gesichtspunkte* bei der Erlassung der zu treffenden Anordnungen. Die gebotene verfassungskonforme Auslegung dieser Bestimmung führt dazu, ihr den Inhalt *zu unterstellen*, daß die Behörde bei den unter dem Gesichtspunkt der Ortsbilderhaltung und Ortsbildgestaltung zu erlassenden Anordnungen nach dem zweiten Satz des § 129 Abs 4 leg cit verpflichtet ist, die *wirtschaftliche Zumutbarkeit* der Durchführung solcher Anordnungen zu überprüfen". Ähnliches gelte im Hinblick auf die anderen beiden Absätze. Daher liege weder ein Verstoß gegen den Gleichheitssatz noch gegen die Eigentumsgarantie vor.

Diesem Erkenntnis ist KORINEK[13] in einer überaus heftigen Kritik entgegengetreten. Die Bestimmungen der Wr BauO, die eine als Sonderopfer zu qualifizierende Mehrbelastung von Eigentümern von Baulichkeiten in Schutzzonen begründen, verstoßen seines Erachtens sowohl gegen den Grundsatz der Unverletzlichkeit des Eigentums als auch gegen den verfassungsrechtlichen Gleichheitssatz, "solange ihnen keine Regelung gegenübersteht, die den betreffenden Eigentümern *Anspruch auf Ausgleich* ihrer aus dem Titel der Sonderbelastung entstehenden Vermögensnachteile gewährt".

Bei der Würdigung dieser Kontroverse kann zunächst außer Streit gestellt werden, daß durch die fraglichen Bestimmungen einer Gruppe von Hauseigentümern besondere Belastungen auferlegt werden, die - so

---

[12] § 60 Abs 1 lit e Wr BauO wurde als nicht präjudiziell behandelt.
[13] Entscheidungsbesprechung, OZW 1977, 27 (29).

wie sie sich nach dem Gesetzestext darstellen - den Rahmen der entschädigungslos[14] hinzunehmenden Eigentumsbeschränkungen übersteigen[15], während "wirtschaftlich zumutbare" Eigentumsbeschränkungen im allgemeinen entschädigungslos hingenommen werden müssen. Damit stellt sich die - vom VfGH stillschweigend bejahte und von KORINEK implizit verneinte - Frage, ob "übermäßige" Eigentumsbeschränkungen dadurch saniert werden können, daß sie im Sinn einer vermeintlich verfassungskonformen Interpretation als unter dem Vorbehalt der wirtschaftlichen Zumutbarkeit stehend gedeutet werden.

Ein solches Vorgehen verbietet sich jedenfalls dann, wenn die vermeintlich verfassungskonforme interpretative Ergänzung des Gesetzes den Willen des Gesetzgebers verfälschen[16] und zu Ergebnissen führen würde, die mit anderen Verfassungsbestimmungen nicht zu vereinbaren sind. Im vorliegenden Fall sprechen weder objektive noch subjektive Interpretationsgesichtspunkte für die Annahme, daß der Gesetzgeber das kulturpolitische Ziel der Altstadterhaltungsnovelle nur nach Maßgabe der wirtschaftlichen Zumutbarkeit verwirklicht wissen wollte. Aber auch die persönlichen und zeitlichen Faktoren sprechen gegen die Sachlichkeit des vom VfGH gewählten Vorgehens: Mochte die interpretative Ergänzung des Gesetzes allenfalls für die im Zeitpunkt seines Inkrafttretens betroffenen Grundeigentümer rechtliche Probleme vermieden haben, so begründet doch die richterrechtlich entwickelte Schranke der wirtschaftlichen Zumutbarkeit für die Nacheigentümer - die das Objekt meist im Wissen um die bestehenden Belastungen zu einem günstigeren Preis erworben haben - eine mit dem Gleichheitssatz nicht zu vereinbarende Privilegierung gegenüber allen "normalen" Hauseigentümern.

Diese hier nicht weiter zu verfolgende spezielle Problematik ist nur ein Anwendungsfall der ganz allgemeinen Frage der Grenzen öffentlicher Lasten. Wird eine öffentlich-rechtliche Leistungspflicht auferlegt, die nicht das in Art 5 StGG geschützte Eigentum berührt, so kommen

---

[14] Der Begriff "Entschädigung" darf nicht zu eng verstanden werden. Der Gesetzgeber kann einen "Ausgleich der Vermögensnachteile" (so treffend KORINEK) auf verschiedene Weise, auch steuerrechtlich oder förderungsrechtlich bewirken.

[15] Gemessen an den Maßstäben der Schwere, der Vorhersehbarkeit, der Ortsüblichkeit, des Sonderopfers: vgl grundlegend AICHER, Grundfragen der Staatshaftung bei rechtmäßigen hoheitlichen Eigentumsbeeinträchtigungen (1978).

[16] Vgl die Diskussion bei WIEDERIN, Nationalsozialistische Wiederbetätigung, Wahlrecht und Grenzen verfassungskonformer Auslegung, EuGRZ 1987, 137 (141). Kritisch RASCHAUER, Sind die Gesetzesvorbehalte der Grundrechte für die Vollziehung unmittelbar anwendbares Recht? ZfV 1988, 30.

ähnliche Überlegungen auf Grund des Art 4 Abs 3 lit d EMRK zum Tragen: Während "normale Bürgerpflichten" entschädigungslos zu erfüllen sind[17], kann für Bürgerpflichten, die sich nach Maßgabe mangelnder Üblichkeit, Vorhersehbarkeit, Allgemeinheit uam als "besondere Bürgerpflichten" darstellen, eine Entschädigung geboten sein. Dabei ist davon auszugehen, daß die Statuierung der Grenze der "wirtschaftlichen Zumutbarkeit" eine der gesetzlichen Möglichkeiten ist, um darauf hinzuwirken, den Rahmen der "normalen Bürgerpflichten" zu wahren.

In jedem Fall ist an dieser Stelle festzuhalten, daß öffentlich-rechtliche Leistungspflichten nicht - wie eine erste Lektüre von VfSlg 7759/1976 nahelegen könnte - schlechthin und generell von Verfassungs wegen unter dem Vorbehalt wirtschaftlicher Zumutbarkeit stehen. Eine verfassungsrechtliche Beurteilung öffentlich-rechtlicher Lasten hat vielmehr die verschiedenen rechtspolitischen Möglichkeiten der Wahrung des verfassungsrechtlichen Rahmens zu veranschlagen[18]. Wird der allgemeine Pflichtenrahmen überschritten, können neben "Entschädigungen" durchaus auch Subventionen oder korrespondierende steuerliche Begünstigungen geeignet sein, gesamthaft einen entsprechenden Ausgleich zu bewirken.

Insgesamt können sich wohl nur in seltenen Ausnahmen Fälle ergeben, in denen die wirtschaftliche Zumutbarkeit eine *ungeschriebene* Grenze für öffentliche Lasten bildet, in denen also *allein* das "Unterstellen" (VfSlg 7759/1976) der Grenze der wirtschaftlichen Zumutbarkeit eine gebotene und *taugliche* verfassungskonforme Interpretation einer gesetzlich nicht ausdrücklich beschränkten Regelung bietet.

---

[17] Vgl VfSlg 6425/1971.

[18] Zutreffend betont BERNARD, Entscheidungsbesprechung, ÖZW 1981, 127, zum Sonderopfer einer behördlichen Preisfestsetzung unterhalb der Selbstkosten: "Sollte es einmal der Fall sein, daß die Erschwinglichkeit nur bei gleichzeitigen Verlusten der Unternehmer gewahrt werden kann und der Staat trotzdem die Notwendigkeit einer Einflußnahme auf die Preise der betreffenden Güter oder Leistungen sieht, so wird er über die behördliche Preisregelung hinaus, als begleitende Maßnahme dazu oder an ihrer Stelle anderes zu tun haben, um die Versorgung zu gewährleisten. Dafür kommt eine Fülle von Maßnahmen in Betracht, die sowohl bei den Unternehmern - etwa durch Subventionen oder Steuerbegünstigungen - oder bei den Konsumenten - durch einkommenspolitische Maßnahmen - einsetzen können".

IV.

Fragen der *Auslegung* des Begriffs der wirtschaftlichen Zumutbarkeit können sich in verschiedenen Zusammenhängen stellen, häufig sind Verwaltungsbehörden damit befaßt, die unter Anwendung dieses Tatbestandes zu entscheiden (zB § 29 Abs 1 EisbG) oder zu verfügen haben (zB § 70 Abs 3 stm BauO). Aber auch Gerichte (zB § 4 Abs 4 NahversG) oder gesetzgebende Körperschaften (zB die Ausführungsgesetzgebung zu den §§ 6 und 8 ElWiG) können neben den eigentlich betroffenen Rechtsunterworfenen mit solchen Auslegungsfragen konfrontiert sein.

Zunächst stellt sich die Frage, *für wen* die Pflicht wirtschaftlich zumutbar sein soll. In mehreren Zusammenhängen ist das Subjekt der Zumutbarkeit gesetzlich ausdrücklich fixiert: Der "Lieferant" oder der "zuständige Bearbeitungs- und Verarbeitungsbetrieb" als Träger der Lieferpflicht oder das "Eisenbahnunternehmen" als Träger der Betriebspflicht. Einer dunklen Wendung bediente sich der Gesetzgeber in der früheren Fassung des § 79 Abs 1 GewO, da die Beifügung des ungebräuchlichen Begriffs "für den Betriebsinhaber" mehr Auslegungsprobleme aufwarf, als sich ohne eine solche Beifügung gestellt hätten.

Schlechthin irreführend ist die Bezugnahme auf "den Berechtigten" in den §§ 9 und 18 nö NSchG in Anbetracht der Legaldefinition desselben Begriffes im § 4 Abs 3 leg cit. Weniger problematisch sind dagegen jene baurechtlichen Bestimmungen, in denen der Gesetzgeber über das Subjekt der Zumutbarkeit schweigt: Da die Bauordnungen nur den Eigentümer ansprechen, kommt es aus systematischen Gründen nur auf seine wirtschaftliche Lage und nicht auf jene des Bestandnehmers an.

Eine Reihe weiterer Fragen tut sich, was hier vorerst nur angemerkt sei, an dieser Stelle erst auf: Was dann, wenn die Sache (das Unternehmen) im Miteigentum mehrerer unterschiedlich potenter Miteigentümer steht? Was dann, wenn das Objekt im Eigentum einer Gesellschaft steht? Werden gering kapitalisierte GesmbH durch solche Zumutbarkeitsklauseln gegenüber Großkonzernen auf der einen Seite[19] und gegenüber persönlich haftenden Kaufleuten auf der anderen Seite nicht in unsachlicher Weise privilegiert? Was ist bei Betrieben der öffentlichen Hand - kann für diese überhaupt irgendetwas wirtschaftlich unzumutbar sein?

---

[19] Vgl etwa VwSlg 11890 A/1985: "für einen Betriebsinhaber, der mehrere Betriebsstätten der gleichen Art besitzt". Vgl aus der deutschen Judikatur zB schon OVG Münster DVBl 1966, 82.

Klarer scheint das Begriffselement der *"wirtschaftlichen"* Zumutbarkeit zu sein. Auf die technische Machbarkeit einer Maßnahme und auf die Vereinbarkeit mit anderen Rechtsvorschriften kommt es im Rahmen *dieser* Prüfung[20] nicht an. Spielt es dagegen eine Rolle, ob die Erfüllung der in Frage stehenden Pflicht im Hinblick auf die Organisation der Betriebsabläufe unzweckmäßig oder für das Image des Unternehmes nachteilig ist oder dem Betrieb die Ergreifung anderweitiger wirtschaftlicher Chancen erschwert oder verwehrt? Der mögliche Wortsinn scheint die Einbeziehung derartiger Gesichtspunkte zunächst nicht auszuschließen.

Mit Bestimmtheit kann allerdings gesagt werden, daß § 13 des Tir Elektrizitätsgesetzes LGBl 1982/40 und die §§ 7 und 11 Abs 4 des Wr Elektrizitätswirtschaftsgesetzes LGBl 1977/8 idgF grundsatzgesetzwidrig sind. Nach der Grundsatzbestimmung des § 6 Abs 4 ElWiG besteht die allgemeine Anschluß- und Versorgungspflicht ua dann nicht, wenn diese ... im Einzelfall wirtschaftlich nicht zumutbar ist ... sowie insoweit, als Inhabern von Eigenanlagen die Selbstversorgung wirtschaftlich zumutbar ist. Die meisten Ausführungsgesetze beschränken sich darauf, diese Bestimmungen wörtlich zu übernehmen. Der § 13 des Tir Ausführungsgesetzes statuiert dagegen eine Reihe von technischen Voraussetzungen (Mangel an Umschaltmöglichkeiten, technische Konfiguration und Betriebsweise von Eigenanlagen), die offenkundig den *möglichen Wortsinn* der wirtschaftlichen Zumutbarkeit überschreiten. Noch drastischer sind die Verstöße des Wr Ausführungsgesetzes, das technische Spezifikationen von Anschlüssen, ja sogar die Weigerung des Anschlußwerbers zu einer Schuldübernahme der Ausnahmebestimmung der wirtschaftlichen Zumutbarkeit unterstellt.

Vollends unklar scheint der Begriff schließlich hinsichtlich des Begriffselementes der *"Zumutbarkeit"* zu sein. Soll es allein auf wirtschaftliche Komponenten des Verpflichteten - auf seine Einkommens-, auf seine Vermögenslage oder auf seine Finanzkraft (cash flow, Kreditwürdigkeit) - ankommen? Oder sind der Beurteilung vergleichbare "Durchschnitts-" oder "Standardunternehmen" zugrundezulegen[21]? Oder kommt

---

[20] ME ist es der Behörde unter dem verfassungsrechtlichen Willkürverbot verwehrt, auf technisch offenbar Unmögliches oder rechtlich offenbar Unzulässiges abzustellen. Derartige "Berucksichtigungspflichten" haben aber mit der Frage der wirtschaftlichen Zumutbarkeit nichts zu tun.

[21] Vgl zu der dazu in der Bundesrepublik Deutschland geführten Kontroverse insbes HOPPE, Wirtschaftliche Vertretbarkeit im Rahmen des Bundes-Immissionsschutzgesetzes² (1977) 97 ff, sowie SOELL, Der Grundsatz der wirtschaftlichen Vertretbarkeit im Bundesimmissionsschutzgesetz (1980) 21 und zu beiden SENDLER, Fragen zur "wirt-

es überhaupt nicht auf konkrete oder abstrakte Unternehmensdaten, sondern allein auf das objektive Verhältnis des mit der Erfüllung der Pflicht verbundenen Aufwands zum erzielbaren Erfolg an?

An diesen Fragenkreis knüpfen jeweils die weiteren Fragen, ob - und bejahendenfalls wie - beispielsweise auf steuerliche Gestaltungsmöglichkeiten, auf staatliche Förderungsmöglichkeiten, auf die Überwälzbarkeit von Kosten oder auf betriebliches Mißmanagement Bedacht zu nehmen ist.

V.

Angesichts dieser Auslegungsschwierigkeiten stellt sich die Frage, ob gesetzliche Regelungen, die die wirtschaftliche Zumutbarkeit zum Tatbestandselement erheben, überhaupt in einer dem verfassungsrechtlichen Legalitätsprinzip entsprechenden Weise vorherbestimmt sind. Für die Beantwortung dieser Frage befriedigt die verschiedentlich verwendete Formel, das Legalitätsprinzip dürfe in wirtschaftlichen Zusammenhängen "nicht überspannt" werden, gewiß nicht. In der Rechtsprechung des VfGH wird durchaus richtig gesehen, daß nicht der einzelne Begriff an und für sich Gegenstand der Beurteilung ist, sondern die Rechtsnorm im Lichte ihrer entwicklungsgeschichtlichen, systematischen und teleologischen Zusammenhänge[22]. Gerade deshalb und nur deshalb kann die Verwendung ein und desselben Begriffs in verschiedenen Zusammenhängen eine unterschiedliche verfassungsrechtliche Beurteilung gebieten[23].

---

schaftlichen Vertretbarkeit" im Umweltrecht, DVBl 1983, 209. - Vgl für die Schweiz auch die plausiblen Überlegungen von SCHRADE, in: Kölz - Müller-Stahel, Kommentar zum Umweltschutzgesetz, Loseblattausgabe, Rz 33 ff zu Art 11.

[22] ZB VfSlg 8389/1978. Vgl auch die Judikaturübersicht bei WINKLER, Gesetzgebung und Verwaltung im Wirtschaftsrecht (1971) 47 ff.

[23] Während der VfGH in VfSlg 2768/1954, 3295/1957, 3860/1960, 4988/1965, 10313/1984 den Begriff "volkswirtschaftlich gerechtfertigt" im PreisG als ausreichend bestimmt erachtet, führte er in einem vergleichbaren Zusammenhang in VfSlg 4662, 4669/1964 aus: "Der Ausdruck 'aus wichtigen volkswirtschaftlichen Gründen' in einem Steuergesetz, das sich sonst mit wirtschaftlichen Dingen nicht weiter befaßt, ist aber nicht so konkret, daß sich nach irgendeiner Richtung hin eine Bindung des Verordnungsgebers erkennen läßt".

Vgl zur situativen Gebundenheit des Begriffs "Volksgesundheit" auch RASCHAUER, Werbung und Verfassung, in: Aicher (Hrsg), Das Recht der Werbung (1983) 19 (43 f).

Vor diesem Hintergrund ist die Verwendung des Begriffs "wirtschaftlich zumutbar" - soferne die Materialien und die systematischen Zusammenhänge den "Sinn des Gesetzes" hinreichend deutlich erkennen lassen - durchaus ein geeignetes Mittel, um eine Vielzahl ähnlich gelagerter, doch kasuistisch nicht erfaßbarer Sachverhalte gesamthaft anzusprechen[24].

Freilich ist auch die jeweilige funktionelle Stellung der Rechtsnorm mitzuveranschlagen. An eine Vorschrift, die dem einzelnen eine - durch die wirtschaftliche Zumutbarkeit limitierte - sanktionsbewehrte Pflicht auferlegt und die damit die Strafbarkeit von der mehr oder minder zufällig richtigen Subsumtion des Verpflichteten abhängig macht, sind verschärfte Anforderungen zu stellen[25]. In gleicher Weise müssen Normen, die mögliche Rechtsnachteile an frühzeitig zu treffende, nachträglich nicht korrigierbare Dispositionen knüpfen, in hohem Maße vorherbestimmt sein[26].

In diesem Licht scheint § 4 Abs 4 NahversG verfassungsrechtlich bedenklich: Einem Markenartikelhersteller, der im Interesse einer gezielten Preis- und Imagepflege ein besonderes Vertriebssystem aufgebaut hat, kann nach dieser Bestimmung in völlig unkalkulierbarer Weise die Verpflichtung drohen, den Markenartikel auch an imagezerstörende "Preisdrücker" zu liefern. Das verfassungsrechtlich Bedenkliche liegt nun darin, daß der Betroffene wegen § 7 Abs 2 leg cit keine institutionelle Möglichkeit hat, eine rechtliche Klärung der wirtschaftlichen Zumutbarkeit einer solchen Verpflichtung zum Zeitpunkt des Aufbaues seines Vertriebssystems herbeizuführen.

Dagegen ist der Begriff "wirtschaftliche Zumutbarkeit" - wenn sich aus den entwicklungsgeschichtlichen und systematischen Zusammenhängen des bezüglichen Normenmaterials hinreichende Determinanten ergeben - durchaus geeignet, behördliche Entscheidungen und Verfügungen, durch die öffentlich-rechtliche Pflichten begründet, festgestellt oder

---

[24] Vgl auch WINKLER, Wertbetrachtung im Recht und ihre Grenzen (1969) 46.

[25] Dies ist der richtige Kern von VfSlg 4037/1961.

[26] In VfSlg 9227/1981 hob der Verfassungsgerichtshof eine Bestimmung des MOG ua mit dem Hinweis auf, daß "der *Regelungsgegenstand* eine genauere Vorherbestimmung des verwaltungsbehördlichen Handelns *ermöglichen* würde und gerade im Bereich der Festsetzung von Abgaben ein besonderes Rechtsschutzbedürfnis für eine exakte gesetzliche Regelung besteht ..."

aufgehoben werden, mit vorherzubestimmen[27]. Er ist als solcher in diesen Zusammenhängen nicht weiter in genereller Weise konkretisierungs*bedürftig*[28]. Dies schließt nicht aus, daß der Begriff konkretisierungs*fähig* ist. So wie die Landes-Ausführungsgesetzgebung die Tatbestände der wirtschaftlichen Zumutbarkeit in den §§ 6 und 8 ElWiG präzisieren dürfte, könnte gemäß Art 18 Abs 2 B-VG auch die zuständige Verwaltungsbehörde den entsprechenden Rechtsbegriff für den jeweiligen Zusammenhang im Verordnungsweg näher konkretisieren und damit die Rechtssicherheit und Vorhersehbarkeit individuell-konkreter Entscheidungen erhöhen[29]. In der österreichischen Verwaltungspraxis werden solche Konkretisierungen bedauerlicherweise meist in der Form von Dienstanweisungen vorgenommen, was der Verwaltung beim derzeitigen Stand der Rechtsprechung des VwGH die Flucht aus einer durchaus sinnvollen - Willkür vermeidenden - Selbstbindung zu plangemäßem Vorgehen ermöglicht[30].

VI.

Begriffe der vorliegenden Art werden, einer Lehrbuchtradition folgend, gerne "unbestimmte Gesetzesbegriffe" genannt. Manche meinen, mit einer solchen Etikettierung das Ihre geleistet zu haben: Da man über solche Begriffe nichts Näheres sagen könne, ende hier das juristisch Mögliche und Verantwortbare. "Interpretation, dh Sinnverständnis vom Recht, erscheint danach als ein freier Entscheidungsakt und nicht als ein gebundener Erkenntnisakt"[31].

---

[27] Vgl auch WINKLER, Die Wissenschaft vom Verwaltungsrecht, in: Ermacora ua (Hrsg), Allgemeines Verwaltungsrecht (1979) 3 (14 ff).

[28] Vgl demgegenüber den VfSlg 7650/1975 zugrundeliegenden Fall, in dem sich die (vom VfGH zusammenfassend so bezeichneten) "Grundsätze der Verhältniswahl" nicht als "unbestimmter Gesetzesbegriff", sondern als Determinante für die erst vorzunehmende Festsetzung der Berechnungsmethode erwiesen.

[29] Vgl etwa zur segensreichen Wirkung der Dienstanweisung zum früheren § 3 NÄG ("wichtiger Grund") RASCHAUER, Namensrecht (1978) 201 ff.

[30] Vgl RASCHAUER, Selbstbindungen der Verwaltung, VVDStRL 40 (1982) 240, 251 ff, 257 f.

[31] WINKLER, Wertbetrachtung 32.

Wenn man ihren veröffentlichten Stellungnahmen trauen darf, dann scheint die communis opinio österreichischer Öffentlichrechtler[32] die zu sein, daß Ziel und Aufgabe jeder Rechtsauslegung die Erforschung des Willens des Normsetzers ist. Wenn man diese - zutreffende - Prämisse zugrundelegt, dann darf sich der Interpret in Fällen, in denen er prima vista mit relativer Unbestimmtheit[33] konfrontiert ist, weder in blanken Dezisionismus noch in freie normtranszendierende Wertungen flüchten. Legt man diese Überlegungen zugrunde, dann muß es überraschen, daß kein Lehrbuch des Verwaltungsrechts dem Studierenden Handlungsanleitungen mit auf den Weg gibt, wie er vorgehen soll, wenn er mit einem derartigen "unbestimmten Gesetzesbegriff" konfrontiert ist.

Es ist das entscheidende Verdienst GÜNTHER WINKLERS, jene Fälle, in denen das eigentlich Reizvolle der juristischen Arbeit erst beginnt, in seinen zahlreichen - oft leider unveröffentlichten - Studien und Stellungnahmen besonders hervorgestrichen zu haben, jene Fälle, in denen sich der Jurist als ganzer Mensch bewähren muß, in Verantwortung gegenüber dem Wert des Rechts wie auch gegenüber der Lebenswirklichkeit, der der konkrete Rechtsinhalt zu dienen bestimmt ist.

Schon in den fünfziger Jahren leitete WINKLER die Entmythologisierung des "unbestimmten Gesetzesbegriffes" im Verhältnis zum sogenannten "Ermessen" ein[34]; in der Folge trug er sein leidenschaftliches Plädoyer für die disziplinierte Rechtsinhaltsbetrachtung vor[35]; schließlich ging er - nicht zuletzt geprägt durch seine umfangreiche Praxis als wissenschaftlicher Gutachter - auf das Verhältnis der notwendig allgemein gehaltenen Gesetzesformulierungen zu den von ihnen geregelten Lebenssachverhalten und die damit aus dieser Lebenswirklichkeit auf die Auslegung zurückwirkenden Gesichtspunkte ein: "Denn was in seiner Allgemeinheit vieldeutig ist, wird im Hinblick auf eine konkrete Wirklichkeit zumeist eindeutig"[36].

---

[32] Unter Zivilisten herrscht vielfach die Auffassung vor, man müsse ermitteln, was der Gesetzgeber "vernünftigerweise" gemeint habe. Öffentlichrechtler, die durchwegs gleichzeitig Verfassungsrecht vertreten, empfinden diesen Vorbehalt in Anbetracht des Demokratiemodells des B-VG meist als Anmaßung.

[33] Erweist sich ein Regelungszusammenhang auch bei sorgfältiger Analyse als unbestimmt, dann verstößt er gegen Art 18 B-VG.

[34] Entwicklungstendenzen der österreichischen Verwaltungsgerichtsbarkeit (Vortragsbericht), JBl 1957, 96.

[35] Wertbetrachtung.

[36] Gesetzgebung und Verwaltung 89 f.

In seiner "Wertbetrachtung" führt WINKLER aus: "Unbestreitbar gibt es im Recht offene Fälle, dh solche echter Unbestimmtheit. Für diese kommt Kelsens Interpretationslehre auch eine begrenzte Gültigkeit zu. Die weitaus überwiegende Zahl der Fälle ist aber bestimmt und daher lösbar. Zentrale theoretische Aussagen haben dem Rechnung zu tragen; sie charakterisieren den Gegenstand im großen und ganzen. Von den als unbestimmt in Erscheinung tretenden Fällen sind außerdem die meisten durchaus bestimmbar und mit einer teleologischen Auslegung oder einer Rechtsergänzung in diesem Sinn zu bewältigen; und zwar durch *systematische Zweck- und Sinnermittlung*, also durch geordnete Schlüsse aus der Zweck- und Sinnadäquanz unter Beachtung aller gegebenen Regulative a) der betreffenden Vorschrift, b) der benachbarten Vorschriften, c) eines ganzen Gesetzeswerkes, dessen einzelne Vorschrift fraglich ist, d) seiner Grundsätze, e) der tragenden Grundsätze verwandter Gebiete, f) der Verfassungsregeln, -prinzipien und -intentionen in einer harmonisierenden Sicht. Die Beachtung aller dogmatischen und entwicklungsgeschichtlichen Regulative führt zur *Einengung und Bestimmung des Inhalts, vor allem von sogenannten Wertbegriffen*"[37].

Diese Stellungnahme mag überraschen, nimmt sie doch auf nichts anderes Bezug als auf bewährte und anerkannte Grundsätze tradierter - und deshalb vom Normsetzer vorausgesetzter - Interpretationskunst. In Wahrheit wird jedoch mit dem in der Abbreviatur liegenden Nachdruck deutlich, daß es für sogenannte "unbestimmte Gesetzesbegriffe" *keine besonderen* Interpretationsregeln gibt - wie sich in der Tat auf den ersten Blick "unbestimmte Gesetzesbegriffe" bei näherer Betrachtung als durchaus bestimmt erweisen, während sich bei nicht so etikettierten Begriffen auf den zweiten Blick oft ungleich größere "Unbestimmtheiten" auftun.

Maßgeblich ist somit stets zunächst jene historische und systematische Interpretation, die vor dem Hintergrund der von der Norm erfaßten Lebenswirklichkeit den Sinn des Gesetzes im fraglichen Zusammenhang sichtbar werden läßt; bedeutsam ist sodann ein differenziertes Sachverhaltsdenken[38], wie es vor allem aus praktischer Rechtserfahrung gewonnen wird; schließlich können auch "Selbstbindungen" eine Rolle spielen, da der verfassungsrechtliche Gleichheitssatz der Rechtsanwendung planwidriges Vorgehen verbietet.

---

[37] Wertbetrachtung 48. Hervorhebungen von mir.
[38] WINKLER, Wertbetrachtung 48.

VII.

Die konkrete Auslegung der einzelnen Zumutbarkeitsbestimmungen hat von der Frage auszugehen, ob die wirtschaftliche Zumutbarkeit nach den erkennbaren Intentionen des Gesetzgebers in einem *subjektiven* oder in einem *objektiven* Sinn zu verstehen ist, da sich an diese erste Orientierung, wie gezeigt[39], weitreichende Konsequenzen knüpfen.

Im Fall des § 13 des Tir NSchG weist der Textzusammenhang dem Begriff der "wirtschaftlichen Vertretbarkeit" einen eindeutig objektiven Sinn zu; es kommt nicht auf die subjektiven Einkommens- oder Vermögensverhältnisse des Verpflichteten an. Die sprachliche Nebeneinanderstellung zur technischen (Un-)Möglichkeit zeigt, daß nur Extreme ausgeschlossen werden sollen. Wirtschaftlich unvertretbar in diesem Sinn ist somit eine Maßnahme, die außer jedem Verhältnis zum erzielbaren Erfolg steht. Wer zB eine zum Naturdenkmal erklärte Eiche von 2 m Stammumfang rechtswidrig fällt, soll nicht verpflichtet werden, eine Eiche von gleichem Umfang woanders ausgraben und an der Stelle des Naturdenkmals einpflanzen zu lassen, mag eine solche Maßnahme mit großem Aufwand auch technisch machbar sein. Dagegen kann dem Störer, der konsenslos einen Hohlweg zugeschoben oder eine Windschutzhecke geschlägert hat, auch dann die Wiederherstellung vorgeschrieben werden, wenn er dadurch zu einer größeren Kreditaufnahme genötigt wird.

Im Fall des § 6 Abs 4 lit b ElWiG handelt es sich um einen anlagenbezogenen Zumutbarkeitsbegriff: Die Selbstversorgung ist dem Inhaber einer Eigenanlage wirtschaftlich zumutbar, wenn ihn die Kosten je Energieeinheit[40] nicht erheblich mehr belasten, als die Kosten des Bezuges derselben Energieeinheit vom Elektrizitätsversorgungsunternehmen.

Die gleiche Klausel im § 6 Abs 4 lit a leg cit gewinnt dagegen ihren Sinn aus dem Ausnahmecharakter gegenüber der prinzipiellen Versorgungspflicht. Durch die Bezugnahme auf den "Einzelfall" erhält sie einen objektiven Charakter: Es kommt nicht auf die wirtschaftliche Lage des Betreffenden an, es handelt sich vielmehr um eine spezifische Ausprägung des Verhältnismäßigkeitsgrundsatzes. Anschluß- und Versorgungspflicht besteht dann nicht, wenn vor allem der zur Herstellung des An-

---

[39] Vgl oben IV.

[40] Unter Berücksichtigung der Betriebs-, Personal- und Erhaltungskosten, weiters der Abschreibungen, kalkulatorischen Zinsen, letztlich allfälliger bezüglicher Einnahmen (Abgabe an Dritte, Eigenverbrauch im Privatbereich).

schlusses erforderliche Aufwand - unter Berücksichtigung der gesetzlich geregelten Baukostenzuschüsse - außer jedem Verhältnis zur betreffenden Energielieferung stehen würde. - Ähnliches gilt für die Ausnahmebestimmung des § 13 Abs 4 MOG.

Schlechthin inadäquat ist die Verwendung des Begriffs "wirtschaftlich zumutbar" in § 8 ElWiG. Gemeint ist nämlich nichts anderes als jene "Angemessenheit", die in allen Fällen des Kontrahierungszwanges gilt[41]: Abnahmepflicht soll zu - je nach der Art und Qualität der angebotenen Energie - angemessenen Preisen[42], angemessenen Mengen und angemessenen Liefermodalitäten bestehen. Ausschlaggebend sind vergleichbare Lieferverträge, nicht aber die wirtschaftlichen Verhältnisse des betreffenden Elektrizitätsversorgungsunternehmens.

Daß nicht jede gesetzessprachliche Bezugnahme auf "den Berechtigten" der Zumutbarkeitsklausel eo ipso einen subjektiven Sinn verleiht, läßt sich am Beispiel des § 18 Abs 1 des nö NSchG verdeutlichen[43]. Aus dem systematischen Zusammenhang und aus der erkennbaren Zwecksetzung einer inhaltlichen Determinierung von Auflagen zu einer erstmaligen[44] bescheidförmigen Absprache ergibt sich, daß nur "exzessive" Nebenbestimmungen ausgeschlossen werden sollen: Naturschutzbehördliche Bewilligungen sollen nicht unter solchen Auflagen erteilt werden, daß von vorneherein erkennbar ist, daß die Aufwendungen zur Erfüllung der Auflagen außer jedem Verhältnis zu den eigentlichen Projektkosten stehen. Wären tatsächlich nur derartige Auflagen zielführend, dann ist der Antrag abzuweisen. Damit wird die materiell-rechtliche Ermittlungspflicht der Behörde limitiert. Auf die individuellen Einkommens- und Vermögensverhältnisse des Betroffenen kommt es dagegen nicht an.

Bei der Befreiung von der Betriebspflicht gemäß § 29 Abs 1 EisbG kommt es dagegen auf die wirtschaftliche Lage "des Eisenbahnunternehmens" an. Es ist daher zu prüfen, ob der Fortbetrieb der Linie dem Unternehmen im Rahmen seiner Eisenbahnkonzession - unter Berück-

---

[41] BYDLINSKI, Zum Kontrahierungszwang der öffentlichen Hand, in: Klecatsky-FS I (1980) 129.

[42] Die RV 867 BlgNR 13. GP, 7, betont zu § 8 die "insbesondere im Preis zum Ausdruck kommende wirtschaftliche Zumutbarkeit".

[43] Vgl schon LIEHR - STOBERL, Kommentar zum NÖ Naturschutzgesetz (1986) 171 ff.

[44] Anderes kann im Einzelfall für die nachträgliche Vorschreibung von Auflagen gelten, da diesfalls zum Teil auf das "verliehene Recht" Bedacht zu nehmen ist: vgl § 33 Abs 2 WRG.

sichtigung der im Rahmen der bestehenden staatlich reglementierten Tarife erzielbaren Einnahmen und unter Berücksichtigung der bestehenden steuerrechtlichen Begünstigungen - noch einen angemessenen Gewinn ermöglicht.

Eine Beschränkung öffentlich-rechtlicher Lasten durch die im subjektiven Sinn zu verstehende wirtschaftliche Zumutbarkeit wirft in der Regel Bedenken unter dem verfassungsrechtlichen Gleichheitssatz auf; kommt es doch zu einer unterschiedlichen Belastung aus "allein in der Person des Betroffenen gelegenen Umständen". In allen Fällen, in denen die Verpflichteten nicht derart isoliert-erratisch betroffen sind, wie die in § 29 Abs 1 EisbG geschützten Eisenbahnunternehmen, birgt eine subjektive Sicht der wirtschaftlichen Zumutbarkeit die Gefahr, daß die öffentlich-rechtliche Verpflichtung letztlich - in Anbetracht der bestehenden gesellschaftsrechtlichen und steuerrechtlichen Gestaltungsmöglichkeiten - zur Disposition des Verpflichteten gestellt ist; bei Wirtschaftsunternehmen entsteht sogar die Gefahr, daß gutes Management bestraft wird und daß verzerrend in Wettbewerbsverhältnisse eingegriffen wird.

In seinem Bemühen, das zitierte Erkenntnis VfSlg 7759/1976 in vernünftiger und praktikabler Weise zu Ende zu denken, hat der Verwaltungsgerichtshof in VwSlg 9063 A/1976 im Hinblick auf § 129 Abs 10 der Wr BauO folgende Gesichtspunkte hervorgehoben:

* Eine öffentlich-rechtliche Verpflichtung ist für den Eigentümer jedenfalls dann wirtschaftlich zumutbar, "wenn sich daraus eine Erhöhung des Verkehrswertes oder des Ertragwertes seines Eigentums ergibt".

* Wirtschaftlich zumutbar seien weiters "Maßnahmen, zu deren finanzieller Deckung er öffentliche Mittel, aus welchem Titel immer, anzusprechen in der Lage ist". - Diese Aussage ist freilich nur mit Einschränkungen gültig. Bedenkt man nämlich, daß die Hoheitsverwaltung und die privatwirtschaftliche Förderungsverwaltung nicht koordiniert sind, bedenkt man weiters, daß gerade für die Förderungsverwaltung der Ausschluß von Rechtsansprüchen charakteristisch ist, und berücksichtigt man schließlich, daß individuelle Verwaltungsverfahren nicht einfach "ausgesetzt" werden können, bis über mögliche Förderungen abgesprochen wurde, dann zeigt sich, daß der Beurteilung der wirtschaftlichen Zumutbarkeit im allgemeinen nur liquide Förderungstitel zugrundegelegt werden dürfen.

* Letztlich sei wirtschaftliche Zumutbarkeit dann anzunehmen, wenn Kosten überwälzt werden können.

Diese Gesichtspunkte erweisen sich bei näherer Betrachtung nicht als Konkretisierungen der "wirtschaftlichen Zumutbarkeit", sondern als deren Beschränkungen, und zwar als Beschränkungen, die unzweideutig in die objektivierende Richtung des "Standardeigentümers", des "Standardunternehmers"[45] deuten. Daher muß sich der Betroffene durchaus auch "abweichendes Verhalten" wie etwa "Mißmanagement"[46] oder das Nicht-Nützen von Kostenüberwälzungsmöglichkeiten[47] vorhalten lassen. Im allgemeinen unterliegt daher der durch subjektive Zumutbarkeitskomponenten Geschützte einer *Anspannungspflicht*.

VIII.

Gerade im Lichte dieser Beispiele stellt sich die Frage, wie Auslegungsprobleme der vorliegenden Art verfahrensrechtlich zu behandeln sind. Der mit der Frage der "wirtschaftlichen Zumutbarkeit" konfrontierte Jurist einer Bezirksverwaltungsbehörde oder des Amtes der LReg wird, getreu den üblichen administrativen Routinen, nach einem Sachverständigen suchen, dem er die Frage übertragen kann. Er wird an einen Buch- und Wirtschaftsprüfer denken, doch diesen Gedanken wieder fallen lassen, da ein solches Gutachten, wenn es seriös ist, einen Amtsaufwand oder Barauslagen verursachen würde, die oft in keinem Verhältnis zur eigentlichen Verwaltungssache stehen. Er wird an die Wirtschaftspolizei oder an die Betriebsprüfungsabteilungen der Finanzämter denken, aber auch diesen Gedanken wieder fallen lassen, da mit diesen Dienststellen kein Kontakt gepflegt wird. So wird er möglicherweise den Akt an die Wirtschaftsförderungsabteilung des Amtes der

---

[45] Dieser Begriff ist mE dem Begriff "Durchschnittsunternehmen" vorzuziehen, da es nicht auf empirische Mittelwerte - solche können in einem normalen Verwaltungsverfahren kaum je ermittelt werden - sondern auf typische, repräsentative Lagen ankommt. In diesem Sinn bestimmt Art 4 Abs 3 der Schweizerischen Luftreinhalte-Verordnung, SR 814.318.142.1: "Für die Beurteilung der wirtschaftlichen Tragbarkeit von Emissionsbegrenzungen ist auf einen mittleren und wirtschaftlichen Betrieb der betreffenden Branche abzustellen. Gibt es in einer Branche sehr unterschiedliche Klassen von Betriebsgrössen, so ist von einem mittleren Betrieb der entsprechenden Klasse auszugehen". - Vgl dazu SCHRADE, in: Kölz - Müller-Stahel, Rz 34 zu § 11.

[46] Vgl zum Preisrecht etwa VwSlg 5907 A/1962.

[47] VwSlg 6229 A/1964. Vgl auch VwSlg 3288 A/1954.

LReg "mit dem Ersuchen um Erstellung eines Gutachtens, ob ... wirtschaftlich zumutbar ist", übermitteln[48].

Diese eher ironisch zu verstehende Skizze soll zweierlei beleuchten: Zum einen die Sorglosigkeit, mit der der Gesetzgeber häufig davon absieht, Überlegungen daran zu verschwenden, wie seine Gesetze überhaupt administrativ-praktisch umgesetzt werden sollen[49]. Zum anderen aber auch die Sorglosigkeit, mit der Behördenjuristen schwierige Fragen an Sachverständige zu "delegieren" pflegen.

Auch sogenannte "unbestimmte Rechtsbegriffe" sind zunächst und zuallererst *Rechtsbegriffe*. Als solche sind sie zuerst juristischer Auslegung und erst in weiterer Folge Schritten im Rahmen des Ermittlungsverfahrens - nichts anderes ist ein Gutachtensauftrag - zuzuführen[50]. Wollte man - was in der Praxis immer wieder zu beobachten ist[51] - dem Sachverständigen die Frage stellen, ob eine bestimmte öffentlich-rechtliche Pflicht für den Verpflichteten "wirtschaftlich zumutbar" ist, dann würde man lediglich Gutachtenkriege auf Grund betriebswirtschaftlicher Schulenstreitigkeiten provozieren, da juristisch nicht vorgegeben wäre, in welchem konkreten Sinn "Zumutbarkeit" zu verstehen ist.

Eine weitere verfahrensrechtliche Frage der Bestimmung der wirtschaftlichen Zumutbarkeit betrifft die Ermittlung der erforderlichen Daten. Es ist naheliegend, daß die Beurteilung, ob eine bestimmte Pflicht wirtschaftlich zumutbar ist, ohne weitgehende Mitwirkung des Betroffenen in vielen Fällen nicht möglich ist[52]. Ohne daß hier auf die ins Grundsätzliche reichenden Kontroversen über "ungeschriebene Mitwirkungspflichten"[53] eingegangen werden muß, kann doch festgehalten werden,

---

[48] Und wird sich damit gegebenenfalls einen Rüffel der Landesamtsdirektion einheimsen, da diese Abteilung kapazitätsmäßig nicht für derartige Aufgaben ausgestattet ist.

[49] Vgl schon RASCHAUER, Entscheidungsbesprechung, ZAS 1983, 70 ff.

[50] Entgegen HOPPE, BB 1966, 1372, 1374, liegt nicht schlechthin ein "wirtschaftlicher Begriff" vor. In HOPPE, Wirtschaftliche Vertretbarkeit 57, spricht er unverständlicherweise überhaupt von einem "außerrechtlichen Begriff". Die gewiß notwendige wirtschaftliche Orientierung ist erst *nach* der Rekonstruktion des Willens des Gesetzgebers gefragt.

[51] Vgl in einem anderen Zusammenhang auch RASCHAUER, Umweltschutzrecht (1986) 104 f.

[52] Dies betont ausdrücklich VwSlg 11890 A/1985. Vgl auch VwSlg 9063 A/1976.

[53] Vgl insbes WIELINGER - GRUBER, Zur Frage der Mitwirkungspflicht der Parteien im Verwaltungsverfahren, ZfV 1983, 365, aber doch auch die bei RINGHOFER, Die

daß mit *Beweislastregeln* jedenfalls auch *Substantiierungsobliegenheiten* verbunden sind. Sofern das Gesetz zur Antragstellung wegen wirtschaftlicher Unzumutbarkeit ermächtigt (§ 29 EisbG), geht das Substantiierungserfordernis mit dem Erfordernis einer begründeten Antragstellung einher. Geht man in jenen Fällen, in denen die Behörde von Amts wegen oder auf Antrag Dritter (§ 8 ElWiG) tätig wird, in denen wirtschaftliche Unzumutbarkeit also einredeweise geltend gemacht wird, von dem anerkannten Grundsatz aus, daß jede Partei die für sie günstigen Umstände zu beweisen hat, dann obliegt es dem durch eine öffentlich-rechtliche Pflicht Belasteten, jene Umstände zu belegen, die für die wirtschaftliche Unzumutbarkeit ihrer Erfüllung sprechen.

Gerade bei der Frage der wirtschaftlichen Zumutbarkeit kann der "Obliegenheit zur Mitwirkung" eine weitere Bedeutung zukommen. Unabhängig davon, welche Beurteilungskriterien im Einzelfall auch immer rechtserheblich sein mögen, fordert die Würdigung der wirtschaftlichen Zumutbarkeit jedenfalls eine Gesamtbeurteilung. Es ist davon auszugehen, daß der Verpflichtete unter Außerachtlassung anderer Gesichtspunkte nur über jene Umstände Beweis anbieten wird, die für ihn günstig sind. Hat die Behörde insoweit Bedenken, dann hat sie im Rahmen der Beweiswürdigung das *gesamte* Parteienvorbringen als verfälschend unberücksichtigt zu lassen. Wiederum kann nicht von einer Mitwirkungs*pflicht* gesprochen werden, wohl aber von einer Obliegenheit, die Voraussetzungen für geltend gemachte Begünstigungen *vollständig* zu belegen.

Die Obliegenheit zur Mitwirkung entbindet die Behörde nicht ihrer Pflicht, von Amts wegen die materielle Wahrheit zu ermitteln, schränkt diese Pflicht aber ein: Die Behörde hat stets jene Umstände mitzuberücksichtigen, die ihr von Amts wegen bekannt sind oder sonst im Rahmen der gebotenen sorgfältigen Amtsführung bekannt sein müssen. Will der Betroffene weitere Umstände berücksichtigt wissen, muß er darüber Beweis anbieten.

Diesen Grundsätzen kommt auch in *zeitlicher* Hinsicht Bedeutung zu. Gerade in wirtschaftlichen Zusammenhängen stellt sich die Frage, wie lange eine Beurteilung in Anbetracht der oft rasch wechselnden wirtschaftlichen Gegebenheiten "gilt". Die Behörde ist im üblichen und geläufigen - und deshalb vom Materiengesetzgeber vorausgesetzten -

---

österreichischen Verwaltungsverfahrensgesetze I (1987) 363 ff, zusammengestellte Judikatur.

Rahmen eines Verwaltungsverfahrens⁵⁴ grundsätzlich nur zu einer Momentaufnahme befähigt. Entsprechen zB die der Beurteilung zugrundegelegten letzten Bilanzdaten eines Unternehmens nicht mehr seiner aktuellen Finanzlage, so hat der Unternehmer darüber Beweis anzubieten. Hat die Beurteilung rechtlich nicht nur punktuelle Wirkung, geht es also um Dauerpflichtverhältnisse, dann kann der behördlichen *Revisionspflicht*⁵⁵ Bedeutung zukommen: Nachträgliche Bilanzkorrekturen können Anlaß für eine Wiederaufnahme des Verfahrens, neue Bilanzen können Anlaß für eine neue Sachentscheidung sein.

Das Vorgehen der Behörde muß letztendlich den diskursiven Charakter des Verwaltungsverfahrens beachten. Daher ist über das Ergebnis des Ermittlungsverfahrens nicht nur das Parteiengehör zu wahren⁵⁶, es ist darüber hinaus einem Vorschlag des Betroffenen jedenfalls Vorrang einzuräumen⁵⁷. Niemand kann besser beurteilen, was wirtschaftlich zumutbar ist, als der Betroffene selbst⁵⁸. Wenn dieser Vorschlag den objektivrechtlichen Erfordernissen genügt, dann ist damit das beste Ergebnis erreicht, das im Rahmen eines Verwaltungsverfahrens erzielt werden kann.

---

⁵⁴ HOPPE (Wirtschaftliche Vertretbarkeit 67 ff; vgl auch *ders*, Die wirtschaftliche Vertretbarkeit im Umweltschutzrecht [1984] 50) will ua auf die "Preiselastizität der Nachfrage", auf die "Substituierbarkeit des Produkts" und auf die "Marktstellung des Unternehmens" abstellen. Wie dies im Rahmen normaler Verwaltungsverfahren bewerkstelligt werden soll, ist unerfindlich.

⁵⁵ Vgl dazu RASCHAUER, in: Schäffer (Hrsg), Fälle und Lösungen zum Verwaltungsrecht² (1988) 169 ff.

⁵⁶ Vgl zB nur VwSlg 3288 A/1954.

⁵⁷ Dies klingt auch in VwSlg 9063 A/1976 an.

⁵⁸ Vgl zur Vorschreibung von Auflagen auch VwSlg 9837 A/1979. - Beachtenswert ist in diesem Zusammenhang Art 16 Abs 3 des Schweizerischen Umweltschutzgesetzes, SR 814.01, der anordnet: "Bevor die Behörde erhebliche Sanierungsmassnahmen anordnet, holt sie vom Inhaber der Anlage Sanierungsvorschläge ein".

Walter Barfuß

"Persönliche Gewerbeausübung" und Wirtschaftstreuhänder-Berufsrecht

> *"Wo das Gesetz mangelhaft ist, wo es keine ausdrückliche Regelung enthält, kann häufig die Lösung nur in der Abwägung einander widerstreitender Rechtsprinzipien gefunden werden. Das erfordert unter Umständen eine Wertentscheidung, deren Ergebnis nur richtig sein kann, wenn der der Rechtsordnung innewohnende Zweck richtig beurteilt wurde."*

I.

So hatte GÜNTHER WINKLER 1956 in seiner Habilitationsschrift[1] geschrieben. Und so lehrte GÜNTHER WINKLER als Dozent - und bald darauf als Professor -, als ich ihn 1958/1959 an der damaligen "Rechts- und Staatswissenschaftlichen Fakultät" der Universität Wien als Student kennenlernte. In unzähligen Lehrveranstaltungen trug er uns diesen Gedanken in allen möglichen Zusammenhängen vor, und in vielen Seminaren vertieften er und seine Schüler, zu denen ich mich zählen durfte, in den folgenden Jahren diesen Gedanken.

In faszinierender Weise hat GÜNTHER WINKLER damals uns - und in der Folge Generationen von Juristen - einerseits die Reine Rechtslehre der seinerzeitigen Wiener Schule des Rechtspositivismus im Detail und ohne die übliche - unsachliche und durch keinerlei Sachkenntnisse belastete - Polemik beigebracht, andererseits aber zugleich kritisch Stellung genommen und uns aufgefordert, in der Reinen Rechtslehre zwar ein schönes Stück Wahrheit, nicht aber die ganze Wahrheit zu erblicken. Auf diese Weise wurde uns bald klar, daß insbesondere der, wie ich ihn nennen möchte, "wissenschaftliche Interpretationsskeptizismus", wie er etwa von HANS KELSEN vertreten wurde, in Wahrheit unbegründet und

---

[1] Der Bescheid. Ein Beitrag zur Lehre vom Verwaltungsakt (1956) 41.

unangebracht ist; und wir verfielen daher nicht in eine euphorische, kritiklose Bewunderung *all* dessen, was die Reine Rechtslehre seinerzeit gelehrt hatte. Schon 1969 formulierte GÜNTHER WINKLER[2] in diesen Sinne sehr deutlich:

> "Kelsens Interpretationslehre ist zwar einfach, aber verfehlt und irreführend. Sie setzt die Ausnahme für die Regel und ignoriert den Umstand, daß auch Wertungen determiniert, durch Wertentscheidungen vorbestimmt sein können."

So lernten wir die teleologische Rechtsbetrachtung, die sinnbezogene Wertbetrachtung im Recht kennen. Dafür habe nicht nur ich, sondern haben viele "Winkler-Schüler" zu danken: Sie zeichnen sich nämlich - welche Wege immer sie später beruflich gegangen sind - dadurch aus, daß sie gelernt haben, in ihrer tagtäglichen Arbeit - sei es in der Lehre, sei es in der Praxis - ein konkretes, wertbezogenes Rechtsdenken zu üben.

II.

1970 schrieb GÜNTHER WINKLER[3]:

> "Das Sinnverständnis vom Recht erlaubt gewiß eine isolierende Betrachtungsweise. Einzelheiten können auch für sich von Bedeutung sein. Dennoch ist kaum eine Rechtsvorschrift ohne den Zusammenhang mit anderen Rechtsvorschriften in ihrem vollen Sinn und ihrer Tragweite eigentlich erkennbar. Es gilt daher immer, auch jenen Zusammenhang aufzusuchen, der sich aus dem gemeinsamen inhaltlichen Bezug thematisch einschlägiger Vorschriften ergibt."

Diesen Ratschlag hatte ich ganz besonders vor Augen, als ich kürzlich zu einem konkreten Fall um meine Rechtsmeinung gefragt worden war und "Rede und Antwort zu stehen" hatte. Worum ging es?

III.

Nach § 34 Abs 2 lit a iVm Abs 3 lit a WT-BO[4] sind mit dem Beruf des Wirtschaftstreuhänders das *persönliche* Ausüben eines Gewerbes (ausgenommen Berufe, bei denen es um das Wahrnehmen "fremder Interessen in wirtschaftlichen, technischen und rechtlichen Angelegenheiten"

---

[2] Wertbetrachtung im Recht und ihre Grenzen (1969) 49.
[3] Gesetzgebung und Verwaltung im Wirtschaftsrecht (1970) 78.
[4] BG v 22. 6. 1955 über das Berufsrecht der Wirtschaftstreuhänder (Wirtschaftstreuhänder-Berufsordnung), BGBl 1955/125 zuletzt idF BGBl 1986/380.

geht) und das - wenn auch *nicht persönliche* - Ausüben einer gewerbsmäßigen Vermittler- und Agententätigkeit unvereinbar.

Damit erhebt sich sofort die Frage, was unter dem *persönlichen* Ausüben eines Gewerbes zu verstehen ist. Insbesondere fragt es sich, wie unter diesem Gesichtspunkt etwa die folgenden Sachverhalte zu beurteilen sind:

* Ausübung der Gewerbeberechtigung durch Dritte;

* Verpachtung einer Gewerbeberechtigung;

* Gewerberechtlicher Geschäftsführer;

* bloße Innehabung einer ruhenden Gewerbeberechtigung;

* persönlich haftender Gesellschafter oder Kommanditist;

* nicht persönliches Ausüben einer gewerbsmäßigen Vermittler- und Agententätigkeit, insbesondere auch kapitalmäßige Beteiligung an einer solchen Kapitalgesellschaft.

Die ehrenvolle Einladung, für die Festschrift GÜNTHER WINKLER einen Beitrag zu leisten, gibt mir einen willkommenen Anlaß, diese Fragen zu vertiefen und die Antworten eingehender zu begründen, zumal es sich um einen praxisbezogenen, aktuellen Anwendungsfall sinnbezogener Wertbetrachtung im Recht handelt.

IV.

1) § 34 Abs 2 lit a WT-BO[5] unterscheidet zwischen dem persönlichen und dem nicht persönlichen Ausüben eines Gewerbes, ohne zu erklären, worin der Unterschied zu erblicken ist[6]. Auch die Materialien[7] helfen nicht weiter. Ohne weitere Untersuchung erkennbar ist daher fürs erste bloß: Der Gesetzgeber will verhindern, daß ein Wirtschaftstreuhänder irgendein Gewerbe *persönlich ausübt*, und überdies, daß er eine Ver-

---

[5] "als unvereinbar gelten folgende Tätigkeiten:
a) ... die persönliche Ausübung eines Gewerbes. Eine gewerbsmäßige Vermittler- und Agententätigkeit ist dem Wirtschaftstreuhänder auch dann verboten, wenn sie nicht persönlich ausgeübt wird."
[6] So auch LEIFER, Das Berufsrecht der Wirtschaftstreuhänder (1957) 95 ff.
[7] 486 BlgNR 7. GP; 553 BlgNR 7. GP.

mittler- und Agententätigkeit *überhaupt* - sei es auch nicht persönlich - *ausübt*.

2) Da § 34 Abs 2 lit a WT-BO den Begriff "Gewerbe" verwendet, liegt es nahe, anhand der GewO[8] zu prüfen, was man unter Ausüben eines Gewerbes und gegebenenfalls unter persönlichem bzw nicht persönlichem Ausüben eines Gewerbes zu verstehen hat.

Dabei ist vorweg folgendes festzuhalten:

§ 1 GewO spricht zunächst ganz allgemein von "gewerbsmäßig ausgeübten und nicht gesetzlich verbotenen Tätigkeiten", und die §§ 2 ff GewO zählen - in einem langen Katalog - jene Tätigkeiten auf, die der GewO nicht unterliegen, wie etwa den Betrieb von Bergbauunternehmen, Schleppliftunternehmen, Kinounternehmen, des Buschenschanks etc. Auch zB das Taxigewerbe unterliegt einem eigenen Gesetz, nämlich dem GelegenheitsverkehrsG[9]. Erst in den folgenden Paragraphen werden die - der GewO unterliegenden - "Gewerbe" näher geregelt.

Es fragt sich daher, ob sich die WT-BO, welche von "Gewerbe" spricht, auf *alle* Gewerbe (= "gewerbsmäßig ausgeübten und nicht gesetzlich verbotenen Tätigkeiten") bezieht oder bloß auf solche "Gewerbe", die der GewO unterliegen. Die Antwort ist mE eindeutig: Nach dem *Zweck* der WT-BO, mit dem Beruf eines Wirtschaftstreuhänders *unvereinbare* gewerbsmäßige Tätigkeiten auszuschließen, kann lediglich ein *allgemeiner* Gewerbebegriff gemeint sein. Es wäre nicht einzusehen, weshalb etwa der Buchhandel bloß "nicht persönlich" ausgeübt werden dürfte, jedoch zB der Buschenschank oder das Taxigewerbe "persönlich". Die Annahme, daß sich die WT-BO bloß auf die in der GewO geregelten Gewerbe beziehe, wäre derart willkürlich und sachwidrig, daß schon das Gebot einer verfassungskonformen Auslegung[10] eine solche - bloß formale - Differenzierung verbietet.

---

[8] BG v 29. 11. 1973, mit dem Vorschriften über die Ausübung von Gewerben erlassen werden (Gewerbeordnung 1973 - GewO 1973), BGBl 1974/50 zuletzt idF BGBl 1988/399. (Die Gewerberechtsnovelle 1988, BGBl 399, ist *nach* Abschluß dieses Manuskriptes erschienen, hat aber für die vorliegende Frage keine neuen Gesichtspunkte gebracht.)

[9] BG v 2. 4. 1952 über die nichtlinienmäßige gewerbsmäßige Beförderung von Personen zu Lande (Gelegenheitsverkehrs-Gesetz), BGBl 1952/85 zuletzt idF BGBl 1987/125.

[10] Vgl zB WALTER - MAYER, Grundriß des österreichischen Bundesverfassungsrechts[6] (1988) 54.

Was ist also das Ausüben eines Gewerbes? Und was ist das persönliche bzw das nicht persönliche Ausüben eines Gewerbes?

3) § 1 Abs 1 GewO spricht von "gewerbsmäßig ausgeübten Tätigkeiten". § 1 Abs 2 GewO besagt, daß eine Tätigkeit dann gewerbsmäßig ausgeübt wird, "wenn diese selbständig, regelmäßig und in der Absicht betrieben wird, einen Ertrag oder sonstigen wirtschaftlichen Vorteil zu erzielen, gleichgültig für welche Zwecke dieser bestimmt ist". Die Selbständigkeit der Tätigkeit sieht § 1 Abs 3 GewO in der "Tätigkeit auf eigene Rechnung und Gefahr". Folgerichtig versteht man unter "Ausübung" eines Gewerbes in Lehre und Judikatur "eine den Gegenstand des Gewerbes bildende Tätigkeit"[11], wobei nach § 1 Abs 4 GewO schon das "Anbieten einer den Gegenstand eines Gewerbes bildenden Tätigkeit an einen größeren Kreis von Personen ... der Ausübung des Gewerbes" gleichzuhalten ist.

Ihrem *Inhalt* nach umfaßt die Gewerbeausübung *jede* Tätigkeit, die dem § 1 Abs 1 GewO entspricht. Es liegt eine Gewerbeausübung nicht etwa bloß dann vor, wenn eine in der GewO näher geregelte Tätigkeit ausgeübt wird, zB das Sammeln und Entgegennehmen von Bestellungen; vielmehr gehören alle Teil- und Hilfstätigkeiten, Vorbereitungshandlungen, unternehmerischen und manuellen Tätigkeiten dazu. *Alle* Handlungen eines Gewerbetreibenden im Rahmen eines Gewerbes sind eine gewerbliche Tätigkeit im Sinne des § 1 Abs 2 GewO[12]. Jede im Rahmen eines Gewerbebetriebs ausgeübte Tätigkeit trägt schon hiedurch allein den Charakter der Gewerbsmäßigkeit an sich[13]; die betreffende Tätigkeit muß nicht einmal im eigenen Namen erfolgen[14].

Aus all dem ergibt sich, daß das Wesen der Gewerbe*ausübung* eine *Tätigkeit* bestimmten Inhalts ist, also etwas, was sich in der Welt des Seins, in der täglichen Wirklichkeit der Wirtschaft abspielt. Es geht also nicht um das *Recht*, eine solche Tätigkeit ausüben zu dürfen, also nicht um das "Gewerberecht" als subjektives öffentliches Recht des Gewerbetreibenden[15].

---

[11] Vgl bei MACHE - KINSCHER, Die Gewerbeordnung⁵ (1982) 14 FN 28 und die dort zitierte verwaltungsgerichtliche Judikatur.
[12] VwSlg 9183 A/1976.
[13] VwGH 21. 3. 1980, 1617/79.
[14] VwGH 11. 4. 1980, 3162/78.
[15] VwSlg 4457 A/1957.

Dieses Zwischenergebnis wird, wie noch zu zeigen sein wird, auch für die Auslegung des § 34 Abs 2 lit a WT-BO nutzbar gemacht werden können.

4) Wie der VwGH klargestellt hat[16], wird mit einer Gewerbeanmeldung bzw dem Konzessionsansuchen das *Recht* angestrebt, "ein Gewerbe auf Grund der Anmeldung oder einer Konzession auszuüben"[17]. Die *Gewerbeberechtigung* (infolge Gewerbeanmeldung bei Anmeldegewerben und infolge Konzessionserteilung bei konzessionierten Gewerben) verschafft ein *Ausübungsrecht*, welches ein persönliches, nicht übertragbares Recht ist und "durch *Dritte* nur insoweit ausgeübt werden" kann, als es in der GewO vorgesehen ist[18].

Nach herrschender Auffassung sind die Fälle, in denen - ausnahmsweise - das Recht auf Gewerbeausübung *durch Dritte* ausgeübt werden darf, taxativ aufgezählt[19]. Es handelt sich um die Fälle der *Gewerbeverpachtung* und der *Fortbetriebsrechte* sowie um die Fälle des § 11 Abs 4 bis Abs 7 GewO. (In den zuletzt genannten Fällen handelt es sich zB um das Ausscheiden des letzten Gesellschafters einer Personengesellschaft des Handelsrechts, um die Übertragung des Unternehmens einer Kapitalgesellschaft an einen Gesellschafter oder um die Umwandlung in eine Personengesellschaft des Handelsrechts. In diesen Fällen ist ein weiteres Ausüben von Gewerben auf Grund von einem anderen Rechtsträger begründeter Gewerbeberechtigung durch längstens ein halbes Jahr vorgesehen.)

All diese Fälle sind für das Problem der Abgrenzung zwischen persönlicher und nicht persönlicher Gewerbeausübung ohne Bedeutung:

a) Bei der Gewerbeverpachtung überträgt der Gewerbeinhaber "die Ausübung des Gewerbes einer Person ..., die es auf eigene Rechnung und im eigenen Namen ausübt (Pächter des Gewerbes)"[20]. Da dem Pächter in Wahrheit "das Recht ... zur Ausübung des Gewerbes"[21] übertragen wird, ist klar, daß ein Wirtschaftstreuhänder, der ein Gewerbe verpachtet, kein Recht zur Gewerbeausübung mehr hat und dieses Gewerbe im

---

[16] VwSlg 9697 A/1978.
[17] § 38 Abs 1 GewO.
[18] § 38 Abs 1 GewO.
[19] Vgl bei MACHE - KINSCHER, Gewerbeordnung 181.
[20] § 40 Abs 1 GewO.
[21] § 40 Abs 3 GewO.

Sinne der GewO auch *nicht* ausübt - will er nicht die Verwaltungsübertretung der unbefugten Gewerbeausübung[22] begehen.

b) Das gleiche gilt für die Fortbetriebsrechte des § 41 GewO, weil dort zwar das ausnahmsweise Recht vermittelt wird, "einen Gewerbetrieb auf Grund der von einer anderen Person erstatteten Gewerbeanmeldung oder der dieser erteilten Konzession fortzuführen", aber kein Zweifel daran besteht, daß es der Fortbetriebsberechtigte ist, dem das Recht auf Gewerbeausübung zusteht und der das Gewerbe ausübt. Es lebt in solchen Fällen, wie das üblicherweise formuliert wird, "in den abgeleiteten Fortbetriebsrechten das primäre Gewerberecht" fort[23]. Dazu kommt, daß die Frage des § 34 Abs 2 lit a WT-BO im Zusammenhang mit Fortbetriebsrechten schon vom Tatbestand her gar nicht entstehen kann - außer der Wirtschaftstreuhänder selbst ist der Fortbetriebsberechtigte.

c) Die Fälle des § 11 Abs 4 bis Abs 7 GewO haben mit dem hier behandelten Problem vom Sachverhalt her keinen Zusammenhang.

5) Aus all dem ergibt sich, daß in den in der GewO taxativ festgelegten Fällen, in denen - ausnahmsweise - die Ausübung des Rechts auf Gewerbeausübung *durch Dritte* zugelassen ist, der Wirtschaftstreuhänder als "Gewerberechtsgeber" - praktisch kommt allein die Verpachtung in Frage - aus der Sicht der GewO nicht Gewerbeinhaber und nicht Gewerbeausübender ist, weil nicht er, sondern der Pächter der Gewerbetreibende ist - also jene Person, die das Recht auf Gewerbeausübung ausübt. Man kann daher - aus der Sicht der GewO - auch nicht sagen, als Verpächter übe der Wirtschaftstreuhänder das betreffende Gewerbe bloß "nicht persönlich" aus: Er übt es nämlich überhaupt nicht aus.

Und wenn man jetzt einfach die Auffassung vertreten wollte, es sei eben die Verpachtung *der* Fall einer nicht persönlichen Gewerbeausübung im Sinne des § 34 Abs 2 lit a WT-BO, dann müßte man sich doch die Frage stellen, weshalb dann der Gesetzgeber den praktisch einzig in Frage kommenden Fall, nämlich die Verpachtung, in der WT-BO nicht konkret genannt hat. Und man müßte weiters die Frage stellen, ob sich denn die dem Wirtschaftstreuhänder erlaubte "nicht persönliche" Gewerbeausübung tatsächlich nur auf den - praktisch allein in Frage kommenden - Fall der Verpachtung beziehen soll, mit der Konsequenz, daß alle anderen Formen der Gewerbeausübung als persönliche Gewerbeaus-

---

[22] § 366 GewO.
[23] Vgl bei MACHE - KINSCHER, Gewerbeordnung 195 FN 1.

übung anzusehen und daher dem Wirtschaftstreuhänder verboten wären. Nicht bloß, daß der Pächter - gewerberechtlich gesehen - überhaupt kein Gewerbe ausübt, sondern auch weitergehende Überlegungen lassen an der Richtigkeit einer solch engen Auslegung des § 34 Abs 2 lit a WT-BO Zweifel aufkommen.

6) MACHE - KINSCHER[24] erwähnen den Fall der Bestellung eines gewerberechtlichen Geschäftsführers nicht als einen Fall der Gewerbeausübung durch Dritte. Eine Begründung dafür wird nicht gegeben. Wahrscheinlich ist sie darin zu erblicken, daß nach § 38 Abs 2 GewO als *Gewerbetreibender* im Sinne der GewO "der Gewerbeinhaber einschließlich des Fortbetriebsberechtigten sowie der gemäß § 40 bestellte Pächter zu verstehen" sind; der gewerberechtliche Geschäftsführer hingegen wird in diesem Zusammenhang nicht erwähnt[25]. Das allein ist jedoch noch kein ausreichender Beweis dafür, daß im Falle der Bestellung eines gewerberechtlichen Geschäftsführers nicht dieser, sondern der Gewerbetreibende das Gewerbe ausübt.

Wer übt das Gewerbe, für dessen Ausübung ein Geschäftsführer bestellt ist, aus? Der Gewerbeinhaber? Der gewerberechtliche Geschäftsführer? Beide?

Nach § 39 Abs 1 GewO kann der Gewerbeinhaber "für die Ausübung seines Gewerbes" einen Geschäftsführer bestellen. Rechtliche Grundlage dafür ist das Recht des Gewerbeinhabers, "ein Gewerbe auf Grund der Anmeldung oder einer Konzession auszuüben"[26].

Was aber unterscheidet die Bestellung eines Geschäftsführers von der Verpachtung? Wird nicht auch bei der Bestellung eines gewerberechtlichen Geschäftsführers das Gewerbeausübungsrecht übertragen?

Bei der Bestellung eines gewerberechtlichen Geschäftsführers - gleichgültig, ob es sich um den Fall einer fakultativen oder den Fall einer obligatorischen Geschäftsführerbestellung handelt[27] - geht es um etwas anderes als um die Übertragung bzw den Übergang des *Rechts* auf (umfassende) Gewerbeausübung, wie das etwa bei der Gewerbeverpachtung[28] oder beim Fortbetriebsberechtigten[29] der Fall ist. Der gewerbe-

---
[24] Gewerbeordnung 181 FN 5.
[25] So auch MAYER, Geschäftsführer, Pächter und befähigter Arbeitnehmer, in: Rill (Hrsg), Gewerberecht (1978) 231.
[26] § 38 Abs 1 GewO.
[27] Vgl im einzelnen bei MAYER, Geschäftsführer 219 f.
[28] § 40 GewO.

rechtliche Geschäftsführer wird nach dem Wortlaut des § 39 Abs 1 GewO zwar vom Gewerbeinhaber "für die Ausübung seines Gewerbes" bestellt. Aber § 9 Abs 1 GewO zeigt, daß das Recht auf Gewerbeausübung grundsätzlich dem Gewerbeinhaber zusteht. *Er ist der Gewerbetreibende.* Weder hat der gewerberechtliche Geschäftsführer ein eigenes Gewerberecht, noch geht durch die Bestellung eines gewerberechtlichen Geschäftsführers das Gewerbeausübungsrecht des Gewerbeinhabers grundsätzlich unter. § 8 GewO macht das sehr deutlich: Sogar nicht eigenberechtigte Personen können unter bestimmten Voraussetzungen ein Gewerbe anmelden bzw eine Konzession erlangen; der gesetzliche Vertreter hat jedoch einen "Geschäftsführer zu bestellen oder die Ausübung des Gewerbes an den Pächter zu übertragen". Auch dann, wenn die Eigenberechtigung verlorengeht, "kann ein Gewerbe durch einen vom gesetzlichen Vertreter bestellten Geschäftsführer weiter ausgeübt werden oder die weitere Ausübung einem von gesetzlichen Vertreter bestellten Pächter übertragen werden". Wenn in einem solchen Fall die betreffende Person zB die Eigenberechtigung (nach dem 24. Lebensjahr) erlangt, dann "darf das Gewerbe nur dann weiter ausgeübt werden", wenn die betreffende Person nunmehr allen persönlichen Voraussetzungen genügt. Der Behörde ist dann "die persönliche Ausübung des Gewerbes" anzuzeigen. § 9 Abs 1 GewO weist ebenfalls deutlich in diese Richtung: Auch juristische Personen und Personengesellschaften des Handelsrechts "können Gewerbe ausüben, müssen jedoch einen Geschäftsführer oder Pächter (§§ 39 und 40) bestellt haben". Bei der juristischen Person entsteht das Recht der juristischen Person auf Gewerbeausübung sogar erst mit Bestellung des gewerberechtlichen Geschäftsführers[30]. Das *Recht* auf Gewerbeausübung (das Gewerberecht) wird in all diesen Fällen *nicht übertragen*.

Man darf sich also von der unterschiedlichen und in sich nicht geschlossenen Terminologie der GewO nicht beirren lassen. Zwar werden im gegebenen Zusammenhang Bestellung eines Geschäftsführers und Verpachtung immer wieder in einem Atemzug genannt[31]. Zwar wird davon gesprochen, daß die juristische Person das Gewerbe "ausübt", aber eines gewerberechtlichen Geschäftsführers bedarf[32]. Zwar wird gesagt, die persönliche Ausübung durch den Eigenberechtigten sei etwas an-

---

[29] § 41 GewO.
[30] VwSlg 9697 A/1978.
[31] ZB § 8 Abs 2 GewO.
[32] § 9 Abs 1 GewO.

deres als die Ausübung des Gewerbes des Nichteigenberechtigten durch einen Geschäftsführer oder Pächter[33]. Und § 39 Abs 1 GewO spricht sogar davon, daß der Gewerbeinhaber "für die Ausübung seines Gewerbes einen Geschäftsführer" bestellen kann. So wird man tatsächlich geradezu zwangsläufig mit der Frage konfrontiert, ob nicht auch im Falle der Bestellung eines gewerberechtlichen Geschäftsführers in Wahrheit das Gewerbe des den gewerberechtlichen Geschäftsführer bestellenden Gewerbeinhabers (allein) von einem Dritten, nämlich vom gewerberechtlichen Geschäftsführer, ausgeübt wird. Jedoch stellt § 39 Abs 1 GewO - schon im nächsten Satz - klar, was gemeint ist. Der Geschäftsführer sei nämlich "der Behörde gegenüber für die Einhaltung der gewerberechtlichen Vorschriften verantwortlich", was offensichtlich etwas anderes bedeutet als die Übertragung der gesamten Gewerbeausübung oder gar - wie bei der Verpachtung - des Rechts auf Gewerbeausübung: Es soll vielmehr jemand der Behörde gegenüber als verwaltungsstrafrechtlich Verantwortlicher institutionalisiert werden[34]. Nicht zu Unrecht spricht man in der Praxis gelegentlich vom "gewerberechtlichen Prügelknaben". Damit wird eingegrenzt, was erfaßt ist[35].

Der Funktionsbereich des gewerberechtlichen Geschäftsführers umfaßt mindestens das durch gewerberechtliche Vorschriften geregelte Verhalten des Gewerbeinhabers. Das ist der Funktionsbereich, in dem den gewerberechtlichen Geschäftsführer die gewerberechtliche (= verwaltungsstrafrechtliche) Verantwortlichkeit "für die Einhaltung der gewerberechtlichen Vorschriften"[36] trifft. Der darüber hinausgehende Bereich der Gewerbeausübung - gewerberechtlich nicht geregelte Teil- und Hilfstätigkeiten, unternehmerische und manuelle gewerbliche Tätigkeiten - ist hingegen dem gewerberechtlichen Geschäftsführer nicht notwendigerweise vorbehalten; im Gegenteil: In aller Regel werden diese Tätigkeiten nicht von ihm ausgeübt, obwohl auch sie zu den Gewerbeausübungshandlungen gehören.

Es kann auch nicht übersehen werden, daß § 39 Abs 2 und 3 GewO für die Tätigkeit des gewerberechtlichen Geschäftsführers Mindesterfordernisse festlegt. Der gewerberechtliche Geschäftsführer muß "in der Lage sein, sich im Betrieb entsprechend zu betätigen"; bei einem an

---

[33] § 8 Abs 4 GewO.
[34] Vgl auch § 9 VStG.
[35] So richtig MAYER, Geschäftsführer 211 ff.
[36] § 39 Abs 1 GewO.

einen Befähigungsnachweis gebundenen Gewerbe, das von einer juristischen Person ausgeübt wird, muß der gewerberechtliche Geschäftsführer "dem zur gesetzlichen Vertretung berufenen Organ der juristischen Person angehören oder Prokurist sein oder Arbeitnehmer sein, der mindestens die Hälfte der nach den arbeitsrechtlichen Vorschriften geltenden wöchentlichen Normalarbeitszeit im Betrieb beschäftigt ist". In allen Fällen einer obligatorischen Geschäftsführerbestellung "muß der Gewerbeinhaber sich eines Geschäftsführers bedienen, der sich im Betrieb entsprechend betätigt". Der Gesetzgeber selbst geht also davon aus, daß nicht die *gesamte* tatsächliche Gewerbeausübung beim gewerberechtlichen Geschäftsführer liegt; der Gesetzgeber macht sogar Unterschiede in der geforderten Intensität der Betätigung des Geschäftsführers - je nachdem ob es sich um eine obligatorische oder eine fakultative Geschäftsführerbestellung handelt. Es kommt also - alles in allem - sehr auf den Einzelfall und sehr auf die konkreten tatsächlichen und rechtlichen Voraussetzungen, die zur Bestellung eines gewerberechtlichen Geschäftsführers geführt haben, an, ob und inwieweit der gewerberechtliche Geschäftsführer das Gewerbe tatsächlich mehr oder weniger - wenn auch nicht auf Grund eines eigenen Gewerberechts und nicht im eigenen Namen - selbst (persönlich) ausübt.

Damit in engem Zusammenhang steht, daß beim gewerberechtlichen Geschäftsführer öffentlichrechtliche Elemente - man denke etwa an die Anzeige- oder die Genehmigungspflicht - und privatrechtliche Elemente - man denke etwa an den Bevollmächtigungsvertrag - stark miteinander verzahnt sind[37]. Dem gewerberechtlichen Geschäftsführer kommen zivilrechtlich - jedenfalls ex lege - keineswegs alle Befugnisse zu, die notwendig sind, um ein Gewerbe ausüben zu können. Jedoch muß, wie in der Literatur und in der Judikatur mit Recht betont wird[38], dem gewerberechtlichen Geschäftsführer jedenfalls ein Minimum an privatrechtlichen Befugnissen zukommen, weil sein von der GewO intendiertes Ausüben des Gewerbes - durch die Brille des Gewerberechts gesehen - das gesamte durch gewerberechtliche Vorschriften geregelte Verhalten eines Gewerbeinhabers umfaßt. Man darf also nicht davon ausgehen, daß der gewerberechtliche Geschäftsführer intern und zivilrechtlich ohnehin keine Befugnisse benötige. Wo hier die Grenze freilich im einzelnen verläuft, muß und kann hier dahinstehen.

---

[37] So richtig MAYER, Geschäftsführer 214.
[38] Vgl bei MAYER, Geschäftsführer 217 FN 26.

Sowohl auf Grund der erwähnten öffentlichrechtlichen als auch der erwähnten zivilrechtlichen Gegebenheiten kann man aus der Erfahrung sagen, daß einem gewerberechtlichen Geschäftsführer in aller Regel kaum mehr Befugnisse zukommen, als er unbedingt benötigt, um im Sinne des § 39 Abs 1 GewO "der Behörde gegenüber für die Einhaltung der gewerberechtlichen Vorschriften verantwortlich" sein zu können. Das kann allerdings im Einzelfall - aus den verschiedensten Gründen - anders sein und ist meist auch tatsächlich anders, wenn der gewerberechtliche Geschäftsführer zB, wie das für juristische Personen und für Personengesellschaften des Handelsrechts vorgeschrieben[39] ist, dem zur gesetzlichen Vertretung berufenen Organ der juristischen Person angehört oder Prokurist ist oder wenn er persönlich haftender Gesellschafter ist, der nach dem Gesellschaftsvertrag zur Geschäftsführung und zur Vertretung der Gesellschaft berechtigt ist.

Man muß also davon ausgehen, daß im Falle der Bestellung eines gewerberechtlichen Geschäftsführers das Gewerbe im allgemeinen zwar *auch* vom Träger der Gewerbeberechtigung und seinen Leuten ausgeübt wird, daß aber *auch* der gewerberechtliche Geschäftsführer gewisse Gewerbetätigkeiten ausübt. Man hat rechtlich sogar davon auszugehen, daß der gewerberechtliche Geschäftsführer jedenfalls ein Minimum an gewerblichen Tätigkeiten tatsächlich ausüben muß, um seine ihm gesetzlich zugeordnete Funktion erfüllen zu können. Gelegentlich ist der gewerberechtliche Geschäftsführer sogar derjenige, der - dem äußeren Erscheinungsbild nach - das betreffende Gewerbe des Gewerbeinhabers sogar höchstpersönlich ausübt. Dabei muß man sich aber darüber im klaren sein, daß in der Wirklichkeit des Rechts- und Wirtschaftslebens die Grenzen von Fall zu Fall verschieden verlaufen - bis hin zum gesetzwidrigen (und für einen Wirtschaftstreuhänder disziplinären) "Strohmännerunwesen".

Wer übt also das Gewerbe aus? Der Gewerbeberechtigte? Der gewerberechtliche Geschäftsführer? Beide?

In der Regel *beide*, wobei jedoch in der Rechtswirklichkeit die gesamte Bandbreite - vom bloß "pro forma" bestellten bis zum tatsächlich höchstpersönlich und allein tätigen gewerberechtlichen Geschäftsführer - vertreten ist. Im allgemeinen kann jedenfalls von einer Teilausübung eines - fremden, also nicht auf einer eigenen Berechtigung beruhenden -

---

[39] § 9 Abs 3, § 39 Abs 2 GewO.

Gewerbes durch den gewerberechtlichen Geschäftsführer gesprochen werden.

7) All das scheint - fürs erste - noch nicht zu klären, worin der Unterschied zwischen persönlicher und nicht persönlicher Gewerbeausübung im Sinne des § 34 Abs 2 lit a WT-BO liegen soll. Der Schein trügt jedoch:

§ 8 Abs 4 letzter Satz GewO besagt, daß ein Fall "persönlicher Ausübung" des Gewerbes vorliegt, wenn der eigenberechtigt Gewordene, der - auf Grund im Gesetz geregelter Voraussetzungen - bereits vorher ein Gewerberecht erworben hatte, das Gewerbe jetzt selbst, also ohne gewerberechtlichen Geschäftsführer oder Pächter, ausübt. Die "persönliche Ausübung" ist im konkreten Fall deshalb eine richtige Formulierung, weil der Nichteigenberechtigte vorher kaum persönlich Gewerbeausübungshandlungen vorgenommen, wohl aber - so könnte man formulieren - sein Gewerbe "nicht persönlich" ausgeübt hat. Daß hingegen in anderen Fällen auch der Gewerbeinhaber selbst - durchaus ohne Einschaltung des gewerberechtlichen Geschäftsführers - Gewerbeausübungshandlungen vornimmt und auch rechtmäßig vornehmen darf, das ist wohl unbestritten. Wer immer aber Gewerbeausübungshandlungen selbst vornimmt - gleichgültig, ob als Gewerbeinhaber, als Organ oder Bevollmächtigter des Gewerbeinhabers oder als gewerberechtlicher Geschäftsführer -, der übt in mehr oder minder umfangreichen Teilbereichen das betreffende Gewerbe *persönlich* aus.

Auch der gewerberechtliche Geschäftsführer muß - jedenfalls in einem bestimmten Minimalumfang - Gewerbeausübungshandlungen *persönlich* vornehmen, wenn er sich nicht dem Vorwurf aussetzen will, er sei ein bloßer "Strohmann". Und wenn umgekehrt ein Wirtschaftstreuhänder Gewerbeinhaber ist und einen gewerberechtlichen Geschäftsführer bestellt, dann schließt das allein noch nicht aus, daß auch er *persönlich* Gewerbeausübungshandlungen vornimmt und damit gegen die WT-BO verstößt.

8) All diese Überlegungen zeigen, daß die WT-BO, welche zwischen persönlicher und nicht persönlicher Ausübung eines Gewerbes unterscheidet und die nicht persönliche Ausübung eines Gewerbes - von einer einzigen Ausnahme abgesehen - ausdrücklich zuläßt, sich dabei nicht streng an Kriterien der GewO orientiert, sondern etwas anderes meint:

An der GewO kann sich die WT-BO schon deshalb nicht wirklich streng orientieren, weil die GewO eine durchgehende, formal und inhaltlich bestimmte Unterscheidung zwischen persönlicher und nicht persönlicher Ausübung des Gewerbes nicht kennt. Es liegt vielmehr nach dem bisher Gesagten die Annahme nahe, daß nach dem Sinn der WT-BO der Wirtschaftstreuhänder zwar - vom Fall der Vermittler- und Agententätigkeit abgesehen - grundsätzlich berechtigt sein soll, ein Gewerberecht innezuhaben und es auch auszuüben, er aber nicht berechtigt sein soll, *damit verbundene und zumindest potentiell der Berufswürde und dem Standesansehen abträgliche konkrete Tätigkeiten persönlich auszuüben.*

Für die Richtigkeit dieser Auffassung spricht, daß die WT-BO, hätte sie den Wirtschaftstreuhänder tatsächlich nur dann als den das Gewerbe nicht persönlich ausübenden "Gewerbeberechtigten" akzeptieren wollen, wenn er das Gewerbe verpachtet - die Fälle des Fortbetriebsrechts und des § 11 Abs 4 bis Abs 7 GewO können praktisch nicht eintreten -, das konkret hätte anordnen können. Die WT-BO hat das - mE aus gutem Grund - nicht getan: Es wird nämlich im Fall der Gewerbeverpachtung das betreffende Gewerbe vom Verpächter überhaupt nicht ausgeübt, weder persönlich noch nicht persönlich. Gerade die nicht persönliche Gewerbeausübung jedoch soll laut WT-BO dem Wirtschaftstreuhänder grundsätzlich und im Regelfall erhalten bleiben. Was aber bliebe denn bei einer allzu engen, auf die Verpachtung beschränkten Auslegung noch über?

Für die Richtigkeit dieser Auffassung spricht vor allem der engere Regelungszusammenhang des § 34 WT-BO.

Bei § 34 WT-BO geht es um Unvereinbarkeitsregeln für Wirtschaftstreuhänder. Es geht um berufliche Unvereinbarkeiten im Hinblick auf "die Würde des Berufes" und die "Wahrung der Berufs- und Standespflicht"[40]. In ähnlicher Weise verbietet die RAO dem Rechtsanwalt alle "Beschäftigungen, welche dem Ansehen des Rechtsanwaltsstandes zuwiderlaufen"[41]. Das ist eine völlig andere Zielrichtung als das Regeln der Gewerbeausübung unter gewerbepolizeilichen Gesichtspunkten. Eine bloß an gewerberechtlichen Vorschriften, Begriffen und Terminologien orientierte Auslegung von Vorschriften, die der Wahrung der Berufswürde und des Standesansehens dienen sollen, wäre daher verfehlt. Der Kern des § 34 WT-BO besteht darin, dem Wirtschaftstreuhänder alle Erwerbstätigkeiten zu untersagen, die mit seiner Tätigkeit als Wirtschaftstreuhänder unvereinbar erscheinen. Zu diesen ausdrücklich als

---

[40] So richtig LEIFER, Berufsrecht 96.
[41] § 20 lit c RAO.

unvereinbar aufgezählten Tätigkeiten gehören ua - von Ausnahmen abgesehen - die Tätigkeit als bevollmächtigter Vertreter einer Kapitalgesellschaft, die Tätigkeit als Arbeitnehmer und die persönliche Ausübung eines Gewerbes sowie die gewerbsmäßige Vermittler- und Agententätigkeit, selbst wenn sie nicht persönlich ausgeübt wird. Immer geht es hier um den zweckgebundenen Ausschluß bestimmter *Tätigkeiten* im Hinblick auf das Berufsbild des Wirtschaftstreuhänders, nicht um das Regeln der Ausübung irgendwelcher Rechte. Daher muß - aus dem engeren Zusammenhang des § 34 WT-BO heraus - davon ausgegangen werden, daß es bei der Frage der persönlichen bzw nicht persönlichen Gewerbeausübung nicht um eine bloß gewerberechtliche Abgrenzungsfrage gehen kann. Und daher ist es für das vorliegende Problem auch unergiebig, sich einseitig an dem Unterschied in der Rechtsstellung eines gewerberechtlichen Geschäftsführers und der eines Pächters zu orientieren. Es wäre auch unrichtig und ginge am Zweck des § 34 WT-BO vorbei, zu argumentieren, der gewerberechtliche Geschäftsführer sei zwar - abhängig vom konkreten Fall, je und je in unterschiedlicher Intensität - mit dem Ausüben eines einem anderen zustehenden Gewerberechts befaßt, er selbst übe aber gar kein Gewerbe aus, weil er - anders als der Pächter - nicht selbständig handelt, nämlich keine "Tätigkeit auf eigene Rechnung und Gefahr" ausübt.

Damit schließt sich der Kreis:

Die WT-BO erlaubt dem Wirtschaftstreuhänder grundsätzlich die Gewerbeausübung, ordnet jedoch an, daß die Gewerbeausübung *nicht persönlich* geschehen darf. Da der Unterschied zwischen persönlicher und nicht persönlicher Ausübung eines Gewerbes nirgends formalisiert ist, muß bei der Auslegung auf den *Zweck* (des § 34 WT-BO), nämlich die Wahrung der Berufswürde und des Standesansehens, abgestellt werden. Dabei darf nicht übersehen werden, daß die Grundregel lautet: Der Wirtschaftstreuhänder *darf* ein Gewerbe ausüben. Erst die Einschränkung dieser Grundregel besagt, daß bloß die persönliche Gewerbeausübung unzulässig ist.

Wollte man daher schon immer dann, wenn ein Wirtschaftstreuhänder Gewerbeinhaber ist und sein Gewerbe nicht verpachtet, annehmen, daß er das Gewerbe - unerlaubterweise - persönlich ausübt, dann bliebe für ein - erlaubtes - nicht persönliches Ausüben des Gewerbes praktisch kein Platz. Das aber wäre geradezu ein interpretatio ad absurdum; die Ausnahme würde zur Regel, das Gewerbeausübungsverbot wäre der Normalfall. Ein solches Auslegungsergebnis ließe sich weder mit dem

Wortlaut der WT-BO noch mit deren Zweck (Wahrung der Berufswürde und des Standesansehens) vereinbaren. Es entspräche auch nicht dem Gebot einer verfassungskonformen Auslegung[42]. Ebenso wäre es geradezu eine interpretatio ad absurdum, wenn man es als mit der WT-BO vereinbar ansähe, daß das Recht zur Gewerbeausübung einem anderen Rechtsträger zusteht - womöglich sogar auf Grund eines Treuhandschaftsverhältnisses, bei dem der Wirtschaftstreuhänder Treugeber ist - und der Wirtschaftstreuhänder als gewerberechtlicher Geschäftsführer agiert. *Er* sollte es zwar dann sein, "der sich im Betrieb entsprechend betätigt"[43], der auf Grund zivilrechtlicher Konstruktionen womöglich praktisch allein tätig wird und der Gewerbebehörde gegenüber für "die Einhaltung der gewerberechtlichen Vorschriften verantwortlich ist"[44], der aber angeblich dennoch kein Gewerbe ausübt, weil er seine Tätigkeit nicht auf eigene Rechnung und Gefahr ausübt, sodaß das Element der Selbständigkeit fehlt? Das alles meint § 34 WT-BO nicht.

Und umgekehrt: Ein Wirtschaftstreuhänder, der zB sein Fotohandelsgeschäft - ohne es zu verpachten - durch Bestellung eines gewerberechtlichen Geschäftsführers mit entsprechenden Vollmachten zur Gänze von einem Dritten betreiben läßt, der sollte dennoch als jemand angesehen werden können, der ein Gewerbe persönlich ausübt? Auch das meint § 34 WT-BO nicht.

9) Die Lösung der gestellten Rechtsfragen ist nach dem bisher Gesagten nicht mehr überraschend:

* Wenn ein Wirtschaftstreuhänder Gewerbetreibender ist, dann übt er das Gewerbe zwar aus, aber nicht persönlich, wenn er alle nach außen in Erscheinung tretenden Tätigkeiten, die mit der Gewerbeausübung verbunden sind, auf Grund vertraglicher Regelung von Dritten ausüben läßt. Das gilt jedenfalls und sogar erst recht dann, wenn er einen gewerberechtlichen Geschäftsführer bestellt, der mit entsprechend weitgehenden Vollmachten ausgestattet ist.

* Wenn ein Wirtschaftstreuhänder seine Gewerbeberechtigung verpachtet, dann übt er von vornherein das Gewerbe nicht (mehr) aus.

---

[42] Man denke an die neuere Judikatur des VfGH zum Grundrecht der Erwerbsfreiheit nach Art 6 StGG; vgl BARFUSS, Entwicklungstendenzen der Judikatur des VfGH (im Druck).
[43] § 39 Abs 3 GewO.
[44] § 39 Abs 1 GewO.

* Wenn ein Wirtschaftstreuhänder gewerberechtlicher Geschäftsführer ist, dann ist es, wenn er sich nicht bloß als "Strohmann" betätigen möchte, unvermeidlich, daß er - auch nach außen in Erscheinung tretend - das betreffende Gewerbe zumindest teilweise persönlich ausübt. Schon wegen der §§ 9 Abs 3 bzw 39 Abs 2 GewO ist es - abgesehen vom rechtswidrigen und auch disziplinären "Strohmann"-Fall - unvermeidlich, daß der gewerberechtliche Geschäftsführer Gewerbeausübungshandlungen auch *persönlich* vornimmt. Daß - formal gesehen - nicht er, sondern der Gewerbeinhaber oder der nach § 40 GewO bestellte Pächter der Gewerbetreibende im Sinne des § 38 Abs 2 GewO ist, kann daran, gemessen am Zweck des § 34 WT-BO (Wahrung der Berufswürde und des Standesansehens), nichts ändern.

* Wenn der Wirtschaftstreuhänder nach § 93 GewO der Landeskammer der gewerblichen Wirtschaft "das Ruhen" anzeigt, dann bedeutet das ex definitione, daß das Gewerbe von niemandem - auch nicht von Dritten - ausgeübt wird. Diese Situation wird erst durch "die Wiederaufnahme der Gewerbeausübung", welche der Landeskammer der gewerblichen Wirtschaft angezeigt werden muß, verändert. Eine ruhende Gewerbeberechtigung kann daher kein Fall einer Gewerbeausübung oder gar einer persönlichen Gewerbeausübung sein. Gewerberechtlich gesehen, liegt keinerlei Gewerbeausübung vor, auch nicht eine nicht persönliche.

* Ist ein Wirtschaftstreuhänder persönlich haftender Gesellschafter oder Kommanditist einer Personengesellschaft des Handelsrechts, die ein Gewerbe ausübt, dann heißt das allein noch nicht, daß *er* das betreffende Gewerbe ausübt. Träger der Gewerbeberechtigung ist die Personengesellschaft des Handelsrechts, welche einen gewerberechtlichen Geschäftsführer bestellen muß[45].

Wenn für das betreffende Gewerbe ein Befähigungsnachweis vorgeschrieben ist, dann muß nach § 9 Abs 3 GewO der gewerberechtliche Geschäftsführer ein persönlich haftender Gesellschafter sein, der nach dem Gesellschaftsvertrag zur Geschäftsführung und zur Vertretung der Gesellschaft berechtigt ist.

Daraus folgt mE, gemessen am Zweck des § 34 WT-BO, daß der Wirtschaftstreuhänder jedenfalls Kommanditist sein darf, daß er aber

---

[45] § 9 Abs 1 GewO.

nur dann persönlich haftender Gesellschafter sein darf, wenn er sich - nach außen sichtbar - im Sinne der §§ 114, 125 HGB von der Geschäftsführung und Vertretung zurückzieht. Die Stellung als geschäftsführungs- und vertretungsbefugter Gesellschafter einer gewerbeausübenden Gesellschaft ist mE im Sinne der WT-BO ein Fall einer "persönlichen Gewerbeausübung", und zwar auch dann, wenn der betreffende Wirtschaftstreuhänder nicht auch gewerberechtlicher Geschäftsführer ist.

* Der Vollständigkeit halber sei noch darauf hingewiesen, daß eine bloß kapitalmäßige Beteiligung an einer Gesellschaft, die ein Gewerbe ausübt, kein Fall einer Gewerbeausübung ist, weder einer nicht persönlichen, noch gar einer persönlichen.

* Das dem Wirtschaftstreuhänder von der WT-BO auferlegte Verbot, eine gewerbsmäßige Vermittler- und Agententätigkeit - auch nicht persönlich - auszuüben, umfaßt alle jene Fälle, von denen oben dargelegt wurde, daß sie nicht als persönliche Gewerbeausübung anzusehen sind; es sei denn, man kann überhaupt von einer Gewerbeausübung, einer gewerbsmäßigen Tätigkeit, nicht sprechen (Verpachtung, kapitalmäßige Beteiligung, Kommanditist etc).

V.

§ 34 WT-BO ist gesetzestechnisch sicherlich mißglückt. Das Gesetz ist mangelhaft und verweist in untechnischer, irreführender Weise auf gewerberechtliche Begriffe und sorgt damit für Verwirrung und Widersprüche. Auch die GewO selbst trägt ihren Teil dazu bei. Die Begriffe Gewerbeausübung, persönliche Gewerbeausübung und Gewerbeausübungsrecht werden in durchaus unterschiedlichen Zusammenhängen und nicht konsequent verwendet.

Heißt das aber - im Sinne eines "Interpretationsskeptizismus" -, daß man vom wissenschaftlichen Standpunkt aus resignieren muß? Nein: Die Verwirrung ist auflösbar, die Widersprüche sind entwirrbar; und das allein auf Grund eines wertbezogenen Verständnisses der in Frage kommenden Rechtsnormen.

GÜNTHER WINKLER hat in vielen Jahren und Jahrzehnten gezeigt, daß ein konkretes, wertbezogenes Rechtsdenken dem - notwendigerweise - immer mangelhaften und fehlerhaften Gesetzestext Wertungen, Wertentscheidungen und Ziele zu entnehmen in der Lage ist und zu Ergebnissen kommt, die im Bereich wissenschaftlicher Erkenntnis liegen, weil sie nämlich verifizierbar bzw falsifizierbar sind.

Ich hoffe, daß ich mit dem von mir behandelten - aus der Praxis kommenden - Fall zeigen konnte, was mit dieser Art Rechtsbetrachtung gemeint ist. Darüber hinaus hoffe ich aber selbstverständlich auch, meinem langjährigen Lehrer - und ich darf sagen: Freund - GÜNTHER WINKLER damit eine kleine Freude zu bereiten.

Herbert Haller

Regelungsdefizite und Vollzugsdefizite im Betriebsanlagenrecht nach der Gewerberechtsnovelle 1988

Das gewerbliche Betriebsanlagenrecht wird heute in erster Linie als Umweltrecht verstanden. Es ist historisch gesehen betriebliches Nachbarrecht, das sich zum Umweltrecht hin weiterentwickelt hat. Nachbarschutz war freilich immer nur die eine Seite der Medaille: Betriebsanlagenrecht diente und dient auch dem Betriebsinhaber und seinen Aktivitäten. Mit dem Betriebsanlagenrecht wird in wesentlichem Umfang die Wirtschaft gesichert. Betriebsanlagenrecht ist damit Wirtschaftsrecht so gut wie Umweltrecht.

Zwischen den Interessen von Betriebsinhabern und Nachbarn, zwischen denen von Wirtschaft und Umwelt ist ein Ausgleich zu finden und normativ zu gestalten. Dies wird dadurch teils erschwert und teils erleichtert, daß Interessen nicht immer richtig erkannt werden und daß weiters die Interessen der "Kontrahenten" selbst nur allzuoft nicht einheitlich sind.

Aus dem Kreis der vielen Interessenten am Betriebsanlagenrecht soll als Betroffener noch der zum Vollzug berufene Verwaltungsbeamte, als gewichtiger Faktor im Kräftespiel noch die Verwaltung Erwähnung finden. Das soll nicht unter dem Aspekt geschehen, daß für Verwaltungsbeamte Arbeit gesichert werden muß oder sie vor Arbeit geschützt werden müssen. Nicht Arbeitsplatzsicherung oder Vermeidung von Arbeitsleid sollen die Gesichtspunkte sein, sondern Nutzen und Kosten. Das erfordert unter anderem, daß Regelungen so geschaffen werden, daß sie weitestgehend befolgt und einfach vollzogen werden können. Wo komplizierte Sachverhalte eingehend geregelt werden müssen, soll sich der Gesetzgeber auch davor nicht scheuen und auch nicht davor, umfängliche Vollzugsbemühungen vorzusehen. Es muß jedoch die Frage sehr eingehend gestellt werden, ob es die Sache wohl wert ist, daß man sich dieser Mühen unterwindet und gleichzeitig damit anderen die Kosten dafür aufbürdet. Weniger ist bisweilen mehr, "bis dat, qui cito dat", und der Verzicht auf Details stellt oft erst das Hauptanliegen sicher.

Im folgenden Beitrag werden kurz die Mängel des geltenden Betriebsanlagenrechts erhoben. Dann wird dargelegt, wo es der mit 1. 1. 1989 in Kraft tretenden Gewerberechtsnovelle 1988, BGBl 399, gelungen ist, Regelungsdefizite zu beseitigen, und wo die Novelle Anlaß gibt anzunehmen, daß durch sie Vollzugsdefizite gemildert werden. Die Punkte, bei denen die Gelegenheit zur Reform versäumt wurde, sind in gleicher Weise genannt. Der Beitrag soll damit ein neuerlicher Anstoß zur Verbesserung der Situation sein[1].

I. Mängel im Betriebsanlagenrecht

Wirtschaft im Wettbewerb muß dynamisch sein. Es geht, so hört man, um die EG-Reife oder die Antwort auf die japanische Herausforderung. "Zeit ist Geld" steht zweifach als Umrahmung des Ziffernblattes der Uhr an der Stirn des großen Festsaals der Wiener Handelskammer - idyllisch ist Gruß und Gegengruß zwischen Wanderern: "Zeit lassen!" - "Zeit lassen!".

Ein Produktionsbetrieb will stärker mechanisieren; das Lager soll von Hubstapelbedienung auf computergesteuerte Bewältigung der Transportvorgänge mit Kränen umgestellt werden. Ein Betrieb muß dringend neue Produkte auf den Markt bringen; das Produktionsverfahren muß umgestellt werden. Ein Betrieb muß aus räumlicher Enge verlegt werden; es ist eine neue Betriebsanlage erforderlich.

Für Neu- wie Änderungsgenehmigung sind im Streitfall drei Instanzen zu durchlaufen. Hebt dann der Verwaltungsgerichtshof den Bescheid letzter Instanz auf, so können Jahre ins Land ziehen bis zur gesicherten Genehmigung. Ist das Genehmigte dann noch aktuell? Vielleicht hat der Betrieb inzwischen überhaupt "die nötige Überfuhr versäumt".

Mit dem Dreiinstanzenzug gemahnt das betriebsanlagenrechtliche Verfahren nicht an eine Einrichtung zur Rechtsdurchsetzung sondern an ein Mittel zur Rechtsverhinderung oder zum Rechtsmißbrauch. Verhinderung für den Genehmigungswerber, Mißbrauch durch die Nachbarn, die das Zeitmoment auch dann einsetzen können, wenn ihre materiellrechtliche Rechtsposition mehr als schwach ist. Die Folge ist, daß Nach-

---

[1] Vgl HALLER, Vorschlage zu einer Reform des gewerblichen Betriebsanlagenrechts, in: Der Markt 1984, 98 ff.

barn mit allen Mitteln "befriedet" werden müssen. Der Rechtsweg ist vielfach ungangbar - will man ans Ziel kommen.

Einer der hervorstechenden Mängel der Vollzugspraxis zeigt sich auf dem Gebiet der Sachverständigengutachten. Den vorrangig einzusetzenden Amtssachverständigen fehlt vielfach die entsprechende Ausstattung, vielfach die erforderliche Weiterbildung und nur allzuoft sind sie unzumutbar belastet. Die daraus resultierende mangelnde Qualität der Gutachten zeigt sich in den unzähligen Aufhebungen von Bescheiden durch den Verwaltungsgerichtshof, weil mit dem nicht entsprechenden Gutachten der Aufhebungsgrund Verfahrensmangel vorliegt. Dabei kommt in einem Gutteil der Fälle die Schuld dem Verfahrensleiter zu; er hat die Sachverständigen nicht ausreichend juridisch betreut und ihre Gutachten unzureichend überprüft. Auch andere Verfahrensmängel als solche, denen ein mangelhaftes Gutachten zugrunde liegt, seien als Grund für Schwierigkeiten erwähnt: Mißachtung des Parteiengehörs oder gar übergangene Parteien.

Als Mangel der Betriebsanlagenverfahren aus der Sicht vor allem belästigter Nachbarn und derer, denen eine heile Umwelt besonderes Anliegen ist, muß unzureichende behördliche Kontrolle genannt werden. Entspricht die Betriebsanlage über das Schildchen "Rauchen verboten" hinaus mit ihren produktionsbedingt wechselnden Emissionen noch den Genehmigungsbescheiden? Kommt es zu Verfahren betreffend Änderung der Betriebsanlage, dann stellt die Behörde oft genug fest, daß der Ist-Stand mit dem Soll-Stand nicht mehr zusammenstimmt und die Änderungsverfahren viel umfassender geführt werden müssen. Was war in der Zwischenzeit? Unter Umständen war der gesetzlich gebotene Schutz, dessen Sicherung die Änderungsverfahren dienen, nicht gewährleistet. Auch nach dem Unglück von Seveso und dem darauf folgenden Erlaß gibt es im Bereich der Kontrolle von Betriebsanlagen vielfach Mängel, die weitgehend auf die Überlastung und unzureichende Ausstattung der Behörden zurückzuführen sind.

Nicht nur die Kontrolle ist vielfach mangelhaft, auch die nach § 79 GewO 1973 vorgesehene Vorschreibung von zusätzlichen Auflagen ist in weiten Bereichen totes Recht. Kommt es zu Anzeigen, auf deren Behandlung kein subjektiver Rechtsanspruch besteht, fallen viele einer durch Überlastung bedingten Untätigkeit der Behörden zum Opfer. Die gesetzliche Regelung, daß Belästigungen nur dann durch weitere Auflagen zu beseitigen sind, wenn diese Auflagen dem Unternehmen wirtschaftlich zumutbar sind, mag in einer großen Zahl von Fällen zur Anwendung kommen und kann geschickt ausgenützt werden. Im Hintergrund mancher behördlicher Unwilligkeit zum Einschreiten mögen auch Gerechtigkeitsvorstellungen stehen: Auflagen für den erfolgreichen und ehrlichen Betrieb? Auch kann sich die ebenso an Gerechtigkeitsvorstellungen orientierte Frage stellen, ob denn weitere Auflagen einem Betrieb vorgeschrieben werden sollen, der an der Verschlechterung der Situation nicht Schuld trägt, der nicht Verursacher ist. Nicht zuletzt mag es nicht einfach sein, einem Betrieb Auflagen vorzuschreiben, wenn er Rechtswidrigkeiten anderswo geltend macht oder die Vorschreibung auch für andere Betriebe verlangt. Wie die Last aufteilen? Wie den Kreis der Betriebe abgrenzen? Gleichheitsprobleme und Probleme für Sachverständige stellen sich in großer Zahl.

Wenn die Vorschreibung individuell nach § 79 GewO 1973 problematisch ist, dann mag in der Altanlagensanierung über Verordnung nach § 82 GewO 1973 die Lösung liegen. Hier sind aber bislang nur einige wenige Verordnungen ergangen, doch "tobt" der Streit, ob vom Betriebsinhaber selbständig oder nur über individuellen Bescheid anzupassen ist. Auch dürften die Kriterien, bei deren Vorliegen der einzelne Betrieb sich der Pflicht zur Anpassung entziehen kann, recht schwierig zu ermitteln sein. Die Altanlagensanierung ist deshalb kaum in Angriff genommen worden.

Der Mängelkatalog sei weiters mit den Hinweisen fortgesetzt, daß die Verfahren in Relation zu den Inhalten vielfach zu umfänglich sind, weil es keine Verfahren ohne Parteien oder mit reduzierter Parteienanzahl gibt; nicht jede Kleinigkeit verdient den vollen Verfahrensaufwand! Es sei ferner hervorgehoben, daß der gewerbepolizeiliche Zugriff im Ernstfall nicht umgehend, sondern nur umständlich erfolgen kann.

Die Beurteilung schließlich, wann nach § 77 GewO 1973 den Nachbarn Belästigungen nicht zugemutet werden können, hat durch die Judikatur des Verwaltungsgerichtshofes zu sehr problematischen Verhältnissen geführt. Dieses Kapitel soll hier nicht neuerlich dargelegt werden, da es fast schon zum juristischen Standardwissen gehört[2]. Festgehalten sei lediglich, daß nach weit übereinstimmender Meinung die mit dem "Breitenbach-Erkenntnis" begonnene Judikatur "überdacht" gehört; sie hat einschließlich ihrer Folgen einen Ehrenplatz im Mängelkatalog.

---

[2] Vgl HALLER, Betriebsanlagenrecht und Flachenwidmungsplan, in: Der Markt 1983, 94 ff und HALLER, Entscheidungsbesprechung, ÖZW 1983, 97 ff sowie zuletzt umfassend KINSCHER, Die Belästigung der Nachbarn, in: Stolzlechner - Wendl - Zitta (Hrsg), Die gewerbliche Betriebsanlage (1986) 62 ff (66 ff).

II. Verkürzung des Instanzenzuges

In allen Entwürfen zur Gewerberechtsnovelle, darunter sowohl in dem 1986 ausgesandten Ministerialentwurf wie auch in der Regierungsvorlage des Jahres 1987, war eine Verkürzung des Instanzenzuges für die Betriebsanlagenverfahren vorgesehen. Der erwähnte Ministerialentwurf sah noch eine generelle Abkürzung des Instanzenzuges vor: 1. Instanz Bezirkshauptmann, 2. Instanz Landeshauptmann. Die Regierungsvorlage zog diese Regelung schon in wesentlichen Punkten zurück: Für die Neuwie auch die Änderungsgenehmigung sollte es beim Dreiinstanzenzug bleiben. Immer noch war die Verkürzung als wesentlicher Punkt einer Entbürokratisierung genannt.

In der Gewerberechtsnovelle findet sich die Verkürzung des Instanzenzuges überhaupt nicht mehr. Der Ausschußbericht des Handelsausschusses schweigt über die Gründe dieses "Rückzuges".

In der Diskussion wird gern der Hinweis verwendet, derzeit würden ca 80 % aller Betriebsanlagenverfahren schon in erster Instanz beendet; ca 15 % fänden ihr Ende in zweiter Instanz. Nur 5 % etwa würden die dritte Instanz beschäftigen, noch weniger gelangten zum Verwaltungsgerichtshof.

Daraus kann man den Schluß ziehen, daß die Verkürzung des Instanzenzuges nicht notwendig ist. Man kann ferner betonen, daß diese dritte Instanz die Einheitlichkeit der Handhabung des Gewerberechts sicherstellt.

Man muß meines Erachtens aber anders argumentieren.

Ist der Weg der Rechtsdurchsetzung lang, dann scheut man sich, ihn zu begehen. Man "umgeht": Bau und Inbetriebnahme von Anlagen ohne Genehmigung, Änderungen auf eigene Faust, Beeinflussung von Nachbarn über verschiedenste Art und Weise - ein kleines Handgeld kann viel billiger sein als Kosten durch Prozeß und Verzögerungsschäden. Meine Schlußfolgerung lautet: Nur 5 % der Verfahren werden bis zur dritten Instanz geführt, weil man Recht bricht oder sein Recht erkauft. Gerade der in wirtschaftlicher Hinsicht gute Betrieb kann sich das lange Verfahren nicht leisten. Verfahren vor dem Verwaltungsgerichtshof gelten auffällig oft Lärmfragen bei Gaststätten. Produktionsbetriebe produzieren und emittieren diskreter oder erfüllen mehr, als ihnen die Rechtsordnung abverlangt.

Ausweichverhalten wird mit dem Wachsen des Verständnisses für Gefahren und mit der Streitlust der Nachbarn immer weniger möglich.

Behörden werden unter den Aspekten von Amtsmißbrauch und Amtshaftung[3], alle werden unter dem Aspekt des neuen Umweltstrafrechts[4] näher zur Rechtsordnung hinrücken müssen. Der Dreiinstanzenzug wird noch mehr als bisher Hindernis sein.

Das Argument, über die dritte Instanz sei die Einheitlichkeit des Vollzuges zu sichern, ist ebenfalls nicht schlagkräftig. Das Finanzministerium weiß sehr wohl die Einheitlichkeit des Verwaltungsvollzuges bei den Finanzlandesdirektionen herzustellen. Die Entscheidung für den Zweiinstanzenzug würde schließlich auch nicht erfordern, daß der Minister als Instanz verschwindet. Würde - man vergleiche nur § 334 GewO 1973 - der Landeshauptmann in heiklen Fällen, für die eine Ausstattung der Bezirkshauptmannschaften mit Sachverständigen ohnehin kaum ausreicht, erste Instanz, dann bliebe auch dem Minister ein Entscheidungsbereich im Betriebsanlagenrecht. Er könnte hier - das ist eines der Hintergrundargumente - unzulässigem Druck gegen die Wirtschaft weiterhin unbeirrt standhalten[5].

Ist mit der Beibehaltung des Dreiinstanzenzuges eine verfassungsrechtlich bedenkliche und zugleich äußerst unzweckmäßige Regelung perpetuiert worden, so haben die Vertreter der Wirtschaft das Betriebsanlagenrecht auch nicht zum Anlaß genommen, außerhalb der Gewerbeordnung für akzeptable Verhältnisse beim Verfahrensablauf zu sorgen: Nochmals sei der Fall erwähnt, daß ein Betrieb den Transport im Lager von Hubstapler- auf Kranbetrieb umstellen will. Nach drei Instanzen, in denen der Umbauplan stets positiv beschieden wurde, kommt es endlich zur Durchführung. Währenddessen läuft jedoch ein verwaltungsgerichtliches Verfahren, das mit Aufhebung wegen Verfahrensmangel endet. Der Betrieb hat die alte - genehmigte - Anlage nicht mehr. Die neue, hinsichtlich derer der Genehmigungsbescheid beseitigt wurde, ist nun nicht genehmigt. Was tun? Den Betrieb einstellen!

Für diesen und ähnlich gelagerte Fälle wäre eine verfassungsrechtlich abgesicherte Möglichkeit im VwGG vorzusehen, daß bei Verfahrensmängeln die Ausnutzung des aufgehobenen Bescheides bis über den Ersatzbescheid hinaus möglich wird. Rechtswidriger Betrieb unter Inkauf-

---

[3] Vgl insb BERTEL, Die Haftung des Beamten aus strafrechtlicher Sicht, ZfV 1986, 141 ff.

[4] Strafrechtsänderungsgesetz BGBl 1987/605, Inkrafttreten 1. 1. 1989.

[5] Der hohe Anteil an Aufhebungen nach Nachbarbeschwerden beim Verwaltungsgerichtshof läßt diese Argumentation problematisch erscheinen - es nützt nur ein lupenreiner Bescheid!

nahme von Verwaltungsstrafen ist ansonsten aller Voraussicht nach die einzig wirtschaftlich akzeptable Verhaltensweise.

Zusammenfassend jedoch zur Hauptsache: Die versäumte Gelegenheit zur Verkürzung des Dreiinstanzenzuges ist ein trauriges Kapitel mangelnden Reformwillens, das nur ungenügend mit Argumenten verbrämt wird, die das Licht der Öffentlichkeit nicht scheuen müssen.

III. Vereinfachtes Verfahren

Der Gesetzgeber der Gewerbeordnung 1973 hatte im Sinn, nicht alle Betriebsanlagen für genehmigungspflichtig zu erklären, sondern nur solche, von denen möglicherweise bestimmte Gefahren ausgehen. Ob diese Gefahren dann wirklich gegeben sind, sollte im Genehmigungsverfahren geprüft werden. Damit stellt sich zweimal die Frage, welcher Grad der Wahrscheinlichkeit gefordert sein sollte: Wie wahrscheinlich muß die mögliche Gefährdung sein, damit ein Genehmigungsverfahren durchgeführt werden muß? Wie weitgehend muß der Ausschluß der Gefahr sein, damit genehmigt werden kann? Bei der Frage nach den "Prozeßvoraussetzungen", also der Frage nach der Notwendigkeit eines Verfahrens, wird stärker der Typ des Betriebes, die abstrakte Gefahr ausschlaggebend sein; bei der Beurteilung der Sache selbst, also der Entscheidung, ob und unter welchen Auflagen genehmigt werden kann, sind das ganz konkrete Projekt und die ganz konkreten Bedingungen seiner Umgebung ausschlaggebend.

Der Verwaltungsgerichtshof hat für die Genehmigungspflicht den Maßstab sehr streng gesehen und sehr wenige Betriebsanlagen blieben genehmigungsfrei. Landstrichweise gab es freilich gröbere Lücken - so sind etwa Gasthäuser vielfach ohne betriebsanlagenrechtliche Genehmigung. Aus dem Umstand, daß nach der Judikatur auch kleine und eher harmlose Anlagen zu genehmigen sind und eine breite Einbeziehung von möglicherweise Betroffenen im Verlaufe des Instanzenzuges beträchtlichen Aufwand erfordert, erwuchs der Vorschlag, vereinfachte Verfahren ohne Parteien vorzusehen.

In diesem Punkt hat die Novelle deutliche Erleichterungen gebracht: Für Betriebe, die nur über Maschinen, Geräte und Ausstattungen genehmigungspflichtig würden, die auch dazu bestimmt sind, in Privathaushalten verwendet zu werden, wird die Genehmigung durch eine bescheidmäßige Feststellung der Behörde über diese Qualität des Betriebes erbracht. Nachbarn sind nicht als Parteien zuzuziehen, allenfalls nötige Vorschreibungen können in den Bescheid aufgenommen werden[6].

Ebenso ist im zweiten Punkt des § 359b GewO vorgesehen, daß bei einer Betriebsfläche von nicht mehr als 150 m^2 und einer elektrischen Anschlußleistung für Maschinen und Geräte von nicht mehr als 50 kW eine Feststellung als Genehmigung genügt, wenn zu erwarten ist, daß Gefährdungen, Belästigungen usw - darunter auch die noch zu behandelnden Belastungen der Umwelt - vermieden werden.

In beiden Fällen des § 359b GewO hat der Genehmigungswerber die genannten Voraussetzungen in seinem Ansuchen und dessen Beilagen nachzuweisen.

Die dargelegte Erleichterung ist freudig zu begrüßen. Zum einen wird der Kleinbetrieb, zum anderen werden die Behörden deutlich entlastet. Diesen ist bei leicht überblickbaren Situationen eine einfache Beurteilung bei Neubeginn ermöglicht und bei Änderungen, die die Qualifikation der Anlage als "ungefährlich" nicht tangieren, muß sie überhaupt nicht in Aktion treten. Dafür, daß die Behörde ihre Aufgabe - Feststellung allfälliger Vorschreibungen, Kontrolle - wahrnimmt, sorgt schon ihr Bemühen, nicht nachträglich über Nachbarbeschwerden in heiklere Verfahren hineingezwungen zu werden; § 79 GewO ist voll - dh freilich auch mit seinen Begrenzungen - anzuwenden!

Mit dieser Regelung ist nicht nur ein positiver Schritt getan. Die Ausnahme einiger Betriebe vom umfänglichen Verfahren und ihre Zuweisung zu einer einfacheren Vorgangsweise schreibt gleichsam die Judikatur zur Genehmigungspflicht fest: Die mögliche Gefährdung von Schutzzielen wird auf hohem Niveau stabilisiert - wenn sogar schon Betriebe mit - vereinfacht gesagt - abstrakter "Haushaltsgefährdung" ausdrücklich als feststellungspflichtig genannt sind. Ein anderer oder weiterer Weg der Entlastung im Bereich der vereinfachten Verfahren - etwa Teilnahme der unmittelbaren Anrainer stellvertretend für alle Nachbarn - wurde nicht versucht.

Die gefährlich große Zahl von Parteien in den unverkürzten Verfahren hat man in § 356 GewO zweifach zu entschärfen gesucht. Zum einen sind nunmehr lediglich die Eigentümer des Betriebsgrundstückes und die

---

[6] Auf die weitere Möglichkeit des § 359b Pkt 1 GewO, im Zusammenhalt mit § 76 GewO eine Anlage im vereinfachten Verfahren behandeln zu lassen, kann hier - wie auch auf die verbesserte Regelung in § 76 GewO - nicht näher eingegangen werden. Besondere Bedeutung werden § 76 GewO und damit auch die erwähnte Möglichkeit in § 359b Pkt 1 GewO ohnedies nicht erlangen.

Eigentümer der an dieses Grundstück unmittelbar angrenzenden Grundstücke persönlich zu laden. Zum anderen sind Nachbarn, die ohne ihr Verschulden daran gehindert waren, durch Einwendungen Parteistellung zu erlangen, dazu ausdrücklich bis zur rechtskräftigen Entscheidung ermächtigt. Damit ist freilich nur ein Teilerfolg verbuchbar, da die übergangene Partei, die zu diesem rechtzeitigen Vorbringen nicht in der Lage ist, wohl weiterhin den Bescheid gefährden kann. Eine Regelung, daß in diesen Fällen etwa nur vermögensrechtliche Nachteile geltend gemacht werden könnten, fehlt.

Zusammenfassend ist unter der Rubrik vereinfachtes Verfahren festzuhalten, daß kluge Schritte in die richtige Richtung erfolgten. Bei Bewährung läßt sich vielleicht ein Mehr an Verwaltungsvereinfachung durchsetzen.

IV. Neugenehmigung

Unter der Überschrift Neugenehmigung sollen kurz einige Aspekte abgehandelt werden, die sich durch die Gewerberechtsnovelle 1988 für das Genehmigungsverfahren verändert haben, wobei freilich darauf hinzuweisen ist, daß nicht nur das Verfahren der Neugenehmigung, sondern auch andere Genehmigungsverfahren - etwa der Änderungsgenehmigung oder das Verfahren nach § 79 GewO - betroffen sein können.

Mit der Novelle gelten auch Wald- und Weidenutzungsrechte sowie besondere Felddienstbarkeiten als dingliche Rechte; damit ist der Kreis der Schutzziele und mit diesen auch der Kreis der möglichen Parteien unter Umständen nicht unerheblich erweitert. Bedeutsamer als die Erweiterung der Personenzahl ist aber wohl die Belastung des Verfahrens mit neuen Sachverständigengutachten, ob eine Gefährdung der genannten Nutzungsrechte vermieden ist. Das kommt bereits in die Nähe der Prüfung, ob eine Gefährdung der Umwelt vorliegt - wie sie unter dem Schlagwort "Umweltverträglichkeitsprüfung" gern gefordert wird.

In diese Richtung hat die Novelle auch gewirkt. Nach § 82 Abs 1 GewO sind durch Verordnung die "zum Schutz der im § 74 Abs 2 umschriebenen Interessen und zur Vermeidung von Belastungen der Umwelt (§ 69a) erforderlichen näheren Vorschriften über die Bauart, die Betriebsweise, die Ausstattung oder das zulässige Ausmaß der Emissionen von Anlagen oder Anlagenteilen zu erlassen".

Das bedeutet, daß durch Verordnungen für Neugenehmigungen die Schutzziele des § 74 Abs 2 GewO nicht nur wie bisher konkretisiert, sondern auch erweitert werden können. Belastungen der Umwelt, die auch durch diese Verordnungen zu verhindern sind, "sind jedenfalls solche nachteiligen Einwirkungen, die geeignet sind, insbesondere den Boden, den Pflanzenbestand oder den Tierbestand bleibend zu schädigen".

In legistischen Richtlinien wird gefordert, daß dem Text einer Rechtsvorschrift das vorgeschriebene Verhalten zweifelsfrei zu entnehmen ist. Ist diesem Gebot sprachlicher Klarheit Rechnung getragen?

Es läßt sich bereits streiten, ob der Bundesminister die erforderlichen Verordnungen im Sinne einer durchsetzbaren Rechtsverpflichtung zu erlassen hat. Angesichts seines breiten Beurteilungsspielraumes ist diese Frage akademisch. Jedoch auch beim Begriff der Umweltbelastung nimmt die Unbestimmtheit kein Ende: Es sind jedenfalls solche - also auch noch andere - nachteilige Einwirkungen, die geeignet sind, insbesondere - also folgen demonstrative Beispiele - Boden, Pflanzenbestand oder Tierbestand bleibend zu schädigen. Es könnte demnach sein, daß Einwirkungen, die keine bleibenden Schädigungen bewirken, jedoch in großem Umfang kurzfristig schädigen, als Belastungen zu vermeiden sind. Wie steht es mit der Schädigung von Feuer, Luft und Wasser? Hoffen wir, daß die Verordnungsermächtigung nicht aktualisiert wird, denn eine Aufhebung unter dem Gesichtspunkt des Legalitätsprinzips dürfte dem neuen § 69a GewO sicher sein.

Es sei zu einer Aussage der Einleitung zurückgekehrt: Ein guter Vollzug der die Menschen und ihr Eigentum schützenden Vorschriften wäre aller Voraussicht nach stärker umweltschützend als die Versprechungen und Verwirrungen durch schöne Worte über Umwelt.

Neben der vor allem von Verordnungsrecht abhängigen Erweiterung der Schutzziele wird in den Formulierungen des neugestalteten § 77 GewO für die Genehmigung auf die "Umstände des Einzelfalles" und die besonderen Umstände im Betrieb einer Anlage hingewiesen. Mußte bislang zu erwarten sein, daß eine Gefährdung ausgeschlossen ist, so geht in Hinkunft die geforderte Erwartung dahin, daß "die nach den Umständen des Einzelfalles voraussehbaren Gefährdungen ... vermieden ... werden". Erforderlichenfalls haben die Auflagen auch Maßnahmen betreffend die Lagerung und die sonstige Behandlung von Betriebsabfällen, die Betriebsunterbrechung, die Auflassung der Anlage und Maßnahmen betreffend Störfälle zu umfassen.

Mancher wird hier versuchen, eine Lockerung oder Verschärfung des Sicherheitsstandards herauszulesen. Praktisch wird eine Verschärfung der Vorschreibungen die Folge sein, da nunmehr gesondert all dieser Situationen gedacht werden wird, dies aber ohne Minderung des Standards für den Normalbetrieb. Für eine Absenkung läßt sich auch kaum ein Argument finden: Die Sicherung für besondere Situationen bedeutet weder, daß sich im Normalbetrieb kein Unfall ereignen wird, noch, daß für ihn nicht vorzusorgen ist. Der neue Text weist lediglich deutlicher darauf hin, daß die Genehmigung nicht auf den Betriebstyp, sondern auf die konkrete Betriebsanlage und die möglichen unterschiedlichen Situationen abzustellen hat.

In einer weiteren Veränderung des Textes - es ist jetzt von "bestimmten geeigneten Auflagen" die Rede - liegt die Festschreibung der Judikatur des Verwaltungsgerichtshofes. Zum Kriterium der Bestimmtheit einer Auflage wäre freilich eher eine Lockerung dieser Judikatur als eine volle Akzeptanz wünschenswert gewesen. Je stärker die Auflage determiniert werden muß, umso öfter wird anders ausgeführt und dann von der Möglichkeit des § 78 Abs 4 GewO Gebrauch gemacht werden müssen, Abweichungen bescheidmäßig genehmigen zu lassen. Auch diese Verfahren können aufwendig sein[7].

Ein Abgehen von der "Breitenbach-Judikatur" soll offensichtlich mit einer Neufassung des § 77 Abs 2 GewO erreicht werden, die keine Bezugnahme mehr auf die Berücksichtigung der für die Widmung der Liegenschaften maßgebenden Vorschriften enthält. Wonach ist nun zu beurteilen, ob eine Belästigung zumutbar und damit zulässig oder unzumutbar und damit unzulässig ist? Die Anwort lautet: "ob Belästigungen ... zumutbar sind, ist danach zu beurteilen, wie sich die durch die Betriebsanlage verursachten Änderungen der tatsächlichen örtlichen Verhältnisse auf ein gesundes normal empfindendes Kind und auf einen gesunden, normal empfindenden Erwachsenen auswirken".

Geht man davon aus, daß bislang schon mit dem Menschen auch das Kind erfaßt war und durch den Erwachsenen weiterhin der alte Mensch und mit dem gesunden Erwachsenen auch der vorübergehend Grippekranke erfaßt sein wird, dann bleibt nur die Frage: Ist mit dem Gebot,

---

[7] Zur Bestimmtheit von Auflagen vgl zuletzt GAISBAUER, Vorschreibung von Auflagen bei der Genehmigung gewerblicher Betriebsanlagen im Interesse der Nachbarn, ÖJZ 1987, 77 ff. Die Gewerberechtsnovelle hat in § 78 Abs 4 eine wertvolle Erweiterung gebracht, da in Hinkunft über Antrag Abweichungen nicht nur bei Auflagen, sondern auch hinsichtlich der Genehmigung an sich zugelassen werden können.

daß die Auswirkung der Veränderung entscheidend sein soll, die Grenze zwischen zumutbarer und unzumutbarer Belästigung ausreichend normiert? Die Grenzlinie ist nicht medizinisch zu ermitteln, da Zumutbarkeit nach gesellschaftlichen Wertmaßstäben zu bestimmen ist. Die Angabe, daß eine Belästigung mehr oder weniger stark ist, daß etwa Lärm oder Gerüche mehr oder weniger störend empfunden werden, sagt noch nicht alles über Zumutbarkeit. Die hiefür erforderlichen gesellschaftlichen Maßstäbe aber enthält die neue Regelung nicht - sie ist zu unbestimmt geraten.

Eine Lückenfüllung über die Widmung der Liegenschaften von Betrieb und Nachbarn ist wohl nicht zulässig. Der Wunsch des Gesetzgebers, diesen Weg auszuschließen, ist deutlich genug. Es sollte das Betriebsanlagenrecht aus der Judikatursackgasse, aber auch aus der Macht des Flächenwidmungsplanes und aus dem Machtbereich der ihn bestimmenden Gemeinderäte herausgeführt werden. Dieses Anliegen mag vordergründig gelungen sein, wohin der Weg jedoch führt, das ist - wegen Unbestimmtheit - nicht auszunehmen.

Solange neben der betriebsanlagenrechtlichen auch eine baurechtliche Genehmigung zu erwirken ist, kann man dem Widmungsrecht nicht wirksam entkommen. Wenn dieses gesetzmäßig vollzogen wird, läßt sich gegen eine Abstimmung des Gewerberechts oder gegen seine Ausrichtung auf die Widmungsvorschriften nichts einwenden. Es wäre damit für den § 77 GewO eine lediglich die Breitenbach-Judikatur abweisende Regelung zu formulieren gewesen. Des Inhaltes etwa, daß bei widersprüchlicher Widmung für Anlage und Nachbargrundstücke ein billiger Ausgleich mit wechselseitiger teilweiser Abstandnahme vom Recht aus dem Widmungsmaß vorzusehen ist[8].

Als ebenfalls bedeutende Neuerung, die im Gegensatz zur eben besprochenen klar getroffen ist, sei das Gebot des § 77 Abs 3 GewO genannt, Emissionen von Luftschadstoffen jedenfalls nach dem Stand der Technik zu begrenzen. Hier erfolgt eine Ergänzung des Immissionsrechtes durch Emissionsrecht. Die Regelung steht im Gleichklang mit dem neuen Luftreinhaltegesetz für Kesselanlagen, BGBl 1988/380. Auch wenn vielfach Regelungsparallelität zwischen Betriebsanlagenrecht und Luftreinhalterecht besteht, sind doch merkliche Unterschiede - etwa bei

---

[8] Man wird freilich die fachliche Fundierung von Widmungsveränderungen und die verfahrensmäßige Ordnungsgemäßheit genau verfolgen müssen und sich vor einer allfälligen Bekämpfung bei Mängeln der Flächenwidmungs- und Bebauungspläne nicht scheuen dürfen.

der Altanlagenanpassung - festzustellen; es ist damit von größtem Interesse, ob ein Dampfkessel im Rahmen einer gewerblichen Betriebsanlage nach Betriebsanlagenrecht oder nach Luftreinhalterecht zu behandeln ist. Die sachliche Rechtfertigung der Unterschiede ist im Einzelfall zu prüfen.

Zusammenfassend ist für den Bereich der Neugenehmigung eine Tendenz zur Verschärfung der Situation außerhalb des § 359b GewO festzustellen: Stand der Technik bei Emission von Luftschadstoffen, Erweiterung und mögliche Erweiterung der Schutzziele, damit auch Erschwernisse im Verfahren. Hinweis auf Bedarf an bestimmten und geeigneten Auflagen für besondere Situationen im Lebenslauf einer Betriebsanlage und Verheißung von weiteren Verpflichtungen im Störfallrecht. Die Breitenbach-Judikatur zur Belästigungsfrage schließlich ist zwar vom Gesetzgeber abvotiert worden, jedoch ist unklar, was der Verwaltungsgerichtshof aus der neuen Textierung entnimmt - unter Umständen stellt er einen Antrag auf Aufhebung der Regelung beim Verfassungsgerichtshof. Für Unruhe und Ungewißheit also ist gesorgt. Klarheit über die eigene Rechtsposition wird als besonderer Vorzug eines Rechtsstaates gerühmt!

V. Nachträgliche Vorschreibungen

Die mögliche Durchbrechung der Rechtskraft und die Dynamik, unter der das Betriebsanlagenrecht steht, werden gern unter Berufung auf § 79 GewO beschworen. Sowohl in dem Fall, daß die Situation bei Erlassung des Genehmigungsbescheides falsch eingeschätzt wurde, als auch, daß sich die Situation im Umfeld so weiterentwickelt hat, daß die Schutzziele nicht gewährleistet sind, hat die Behörde andere oder zusätzliche Auflagen vorzuschreiben.

Gab es hinsichtlich dieser Auflagen bislang die klare Unterscheidung in solche, die zum Schutz von Leben und Gesundheit unbegrenzt, und andere, die nur vorgeschrieben werden konnten, wenn und soweit sie dem Betriebsinhaber wirtschaftlich zumutbar waren, so kennt der neue Abs 1 des § 79 GewO nur mehr eine Kategorie: "Die Behörde hat solche Auflagen nicht vorzuschreiben, wenn sie unverhältnismäßig sind, vor allem, wenn der mit der Erfüllung der Auflagen verbundene Aufwand außer Verhältnis zu dem mit den Auflagen angestrebten Erfolg steht. Dabei sind insbesondere Art, Menge und Gefährlichkeit der von der Anlage ausgehenden Emissionen und der von ihr verursachten Immissionen sowie die Nutzungsdauer und die technischen Besonderheiten der Anlage zu berücksichtigen".

Schon zu diesem Teil der Neuregelung sind einige Bemerkungen angebracht. Sooft auch die Bestimmung des § 79 GewO 1973 genannt wurde, um den Anpassungsdruck, unter dem die Betriebe stehen, zu beschwören, bei Belästigungen war die Vorschreibung oft zu vermeiden, sie hing ja von der wirtschaftlichen Zumutbarkeit für den einzelnen Betrieb ab. Gewinne konnten jedoch vielfach versteckt oder verlagert werden, die Betriebsanlage ihrerseits konnte in eine Einheit eingebracht werden, bei der keine Gewinne anfielen. Dem wird mit der Novelle begegnet. Die Regelung wird objektiver, da es einen für alle Betriebe gleichen Standard gibt. Die Behörde wird beim Vollzug der Vorschrift überhöhten Kostenvoranschlägen sachverständig entgegenzutreten und Behauptungen über kurze Restnutzungsdauer auflagenmäßig abzusichern haben.

Die Regelung ist jedoch in mehrfacher Hinsicht unklar. Zweifach wird nur beispielhaft normiert: Die Unverhältnismäßigkeit wird "vor allem" gekennzeichnet und "dabei sind insbesondere" bestimmte Gesichtspunkte zu berücksichtigen. Was nebenbei und was neben dem insbesondere noch ins Gewicht fallen kann, bleibt offen und dem gesunden Menschenverstand anheimgegeben. Es könnte "nebenbei" in Frage kommen, daß bestimmte Möglichkeiten des wirtschaftlichen Handelns durch die Auflage überhaupt nicht mehr möglich sind. Neben dem "insbesondere" fällt es schwer, weitere Kriterien zu finden, wenn der Begriff "Art" ausreichend weit verstanden wird - wenn nicht, läßt sich die zeitliche Ausprägung der Emission etwa als weiteres Kriterium sehen. Eine weitere Unklarheit liegt in dem Maßstab, mit dem Gefahren für Leben und Gesundheit zu begegnen ist. Soll es auch hier eine Abwägung nach Verhältnismäßigkeit geben? Nach der neuen Textierung ist das der Fall - die Textierung ist ehrlicher geworden. Absoluten Schutz gibt es nicht und es ist damit zugegeben, daß auch in diesen Fällen das Ausmaß des Aufwandes - marginal, aber doch - mit ins Kalkül zu ziehen ist. Dem widerspricht auch nicht, daß in Abs 2 des neuen § 79 GewO für zugezogene Nachbarn Auflagen "im Sinne des Abs 1" nur soweit vorzuschreiben sind, als diese zur Vermeidung einer Gefährdung des Lebens oder der Gesundheit dieser Personen notwendig sind. Damit ist bei der Prüfung der Verhältnismäßigkeit das Gewicht von Leben und Gesundheit betont, jedoch die prinzipielle Abwägung nicht beseitigt.

Gab es früher für den zugezogenen Nachbarn über den Lebens- und Gesundheitsschutz hinaus keine Auflagenvorschreibung nach § 79 GewO 1973, so gilt für zugezogene Nachbarn nunmehr: "Auflagen im Sinne des Abs 1 zur Vermeidung einer über die unmittelbare Nachbarschaft hinausreichenden beträchtlichen Belastung durch Luftschadstoffe, Lärm oder Sonderabfälle sind, sofern sie nicht unter den ersten Satz fallen, zugunsten solcher Personen nur dann vorzuschreiben, wenn diese Auflagen im Sinne des Abs 1 verhältnismäßig sind." Zugezogene Nachbarn genießen also weitergehenden Schutz, jedoch nicht, wenn es einzelne trifft, sondern nur, wenn es sich um ganz bestimmte, über die unmittelbare Nachbarschaft hinausgehende beträchtliche Belastungen handelt. Auch hier muß die Verhältnismäßigkeit gegeben sein. Eine beträchtliche Lärmbelästigung, die verhältnismäßig billig und leicht abzustellen wäre, die aber nur einen zugezogenen Nachbarn - und hier nicht in den Bereich Gesundheitsgefährdung hinein - trifft, ist durch Auflage nicht zu beseitigen. Wohl aber hätte der nicht zugezogene, sondern schon im Genehmigungsverfahren als potentielle Partei existente Nachbar ein Recht auf Lärmreduzierung. Der zugezogene Nachbar ist gut gestellt, wenn die Behörde auch für Alt-Nachbarn zu sorgen hat, die, wie er, betroffen sind.

Ein Nebensatz jedoch zum zugezogenen Nachbarn: Seine minimale Schlechterstellung vermag kaum zu greifen, ist doch bei Änderungen der Betriebsanlage - und die wird es laufend geben müssen - der zugezogene Nachbar ein Nachbar, der die volle Rechtsposition erlangt hat. Dies unter dem Gesichtspunkt der Einheit der Betriebsanlage sogar bezogen auf die Altteile der Anlage, soweit sich die Änderung auf die bereits genehmigte Anlage auswirkt.

Mit den angesprochenen Schwierigkeiten der Auslegung und der wohl noch schwierigeren sachverständigen Bewertung all der sehr unbestimmten Kriterien ist es noch nicht genug: Gemäß § 79a GewO hat die Gewerbebehörde ein Verfahren nach § 79 GewO einzuleiten, wenn der Bundesminister für Umwelt, Jugend und Familie einen diesbezüglichen Antrag stellt. Voraussetzung für diesen wiederum ist die durch Nachbarbeschwerden oder Meßergebnisse bewirkte Annahme, daß der Betrieb zu einer über die unmittelbare Nachbarschaft hinausreichenden Belastung der Umwelt durch Luftschadstoffe, Lärm oder Sonderabfälle führt.

Mit dieser Antragsvoraussetzung liegt eine Frage auf der Hand: Kann es sein, daß die Voraussetzungen für den Antrag derartig sind, daß sie bei Zutreffen der Annahme im eingeleiteten Verfahren nicht abgestellt werden können? Da im Verfahren nach § 79 GewO nur die Schutzziele des § 74 Abs 2 Z 2 GewO genannt sind, kann eine über diese hinausgehende Umweltbeeinträchtigung nicht abgestellt werden. Die beträchtliche Belastung, die über die mittelbare Nachbarschaft hinausreicht, ist lediglich als Indiz gesetzt, daß Schutzziele verletzt werden. Sie ist aber selbst nicht mit Auflagen nach § 79 GewO bekämpfbar. Eine legistisch nicht sonderlich geglückte Lösung.

Geglückt ist es schließlich auch nicht, den § 79 GewO gegenüber dem Argument abzusichern, daß die Vorschreibung nur notwendig wurde, weil anderweitig rechtswidrigerweise nicht Vorsorge getroffen wurde, oder daß nicht nur ein Betrieb, sondern auch andere - in welchem Verhältnis und Umkreis? - an der Erreichung der Schutzziele durch Hinnahme von Auflagen mitzuwirken hätten.

Von der Anlage her ist § 79 GewO damit weiterhin mit grundlegenden Problemen belastet, er ist zwar durch die Verhältnismäßigkeits-Formel objektiviert, doch durch die anderen Neutextierungen noch stärker verkompliziert worden. Faktisch bleibt die Regelung weitestgehend unvollziehbar. Fürwahr ein erfreulicher Befund für eine Novellierung!

VI. Altanlagenanpassung

Das System des Betriebsanlagenrechts geht grundsätzlich von der individuellen behördlichen Genehmigung aus: Bescheid für Neugenehmigung, für Genehmigung abweichender Ausführung, für Betriebsbewilligung, für Vorschreibung anderer oder zusätzlicher Auflagen, für die Änderungsgenehmigung. In der neuen Regelung des § 82 GewO ist in Zusammenhalt mit § 81 GewO ein Abgehen von diesem behördlich abgesicherten Verändern der Anlage deutlich fixiert: Verordnungen nach § 82 GewO finden - abgestuft zwar - zwingend Anwendung auch auf Altanlagen; der Altanlageninhaber hat aber seine Anlage selbsttätig an die Verordnungen anzupassen.

Der Grund für diese Vorgangsweise ist klar. Die Behörden sehen sich nicht in der Lage, eine auch nur halbwegs flächendeckende Altanlagenanpassung bescheidmäßig zu vollziehen. Die Überlastung zwingt - will man ohne personelle Aufstockung im Behördenapparat auskommen -, die Pflicht zur Anpassung ohne Mitwirkung der Behörde auf den Betriebsinhaber zu überbinden. Damit freilich hat dieser nicht nur alle Probleme dieser schwierigen Anpassung zu meistern, er trägt auch ganz allein die Kosten und die Verantwortung. Das nicht nur strafrechtlich, sondern auch haftungsmäßig; dies wird ihn auch veranlassen, genau nachzudenken, ob seine Versicherung leistungswillig ist, wenn er die Anpassung nicht verordnungskonform durchgeführt hat.

Wie sind nun die Verordnungen zu gestalten? "Für bereits genehmigte Anlagen sind in einer solchen Verordnung abweichende Bestimmungen oder Ausnahmen ... festzulegen, wenn sie nach dem Stand der Technik und dem Stand der medizinischen und der sonst in Betracht kommenden Wissenschaften wegen der Unverhältnismäßigkeit zwischen dem Aufwand zur Erfüllung der betreffenden Verordnungsbestimmungen und dem dadurch erreichbaren Nutzen für die zu schützenden Interessen sachlich gerechtfertigt sind."

Auf ein Abgrenzungsproblem sei hier nur andeutungsweise eingegangen: Verordnungen nach § 69 Abs 1 GewO können sich auch auf die "Einrichtung der Betriebsstätten" erstrecken, in § 82 Abs 1 GewO wird von "Ausstattung von Anlagen" als möglichem Regelungsgegenstand gesprochen. Hier könnte es Abgrenzungsprobleme geben, Schwierigkeiten überhaupt bei der Erlassung von Verordnungen nach § 82 Abs 1 GewO, da sicherlich nur sehr allgemein gehaltene Vorschriften oder aber Verordnungen erlassen werden können, die nur Teilaspekte von relativ speziellen Anlagentypen erfassen. Für die Altanlagen nun sind nach "Verhältnismäßigkeit" Abstriche oder Ausnahmen vorzusehen. Die hier bestimmte Verhältnismäßigkeit ist gegenüber der in § 79 GewO klarer, weil lediglich mit der Relation Aufwand zu Nutzen beschrieben; es ist jedoch anzunehmen, daß kein abweichender Standard beabsichtigt war - es wurde nur anders formuliert. Hier wurde weiters klarer fixiert, daß bei einer Gefahr für das Leben oder die Gesundheit, der nach § 79 GewO begegnet werden müßte, keine abweichenden Bestimmungen oder Ausnahmen für Altanlagen zulässig sind. Daraus ergibt sich der Rückschluß, daß diese Gefährdungen relativ stark ins Gewicht fallen, und - wie oben dargelegt - nur im Marginalbereich die Kostenfrage relevant ist.

Wegen der Schwierigkeiten des betroffenen Anlageninhabers, wohl aber auch des im Einvernehmen mit vier anderen Ministerien handelnden Ministers für wirtschaftliche Angelegenheiten, kann im Einzelfall doch eine bescheidmäßige Feststellung zur Anpassung erfolgen. Dies zum einen in den Fällen, in denen eine Anlage zwar von der Verordnung, nicht jedoch von den Ausnahmen und Abweichungen, die für Altanlagen vorzusehen sind, erfaßt wurde. Zum anderen ist bescheidmäßig vorzugehen, wenn der Anlageninhaber mit von der Verordnung abweichenden Maßnahmen den gleichen Schutz erreicht und deren Zulassung wünscht. Auf den verunglückten Abs 3 des § 82 GewO, der mit unüberbietbarer Unverständlichkeit einen weiteren Sonderfall vorsieht oder sich beim amtswegigen Vorgehen durch mangelnde Determination auszeichnet, sei hier nicht weiter eingegangen. Es sei nur hervorgehoben, daß zur Absicherung der Situation auch über die Verordnung hinausgehende Auflagen vorgeschrieben werden können, wenn der angestrebte Schutz nicht erreicht wird. Determinanten fehlen auch hier.

Zu guter Letzt "darf" - hier wird der Verwaltungsgerichtshof wohl ein "muß" supplieren - auf Antrag mit Bescheid eine angemessene, höchstens fünf Jahre betragende Frist eingeräumt werden, wenn die Erfüllung der Verordnungsbestimmungen für den Betriebsinhaber erst innerhalb dieser Frist wirtschaftlich zumutbar ist. Das gilt zwar - grob gesprochen - nicht für den Fall der Gefahr für das Leben oder die Gesundheit, hat jedoch Gültigkeit für Neugenehmigung wie Altanlagenanpassung und zeigt, wes Sinnes diese Regelung ist: Sie ist milde wie ein Mailüftchen. Sollte trotz verschiedenster Hürden eine Maßnahme doch realisiert werden können, so wird sie zuvor wieder an ein Kriterium geknüpft, das angesichts des Kriteriums der Verhältnismäßigkeit hätte wohl beseitigt bleiben können.

Mit der Pflicht zur Selbstanpassung sollte die Verwaltung entlastet werden. Da man den Verordnungen nicht zutraut, was sie leisten sollten, hat man wieder Wege der bescheidmäßigen Sicherung der Anpassung vorgesehen. Wenn es überhaupt zu Verordnungen kommt, werden diese Wege begangen werden. Um dieser Belastung vorzubeugen, wird man wiederum mit Verordnungen sparsam sein. Viel Lärm um nichts - keine Hoffnung auf "flächendeckende" Altanlagensanierung.

Wie § 79 GewO wird auch § 82 GewO weitgehend totes Recht bleiben.

VII. Änderungsgenehmigung

Wer der Ansicht ist, daß eine Betriebsanlage zum 25jährigen oder gar erst zum 50jährigen Betriebsjubiläum modernisiert werden könnte, der kann mit dem Betriebsanlagenrecht der Gewerbeordnung, insbesondere auch mit der Regelung zur Änderungsgenehmigung zufrieden sein. Wer meint, daß die Anlagenänderung ein laufender Prozeß oder doch ein in relativ kurzen Zeiträumen immer wiederkehrendes Vorhaben ist, der kann am Betriebsanlagenrecht nur verzweifeln.

Vor der Gewerberechtsnovelle war jede Änderung, bei der sich neue oder größere Gefährdungen, Belästigungen oder nachteilige Einwirkungen ergeben können - abgestellt auf den Typ der Änderung, nicht auf die konkrete Änderung - genehmigungspflichtig. Dazu der letzte Satz in § 81 GewO 1973: "Diese Genehmigung hat auch die bereits genehmigte Anlage zu umfassen, soweit sich die Änderung auf sie auswirkt."

Diese Genehmigungsverfahren können über die berühmten drei Instanzen gehen, dies mit voller Parteienzahl. Bei einer größeren Anlage können mehrere Änderungsverfahren in verschiedenen Stadien viel an unternehmerischer Kraft und behördlichem Arbeitseifer verzehren. Sind die Hauptverfahren doch oft noch mit Anzeigen wegen rechtswidrigem Betrieb, Forderungen von Vorschreibungen nach § 79 GewO und mit anderen Kunststücken juristisch gut beratener Parteien garniert.

Die sehr weitgehende Pflicht zur Genehmigung von Änderungen zeigt, daß für ein aktives Unternehmen alle Regelungen über nachträgliche Vorschreibungen und Altanlagenanpassung - mit ausgeklügelten oder nicht allzu ausgeklügelten Abstufungen - nicht allzu relevant sind. Über die Notwendigkeit einer Änderung der Anlage hat man gleichsam laufend Neugenehmigungen einzuholen. Diese sind der Gefahr ausgesetzt, daß sich die Rahmenbedingungen - Luftqualität, Lärmpegel und Flächenwidmungsplan etwa - für das Unternehmen ungünstig entwickelt haben. Die in billige Lagen zugezogenen Nachbarn sind nunmehr voll berechtigte Parteien des Verfahrens.

Könnte man vielleicht an eine Begünstigung bei der Änderung der Anlage oder bei Ausbau der Anlage denken, wenn die Änderung mit dem normalen Lauf der Dinge verbunden ist oder - soweit es den Ausbau einer Anlage betrifft - für die Nachbarn kenntlich angezeigt war? Der Gesetzgeber konnte derlei Begünstigungen in die Novelle so gut wie nicht einbringen.

Der Austausch von gleichartigen Maschinen oder Geräten ist in Hinkunft nicht mehr genehmigungspflichtig, er ist nur anzeigepflichtig.

Das Problem der Gleichartigkeit wird über den Typus-Begriff zu lösen sein: von den Gefahren, der Funktion der Maschine, der Leistung der Maschine her muß der Vergleich positiv ausfallen. Es ist auf eine akzeptabel großzügige Judikatur und auch darauf zu hoffen, daß mit dem Austausch verbundene kleinere Umbauten und Veränderungen der Anlage mitinbegriffen sind.

Eine wie oben geforderte echte Begünstigung der Altanlage bei Änderung bietet die Entlastung beim Maschinentausch nicht. Die Vorschrift zur Änderungsgenehmigung ist damit vielfach kontraproduktiv: Selbst Verbesserungen einer Anlage können im Genehmigungsverfahren nicht unbedingt mit einer Genehmigung rechnen, von dem vielfältigen Aufwand für das Verfahren abgesehen. Auch eine durch Änderungen substantiell verbesserte Anlage kann nicht mehr genehmigungsfähig sein, da auf sie die volle Last der Neugenehmigungskriterien anzuwenden ist. Viel an Substanz kann hier verloren gehen, wenn die Änderung notwendig ist, aber nicht genehmigt werden kann. Die Betriebsverlegung als Konsequenz macht manche Anlage unklug zu früh zur Gänze zum alten Eisen.

Ein Detail noch am Rande: Der neue § 81 Abs 1 GewO formuliert die Genehmigungsvoraussetzungen bei der Änderungsgenehmigung neu. Wenn es zur Wahrung der im § 74 Abs 2 GewO umschriebenen Interessen erforderlich ist, bedarf auch die Änderung einer genehmigten Anlage einer Genehmigung. Eine Wortinterpretation legt nahe, daß damit stärker von der Möglichkeit von Gefährdungen und Belästigungen auf tatsächliche Gefährdungen und Belästigungen abgestellt wird. Damit wäre eine beträchtliche Veränderung, die tatsächlich die genannten Interessen nicht stärker oder gar reduziert berührt, nicht genehmigungspflichtig. Damit wäre die Änderungsgenehmigung deutlich von der Neugenehmigung abgesetzt und begünstigt. Eine systematische Einbeziehung der Überlegung, daß die behördliche Genehmigung als solche Schutzfunktion hat, und der Blick auf den folgenden Absatz, in dem nur der Maschinentausch von der Genehmigung ausgenommen ist, zeigt, daß wohl eine neue Textierung, jedoch keine neue Normierung stattfinden sollte; das zeigen leider auch die Materialien deutlich an.

Die Vorschriften über die Änderung von Betriebsanlagen sind neben denen zur Neugenehmigung der Kern des Betriebsanlagenrechts: Hier hat man keine ausreichende Begünstigung der Altanlagen vorgesehen, man hat mit dem bloß anzeigepflichtigen Maschinentausch ein Feigenblatt geliefert[9]. Auch nach den heutigen Vorstellungen ist das doch zu wenig.

---

[9] Feigenblätter sind auch so gut wie alle Punkte in § 81 Abs 2 GewO, die nur die Selbstverständlichkeit untermauern, daß nach anderen Paragraphen bescheidmäßig vorgesehene Änderungen nicht einer zusätzlichen Änderungsgenehmigung bedürfen.

VIII. Ausgelagerte Kontrolle

Bislang waren Fragen der Kontrolle dergestalt verteilt, daß der Betriebsinhaber für die Rechtmäßigkeit seiner Anlage einzustehen hatte und der Behörde die Kontrolle oblag. Die Überlastung der Behörden führte dazu, daß es zu diesen Kontrollen selten kam und diese auch nicht immer voll fachkundig durchgeführt werden konnten. Oberflächen- oder Fassadenkontrolle. Mit lockerer Kontrolle sinkt bisweilen auch der Einsatz der Betriebsinhaber; bei aller Strenge in der Auflagenerteilung bot der tatsächliche Zustand der Anlagen nicht immer ein erfreuliches Bild. Die Berichte der Arbeitsinspektoren geben dies andeutungsweise wieder.

Mit der Novelle wurde für die Betriebsinhaber die Pflicht eingeführt, die Betriebsanlage wiederkehrend prüfen zu lassen. Dies - für die unter § 359b GewO fallenden Anlagen sei auf Sonderregelungen verwiesen - alle fünf Jahre.

Zur Durchführung dieser Prüfungen sind Anstalten des Bundes oder eines Bundeslandes, staatlich autorisierte Anstalten, Ziviltechniker oder Gewerbetreibende, jeweils im Rahmen ihrer Befugnisse, heranzuziehen. Bei Mängeln ist eine Zweitschrift der Prüfungsbescheinigung der Behörde zu übermitteln und innerhalb angemessener Frist eine Darstellung der zur Mängelbehebung getroffenen Maßnahmen.

Die Behörde ist damit von Kontrollaufgaben stark entlastet und kann sich der Kontrolle der Kontrolle widmen. Leider wird ihr nicht angezeigt, daß eine der wiederkehrenden Prüfungen stattgefunden hat.

Insgesamt ist die Regelung zu begrüßen, sucht sie doch den rechtmäßigen Zustand in einer Weise sicherzustellen, die einige Aussicht auf Erfolg hat.

Der Unternehmer freilich wird mit ganz beträchtlichen Kosten belastet. Existiert für eine Anlage neben dem Genehmigungsbescheid ein Dutzend Änderungsbescheide, so wird vor dem Einsatz von technischen Experten ein Jurist tätig sein müssen. Der Techniker wird - so wie bei den Genehmigungsverfahren die Sachverständigen - mit dem Mediziner und mit Vertretern einer ganzen Reihe relevanter Wissenschaften zusammenwirken müssen. Alle fünf Jahre wird also ein sehr aufwendiges und unter Umständen die Betriebsabläufe störendes Kontrollgelage stattfinden. Dabei bereitet es Schwierigkeiten, Teilkontrollen zu unterschiedlichen Zeiten durchzuführen, da es vielfach aufs Zusammenwirken der geprüften Anlagenteile oder auf eine Zusammenschau der Aspekte ankommt.

Der Betriebsinhaber wird die fachliche Qualifikation des Prüfers genau zu bedenken haben, er wird möglichst präzise die wechselseitigen Pflichten bei den die Kontrolle vorbereitenden Arbeiten und bei den während der Kontrolle durchzuführenden Maßnahmen festlegen. Er wird Einsicht in die Versicherung nehmen, die der Prüfer abgeschlossen hat, um bei Schäden aus fehlerhafter Prüftätigkeit abgesichert zu sein und er wird überlegen, ob er selbst verschiedene Prüfer koordiniert oder eine Prüftruppe engagiert. Ruf und Referenzen sowie die Kostenfrage werden sicher maßgeblich die Entscheidung mitbestimmen, wen der Betriebsinhaber zur Prüfung heranzieht.

Für die erste Prüfperiode, die mit Ende 1993 begrenzt ist, ist bereits heute vorherzusehen, daß es zu Engpässen und Preissteigerungen kommen wird. Leider hat der Gesetzgeber bei der zu begrüßenden Auslagerung der Kontrolle an Dritte, die nicht Unternehmer und nicht Behörde sind, keine Staffelung des Prüfzeitraumes vorgenommen. Wer früher prüfen läßt, von dem kann man annehmen, daß ein längerer Zeitraum bis zur nächsten Prüfung verantwortet werden kann. Das hätte geholfen, den Ansturm im Jahre 1993 abzuflachen.

Wie für eine derartige Regelung, so war auch für viele andere kein Reformwille oder aber keine Zeit zur Verfügung[10]. Der Unterausschuß des Handelsausschusses hat Nebensächlichkeiten tagelang behandelt. Für das wichtige Betriebsanlagenrecht hat er kaum Zeit gefunden. Diese Bemerkung sei anstelle einer abschließenden Zusammenstellung von Regelungsdefiziten und zu erwartenden Vollzugsdefiziten gestattet. Die Zusammenstellung stimmte für eine Festschrift zu trübsinnig.

---

[10] Vgl den zum Reformwillen bereits kritischen, jedoch in vielem noch hoffnungsfrohen Bericht zur Lage der Novelle bei HALLER, Die Reform des gewerblichen Betriebsanlagenrechts, Journal für Betriebswirtschaft 1986, 195 ff und 242 ff. Die Entwicklung der Entwürfe und viele kleine nutzliche und kunstvoll gearbeitete Details der besprochenen Novelle zeigen, daß sich die Kunst des guten Legisten dort nicht entfalten kann, wo eilig gesuchter politischer Kompromiß oder falsch verstandene Interessenvertretung "zugeschlagen" haben.

Elmar Puck

Die Prüfung des Bedarfes bei öffentlichen Apotheken

I. Einleitung

Die rechtswissenschaftliche Befassung mit Problemen des Gesundheitswesens - des Rechtes der Ärzte, der Tierärzte und im besonderen Maß auch der Apotheker - ist eines der Arbeitsgebiete im Bereich des Besonderen Verwaltungsrechts, dem GÜNTHER WINKLER stets sein spezielles Interesse zugewendet hat. "Stets" ist dabei ganz wörtlich zu nehmen. Schon am Anfang seiner wissenschaftlichen Tätigkeit stehen Arbeiten zum Apothekenrecht, etwa zum Betrieb von Anstaltsapotheken durch Krankenversicherungsträger[1], zur Abgabe von Heilmitteln durch die Heilmittelstelle an Krankenanstalten ohne Anstaltsapotheke[2] oder zum Umfang des sogenannten Apothekenvorbehaltes[3]. Die Art seines Interesses und die Ergebnisse seiner Befassung mit dem Gegenstand des Gesundheitswesens waren dabei immer in hohem Maße praxisbezogen. In diesem Zusammenhang sei nur auf die langjährige Beratungstätigkeit für die Österreichische Tierärztekammer und dabei insbesondere auf den maßgebenden Beitrag GÜNTHER WINKLERS zur Gestaltung des Tierärztegesetzes BGBl 1975/16 hingewiesen.

---

[1] GSCHNITZER - WINKLER, Rechtsgutachten zur Frage der Errichtung und des Betriebes von sogenannten Krankenkassenapotheken (Anstaltsapotheken) durch die Träger der Krankenversicherung nach der derzeit gegebenen Rechtslage (1957), als Separatum gedruckt.

[2] GSCHNITZER - WINKLER, Rechtsgutachten zur Frage der Rechtsgültigkeit des Erlasses des Bundesministeriums für soziale Verwaltung vom 15. Mai 1935 Zl. 6313 (sogenannter Neustädter - Sturmer - Erlaß) (1957), als Separatum gedruckt.

[3] WINKLER, Der Umfang des Verkaufsrechtes der Apotheker (1958), als Separatum erschienen und auszugsweise abgedruckt auch bei THOR, Gesetze und Vorschriften für den österreichischen Apotheker - Apotheken- und Arzneimittelrecht (ab 1975) III B 9.

Ja, die praktische Berührung mit dem Apothekenwesen ging so weit, daß Generationen von Winkler-Assistenten (bevor es eine Institutssekretärin gab) gut beraten waren, die Adresse der nächstgelegenen Apotheke zu kennen, wenn der Chef vor der Vorlesung dringend noch etwas gegen Kopfweh oder Heiserkeit benötigte; nicht unzweckmäßig war es auch, davon einen Patientenvorrat anzulegen. Was mich betrifft, so war das erste Rechtsgutachten, bei dessen Erstellung ich von WINKLER zur Mitarbeit herangezogen wurde, - wie könnte es anders sein - einem apothekenrechtlichen Thema gewidmet[4].

Wenn daher im folgenden von zwei sachlichen Konzessionsvoraussetzungen, nämlich vom Bedarf nach einer neu zu errichtenden öffentlichen Apotheke und am Rande auch von der Nichtgefährdung der wirtschaftlichen Existenz der bestehenden öffentlichen Apotheken, die Rede sein wird, dann berührt dies *erstens* nicht nur einen Teilaspekt der "Stellung des Apothekers im österreichischen Verfassungsrecht"[5], sondern soll auch auf dem Boden der durch die Apothekengesetznovelle 1984 BGBl 502 (im folgenden: ApGNov 1984) geschaffenen neuen Rechtslage zur Lösung einiger noch offener Auslegungsfragen beitragen.

Zweitens führt die Behandlung des unbestimmten Rechtsbegriffes "Bedarf" unmittelbar in ein weiteres Hauptinteressengebiet WINKLERS, das Legalitätsprinzip, im besonderen im Wirtschaftsverwaltungsrecht[6]. Es ist angesichts der Neuregelung des § 10 Abs 2 ApG nF, die den Begriff des "Bedarfes" in ein enges, zT ziffernmäßig fixiertes Korsett zwängt, geradezu verblüffend, bei WINKLER in dem eben zitierten Beitrag aus 1966 eine besorgte Analyse der Tendenzen zu übertriebenen Detailregelungen nachzulesen. Zwar gerade das Apothekenwesen ausnehmend, "denn die Vorschriften sind älteren Ursprungs", stellt WINKLER warnend fest, es zeige sich "in den bereits erfaßbaren Extremfällen ..., daß sich der Gesetzgeber mit übertriebener Kasuistik ad absurdum führen kann, und daß die unüberschaubare Vielfalt detaillierter Regelungen oft schlechtere Folgen zeitigt und größere Unbilligkeiten schafft als die allgemeine richtungsweisende Klausel"[7].

---

[4] WINKLER, Unterliegen Vitamine dem Apothekenvorbehalt, Österr ApothekerZ 1967, 237.

[5] WINKLER, Die Stellung des Apothekers im österreichischen Verfassungsrecht, Österr ApothekerZ 1966, 525.

[6] WINKLER, Gesetzgebung und Verwaltung im Wirtschaftsrecht (1970).

[7] WINKLER, Österr ApothekerZ 1966, 528.

Drittens bietet das Thema Anschauungsmaterial zum Thema Staat und Verbände[8]. Den Erläuterungen zur RV betreffend die ApGNov 1984 zufolge seien die Änderungen "im Einvernehmen bzw auf Vorschlag der österreichischen Apothekerkammer und der österreichischen Ärztekammer vorgenommen worden". Dies würde den Kenner nicht verwundern, geht es doch um das vitale Interesse der Abgrenzung des Marktzuganges für Angehörige zweier Berufsstände. Die wiedergegebene Feststellung der EB ist freilich nicht präzis; es wurde vielmehr doch erheblich vom Übereinkommen der beiden Kammern vom 16. 5. 1984 (vgl unten III/2) abgewichen, was in der gewählten Formulierung der EB nicht zum Ausdruck kommt.

II. Öffentliche Apotheken und ärztliche Hausapotheken im System einer territorialen Ordnung der Heilmittelversorgung

1. Die Beschränkung der sogenannten Niederlassungsfreiheit öffentlicher Apotheken

Die Organisation der Heilmittelversorgung der Bevölkerung soll bestimmten, wohl außer Streit stehenden *Zielen* dienen: qualitativ und quantitativ einwandfreie Versorgung durch einen fachkundigen und verläßlichen Personenkreis; angemessene Erreichbarkeit, Betriebsbereitschaft und Betriebspflicht; darüber hinaus wohl auch einheitliche und erschwingliche Konsumentenpreise.

Was die Art der Organisation der Heilmittelversorgung anlangt, scheidet eine *Verstaatlichung* dieser Aufgabenbesorgung[9] aus verfassungsrechtlichen Gründen aus. Einerseits wäre (jedenfalls) dem Bundesgesetzgeber eine solche Maßnahme wegen des nach dem Stand der Rechtsordnung im Jahr 1925 zu erschließenden Inhaltes des verfassungsgesetzlichen Kompetenztatbestandes "Gesundheitswesen" (Art 10 Abs 1 Z 12 B-VG), soweit dieses das Apothekenwesen betrifft, verwehrt[10]. Andererseits verstieße ein solches Vorhaben, das einen ganzen Wirtschafts-

---

[8] Dazu insb WINKLER, Staat und Verbände, VVDStRL 24 (1966) 34 = Orientierungen im öffentlichen Recht (1979) 195.

[9] Vgl dazu näher PUCK, Die Organisation der Heilmittelversorgung durch Apotheken - Realtypus wirtschaftsrechtlicher Gestaltungsformen, in: Wenger-FS (1983) 577, 585.

[10] Dieser Teil des Gesundheitswesens iS des Art 10 Abs 1 Z 12 B-VG "ist ausgeprägt durch den privaten Apotheker, der wohl Staatskonzessionär, aber nicht Staatsorgan ist"; siehe WINKLER, Österr ApothekerZ 1966, 526.

zweig beträfe, nach dem Maßstab des Erk des VfGH VfSlg 3118/1956 gegen den Wesensgehalt des Grundrechts auf freie Erwerbsausübung gemäß Art 6 StGG; ein solcher Eingriff erschiene durch den Gesetzesvorbehalt nicht gedeckt. Die Apotheke ist vielmehr ein privates kaufmännisches Unternehmen mit öffentlicher Versorgungsaufgabe.

Der Gesetzgeber hat sich in Österreich allerdings nicht für das System der sog Niederlassungsfreiheit der Apotheker[11] entschieden. Die Freiheit des Erwerbsantrittes an einem bestimmten Standort wird durch die beiden objektiven, der Einflußnahme des Konzessionswerbers entzogenen Erfordernisse des *Bedarfes* nach einer neuen Heilmittelabgabestelle und der *Nichtgefährdung der Existenz* der bestehenden öffentlichen Apotheken gesetzlich beschränkt. Auf die verfassungsrechtliche Problematik soll im Anschluß an die Darstellung der Rechtslage noch kurz eingegangen werden (unten IV).

Angemerkt sei in diesem Zusammenhang, daß das *EG-Recht* derzeit eine gesetzliche Steuerung der Niederlassung von Apothekern mit dem Ziel einer territorial ausgewogenen Arzneimittelversorgung nicht ausschließt. In der Präambel der Richtlinie 85/432/EWG heißt es vielmehr: "Diese Richtlinie gewährleistet auch nicht die Koordinierung aller Bedingungen für die Aufnahme und die Ausübung der Tätigkeit des Apothekers. Insbesondere die geographische Verteilung der Apotheken und das Abgabemonopol für Arzneimittel fallen weiterhin unter die Zuständigkeit der Mitgliedstaaten"[12,13].

---

[11] Das System der sog Niederlassungsfreiheit besteht in der BRD auf dem Boden des berühmten Urteils des Bundesverfassungsgerichts vom 1. 6. 1958, BVerfGE 7, 377, demzufolge deren Beschrankung einen unverhaltnismäßigen Eingriff in das Grundrecht auf freie Berufswahl darstellt. Vgl dazu PUCK, in: Wenger-FS (1983) 586.

[12] Richtlinie des Rates vom 16. September 1985 zur Koordinierung der Rechts- und Verwaltungsvorschriften über bestimmte pharmazeutische Tatigkeiten (85/432/EWG), ABl Nr L 253, S 34, vom 24. 9. 1985.
Ferner bestehen dzt folgende gemeinschaftsrechtliche Regelungen:
Richtlinie des Rates vom 16. September 1985 uber die gegenseitige Anerkennung der Diplome, Prüfungszeugnisse und sonstigen Befahigungsnachweise des Apothekers und über Maßnahmen zur Erleichterung der tatsachlichen Ausubung des Niederlassungsrechtes für bestimmte pharmazeutische Tatigkeiten (85/433/EWG), ABl Nr L 253, S 37, vom 24. 9. 1985.
Beschluß des Rates vom 16. September 1985 zur Einsetzung eines Beratenden Ausschusses für die pharmazeutische Ausbildung (85/434/EWG), ABl Nr L 253, S 43, vom 24. 9. 1985.
Empfehlung des Rates vom 16. September 1985 betreffend die Staatsangehörigen des Großherzogtums Luxemburg, die Inhaber eines in einem Drittstaat ausgestellten Apothekerdiploms sind (85/435/EWG), ABl Nr L 253, S 45, vom 24. 9. 1985.

2. Die ärztlichen Hausapotheken

Die Rechtsinstitute der Bedarfs- und Existenzgefährdungsprüfung bei öffentlichen Apotheken könnten nicht verstanden werden, würde außer acht gelassen, daß es nicht nur um die Verteilung des Marktzuganges der Pharmazeuten untereinander geht, sondern auch die praktischen Ärzte einen Teil der Versorgungsaufgabe wahrnehmen, nämlich dort, wo keine öffentlichen Apotheken bestehen[14].

Die ApGNov 1984 brachte hier einige Veränderungen gegenüber der früheren Rechtslage.

Das bisherige Bedarfserfordernis für die Bewilligung einer ärztlichen Hausapotheke wurde formalisiert. Maßgebend nach § 29 Abs 1 ApG nF ist nunmehr, daß der Berufssitz des Arztes, das ist die Ordination, von der Betriebsstätte der öffentlichen Apotheke mehr als sechs Straßenkilometer entfernt ist[15].

§ 29 Abs 1 ApG nF fordert die Existenzfähigkeit der öffentlichen Nachbarapotheke nicht mehr als Bewilligungsvoraussetzung; dem öffentlichen Apotheker steht diesbezüglich gemäß § 53 ApG (mangels sinngemäßer Anwendbarkeit von § 48 Abs 2 und § 51 Abs 3 ApG nF auf diesen Fall) kein Einspruchs- und Berufungsrecht zu[16]. Der Gesetzgeber geht offenbar davon aus, daß die bestehende öffentliche Apotheke mit ihrem Kundenpotential innerhalb der 6-km-Zone durch die Heilmittelabgabe durch den Arzt, die nur außerhalb des Apothekenstandortes und nur an die eigenen Patienten erfolgen darf, - bei einer Durchschnittsbetrachtung - nicht existenzbedroht sein wird und daß eine in Ausnahmefällen dennoch eintretende Existenzgefährdung wegen der Verbesserung der Heilmittelversorgung insgesamt infolge Verkürzung der Anmarschwege

---

[13] Vgl insb auch STEINDL, Österreich und die EG, Österr ApothekerZ 1988, 146; *ders*, EG und Apothekenkonzession? Österr ApothekerZ 1988, 438.

[14] Es bestanden iJ 1984 917, iJ 1986 929 und am 31. 8. 1988 944 öff Apotheken, sowie iJ 1984 837 und iJ 1986 899 und am 30. 9. 1988 945 ärztl Hausapotheken. Der Gesamtumsatz der öff Apotheken iJ 1986 betrug 9,4 Mrd S, jener der Hausapotheken 1,4 Mrd S.

[15] VwGH 25. 4. 1985, 85/08/0048, VwSlg 11756 A/1985 = ZfVB 1985/6/2110; VwGH 30. 6. 1988, 88/08/0085 = ZfVB 1988/5/1742, unter Hinweis auf § 11 Abs 8 Z 1 ÄrzteG idF BGBl 1987/314, der auf die Adresse des Berufssitzes abstellt.

[16] Wie FN 15. Kritsch SCHMELZ, Öffentliche Apotheke und Hausapotheke - Grundfragen des Apothekenrechts, in: Schönherr-FS (1986) 390, und MAYER, Zur Frage der Parteistellung im Apothekenrecht, ZfV 1985, 367. Darauf VwGH 4. 7. 1985, 85/08/0081 = ZfVB 1985/6/2111, und VfGH 27. 11. 1985, B 461, 462/85, VfSlg 10692/1985 = ZfVB 1986/3/1501.

zur Abgabenstelle in Kauf genommen werden könne[17]. Es erfolgte also eine rein geographische Abgrenzung zwischen den beiden Versorgungssystemen.

Die Ärzte können ihren Ordinationssitz und damit den Sitz der Hausapotheke bewilligungsfrei in derselben Ortschaft (arg e contrario aus § 29 Abs 3 ApG nF) verlegen, soferne sie die für sie konkret in Betracht kommende Entfernung von 6 bzw 4 Straßenkilometern von der öffentlichen Apotheke nicht unterschreiten (arg aus § 29 Abs 1 und 4 ApG, da die Entfernungsregel als Bewilligungs- bzw Fortbestandsvoraussetzung nicht durch eine Verlegung unterlaufen werden darf, und der Umkehrschluß aus § 29 Abs 3 ApG diesbezüglich teleologisch reduziert werden muß).

§ 29 Abs 2 ApG nF regelt die Nachfolge eines hausapothekenführenden Arztes[18] in der zwischen 4 und 6 km von der Apotheke gelegenen Zone.

Der sog Primat der Heilmittelversorgung durch die öffentlichen Apotheken findet ungeachtet dieser weitgehend formalisierten Trennung der beiden Versorgungsteilsysteme noch immer im § 29 Abs 4 bis 8 ApG nF seinen normativen Niederschlag. Danach ist die Hausapothekenbewilligung bei Neuerrichtung einer öffentlichen Apotheke - nunmehr auf Antrag, also kraft Rechtsanspruches des Konzessionsinhabers - zurückzunehmen, wenn die Wegstrecke zwischen Berufssitz des Arztes und Betriebsstätte der neu errichteten öffentlichen Apotheke 4 Straßenkilometer nicht überschreitet[19].

III. Probleme der Bedarfsprüfung

1. Die Rechtslage vor der Apothekengesetznovelle 1984

Nach § 10 Abs 2 ApG aF bildete das Vorliegen eines Bedarfes eine der sachlichen Voraussetzungen für die Konzessionserteilung. Diese Bestimmung lautete:

"Bei der Entscheidung ist auf das Bedürfnis der Bevölkerung Rücksicht zu nehmen, wobei insbesondere die Anzahl und die Lebensverhältnisse der Bevölkerung sowie der Verkehr im Standorte und in der Umgebung, die vorhandenen Kranken- und Humani-

---

[17] VfSlg 10692/1985 = ZfVB 1986/3/1501.
[18] VwGH 30. 6. 1988, 88/08/0149 = ZfVB 1988/5/1743.
[19] VwGH 30. 1. 1986, 86/08/0001 = ZfVB 1987/2/416; 3. 7. 1986, 86/08/0101 = ZfVB 1987/2/419; 14. 4. 1988, 88/08/0011 = ZfVB 1988/5/1740.

tätsanstalten, Schulen und Erziehungsanstalten, größere gewerbliche und industrielle Betriebe, ferner der Umfang des Geschäftsbetriebes der im Standorte und in der Umgebung bestehenden öffentlichen Apotheken in Betracht zu ziehen sind."

Unter der "Anzahl ... der Bevölkerung" iS des § 10 Abs 2 ApG aF war nicht nur die Bevölkerungszahl im ausersehen Standort, sondern auch jene in der "Umgebung", also in dem für die geplante Apotheke in Betracht kommenden Einzugsgebiet zu verstehen[20]. In der Rechtsprechung des VwGH wurde eine Zahl von 5000 bis 6000 potentiellen Kunden im Standort und in der Umgebung zur Begründung dieses Bedarfskriteriums als noch ausreichend angesehen[21].

Dabei ließ, nach Auffassung des VwGH, die Bevölkerungszahl eines Versorgungsgebietes allein noch nicht überzeugend den Bedarf nach Errichtung einer weiteren Apotheke erkennen, zumal, wenn nicht dargetan werden konnte, daß die bestehende Apotheke bisher den Heilmittelbedarf nicht klaglos befriedigen konnte (VwSlg 4878 A/1959).

In der Rechtsprechung wurde als Kriterium des Bedarfes neben der Bevölkerungszahl auch jenes einer bestimmten Mindestentfernung von einer bestehenden Apotheke herausgearbeitet. Darnach müsse die Bewilligung auch nicht immer schon dann erteilt werden, wenn die neue Apotheke neben der bereits bestehenden geführt werden könne, ohne deren Existenz zu beeinträchtigen. Von einem Bedürfnis der Bevölkerung könne (im Rahmen städtischer Verhältnisse) vielmehr nur dann gesprochen werden, wenn entweder der Standort der neuen Apotheke so gelegen wäre, daß mit ihrem Betrieb der Bevölkerung eines Stadtteiles, von dem aus die bereits bestehenden Apotheken nur nach Zurücklegung größerer Wegstrecken zu erreichen gewesen seien, eine wesentliche Erleichterung bei der Besorgung von Heilmitteln verschafft würde, oder aber, daß die Nachfrage nach Heilmitteln in einem bestimmten Stadtteil derart stark sei, daß die in Betracht kommenden Apotheken dieser Nachfrage nicht nachkommen könnten. Unter Zugrundelegung städtischer Maßstäbe erachtete der VwGH eine Wegstrecke von mindestens 600 m und mehr als beträchtlich, noch dazu, wenn nur eine begrenzte Möglichkeit bestehe, diese Strecke mittels öffentlicher Verkehrsmittel zurückzulegen[22].

---

[20] VwGH 31. 8. 1978, 2014/77 = ZfVB 1979/2/340.
[21] VwGH 23. 9. 1975, 1878/74; 31. 8. 1978, 2014/77 = ZfVB 1979/2/340: 6000; VwGH 17. 6. 1969, 1693/68: 5000; VwGH 29. 4. 1966, 2143/65: 5600.
[22] Rechtsprechungs-Hinweise und Kritik bzgl des Erfordernisses einer *wesentlichen* Erleichterung der Heilmittelversorgung bei PUCK, in: Wenger-FS (1983) 596.

Wie man sieht, enthielt das Apothekengesetz aus 1907 eine kluge und elastische Regelung des Bedarfes, in dem es einige Bedarfsgesichtspunkte aufzählte, jedoch keinen von ihnen verabsolutierte und es vermied, die künftige Entwicklung ebenso wie die Bedachtnahme auf den Einzelfall durch Normierung absoluter Zahlen zu beengen. Es verwundert daher nicht, daß sich diese Regelung 75 Jahre hindurch als eine taugliche Grundlage für die Bedarfsbeurteilung durchaus bewährte.

2. Zur Entstehung der Neuregelung des Bedarfes in der Apothekengesetznovelle 1984

Schenkte man den Erläuterungen zur RV 395 BlgNR 16. GP Glauben, dann sollte in der Novelle 1984 der bewährten bisherigen Verwaltungsübung und Judikatur des VwGH Rechnung getragen und zwei Faktoren bei der Bedarfsbeurteilung, nämlich der Anzahl der zu versorgenden Personen und der Entfernung zur nächstgelegenen öffentlichen Apotheke, besondere Bedeutung zugemessen werden. Darin erschöpft sich jedoch der Regelungsinhalt nicht. Auch hätte danach wohl kaum ein Regelungsbedürfnis bestanden; dementsprechend befaßte sich auch der ministerielle Vorentwurf mit § 10 Abs 2 ApG aF nicht.

Die treibende Kraft für eine Neuregelung des Bedarfes war vielmehr der Antagonismus Apothekerschaft - Ärzteschaft, im besonderen Landapotheker - ärztliche Hausapotheker. Wie unter Punkt II bereits dargestellt, war das Ziel der ärztlichen Standesvertretung eine formalisierte Umschreibung des Bedarfes bei ärztlichen Hausapotheken (Entfernungszone), während für die Apotheker die Durchsetzung der behördlichen Pflicht zur Zurücknahme der Hausapothekenbewilligung bei Neuerrichtung einer öffentlichen Apotheke im Standort wichtig war. In ihr findet ja der sogenannte Primat der Heilmittelversorgung durch öffentliche Apotheken ihren Niederschlag. Im Hinblick auf diese Rechtsfolge wiederum erschienen den Ärzten eine (befürchtete?) Lockerung der Bedarfsbeurteilung, etwa durch Berücksichtigung des Fremdenverkehrspublikums, und die erleichterte Apothekenverlegung bedrohlich ("Spaltpilztheorie"), weswegen eine gebiets- und zahlenmäßige Fixierung eines Mindestkundenpotentials für neue öffentliche Apotheken angestrebt wurde.

Damit war der Rahmen eines Kompromisses abgesteckt; Extremforderungen nach Dispensierfreiheit der Ärzte[23] einerseits und nach aus-

---

[23] Es gibt diesbzgl die Empfehlung eines Landtages.

schließlich apothekeneigener Versorgung des gesamten Bundesgebietes andererseits schieden dabei naturgemäß aus. Bemerkt sei noch, daß beide Standesvertretungen unter dem Druck einer steigenden Zahl von Jungakademikern stehen, für diese neue Erwerbsmöglichkeiten gewährleisten sollen und Einkommensverluste der eigenen Mitglieder hintanzuhalten oder in anderen Bereichen zu kompensieren trachten.

In einem Übereinkommen zwischen der Österreichischen Apothekerkammer und der Österreichischen Ärztekammer vom 16. 5. 1984 wurde dem Bundesministerium für Gesundheit und Umweltschutz in der Frage der ärztlichen Hausapotheken ein gemeinsamer Novellierungsvorschlag unterbreitet. Danach sollte gemäß § 10 Abs 2 ApG die Konzession nur erteilt werden dürfen,

"wenn die Anzahl der ständigen Einwohner in einem Umkreis von vier Straßenkilometern, gemessen von der vorgesehenen Betriebsstätte der Apotheke, mindestens 5.500 und die Wegstrecke zwischen vorgesehener Betriebsstätte der neu zu errichtenden öffentlichen Apotheke und Betriebsstätte der nächstgelegenen bestehenden öffentlichen Apotheke mindestens 500 Meter betragen. ..."

Einem vorgeschlagenen § 10 Abs 3 zufolge hätte die in Abs 2 genannte Bevölkerungszahl unterschritten werden können,

"wenn bei Beachtung des Verkehrs, ausgenommen des Fremdenverkehrs, im Standort und in der Umgebung, der vorhandenen Kranken- und Humanitätsanstalten, Schulen und Erziehungsanstalten, Behörden und Wirtschaftsbetriebe anzunehmen ist, daß durch die zusätzlich zu versorgenden Personen die Mindestanzahl von 5.500 erreicht wird."

Gegenüber der früheren Rechtsprechung hätte diese Formulierung eine Fixierung der dort im Einzelfall als ausreichend erkannten Zahl von ständigen Einwohnern, und zwar - und das ist neu - innerhalb eines Umkreises von vier Straßenkilometern von der Apotheke gebracht. Bei Vorliegen zusätzlich zu versorgender anderer Personen (ua auch aus der Umgebung) hätte diese Zahl an ständigen Einwohnern unterschritten werden können. Eine solche Regelung hätte ein klares Konzept erkennen lassen und trotzdem noch eine gewisse Elastizität in der Vollziehung ermöglicht.

In der RV 395 BlgNR 16. GP wurde dieses Konzept der positiven Bedarfsumschreibung ohne ersichtlichen Grund auf den Kopf gestellt und durch eine negative Abgrenzung ersetzt. Der lang und schwerfällig geratene § 10 Abs 2 ApG nF lautet jetzt folgendermaßen:

"(2) Bei der Prüfung des Bedarfes sind insbesondere die Anzahl der zu versorgenden Personen unter Berücksichtigung der ständigen Einwohner und die Entfernung zur nächstgelegenen Apotheke zu berücksichtigen. Ferner sind die Lebensverhältnisse der Bevölkerung sowie der Verkehr im Standort und in der Umgebung, die vorhandenen

Krankenanstalten, Heime, Schulen und Erziehungsanstalten, größere gewerbliche und industrielle Betriebe, der Umfang des Geschäftsbetriebes der im Standort und in der Umgebung bestehenden öffentlichen Apotheken sowie deren Turnusdienst in Betracht zu ziehen. Ein Bedarf ist jedenfalls nicht anzunehmen, wenn

1. a) in Orten, in denen keine öffentliche Apotheke besteht, die Zahl der in einem Umkreis von vier Straßenkilometern von der künftigen Betriebsstätte der Apotheke zu versorgenden Personen weniger als 5 500 beträgt oder

   b) in Orten, in denen eine oder mehrere öffentliche Apotheken bestehen, die Zahl der von der neuen Apotheke zu versorgenden Personen weniger als 5 500 beträgt und

2. die Entfernung zwischen der künftigen Betriebsstätte der Apotheke und der Betriebsstätte der nächstgelegenen Apotheke weniger als 500 m beträgt. Diese Entfernung darf ausnahmsweise unterschritten werden, wenn es besondere öffentliche Verhältnisse im Interesse einer ordnungsgemäßen Arzneimittelversorgung der Bevölkerung dringend gebieten."

Darüberhinaus kennt das ApG noch den Begriff des "zwingenden Bedarfes", bei dessen Vorliegen die Konzession ungeachtet einer allfälligen Existenzgefährdung bestehender öffentlicher Apotheken zu erteilen ist (§ 10 Abs 4 ApG nF).

3. Einige Auslegungsfragen

a) Mindestversorgungspotential "und" Mindestentfernung als Bedarfsvoraussetzungen

Es fällt auf, daß die Z 1 und 2 im § 10 Abs 2 ApG durch das Wort "und" verbunden sind. Ein Bedarf ist nach dieser Bestimmmung jedenfalls nicht anzunehmen, wenn die Voraussetzungen der Z 1 (weniger als 5500 Personen) "und" der Z 2 (weniger als 500 m Mindestentfernung) erfüllt sind. Soll das wirklich kumulativ gemeint sein? Sicherlich nicht. Es sollte hier, den Erläuterungen zu RV zufolge, doch nur die bisherige Rechtsprechung festgeschrieben werden. In der positiv formulierten Bedarfsumschreibung des Kammerübereinkommens lautete es noch richtig: Vorliegen eines Bedarfes bei mindestens 5500 Personen und mindestens 500 m Entfernung. So kommt es auch völlig eindeutig in den EB zum Ausdruck. Bei der Umkehrung in eine negative Formulierung wäre daher das Wort "und" besser durch ein "oder" ersetzt worden. Das Wort "und" ist somit nicht kumulativ, sondern alternativ (in der Aufzählung der negativen Bedarfsvoraussetzungen) zu deuten.

b) Der "Umkreis von vier Straßenkilometern"

Der "Umkreis" ist ein Polygon, gebildet aus der Verbindung der von der zukünftigen Bertriebsstätte vier Straßenkilometer entfernten Punkte. Wie der VwGH zum selben Begriff im § 29 Abs 1 ApG nF ausgesprochen hat, sind die genannten "Straßenkilometer auf Straßen zu messen, die grundsätzlich ganzjährig und ohne Beschränkung auf den Anrainerverkehr dem Kraftfahrverkehr dienen. Es kann nämlich nicht angenommen werden, daß der Gesetzgeber den Einkaufsweg von 6 bzw 4 km und zurück auf einer bloß dem nicht motorisierten Verkehr dienenden Verkehrsfläche als zumutbar angesehen hätte. Der Begriff der "Straße" nach der StVO, der auch bloße Fußwege einschließt, ist somit hier nicht maßgebend[24].

Entsprechend der allgemeinen Regel, daß die Sach- und Rechtslage im Zeitpunkt der letztinstanzlichen Entscheidung maßgebend ist, sofern das Gesetz nicht auf einen anderen Zeitpunkt abstellt, ist auch hier die Widmung und Benutzbarkeit der Straße im Zeitpunkt der Berufungsentscheidung maßgebend. Auf Straßenbauvorhaben oder die Absicht, eine Verkehrsbeschränkung aufzuheben, kann nicht Bedacht genommen werden[25]. Die kasuistische Präzisierung einzelner Bedarfskriterien schließt elastischere Prognoseelemente der erwähnten Art aus.

c) Die "künftige Betriebsstätte"

Die künftige Betriebsstätte ist Ausgangspunkt der Ausmessung der 4-km-Zone (§ 10 Abs 2 Z 1 lit a ApG) und der Entfernungsmessung (Z 2); auch die Ermittlung der Zahl der zu versorgenden Personen im Fall des § 10 Abs 2 Z 1 lit b ApG kann zu eindeutigen Ergebnissen nur führen, wenn von einem bestimmten Punkt ausgegangen wird. Daher muß der Konzessionswerber den genauen Ort (Adresse, Parzelle) der künftigen Betriebsstätte bezeichnen[26]. Es handelt sich dabei um eine im § 46 ApG nicht genannte, sondern vorausgesetzte Mitwirkungspflicht des Konzessionswerbers. Wo es sich um die Mitteilung eines von einem Willensentschluß des Antragsstellers abhängigen Sachverhaltselementes han-

---

[24] VwGH 17. 3. 1988, 87/08/0330 = ZfVB 1988/5/1739.
[25] VwGH 17. 3. 1988, 87/08/0244 = ZfVB 1988/5/1738; 17. 3. 1988, 87/08/0330 = ZfVB 1988/5/1739.
[26] VwGH 3. 7. 1986, 86/08/0055 = ZfVB 1987/2/418.

delt, findet die amtswegige Ermittlungspflicht notwendigerweise ihre Grenze.

Wie sich zeigt, bedingen Kasuistik und zahlenmäßige Präzisierungen notwendigerweise beträchtliche unternehmerische Vordispositionen, die nach der alten Rechtslage, nach der zunächst nur der Standort (ein Gebiet) zu umschreiben war, innerhalb dessen dann nach Konzessionserteilung die Betriebsstätte gewählt werden konnte, in diesem Verfahrensstadium nicht erforderlich waren.

d) Der "Ort" iS des § 10 Abs 2 Z 1 ApG

In Orten, in denen keine öffentliche Apotheke besteht, kommt es hinsichtlich der zu versorgenden 5500 Personen auf einen Umkreis von 4 Straßenkilometern an, in Orten mit zwei oder mehreren Apotheken auf eben diesen Ort. Derselbe Begriff findet sich auch im § 8 leg cit. Im § 9 Abs 2 ApG hingegen ist als Standort eine Gemeinde, eine Ortschaft, ein Stadtbezirk oder ein Teil eines solchen Gebietes zu bestimmen. Auch § 24 (betreffend Filialapotheken) und § 29 (betreffend ärztliche Hausapotheken) handeln von der "Ortschaft", § 30 wiederum spricht vom "Ort".

Im Hinblick darauf, daß § 10 Abs 1 Z 1 ApG von der Gemeinde des Standortes spricht, ist unter dem Ort iS des § 10 Abs 2 Z 1 ApG wohl nicht die Gemeinde zu verstehen. Es handelt sich vielmehr um einen dem ApG eigenen Begriff. Gemeint ist ein nicht durch rechtlich normierte Grenzen (wie bei Gemeinden oder Katastralgemeinden) umschriebenes Gebiet. Worauf es angesichts der ökonomischen Problemstellung, ein bestimmtes Kundenpotential abzuschätzen, ankommt, ist das Vorliegen eines durch die Verbauung als Einheit charakterisierten Gebietes. Ist ein solches verbautes Gebiet bereits durch eine Apotheke erschlossen (also idR bei größeren Orten), dann soll sich der zusätzlich zu deckende Bedarf in diesem Gebiet manifestieren. Besteht noch keine Apotheke (also wohl bei kleineren Orten), wird das über die verbaute Siedlungseinheit hinausreichende, allenfalls mehrere solche "Orte" einschließende künftige Versorgungsgebiet durch die künstliche 4-km-Zone umschrieben.

e) Die in einem bestimmten Gebiet "zu versorgenden Personen"

Wie bereits dargestellt, wurde das klare Konzept des Kammerübereinkommens (mindestens 5500 ständige Einwohner in der 4-km-Zone;

Unterschreitung möglich, wenn die Mindestzahl von 5500 durch bestimmte zusätzlich zu versorgende Personen erreicht wird) nicht in das Gesetz aufgenommen.

§ 10 Abs 2 erster und zweiter Satz ApG normieren allgemeine Bedarfskriterien. Nach dem ersten Satz - sprachlich wie der gesamte Abs 2 kein Kunstwerk - sind insbesondere die Anzahl der zu versorgenden Personen "unter Berücksichtigung" der ständigen Einwohner und die Entfernung von der nächstgelegenen Apotheke "zu berücksichtigen". Die Hervorhebung der ständigen Einwohner läßt nicht erkennen, in welchem Ausmaß sie zu berücksichtigen sein sollen. Im zweiten Satz werden "ferner" weitere Gesichtspunkte genannt, die "in Betracht zu ziehen sind": ua der Verkehr im Standort und in der Umgebung, Krankenanstalten, Heime, Schulen, Erziehungsanstalten, größere gewerbliche und industrielle Betriebe, der Turnusdienst öffentlicher Apotheken.

Die entscheidende Bedarfsvoraussetzung ist dann negativ formuliert: Ein Bedarf ist jedenfalls nicht anzunehmen, wenn die Zahl der in einem Umkreis von 4 Straßenkilometern von der künftigen Betriebsstätte (Z 1 lit a) bzw im Ort (Z 1 lit b) zu versorgenden Personen weniger als 5500 beträgt.

Worin liegen nun die für die Praxis kaum lösbaren Auslegungsschwierigkeiten? Darin, daß diese Regelung weder Fisch noch Fleisch ist. Sie will einerseits nach wie vor dem Prognosegesichtspunkt der faktischen künftigen Inanspruchnahme der neuen Apotheke (sprachlich zum Ausdruck gebracht durch den Begriff "zu versorgende Personen") Rechnung tragen; das entspräche der alten Rechtsprechung zur Deckung der Nachfrage aus Standort und Umgebung durch die neue Betriebsstätte. Andererseits wird durch eine territoriale Begrenzung des prognostizierten Einzugsgebiets eine Ballung des Bedarfes gefordert, wodurch ein an sich möglicher, darüberhinaus bestehender Bedarf ausgegrenzt wird und sich das Mindestkundenpotential in der Folge nicht erreichen läßt. Dies dient vornehmlich dem Schutz der hausapothekenführenden Ärzte vor Zurücknahme ihrer Bewilligung aus Anlaß der Neuerrichtung öffentlicher Apotheken ("Spaltpilztheorie").

Wenn die EB (und auch der Durchführungserlaß des BMGU)[27] zum Ausdruck bringen, daß "durch die Erwähnung der ständigen Einwohner bewirkt werden soll, daß sich die Bedarfsbeurteilung primär an der Wohnbevölkerung orientiert", dann muß zunächst Klarheit über die vom

---

[27] Abgedruckt bei THOR, Apotheken- und Arzneimittelrecht I A 64/10.

Gesetzgeber gedachten territorialen Grenzlinien gewonnen werden. Zu diesem Gebiet, das für die Zählung der (zu versorgenden) ständigen Einwohner bestimmend ist, müssen dann auch die anderen gesetzlichen Kriterien für die Erregung einer darüber hinausgehenden Nachfrage in einer engen räumlichen Nahebeziehung stehen.

Zu beginnen ist zweckmäßigerweise mit dem eindeutig geregelten Fall des § 10 Abs 2 Z 1 lit b ApG. Danach ist ein Bedarf jedenfalls nicht anzunehmen, wenn die für die neue Apotheke erforderliche Mindestversorgungszahl *im Ort*, in dem bereits eine andere Apotheke besteht, nicht erreicht wird. Dieses Versorgungspotential wird nach dem tatsächlichen Einzugsgebiet der neuen Apotheke und nicht durch Division der Gesamteinwohnerzahl des Ortes durch die Zahl der bestehenden Apotheken zu ermitteln sein[28].

In der lit a leg cit hingegen scheint - wenigstens sprachlich - eine zweifache Grenze enthalten zu sein: Darnach ist ein Bedarf jedenfalls nicht anzunehmen, wenn in Orten ohne öffentliche Apotheke die Zahl der in einem 4-km-Umkreis zu versorgenden Personen weniger als 5500 beträgt. Zunächst zu den Grenzen des Ortes der neuen Apotheke: Da der 4-km-Umkreis im ländlichen Gebiet in aller Regel über den "Ort" hinausragen wird, kann nicht angenommen werden, es käme auf die 4-km-Zone nur innerhalb des Ortes an und die Ortsgrenzen bildeten die äußerste Grenzlinie. Auch scheidet eine Auslegung aus, die die Ortsgrenze für die überwiegende Zahl der Einwohner als maßgebend ansieht und nur eine Ergänzung auf 5500 Personen aus der 4-km-Zone zuließe; diesfalls hätte es etwa heißen müssen: Erfordernis von 5500 Personen im Ort einschließlich der *aus* der 4-km-Zone zu versorgenden Personen. Eine solche, die Bedachtnahme auf ein Einfließen aus der Umgebung der 4-km-Zone ausschließende Regelung war aber weder intendiert noch wäre sie mit dem Wortlaut vereinbar. Entscheidend ist somit die 4-km-Grenze; auf die Grenzen des Ortes der neuen Apotheke käme es nur an, wenn diese außerhalb der 4-km-Grenze lägen. Was ist hingegen rechtens, wenn die 4-km-Zone in andere Orte hineinragt oder diese umschließt? Befindet sich in jenem Ort keine Apotheke, gilt die 4-km-Grenze. Besteht jedoch eine Apotheke in dem betreffenden Ort, dann könnte zum einen vertreten werden, daß dessen Ortsgebiet aus der 4-km-Zone ausscheidet; der Wortlaut der lit a "in Orten, in denen keine öffentliche Apotheke besteht" erfaßt nämlich an sich nicht nur den Ort

---

[28] So auch der Erlaß (FN 27).

der neuen Apotheke, sondern auch den in Rede stehenden anderen Ort. Bei dieser Auslegungsvariante käme es gar nicht mehr darauf an, ob die betroffenen Einwohner durch die neue Apotheke besser versorgt und sich dieser zuwenden würden. Zum anderen könnte aber gerade aus dem zuletzt genannten Grund wegen der durch das Sachlichkeitsgebot angezeigten Harmonisierung mit der Regelung des § 10 Abs 2 Z 1 lit b ApG, betreffend Orte mit mindestens einer Apotheke, darauf abgestellt werden, daß auch im Fall der lit a bei einem Hineinragen der 4-km-Zone in den Ort einer bestehenden Apotheke dieses Ortsgebiet als Einzugsgebiet der neuen Apotheke nicht von vornherein ausscheidet, sondern es in diesem Flächenteil darauf ankommt, wohin sich die Nachfrage voraussichtlich orientieren wird. Das Bestehen einer Apotheke sagt ja, wie lit b zeigt, nicht, daß es in diesem Ortsteil nicht "zu versorgende Personen", das heißt potentielle Kunden der neuen Apotheke geben kann. Es wäre unsachlich, nach lit b auf die tatsächlichen künftigen Einzugsgebiete abzustellen, nach lit a hingegen eine in einem anderen Ort, in den die 4-km-Zone hineinragt, bestehende Apotheke ohne Bedachtnahme auf die tatsächliche Nachfragestruktur (etwa im Randgebiet ihres Ortes) zu schützen. Aus diesem Grund ist es vertretbar und geboten, die Worte der lit a "in Orten, in denen keine öffentliche Apotheke besteht", ausschließlich auf den Ort der geplanten Neuerrichtung zu beziehen, als ob es hieße: "Wenn in einem Ort keine öffentliche Apotheke besteht, ist die Zahl der in der 4-km-Zone zu versorgenden Personen maßgebend."

Die *"zu versorgenden Personen"* sind die künftigen Kunden der neu zu errichtenden öffentlichen Apotheke. Sie müssen eine besondere örtliche Nahebeziehung zu dem Gebiet iS des § 10 Abs 2 Z 1 lit a oder b ApG aufweisen. Die Kunden aus der Umgebung der dort genannten Zonen können der Anzahl der Personen nicht schlechterdings zugezählt werden, sonst hätte es lauten müssen: "von der Apotheke aus zu versorgende Personen", was dem Rechtszustand vor der ApGNov 1984 entsprochen hätte.

Zu dem zu versorgenden Personenkreis zählen nach § 10 Abs 2 erster Satz ApG natürlich die *ständigen Einwohner*, die (nach den EB) das Schwergewicht bilden sollen.

Zur *Wohnbevölkerung* zählen auch die Eigentümer von *Zweitwohnungen* und ihre Angehörigen. In welchem Ausmaß sind sie zu berücksichtigen? Die Prognose hat zwei Schwierigkeiten: Erstens kennt man die genaue Nächtigungszahl nicht, zweitens sind die Gewohnheiten beim Heilmitteleinkauf ungewiß. Bei Ferienwohnungen in Schi- und Ferienorten wird man sich an den Nächtigungsschätzungen, die den Ortstaxengesetzen zugrunde liegen (zB 120 Tage pro Appartement), orientieren und im Durchschnitt einen anteiligen Umsatz annehmen können. Noch wesentlich schwieriger ist eine Bedarfsschätzung bei Zweitwohnungen in der Nähe von Ballungsräumen. Im einzelnen muß versucht werden, Apothekenumsätze typischer Orte dieser Art daraufhin zu untersuchen, um wieviel der Umsatz dort höher ist, als sich nach dem bekannten Pro-Kopfverbrauch der ständigen Einwohner an Arzneimitteln ergäbe (1986: 1354 öS); insbesondere wären sie mit den Umsätzen vergleichbarer Orte ohne Zweitwohnsitze zu vergleichen.

Eine ähnliche Methode retrograder Ermittlung wird auch bei den *Fremdennächtigungen*, dort wo ihre Zahl einigermaßen ins Gewicht fällt, zweckmäßig sein. Dabei soll sich bei Umsatzvergleichen ein Divisor von 500 als eine recht konstante, taugliche Zahl ergeben haben, um aus den Fremdennächtigungen (das Äquivalent für) die Zahl der zu versorgenden Personen zu errechnen.

Bei den *Auspendlergemeinden* wird im Einzelfall zu untersuchen sein, ob und in welchem Umfang Tages- oder Wochenpendler dort wohnen, wie weit und wohin ausgependelt wird, etc.

Zusätzlich zur Wohnbevölkerung müssen aber nach § 10 Abs 2 erster Satz ApG noch andere potentielle (außerhalb wohnhafte) Apothekenkunden berücksichtigt werden, die durch bestimmte, im ApG beispielsweise genannte Einrichtungen veranlaßt werden, *einzufluten* (zB Einpendler, Schüler, Kunden zentraler Einkaufszentren). Aber nicht jedes Einfluten in das Zählgebiet der Apotheke ist zu berücksichtigen (etwa das bloße sog Verkehrspublikum). Ständige Einwohner aus der Umgebung der 4-km-Zone, auf die diese Kriterien nicht zutreffen, sind grundsätzlich nicht zu berücksichtigen. Insbesondere ist der Arzt am Standort der Apotheke in der Aufzählung des § 10 Abs 2 erster Satz ApG - zu Recht - nicht als Einflutungserreger genannt. Nur in besonderen Ausnahmefällen, wenn die Bevölkerung notwendigerweise in den Ort der Apotheke einfluten muß (zB im Fall eines über 4 km langen Talschlusses gemessen von der Apothekenbetriebsstätte), wäre dieser Personenkreis wohl dennoch unter Berücksichtigung der "Lebensverhältnisse" und "des Verkehrs im Standort und in der Umgebung" dem Kundenpotential zuzuzählen.

Da nur "*zu versorgende* Personen" relevant sind, müssen die künftig verbleibenden Einzugsgebiete jener mehr als 4 km entfernten ärztlichen Hausapotheken, die ungeachtet der Neuerrichtung der öffentlichen Apotheke nicht zurückgenommen werden müssen, vom Einzugsgebiet der öffentlichen Apotheke in Abzug gebracht werden. Gleiches gilt, wie schon ausgeführt, für bestehende öffentliche Apotheken.

Hinsichtlich der der Bedarfsprognose zugrundegelegten Personenzahl ist auf den *Zeitpunkt* des Berufungsbescheides abzustellen. Das Prognoseelement erstreckt sich dabei besonders auf das Kundenverhalten; was jedoch relativ genau bestimmbar ist, wie zB die Zahl der ständigen Einwohner, ist auf den genannten Zeitpunkt zu beziehen; es kann daher nicht auf einen Flächenwidmungsplan und auch nicht auf eine Baubewilligung für Wohnhäuser ankommen, während fertiggestellte Wohnungen immerhin eine Prognose auf die Zahl der künftigen Bewohner rechtfertigen werden.

f) Der "zwingende Bedarf"

Die ApGNov 1984 hat davon Abstand genommen, den Bedarf nach einer neuen öffentlichen Apotheke gegen den Bedarf nach der bestehenden Nachbarapotheke (oder zumindest im Fall deren Existenzgefährdung) abzuwägen. Diese Fälle werden insbesondere dann praktisch, wenn die Bevölkerung im Laufe der Zeit aus dem Ort der bestehenden in den Ort der neu zu errichtenden Apotheke abgewandert ist. Die ApGNov 1984 hat allerdings die Apothekenverlegung erleichtert und das merkwürdige Rechtsinstitut eines zwingenden Bedarfes geschaffen, bei dessen Vorliegen die Konzession trotz Gefährdung der bestehenden öffentlichen Apotheken zu erteilen ist (§ 10 Abs 4 ApG).

Unrichtig erscheint daher die Bemerkung der Erläuterungen zur Regierungsvorlage, wonach § 10 Abs 4 ApG "in derartigen dringenden Fällen eine sinnvolle Abwägung der Bedarfsfrage und der Frage der Existenzgefährdung bzw Existenzberechtigung" (sic!) einer bestehenden Apotheke ermöglichen solle. Für eine Abwägung dieser Art läßt das Gesetz im § 10 Abs 4 ApG keinen Raum. Vielmehr ist bei Vorliegen eines zwingenden Bedarfs die Konzession zu erteilen. Darüber, was ein "zwingender" Bedarf ist, geben die Erläuterungen dahingehend Auskunft, daß "diese Ausnahmebestimmung nur in jenen seltenen Fällen zur Anwendung kommt, in denen tatsächlich eine Gefährdung der Arzneimittelversorgung der Bevölkerung besteht und der Inhaber einer bestehenden Apotheke nicht von der in § 14 Abs 2 nunmehr vorgesehenen Möglichkeit einer Verlegung seiner Apotheke an den geeigneteren Standort Gebrauch gemacht hat". Das Herausstreichen der ersteren Voraussetzung ist zweifellos zutreffend²⁹. Die Behörde trifft hiefür die Begründungspflicht. § 10 Abs 4 ApG ist jedoch nicht als Sanktion für die Nichtverlegung, die tatsächlich eine Abwägung voraussetzt, konzipiert. Der zwingende Bedarf kann ausschließlich auf das zu versorgende Gebiet bezogen werden. Es könnte allerdings folgendes erwogen werden: Das ApG hält bei bis zu 5500 Personen das Vorliegen von Problemfällen in der Versorgung, die eine öffentliche Apotheke erfordern würden, für so selten, daß mit der Versorgung durch ärztliche Hausapotheken das Auslangen gefunden werden kann. Es könnte nun ein zwingender Bedarf auch dann angenommen werden, wenn das durch bestehende öffentliche Apotheken nicht versorgte Kundenpotential im Einzugsgebiet der neuen Apotheke die Zahl von 5500 erheblich (etwa 50 %) überschreitet.

Die vorstehende Problemauswahl zeigt, daß Euphorie über eine gelungene Lösung der Bedarfsumschreibung mit klaren Regeln und präzisen Zahlen fehl am Platz wäre. Die Größenordnung der dargestellten Bedarfsvoraussetzungen hatte die Rechtsprechung ohnedies in jahrzehntelanger Entwicklung herausgearbeitet. Die normative Fixierung der Zahlen, mehr aber noch das recht unklare Verhältnis zu anderen, ihrerseits sehr unbestimmten Prognoseelementen der zu treffenden Entscheidung über den Bedarf haben für die Apotheker, die Verwaltung und die Rechtsprechung wohl mehr Probleme aufgeworfen als gelöst. Dasselbe ließe sich unschwer für die Existenzgefährdung, verfahrensrechtliche Probleme, zB die Parteistellung[30], und die Übergangsbestimmungen[31] darstellen.

Es ist vergnüglich, das Gesagte abschließend noch einmal mit den Aussagen WINKLERS (lange vor der ApGNov 1984)[32] zu kommentieren:

"Im Bemühen um eine klare legistische Erfassung bestimmter Lebensverhältnisse wird heute vielfach über das Ziel geschossen. Der moderne Gesetzgeber liebt die Kasuistik. Er ist mißtrauisch geworden und will selbst verwalten. Er regelt mehr und mehr den Einzelfall und verlernt die Kunst, durch das Gesetz den Lebensverhaltnissen einen allgemeinen, abstrakt-generellen Rahmen zu schaffen, der von der Verwaltung nach ange-

---

[29] VwGH 30. 6. 1988, 87/08/0063 = ZfVB 1988/5/1737.
[30] MAYER, ZfV 1985, 367, und SCHMELZ, in: Schönherr-FS (1986) 390; SCHWAMBERGER, Zur Frage der Parteistellung des eine Hausapotheke führenden Arztes im Verfahren zur Erteilung der Konzession für eine öffentliche Apotheke, ZfV 1986, 545. Vgl auch SCHMELZ, Entscheidungsbesprechung zu VwGH 23. 3. 1988, 87/03/0277 betr Kraftfahrlinien, ÖZW 1988, 91.
[31] WIEDERIN, Realapotheken und Personalitätsgrundsatz, ZfV 1987, 286.
[32] Österr ApothekerZ 1966, 528.

gebenen Richtlinien sinnvoll ausgefüllt werden kann. Es herrscht eine Sucht nach einer Bevormundung allen öffentlichen, ja weitgehend auch schon des privaten Geschehens."

IV. Ist das Bedarfserfordernis verfassungskonform?

Gesetzliche, die Erwerbsausübungsfreiheit beschränkende Regelungen, wie die objektive Konzessionsverleihungsvoraussetzungen des Bedarfes nach einer neuen öffentlichen Apotheke oder der Nichtgefährdung der Existenzfähigkeit bestehender öffentlicher Apotheken, sind nach der neueren Rechtsprechung des Verfassungsgerichtshofes nur zulässig, wenn sie durch das öffentliche Interesse geboten, zur Zielerreichung geeignet, adäquat und auch sonst sachlich zu rechtfertigen sind[33,34]. Ohne Zweifel liegt eine möglichst flächendeckende, leichte Erreichbarkeit gewährleistende, qualitativ und quantitativ optimale, durch eine entsprechende Lagerhaltung ermöglichte, kontinuierliche Heilmittelversorgung im öffentlichen Interesse.

Wenn es nun zutrifft, daß das System der Niederlassungsfreiheit in der BRD eine Ballung in städtischen Gebieten (auch mit entsprechenden Konkursen) und eine deutliche Unterversorgung ländlicher Gebiete zur Folge hat[35], dann erscheint ein gesetzlicher Eingriff in die Freiheit

---

[33] Aus jüngerer Zeit zB VfSlg 10179/1984, 10718/1985; VfSlg 10932/1986 = ZfVB 1987/1/344 - Taxis; 5. 3. 1987, G 174/86 = ZfVB 1987/6/2496 - Fahrschulen; 6. 10. 1987, G 1/87, 171/87 = ZfVB 1988/3/1243 - Güterbeförderungsg; 9. 10. 1987, G 75/87 = ZfVB 1988/3/1283 - Post; 1. 12. 1987, G 132/87 = ZfVB 1988/4/1678 - Ladenschluß; 1. 3. 1988, G 79/87 = ZfVB 1988/5/2118 - Werkbelieferungshandler nach SchrottlenkungsG; 12. 3. 1988, G 154/87 - Schischulen; 21. 6. 1988, G 228/87 - Kino.

[34] Vgl insb auch KORINEK, Das Grundrecht der Freiheit der Erwerbsbetätigung als Schranke für die Wirtschaftslenkung, in: Wenger-FS (1983) 243, und zuletzt STREJCEK, Konkurrenzschutz im Schischulrecht, ZfV 1988, 15, und die dort zit Rsp und Lit (OBERNDORFER - BINDER, STOLZLECHNER, GRILLER, FUNK).

[35] PUCK, in: Wenger-FS (1983) 588, unter Bezugnahme auf ZANDER - ZANDER, Neue Apothekenbetriebslehre[2] (1976) 12. SCHIEDERMAIR - PIECK, Apothekengesetz (1981) 116, beschäftigen sich in diesem führenden Kommentar mit den Folgen der Niederlassungsfreiheit und stellen eindringlich dar, daß die *Apothekenverteilung* "aber schon bald ein ernstes Problem" geworden sei. In sog armen Gebieten, zu denen die Zonenrandgebiete, landschaftlich nicht begünstigte Gegenden und auch Orte ohne ausreichende schulische Einrichtungen gehörten, sei es kaum zu Neugründungen gekommen. Es sei seit 1960 zu mehr als 100 Apothekenstillegungen gekommen, weil sich kein Übernehmer gefunden habe; die Situation werde sich wegen der Überalterung der Apothekeninhaber wesentlich verschärfen. "Der Ballung in den attraktiven Gebieten steht somit eine *Verödung* in den übrigen Gebieten gegenüber. Diese Verödung wird in den Fällen beschleunigt, in denen es sich um Einmann-Apotheken handelt, die im Hinblick

der Erwerbsausübung, und zwar auch in der Form der Normierung objektiver Marktzugangsvoraussetzungen nicht von vornherein indadäquat, unsachlich und damit verfassungsrechtlich verpönt. Es ist allerdings zu fragen, ob *beide* gesetzliche Maßnahmen, die das österreichische Apothekenrecht zur Gewährleistung der oben genannten Zielsetzungen für unentbehrlich erachtet, Bedarfs- und Existenzgefährdungsprüfung, nebeneinander erforderlich sind.

Da die Bildung normativ abgegrenzter Versorgungssprengel (allenfalls mit Gebietsschutz und Ausschluß der Freiheit des Patienten zur Wahl seiner Apotheke) als noch weitergehender Eingriff nicht zur Diskussion steht, erscheint die Bedachtnahme auf die *Existenzfähigkeit* bestehender öffentlicher Apotheken bei Neuerrichtung einer weiteren öffentlichen Apotheke durchaus sinnvoll. Ohne diesen Schutz, also bei ausschließlich bestehender Bedarfsprüfung, wäre es allzuoft möglich, den Standort und damit das künftige Kundenpotential so zu wählen, daß der bestehenden Nachbarapotheke kein ausreichender Kundenkreis verbliebe. Läßt man dem Konzessionswerber die Standortwahl und dem Patienten die Apothekenwahl, dann wäre dies ein Verdrängungsspiel ohne Ende. Es ist daher davon auszugehen, daß im österreichischen System der Existenzschutz der wesentliche Garant der territorialen Verteilung öffentlicher Apotheken und deren für eine ausreichende Lagerhaltung[36] geeigneten Betriebsgröße und Ertragslage ist. Es wäre darüber hinaus widersinnig und zweckverfehlend, eine bestehende, taugliche, kapitalaufwendig eingerichtete Versorgungseinrichtung zu opfern und damit gleichzeitig Anmarschwege für andere Patienten, nämlich einen (Groß)teil der Kunden der aufgelassenen Apotheke, zu verlängern oder die aufgetane Versorgungslücke mit der qualitativ nicht gleichwertigen Subsidiärlösung einer ärztlichen Hausapotheke zu schließen. Der Verfassungsgerichtshof hat wiederholt ausgesprochen, daß Bedenken gegen

---

auf ihren geringen Umsatz nicht verpachtungsfähig sind. Dazu läßt die Bundesstatistik ersehen, daß in den nicht attraktiven Regionen bereits mehr als 30% aller Apotheken als Einmann-Apotheken betrieben werden und daß diese Zahl ständig im Steigen begriffen ist. In Bayern beträgt der Anteil 47%, in Rheinland-Pfalz 47,3% und in Schleswig-Holstein 57%. Auch STEINDL, Österr ApothekerZ 1988, 152, berichtet über eine von der Kommission der EG dem Rat vorgelegten Richtlinie, die in den Mitgliedstaaten, die keine geographische Verteilung der Apotheken kennen, sicherstellen sollte, daß nicht "in allen Ballungszentren zu viele und in den ländlichen Gebieten zu wenig Apotheken vorhanden sind".

[36] THEURER, Die Rolle der Apotheker im Distributions- und Gesundheitssystem der Zukunft, Österr ApothekerZ 1982, 25; KORISCHAK, Logistik in der Apotheke, Österr ApothekerZ 1986, 337.

die gesetzlich geforderte Berücksichtigung der Existenzfähigkeit bestehender Apotheken nicht bestünden[37]. Ich habe schon einmal die Frage aufgeworfen, ob man damit nicht das Auslangen finden könnte[38]. Wenn man weiß, daß der Heilmittelverbrauch pro Kopf ca 1.300.-- beträgt und ca 6 Mio S an Umsatz für eine lebensfähige Apotheke, also ca 5500 Personen, erforderlich sind, ergibt sich doch ein einigermaßen tauglicher regionaler Verteilungseffekt.

Dem Einwand, daß dieser Schutz nur einem gesunden, seiner Versorgungsaufgabe voll gewachsenen Unternehmen zukommen sollte, ist im Grunde beizupflichten. Es wäre insbesondere nicht zielführend, die nicht auf Dauer lebensfähigen Unternehmungen, die infolge der erleichterten Neuerrichtung hie und da entstehen könnten, nun ihrerseits selbst am Existenzschutz teilhaben zu lassen. Im mehrfach zitierten Verbändeübereinkommen war (offenbar auf Grund ähnlicher Überlegungen, uzw sogar auf dem Boden der bestehenden Bedarfsprüfung) auch nur vom Existenzgefährdungsschutz bestehender öffentlicher Apotheken, an denen noch ein Bedarf gegeben ist, die Rede. Man könnte denselben Gedanken aber auch anders und einfacher (wenn auch indirekt ebenfalls auf den Bedarf zurückführbar) lösen, wenn ein Unternehmen, das etwa in den letzten 5 Jahren keine die Leiterkosten deckenden und damit die Existenz des Unternehmens gewährleistenden Erträge erwirtschaftet hat, vom Existenzschutz ausgenommen würde.

Welchem Zweck soll daneben die in der behördlichen *Bedarfsprüfung* gelegene Grundrechtseinschränkung dienen? Wohl kann man allenfalls der Mindestentfernung von 500 m von einer bestehenden Apotheke einen Effekt zur Verhinderung sinnloser Ballung im städtischen Raum nicht absprechen, die Beurteilung des Kundenpotentials und damit der künftigen Lebensfähigkeit - und darauf läuft ja die Bedarfsprüfung nach dem ApG idF der Nov 1984 hinaus - sollte man doch wie überall sonst dem Kaufmann selbst überlassen. Diese Freiheit der unternehmerischen Disposition, das eigenverantwortliche Abschätzen von Erfolg und Risiko, ist doch das Kernstück der grundrechtlichen Erwerbsausübungsfreiheit. Letztere hat grundsätzlich einen freien Wettbewerb und damit einen Konkurrenzkampf zur Folge; er ist vom Verfassungsgesetzgeber also

---

[37] VfSlg 8765/1980 = ZfVB 1981/5/1491; 10386/1985 = ZfVB 1985/5/1947; 10692/1985 = ZfVB 1986/3/1501. Vgl ebenso VfSlg 9869/1983 = ZfVB 1984/5/3207, betr TierkörperverwertungsG. Anders VfGH 1. 3. 1988, G 79/87 = ZfVB 1988/5/2118 - Werkbelieferungshändler.

[38] PUCK, in: Wenger-FS (1983) 596.

mitgedacht und darf sohin von Gesetzes wegen nur aus besonderen Gründen unterbunden werden[39]. Dies entspricht im übrigen durchaus den Vorstellungen des Apothekengesetzgebers im Jahr 1907. In den Materialien[40] heißt es dazu:

> "Die Beurteilung der Existenzfähigkeit der neuen Apotheke wird, im Gegensatze zu dem geltenden Rechtszustande dem Bewerber überlassen ... Die Initiative in Absicht auf die Errichtung neuer Apotheken wurde den Pharmazeuten hauptsächlich deshalb gewährt, weil hiedurch dem Unternehmensgeiste des einzelnen ein größerer Spielraum gelassen wird, weil ferner anzunehmen ist, daß die Frage der Existenzfähigkeit vom Anreger weit richtiger beurteilt wird als von der Behorde."

Die Gesetzmäßigkeit des Zustandes der Betriebsanlage und der Arzneimittelgebarung kann von den Behörden überwacht und erzwungen werden. Diese Maßnahmen stellen vergleichsweise geringfügige, weil vermeidbare Eingriffe dar. Wird der regionale Verteilungseffekt durch den Existenzschutz sichergestellt, dann könnte mit diesen administrativen Aufsichtsinstrumenten im Zusammenhang mit den persönlichen Antrittsvoraussetzungen das Auslangen gefunden werden. Die aufwendige Bedarfsprüfung erscheint entbehrlich.

Dazu kommt noch folgendes: Scheitert der Konzessionswerber heute an den Bedarfsvoraussetzungen, dann wirkt sich das System primär zugunsten der ärztlichen Hausapotheken aus. Daß diese Art der Versorgung allerdings jener durch öffentliche Apotheken nicht ebenbürtig ist, hat der Gesetzgeber im ApG (zB § 29 Abs 4 u 5) deutlich zum Ausdruck gebracht. Es besteht darüber auch sachlich, einfach schon was die Vielfalt der Lagerhaltung anbelangt, abgesehen von allem anderen, überhaupt kein Zweifel. Die Förderung der Hausapotheken hingegen als Mittel zur Einkommensaufbesserung von praktischen Ärzten kann nicht als sachadäquates Mittel zur Erreichung einer gewiß wünschenswerten guten ärztlichen Versorgung, insbesondere des ländlichen Raumes,

---

[39] VfGH 21. 6. 1988, G 228/87 - Kino, unter Anfuhrung von Vorjudikatur.

[40] Bericht des Sanitatsausschusses, 2620 Blg AH, 17. Sess 1906, 9, 10. An anderer Stelle kommt dort zum Ausdruck, daß auch die Bedarfsprüfung eher als Hilfsinstrument des Existenzgefahrdungsschutzes gesehen wurde: "Das fur den Entwurf gewahlte Konzessionssystem ermöglicht nun jedem qualifizierten Pharmazeuten die Errichtung einer öffentlichen Apotheke, falls diese einem tatsachlichen Bedürfnisse entspricht und nicht lediglich ein Konkurrenzunternehmen bildet, wodurch eine bereits bestehende Apotheke in ihrer Existenz gefahrdet werden soll. Die Beurteilung der Existenzfahigkeit der neuen Apotheke wird, im Gegensatze zu dem geltenden Rechtszustande, dem Bewerber überlassen."

angesehen werden[41]. Wir hätten es hier mit einem klassischen Fall der Inadäquanz des eingesetzten Mittels zu tun, dessen Rechtfertigung ausschließlich in einer subsidiären, hilfsweisen Versorgung der Bevölkerung mit Heilmitteln zu erblicken ist, nicht aber in der Gewährleistung eines Nebeneinkommens des Arztes.

Das Erfordernis des Bedarfes, im besonderen einer bestimmten Anzahl zu versorgender Personen, als Voraussetzung für die Erteilung einer Konzession zur Errichtung und zum Betrieb einer neuen öffentlichen Apotheke erscheint - vor dem Hintergrund der im öffentlichen Interesse anzustrebenden Ziele der Heilmittelversorgung - entbehrlich und daher verfassungsrechtlich nicht unbedenklich.

Mit diesem verfassungsrechtlichen Exkurs bin ich wieder beim Ausgangspunkt, bei der Befassung GUNTHER WINKLERS mit Fragen des Apothekenrechts[42] angelangt, bei der Frage nach den "verfassungsrechtlichen Grenzen des Ausgleichs von Freiheit und Bindung und der gesetzlichen Eingriffe in diese Freiheiten, die auch Freiheiten des Apothekers sind, ... die letzten Endes auch Schranken für Perfektionismus und Kasuistik sind."

---

[41] ORATOR, Das Berufsbild des Apothekers, Österr ApothekerZ 1965, 615; BARFUSS, Rechtspolitische Aspekte eines zeitgemaßen Apothekenwesens, Österr ApothekerZ 1983, 954, deutlichst 958.

[42] Österr ApothekerZ 1966, 528.

Ewald Wiederin

Übergang und Verlegung konzessionierter öffentlicher Apotheken

Konzessionierte öffentliche Apotheken bestehen aus zwei Komponenten. Einer Konzession, die ihre Grundlage im öffentlichen Recht hat und die nach § 9 Abs 1 Apothekengesetz[1] Bedingung für den Apothekenbetrieb ist, steht ein Apothekenunternehmen gegenüber, das nach privatrechtlichen Grundsätzen zu beurteilen ist und einen spezifischen Verkehrswert aufweist[2]. Dem entspricht eine Doppelstellung des Apothekers, die in den Erläuterungen zur Regierungsvorlage 1903 folgendermaßen umschrieben wird[3]:

"Eine Apotheke ist einerseits eine Anstalt, welche den sanitären Interessen der Allgemeinheit zu dienen bestimmt ist, der Apotheker daher ein Organ der öffentlichen Sanitätspflege. Andersetis kann aber nicht verkannt werden, daß eine Apotheke als ein commerzielles Unternehmen anzusehen ist, und daß es keine Willkür der Gesetzgebung ist, wenn dieselbe die Apotheker zu den Kaufleuten rechnet."

Der Gesetzgeber hat versucht, dieser Janusköpfigkeit der Apotheke, der auch eine verfassungsrechtliche Dimension innewohnt[4], ausgewogen Rechnung zu tragen. Er wollte den Grundsatz des persönlichen Charakters der Apothekenkonzession wahren, ohne die Realisierung des in einem Apothekenunternehmen verkörperten Werts unmöglich zu machen[5].

Zur Verwirklichung dieser Zielsetzung wurden im Jahre 1907 zwei Mittel gewählt. Der Gesetzgeber differenzierte erstens zwischen bereits bestehenden und neu zu errichtenden Apotheken. Dieser Gegensatz

---

[1] RGBl 1907/5 idF BGBl 1984/502. Paragraphen ohne Gesetzesangabe beziehen sich auf dieses Gesetz.
[2] Vgl 1912 BlgAH 17. Sess, 30, und VwSlg 2561 A/1952.
[3] 1912 BlgAH 17. Sess, 30.
[4] Grundlegend WINKLER, Die Stellung des Apothekers im österreichischen Verfassungsrecht, Österr ApothekerZ 1966, 525 (525 - 529); *ders*, Der Apotheker und sein Verkaufsrecht (1971) 9 - 22.
[5] Dazu ausführlich 1912 BlgAH 17. Sess, 28 - 36.

zieht sich noch heute - wenn auch in modifizierter Form - durch das ganze Apothekenrecht. Er hat zweitens bestimmten privilegierten Personen Fortbetriebsrechte eingeräumt, durch die der Betrieb einer Apotheke auf Grundlage einer erloschenen bzw fremden Konzession ermöglicht wird.

Diese beiden Fälle des Übergangs von Apotheken, die aufgrund einer Konzession gemäß § 12 betrieben werden[6], sowie Fragen der Verlegung solcher Apotheken sind Gegenstand der folgenden Ausführungen. Dabei wird jenen Bestimmungen, die auf die in anderem Zusammenhang bereits intensiv diskutierte Apothekengesetznovelle 1984[7] zurückgehen, ein besonderes Augenmerk geschenkt.

I. Übertragung

Einer der tragenden Grundsätze des österreichischen Apothekenrechts ist der sogenannte Personalitätsgrundsatz: Eine Konzession zum Betrieb einer öffentlichen Apotheke ist ein persönliches Recht, das auf andere nicht übertragen werden kann. Wer eine öffentliche Apotheke betreiben will, muß daher grundsätzlich in eigenem Namen eine Konzession erwirken.

Dieser Grundsatz bedeutet aber keineswegs, daß auch die Apotheke als wirtschaftliches Unternehmen nicht übertragbar wäre.

Das Apothekengesetz zwingt dazu, bei jeder Neuerteilung einer Konzession zu prüfen, ob es sich um eine Konzession für eine neu zu errichtende oder für eine bereits bestehende Apotheke handelt. Die Antwort auf diese Frage ist für den Konzessionswerber, wie unten darzulegen sein wird, von allergrößter Tragweite. Die Voraussetzungen, von denen das Gesetz die Erteilung einer Konzession zum Betrieb einer neu zu errichtenden Apotheke abhängig macht, sind strenger als jene, die für die Erteilung einer Konzession zum Betrieb einer bestehenden Apotheke gefordert sind.

Die Begriffe "bestehende Apotheke" einerseits und "neu zu errichtende Apotheke" andererseits werden im Gesetz nicht definiert; ihre Abgrenzung ist nicht immer einfach. Es unterliegt jedoch keinem Zweifel, daß es sich um komplementäre Begriffe handelt, die einander ausschlie-

---

[6] Die Übertragung von Realgerechtsamen gemäß § 21 richtet sich nach zivilrechtlichen Grundsätzen.

[7] BGBl 1984/502 (in der Folge: ApGNov 1984).

ßen. Ein Gesuch um Konzessionserteilung ist deswegen immer dann, wenn es sich nicht auf eine bereits bestehende Apotheke bezieht, als Antrag auf Erteilung einer Konzession zum Betrieb einer neu zu errichtenden Apotheke zu behandeln.

Im folgenden soll untersucht werden, von welchen Voraussetzungen das Gesetz eine Apothekenübertragung abhängig macht. Dabei wird der Einfachheit halber davon ausgegangen, daß der Erwerber die Apotheke in der Rechtsform eines Einzelunternehmens betreiben will.

1. *Übergang des Apothekenunternehmens*

Die Konzession zum Betrieb einer öffentlichen Apotheke ist, wie sich aus § 12 Abs 1 ergibt, im Unterschied zu einer Realgerechtsame ein persönliches Betriebsrecht, das auf andere nicht übertragen werden kann.

Für das Apothekenunternehmen besteht hingegen keine so weitgehende Beschränkung. Es ist grundsätzlich durch zivilrechtliche Rechtsgeschäfte unter Lebenden oder von Todes wegen übertragbar.

Gemäß § 46 Abs 2 hat ein Bewerber, der eine bereits bestehende Apotheke als Einzelunternehmen fortbetreiben will, durch eine notariell oder gerichtlich beglaubigte Urkunde den Übergang des gesamten Apothekenunternehmens an ihn unter der Voraussetzung der Konzessionserteilung nachzuweisen.

Damit ist implizit bestimmt, daß ein Apothekenunternehmen *existieren* muß. Aus diesem Grund genügt es nicht, daß eine Konzession erteilt und bisher nicht entzogen worden ist. Das mit der Konzession erworbene Recht allein bildet noch kein Unternehmen[8]. Ebensowenig läßt sich die bloße Absicht der Realisierung des sogenannten Konzessionsvorteils, der darin gelegen ist, daß die Konzession für bereits bestehende Apotheken leichter zu erlangen ist als bei einer Apothekenneuerrichtung, durch den "Verkauf" der Konzession als "Apothekenunternehmen" iSd § 46 Abs 2 deuten.

Wenn nun auch eine "nackte" Konzession nicht hinreicht, um von einem Apothekenunternehmen sprechen zu können, so heißt das freilich nicht, daß *hiezu*[9] der Betrieb der Apotheke erforderlich wäre. Ein Apothekenunternehmen liegt regelmäßig bereits dann vor, wenn planmäßige Schritte zur Realisierung der mit der verliehenen Konzession einge-

---

[8] AA wohl VwSlg 7279 A/1968.
[9] Vgl aber unten im Text (I. 1. b).

räumten Befugnis gesetzt werden. Dies ist bespielsweise dann der Fall, wenn eine Apothekeneinrichtung bestellt oder ein Mietvertrag für ein Apothekenlokal abgeschlossen worden ist.

2. Bisheriger Betrieb auf Grund einer Konzession

Andere sachliche Voraussetzungen als der Nachweis des Übergangs des gesamten Apothekenunternehmens unter der Voraussetzung der Konzessionserteilung sind in § 46 Abs 2 nicht enthalten. Entgegen dem ersten Anschein genügt der Nachweis des Unternehmensübergangs allein jedoch keineswegs, um einen Antrag des Erwerbers des Unternehmens auf Konzessionserteilung zu einem zulässigen Gesuch auf Erteilung einer Konzession zum Betrieb einer *bestehenden* Apotheke zu machen[10].

Dies ergibt sich schon aus Art II der ApGNov 1984. In den Abs 2 und 3 dieser Bestimmung ist die Möglichkeit eingeräumt, Realapotheken in konzessionierte Apotheken überzuleiten, was bislang nicht der Fall war. Abs 4 sieht die Überleitung der Realapotheken in konzessionierte Apotheken auch für den Fall vor, daß der Inhaber seine Realgerechtsame nicht selbst in eine Konzession überführen, sondern die Apotheke einem Dritten übertragen will. Diese Bestimmung wäre überflüssig, wenn die Übertragung des Apothekenunternehmens an den Konzessionswerber genügte, um ihm die Vorteile der Konzessionsverleihung für eine bereits bestehende Apotheke zu sichern.

Überdies sieht das Gesetz in § 19a Abs 2 vor, daß mit Rücksicht auf den Bedarf der Bevölkerung eine öffentliche Apotheke ausnahmsweise auch ohne Konzession betrieben werden darf. Diese Privilegierung soll und kann freilich nicht so weit gehen, daß der Erwerber einer solchen Apotheke auch dann, wenn für sie nie eine Konzession erteilt worden ist, als Konzessionswerber für den Betrieb einer bereits bestehenden Apotheke zu behandeln ist.

Die weitere Bedingung, die zum Übergang des Apothekenunternehmens hinzutreten muß, um dem eine Konzession beantragenden Erwerber die Vorteile eines Verfahrens nach den Bestimmungen über die Erteilung der Konzession für eine "bestehende" Apotheke zu sichern, ist in § 15 enthalten. Nach Abs 1 dieser (mit den Worten "Übergang von Apotheken" überschriebenen) Bestimmung muß derjenige, auf den eine

---

[10] Mißverstandlich ORATOR, Zivil- und Verwaltungsrechtliche Aspekte der Apothekenübertragungen, Osterr ApothekerZ 1971, 648 (652).

öffentliche Apotheke, *welche auf Grund einer Konzession betrieben wird*, durch Rechtsgeschäfte unter Lebenden oder im Erbwege übergeht, eine neue Konzession erwirken, wenn er die Apotheke betreiben will. Die Notwendigkeit der Erteilung einer neuen Konzession ergibt sich bereits aus § 12 Abs 1; Sinn und Zweck der Bestimmung kann daher, wie schon der Titel des § 15 nahelegt, nur in einer Umschreibung jener Apothekenübergänge liegen, bei denen vom weiteren Bestehen einer Apotheke auszugehen ist.

Eine Apothekenübertragung, bei der der Erwerber eine bestehende Apotheke erwirbt, liegt also nur dann vor, wenn die Apotheke "auf Grund einer Konzession betrieben wird".

Als erste Voraussetzung ist somit durch § 15 Abs 1 normiert, daß die Apotheke *betrieben* werden muß, um als "bestehende Apotheke" auf einen Dritten übergehen zu können.

Es ist daher nur konsequent, wenn das Gesetz in den folgenden Absätzen regelt, unter welchen Voraussetzungen Apotheken "*fort*betrieben"[11] werden können, und in § 46 Abs 2 den Nachweis des Übergangs des gesamten Apothekenunternehmes fordert, falls der Bewerber eine bereits bestehende Apotheke *fort*betreiben will. Aus § 13 Abs 1 ergibt sich schließlich, daß bei Übernahme einer Apotheke durch einen Dritten in deren Betrieb keine Unterbrechung eintreten darf.

Auch an anderer Stelle geht das Gesetz implizit von diesem Begriffsverständnis aus. In § 9 Abs 2 werden bestehende Apotheken als Apotheken umschrieben, "welche schon früher betrieben worden sind."

Der VwGH steht demgegenüber auf dem Standpunkt, daß es für das Vorliegen einer bestehenden Apotheke allein auf den rechtlichen Bestand der Konzession ankomme. Ob die Apotheke bereits in Betrieb genommen worden ist, muß unter dieser Voraussetzung irrelevant sein[12]; auch die Stillegung des Betriebes vor der Übertragung des Apothekenunternehmens schadet nicht[13].

---

[11] Hervorhebung von mir.
[12] VwSlg 7279 A/1968, 7734 A/1970.
[13] VwSlg 4949 A/1959. Ebenso ORATOR, Österr ApothekerZ 1971, 652: "Liegt hingegen eine solche Urkunde [betreffend den Übergang des Apothekenunternehmens gemäß § 46 Abs 2] vor, so ist das Verfahren nach den Bestimmungen über die Erteilung der Konzession für eine bestehende Apotheke zu gestalten, mag auch die Apotheke gar nicht eröffnet oder etwa vor 30 Jahren stillgelegt worden sein ..."

In seiner Begründung stützt sich der Gerichtshof auf § 10, in dem der Begriff "bestehende Apotheke" ebenfalls verwendet wird[14]. Es entspreche dem Zweck des § 10 Abs 3 (aF), daß der rechtliche Bestand und nicht der faktische Betrieb als ausschlaggebend angesehen werde, weil der im Gesetz vorgesehene Existenzfähigkeitsschutz

> "illusorisch bleiben mußte, wenn dem Konzessionsinhaber die Wahrung seiner Rechte vor Aufnahme des faktischen Betriebes der Apotheke oder während einer vorübergehenden Stillegung des Betriebes verweigert würde. Das gleiche muß aber auch für den Fall einer längeren Betriebsstillegung gelten, und zwar insolange, als nicht die Behörde auf Grund der Bestimmung des § 19 Z. 1 und 2 ApothekenG. die Zurücknahme der Konzession verfügt, was unter den in diesen Gesetzesstellen festgelegten Voraussetzungen dem freien Ermessen der Behörde anheimgestellt ist"[15].

Diesen - teils zutreffenden - Ausführungen ist in erster Linie vorzuwerfen, daß sie das Verhältnis zwischen Ausnahme und Regel auf den Kopf stellen. Sinn und Zweck der im § 10 Abs 3 vorgeschriebenen Prüfung der Gefährdung der Existenzfähigkeit ist, wie auch die anzulegenden Prüfungsmaßstäbe zeigen, der Schutz *faktisch betriebener* Apotheken. Gleiches gilt für die Bedarfsprüfung gemäß § 10 Abs 2; ein Bedarf nach neuen Apotheken besteht selbstverständlich auch dann, wenn erteilte Konzessionen von ihren Inhabern nicht ausgenutzt werden. Der in diesen Bestimmungen angeordnete Schutz *bestehender* Apotheken ist demnach nur unter der Voraussetzung zielführend, daß diese Apotheken auch betrieben werden, unter einer bestehenden Apotheke also *grundsätzlich* nur eine faktisch betriebene Apotheke verstanden werden kann.

Für diese Sicht des Verhältnisses zwischen Ausnahme und Regel sprechen auch verfassungsrechtliche Argumente. Die Verweigerung einer Apothekenkonzession wegen Bedarfsmangels oder wegen Gefährdung der Existenz benachbarter Apotheken greift in das durch Art 6 StGG gewährleistete Recht des Konzessionswerbers ein; ein taugliches Mittel zur Verfolgung im öffentlichen Interesse gelegener Zwecke kann darin jedoch nur unter der Voraussetzung erblickt werden, daß die auf diese Weise geschützten Apotheken im Regelfall tatsächlich betrieben werden. Daran mangelt es bei den vom Gerichtshof erwähnten längeren Betriebsunterbrechungen.

---

[14] Gemäß § 10 Abs 1 Z 3 und Abs 3 (Abs 3 aF) darf durch eine Neuerrichtung die Existenzfähigkeit *bestehender* Apotheken nicht gefährdet werden; gemäß Abs 2 dieser Bestimmung sind bei Prüfung des Bedarfs die *bestehenden* Apotheken in Betracht zu ziehen.

[15] VwSlg 4949 A/1956.

Der Gerichtshof weist zutreffend darauf hin, daß in solchen Fällen die Behörde die Konzession gemäß § 19 Abs 1 Z 2 zurücknehmen kann. Eine solche Maßnahme kann der abgewiesene Konzessionswerber aber nicht erzwingen. Überdies ist sie gar nicht bei allen öffentlichen Apotheken möglich: Bei den gegen Gefährdungen ihrer Existenzfähigkeit gleichermaßen geschützten[16] Realapotheken scheidet eine Zurücknahme der Konzession im Fall von Betriebsunterbrechungen aus[17].

Im ersten Teil seiner Argumentation ist dem Gerichtshof hingegen zu folgen: Dem Gesetzgeber kann schwerlich unterstellt werden, daß er all jene Fälle vom Schutz des § 10 Abs 2 und 3 ausnehmen wollte, in denen eine Konzession erteilt, die Aufnahme des Betriebes aber *noch* nicht erfolgt ist. Diese Schutzbedürftigkeit besteht aber nur in engen zeitlichen Grenzen und hängt nicht davon ab, ob die Behörde von der ihr durch § 19 Abs 1 Z 1 eingeräumten Möglichkeit der Zurücknahme der Konzession Gebrauch macht.

Aus dieser zuletzt erwähnten Bestimmung geht hervor, daß dem frischgebackenen Konzessionär ein Jahr[18] Zeit eingeräumt ist, den Betrieb seiner Apotheke aufzunehmen. Während (und nur während) dieser Zeitspanne, in der ihn keine Obliegenheit[19] trifft, die Apotheke in Betrieb zu setzen, erscheint er ebenso schutzwürdig wie ein Konzessionär, der seine Apotheke betreibt.

Auch im Fall des § 10 ist daher grundsätzlich daran festzuhalten, daß eine Apotheke nur dann als bestehend anzusehen ist, wenn sie *betrieben* wird.

Ebenso problematisch wie die skizzierte Auffassung ist die unreflektierte Übertragung der zu § 10 entwickelten Kriterien auf Apothekenübergänge[20]. Der VwGH begründet sie damit, daß den Inhabern der Nachbarapotheken nur einmal Gelegenheit geboten werden sollte, gegen eine Apothekenneuerrichtung Einspruch zu erheben. Dieser Aspekt

---

[16] VwSlg 4854 A/1959, 7329 A/1968.

[17] In § 22 Abs 5 ist für Realapotheken wohl § 19 Abs 2, nicht aber Abs 1 dieser Bestimmung für sinngemäß anwendbar erklärt worden. Vgl dazu auch die klare Ablehnung der im Gesetzgebungsverfahren wiederholt geforderten Einführung einer Betriebspflicht für Realapotheken durch Regierung (1912 BlgAH 17. Sess, 47) und Sanitätsausschuß (2620 BlgAH 17. Sess, 12).

[18] Gerechnet ab Ausfolgung der Konzessionsurkunde.

[19] Aus § 13 folgt keine Pflicht, den Apothekenbetrieb aufzunehmen, sondern lediglich eine Pflicht, den (einmal aufgenommenen) Apothekenbetrieb *aufrechtzuerhalten*.

[20] VwSlg 7279 A/1968.

- die Stellung der Inhaber benachbarter Apotheken - war für den Gesetzgeber nicht entscheidend. In erster Linie ging es nämlich darum, die Übertragbarkeit der Apotheken zu beschränken, um negative Auswirkungen des Handels mit Apothekenkonzessionen abzustellen. Mittel zur Verwirklichung dieses Zwecks war die Schaffung der §§ 15 und 16. Diese Bestimmungen sollen sicherstellen, daß jener kommerzielle Wert des Unternehmens, den der Apotheker "seiner eigenen Arbeit" verdankt, sowohl im eigenen als auch im öffentlichen Interesse von ihm wieder realisiert werden kann[21]. Ein solcher entschädigungswürdiger Wert kann aber naturgemäß nur während des *Betriebs* der Apotheke erarbeitet werden[22]. Sowohl der Text des § 15 Abs 1 als auch die vom Gesetzgeber verfolgte Absicht sprechen daher gegen die in der Judikatur vertretene Auffassung, für die sich meines Erachtens auch keine überzeugenden teleologischen Argumente finden.

Nach dem zweiten Teil des in § 15 Abs 1 enthaltenen Relativsatzes genügt es jedoch nicht, daß eine öffentliche Apotheke betrieben wird. Es ist erforderlich, daß der Betrieb "auf Grund einer Konzession" erfolgt.

Diese Wortfolge, durch die das Fortbestehen der Apotheke von einer Beziehung zwischen dem Apothekenunternehmen und der Apothekenkonzession abhängig gemacht ist, kann auf verschiedene Art und Weise gelesen werden. Es ist denkbar,

a) auf den rechtlichen Bestand der Altkonzession im Zeitpunkt der Erteilung der neuen Konzession abzustellen,

b) den Bestand der Altkonzession im Zeitpunkt des Erwerbs des Apothekenunternehmens für ausschlaggebend zu halten oder

c) den rechtlichen Bestand einer Altkonzession zu einem beliebigen Zeitpunkt während des aufrechten Apothekenbetriebes genügen zu lassen.

ad a) Sicherlich zu weit ginge die Ansicht, daß eine Konzession nur dann für eine bestehende Apotheke zu erteilen ist, wenn im Zeitpunkt der Konzessionserteilung die Apotheke vom Altkonzessionär bei aufrechter Konzession betrieben ist. Im Falle des von § 15 Abs 1 vorausge-

---

[21] 1912 BlgAH 17. Sess, 30.

[22] Zur Rechtfertigung der Übertragungsbeschränkung des § 16 heißt es in den EB: "Von einem commerziellen Werte, welchen der Unternehmer durch seine Arbeit geschaffen hätte, kann in den ersten Jahren des Bestandes einer neu errichteten Apotheke wohl füglich nicht die Rede sein" (1912 BlgAH 17. Sess, 35).

setzten Übergangs im Erbweg ist diese Voraussetzung nämlich schon deswegen nicht erfüllt, weil die Konzession als unübertragbares persönliches Betriebsrecht mit dem Tod ihres Inhabers ungeachtet allfälliger Fortbetriebsrechte *erlischt*.

Eine weitere Ungereimtheit dieser Auffassung liegt darin, daß bei ihrem Zutreffen der Verkäufer des Apothekenunternehmens nach dem Verkauf durch bedingungslose Zurücklegung seiner Konzession erreichen könnte, daß die Apotheke nicht mehr als bestehende zu behandeln wäre[23].

ad b) Diese Einwände entfallen, wenn man die rechtliche Existenz der Altkonzession im Zeitpunkt des Erwerbs des Apothekenunternehmens als maßgebend ansieht. Entscheidend wäre demnach, ob im Zeitpunkt des Abschlusses des Vertrages über die Veräußerung des Apothekenunternehmens bzw - bei Rechtsgeschäften von Todes wegen - im Zeitpunkt des Todes des Altkonzessionärs eine Konzession bestanden hat.

Verschiedene Konsequenzen dieser Lesart lassen jedoch Zweifel aufkommen, ob sie dem Gesetzgeber zusinnbar ist. Geht ein Apothekenunternehmen durch ein Rechtsgeschäft von Todes wegen auf eine Person über, die weder Kind noch Ehegatte des Verstorbenen ist und überdies die persönlichen Voraussetzungen des § 3 nicht erfüllt, so bleibt ihr regelmäßig nur die Möglichkeit, die Apotheke an einen geeigneten Pharmazeuten zu veräußern. Käme es auf das Bestehen einer Konzession zum Zeitpunkt des Vertragsabschlusses an, so wäre die Apotheke nicht als "bestehend" anzusehen; die Realisierung des in der Apotheke verkörperten kommerziellen Werts, die auch den Rechtsnachfolgern eines verstorbenen Apothekers möglich sein soll[24], wäre in solchen Fällen erheblich erschwert.

Ebenso erscheint fraglich, ob es im Sinne des Gesetzes gelegen ist, daß nach einem Entzug der Konzession gemäß § 19 Abs 2 die Apotheke zu bestehen aufhört. So einsichtig es ist, daß jemandem, der die notwendige persönliche Eignung oder die ausreichende rechtliche und wirtschaftliche Verfügungsmacht im Apothekenunternehmen verloren hat, die Konzession entzogen wird, so wenig leuchtet ein, daß einer solchen

---

[23] Dieselben Erwägungen sprechen dagegen, den rechtlichen Bestand der Altkonzession im Zeitpunkt der Stellung des Antrags auf Konzessionserteilung für ausschlaggebend zu halten.

[24] 1912 BlgAH 17. Sess, 30.

Person die Verwertung ihres Unternehmens auch dann erschwert sein soll, wenn die Apotheke nicht gemäß § 19a Abs 1 geschlossen worden ist[25] oder gar aufgrund einer behördlichen Bewilligung gemäß § 19a Abs 2 weiterbetrieben werden darf.

ad c) Meines Erachtens ist daher der letzterwähnten Auffassung der Vorzug zu geben. Eine Apotheke wird demnach bereits dann auf Grund einer Konzession betrieben, wenn während der Dauer ihres nicht unterbrochenen Betriebs eine Konzession vorlag, mag diese in der Zwischenzeit auch entzogen oder zurückgelegt worden sein.

An dieser Voraussetzung mangelt es aber, wenn die Konzession gemäß § 19 Abs 1 zurückgenommen oder die Apotheke gemäß § 19a Abs 1 geschlossen worden ist.

Nach diesem Ergebnis bleibt darzulegen, welche rechtlichen Unterschiede gegenüber der Erteilung einer Konzession zum Betrieb einer neu zu errichtenden Apotheken bestehen.

3. *Voraussetzungen der Konzessionserteilung*

a) Persönliche Eignung gemäß § 3 Abs 1

Ein Bewerber um eine Konzession zum Betrieb einer bestehenden Apotheke hat nicht nur den Nachweis des Übergangs des gesamten Apothekenunternehmens unter der Voraussetzung der Konzessionserteilung, sondern selbstverständlich auch die Erfüllung der in § 3 Abs 1 aufgezählten persönlichen Konzessionsvoraussetzungen nachzuweisen, durch die seine Eignung sichergestellt werden soll.

b) Entfall der Prüfung der sachlichen Konzessionsvoraussetzungen

Damit hat es nach dem seit 1. Jänner 1985 geltenden Recht sein Bewenden. Nach der unmißverständlichen Texterung des § 10 Abs 1 idF der ApGNov 1984 stellen das Vorliegen eines ärztlichen Berufssitzes in der Gemeinde des Apothekenstandorts, ein Bedarf und die Nichtgefährdung der Existenzfähigkeit bestehender öffentlicher Apotheken lediglich Bedingungen für die Erteilung einer Konzession für eine *neu zu errichtende* Apotheke dar.

---

[25] Fälle der behördlichen Tolerierung des Apothekenbetriebs ohne Konzession während kurzer Zeiträume sind keineswegs selten.

Das war nicht immer so. In der bis 1985 unverändert in Geltung gestandenen Urfassung des § 10 waren bei der Erteilung einer Konzession für eine bestehende Apotheke auch sachliche Voraussetzungen zu prüfen. Fehlte es im Unterschied zum Zeitpunkt der Neuerrichtung an einem in nächster Umgebung ansässigen Arzt oder an einem "Bedürfnis der Bevölkerung", so war einem persönlich geeigneten Erwerber der Apotheke die Konzession zu *verweigern*. Lediglich die Prüfung der Existenzfähigkeit bestehender Apotheken hatte zu entfallen[26].

In der Praxis wurde jedoch schon vor 1985, vielleicht nicht unbeeinflußt durch zwei unrichtige Erkenntnisse des VfGH[27], bei Verleihung der Konzession für eine bestehende Apotheke auf die Prüfung dieser beiden sachlichen Voraussetzungen weitgehend verzichtet. Durch die ApGNov 1984 ist insoweit also nur eine de facto gepflogene Vorgangsweise legalisiert worden.

Damit ist selbstverständlich eine Stärkung der Apotheke als wirtschaftliches Unternehmen verbunden. Der bisherige Inhaber wird für sein Unternehmen leichter einen Abnehmer finden, weil jedem persönlich geeigneten Erwerber die Konzession erteilt werden muß und das Rechtsgeschäft folglich weniger leicht am Ausbleiben der regelmäßig zur Bedingung solcher Käufe gemachten Erteilung der Konzession an den Erwerber scheitern kann.

c) Erfordernis der Konzessionszurücklegung durch den bisherigen Apothekeninhaber?

In der Praxis ist die bedingte Konzessionsrücklegung durch den bisherigen Konzessionär zugunsten des Erwerbers des Apothekenunterneh-

---

[26] In den EB zur RV des ApG (1912 BlgAH 17. Sess, 44) findet sich eine scharfe Ablehnung der durch die ApGNov 1984 getroffenen Neuregelung: "Der Wunsch einzelner Corporationen, es sei anzuordnen, daß dem Erwerber des Etablissements die Concession nicht verweigert werden dürfe, wenn er die persönliche Eignung zum selbständigen Betriebe einer Apotheke besitze, konnte nicht berücksichtigt werden. Eine derartige Bestimmung würde die Personalapotheke thatsächlich in Realapotheken verwandeln ..." Es verwundert daher umso mehr, daß in den EB zur RV der ApGNov 1984 diese wichtige Änderung mit keinem Wort erwähnt wird.

[27] VfSlg 3099 und 3100/1956. Der Gerichtshof führte darin aus, daß immer dann, wenn der Erwerber eines Apothekenunternehmens den persönlichen Voraussetzungen des § 3 entspricht, ihm die Behörde nach § 46 die Konzession nicht verweigern könne. Dies war deshalb unrichtig, weil gemäß § 10 Abs 1 und 2 aF auch die im Text erwähnten sachlichen Voraussetzungen zu prüfen waren (vgl VwSlg 7279 A/1968).

mens üblich. Dabei handelt es sich jedoch um keine gesetzliche Voraussetzung der Konzessionserteilung:

Das Gesetz verlangt eine bedingte Konzessionsrücklegung nur für den Fall, daß ein Konzessionär eine zweite Konzession erlangen will (§ 46 Abs 4). Bei der Beurteilung, ob ein Gesuch eines Konzessionswerbers als Antrag auf Erteilung einer Konzession für eine bereits bestehende oder für eine neu zu errichtende Apotheke zu behandeln ist, stellt eine Zurücklegungserklärung zugunsten des Konzessionswerbers selbstverständlich ein Indiz dafür dar, daß die Apotheke als eine bestehende übertragen worden ist. Maßgeblich für die Entscheidung dieser Frage ist jedoch, wie oben dargelegt, allein der privatrechtliche Übergang des Apothekenunternehmens an den Konzessionswerber sowie der bisherige Betrieb auf Grund einer Konzession. Ein Konzessionär, der sein Apothekenunternehmen veräußert, kann daher die Verleihung der Konzession an den Erwerber weder dadurch verhindern, daß er sich weigert, die Konzession zurückzulegen, noch dadurch, daß er sie zugunsten einer vom Erwerber verschiedenen Person zurücklegt[28].

4. Aufrechterhaltung des Standorts

Die beschriebenen Privilegierungen gegenüber Apothekenneuerrichtungen sind nur tragbar, wenn gewährleistet wird, daß durch die bestehende Apotheke nach ihrer Übertragung nicht in größerem Maße in die Interessen der Inhaber benachbarter Apotheken eingegriffen wird. Konsequenterweise ist in § 9 Abs 2 vorgesehen, daß bei Apotheken, die bereits früher betrieben worden sind, der bisherige Standort aufrechtzuerhalten ist. Beantragt der Erwerber hingegen ausdrücklich einen anderen Standort oder die Erweiterung des Standorts, so ist sein Gesuch als Antrag auf Erteilung einer Konzession zum Betrieb einer neu zu errichtenden Apotheke zu behandeln.

Nachträglich steht es ihm frei, jederzeit einen Antrag auf *Erweiterung* des Standorts einzubringen. Über einen solchen Antrag ist dem durch die ApGNov 1984 eingefügten § 46 Abs 5 zufolge das für die Konzes-

---

[28] Ebenso ORATOR, Österr ApothekerZ 1971, 652: "Wird daher der Nachweis des Überganges des Apothekenunternehmens erbracht, so bedarf es nach richtiger Auffassung keiner gesonderten 'bedingten Konzessionsrücklegung' mehr. Auf der anderen Seite muß sich jeder Apothekenkonzessionsinhaber klar sein, daß die Unterfertigung eines Vertrages über die Veräußerung des Unternehmens allein im Zweifel bereits auch die Zurücklegung der Konzession beinhaltet. Die Praxis der 'doppelten Beurkundung' ist somit überflüssig, bringt aber keine rechtlichen Nachteile mit sich."

sionserteilung vorgesehene Verfahren durchzuführen. Diese kryptische Formulierung kann wohl nur besagen, daß das in §§ 48 ff für Apothekenneuerrichtungen vorgesehene Verfahren durchgeführt werden muß. Keine Beschränkungen ergeben sich hingegen aus § 3 Abs 7, weil eine Standorterweiterung weder eine Standortverlegung iSd § 14 Abs 2 noch eine Apothekenneuerrichtung darstellt.

5. Übertragungsbeschränkungen

Der im vorigen Jahrhundert sprichwörtlich gewordene "Apothekenschacher" hat den Gesetzgeber zu zwei Maßnahmen bewogen. Auf der einen Seite hat er die Erteilung einer Konzession zum Betrieb einer neu zu errichtenden Apotheke an Personen, die innerhalb der letzten fünf Jahren eine Konzession zurückgelegt haben, für unzulässig erklärt (§ 3 Abs 7). Auf der anderen Seite hat er die Übertragung von Apotheken ausgeschlossen, die noch nicht fünf Jahre bestehen. Entgegenstehende Vereinbarungen sind gemäß § 16 Abs 1 für die Parteien rechtsunwirksam.

Diese Bestimmung soll es unmöglich machen, daß Pharmazeuten eine Apotheke nur deswegen neu errichten, weil sie diese alsbald verkaufen und dabei den sogenannten "Konzessionswert" lukrieren wollen. Nach den Erläuterungen zur Regierungsvorlage[29] wirkt sie in zwei Richtungen. Zum einen soll sie die Nichtigerklärung entgegenstehender Vereinbarungen ermöglichen. § 16 Abs 1 enthält also, wie schon seinem Wortlaut unmißverständlich zu entnehmen ist, eine zivilrechtliche Nichtigkeitssanktion. Zum anderen soll sichergestellt sein, daß ein unmittelbar nach einer Konzessionszurücklegung gestelltes Gesuch um Erteilung einer Konzession für denselben Standort als Gesuch um Erteilung einer Konzession für eine neu zu errichtende Apotheke behandelt werden muß[30].

Aus den bisherigen Bemerkungen zum Bestehen einer Apotheke folgt, daß der Zeitraum von fünf Jahren nicht ab dem Zeitpunkt der rechtskräftigen Konzessionserteilung zu laufen beginnt, sondern ab je-

---

[29] 1912 BlgAH 17. Sess, 45.
[30] In rechtspolitischer Hinsicht erscheint fraglich, ob zur Erzielung des gewünschten Ergebnisses die Aufnahme einer zivilrechtlichen Nichtigkeitssanktion erforderlich war oder ob nicht die Klarstellung genügt hätte, daß im Fall der Übertragung einer noch nicht fünf Jahre bestehenden Apotheke der Erwerber um Erteilung einer Konzession für eine neu zu errichtende Apotheke ansuchen muß.

nem Tag, an dem die Apotheke erstmals *auf Grund der Konzession betrieben* wird. Nur diese Auslegung wird dem Zweck der Übertragungsbeschränkung gerecht: Es soll verhindert werden, daß bei einer Apothekenübertragung Gewinne lukriert werden, die nicht überwiegend auf eigene Arbeit zurückgehen[31]. Wäre der Zeitraum ab der Konzessionserteilung zu berechnen[32], so hätte es der Konzessionär in der Hand, jenen Zeitraum, während dessen er Leistungen erbringen muß, durch einen späten Betriebsbeginn erheblich abzukürzen. In jenen (gewiß seltenen) Fällen, in denen die Behörde innerhalb der Fünfjahresfrist die Konzession gemäß § 19 Abs 1 Z 1 zurückzunehmen unterläßt, käme er gar in die Lage, den Konzessionsvorteil durch bloßes Zuwarten zu realisieren[33].

6. Verfahren

Die Erteilung von Apothekenkonzessionen obliegt gemäß § 51 Abs 1 dem Landeshauptmann. Die im Text dieser wie auch anderer Bestimmungen enthaltene Zuständigkeit der "politischen Landesbehörde" stellt ein an die Behördenorganisation der Monarchie anknüpfendes historisches Relikt dar, das durch die ApGNov 1984 zum Teil eliminiert[34], zum Teil aber belassen worden ist[35].

Eine öffentliche Verlautbarung des Antrags auf Erteilung einer Konzession für eine bestehende Apotheke findet im Unterschied zu Apothekenneuerrichtungen, auf die § 48 Anwendung findet, nicht statt. Der Antrag ist jedoch nach § 49 Abs 1 unverzüglich an die Bezirksverwaltungsbehörde zu leiten, in deren Bezirk der Standort der Apotheke gelegen ist. Diese Behörde hat nach dem Auftrag des Gesetzes "sämtliche für die Entscheidung maßgebenden Verhältnisse ohne Verzug von Amts wegen zu erheben".

Infolge der Änderung des § 10 durch die ApGNov 1984 hat dieser Verfahrensschritt bei Apothekenübertragungen jede *ratio* verloren. Sinn und Zweck der Einbindung der Bezirksverwaltungsbehörde in das Verfahren kann nur darin liegen, daß diese Behörde regelmäßig mit den örtlichen Verhältnissen besser vertraut ist und daher den maßgeblichen

---

[31] Vgl 1912 BlgAH 17. Sess, 35.
[32] VwSlg 7734 A/1970; FEIGL, Das Apothekenunternehmen (1987) 123.
[33] Vgl den dem Erk VwSlg 7734 A/1970 zugrundeliegenden Sachverhalt.
[34] § 46 Abs 1, § 54.
[35] § 48 Abs 1 und 3, § 49 Abs 1, § 51.

Sachverhalt schneller und verläßlicher ermitteln kann[36]. Wiewohl das Gesetz "sämtliche für die Entscheidung maßgebenden Verhältnisse" anspricht, kann dennoch kein Zweifel daran bestehen, daß dabei nicht an die Ermittlung des Sachverhalts zur Beurteilung der persönlichen Eignung des Konzessionswerbers, sondern an Erhebungen über ärztliche Berufssitze, Bevölkerungszahlen, Entfernungen zu benachbarten Apotheken, kurz: an die Ermittlung der Entscheidungsgrundlagen zur Beurteilung der *sachlichen* Voraussetzungen der Konzessionserteilung gedacht war. Nachdem bei Erteilung der Konzession für eine bestehende Apotheke seit 1. 1. 1985 keine solchen Voraussetzungen mehr zu prüfen sind, hat auch § 49 Abs 1 jede sachliche Rechtfertigung verloren, soweit er sich auf diese Verfahren bezieht[37].

a) Keine Parteistellung anderer Inhaber öffentlicher Apotheken

Aus § 51 Abs 3 geht hervor, daß nur jenen Inhabern öffentlicher Apotheken, die rechtzeitig einen Einspruch gegen eine Apothekenneuerrichtung im Sinne des § 48 Abs 2 eingebracht haben, das Berufungsrecht zusteht. Das Berufungsrecht kommt nur den *Parteien* eines Verfahrens zu[38]. § 51 Abs 3 besagt folglich, daß nur solchen Apothekeninhabern, die rechtzeitig einen Einspruch erhoben haben, subjektive öffentliche Rechte und eine damit verbundene Parteistellung eingeräumt werden sollten.

Im Verfahren zur Erteilung einer Konzession zum Betrieb einer bereits bestehenden Apotheke ist § 48 nicht anzuwenden. Daraus folgt, daß Nachbarapothekeninhaber in einem solchen Verfahren über keinerlei subjektive öffentliche Rechte verfügen.

Da bei Apothekenneuerrichtungen die subjektiven öffentlichen Rechte der Inhaber von Nachbarapotheken, wie sich aus § 48 Abs 2 ergibt, auf die Geltendmachung des mangelnden Bedarfs an der neu zu errichtenden Apotheke und die Gefährdung der Existenzfähigkeit ihrer eigenen Apotheke beschränkt sind und diese Fragen bei Erteilung einer Konzession zum Betrieb einer bestehenden Apotheke nicht entschei-

---

[36] Ob dies in Anbetracht der geänderten Verhältnisse heute noch zutrifft, soll hier unerörtert bleiben.
[37] Insoweit ist § 49 Abs 1 - als vom AVG abweichende verfahrensrechtliche Bestimmung, nach welchem die zuständige Behörde das gesamte Ermittlungsverfahren durchzuführen hat - zur Regelung des Gegenstandes nicht erforderlich und folglich verfassungswidrig (Art 11 Abs 2 B-VG).
[38] Vgl § 63 Abs 4 und 5 AVG.

dungswesentlich sind, ist dieser Ausschluß subjektiver öffentlicher Rechte nur konsequent.

b) Parteistellung des bisherigen Konzessionsinhabers?

Es wurde aufgezeigt, daß die Zurücklegung der Konzession durch den Veräußerer des Apothekenunternehmens zugunsten des Erwerbers keine Voraussetzung der Erteilung der Konzession an den Erwerber darstellt. Daraus ergeben sich zwei Probleme. Es erscheint erstens fraglich, wann die Konzession des Veräußerers des Apothekenunternehmens erlischt, wenn sich dieser weigert, seine Konzession zurückzulegen. Zweitens ist zu untersuchen, ob dem "Altkonzessionär" im Verfahren zur Erteilung einer Konzession zum Betrieb einer bereits bestehenden Apotheke an den Erwerber des Unternehmens Parteistellung zukommt.

Die Judikatur nimmt an, daß mit der Erteilung der Konzession zum Betrieb der bestehenden Apotheke die Konzession des bisherigen Apothekeninhabers automatisch erlischt, und steht folgerichtig auch auf dem Standpunkt, daß diesem in dem auf Antrag des Erwerbers eingeleiteten Konzessionsverleihungsverfahren Parteistellung zukommt[39].

Diese Auffassung erscheint nicht unproblematisch. Dem abschließend formulierten § 51 Abs 3 zufolge steht im Fall der Erteilung einer Apothekenkonzession die Berufung lediglich denjenigen Inhabern öffentlicher Apotheken zu, die rechtzeitig gemäß § 48 Abs 2 Einspruch erhoben haben. Zu diesen Apothekeninhabern kann der Altkonzessionär schon deswegen nicht zählen, weil im Verfahren zur Erteilung einer Konzession für eine bereits bestehende Apotheke Einsprüche gemäß § 48 Abs 2 gar nicht zulässig sind.

Ein zweites Argument gegen die vom VwGH vertretene Automatik läßt sich aus § 19 Abs 2 Z 2 ableiten. Wenn die im § 12 Abs 1 bis 3 bezeichneten Konzessionserteilungsvoraussetzungen nicht (mehr) vorliegen, ist dieser Vorschrift zufolge die Konzession behördlich *zu entziehen*. Mit der erfolgten Veräußerung des Apothekenunternehmens an den Konzessionswerber ist zwangsläufig ein zum *Entzug* führender Verlust der ausreichenden rechtlichen und wirtschaftlichen Verfügungsmacht iSd § 12 Abs 1 bis 3 verbunden. Der hier diskutierte Fall wird also durch das Gesetz ohnedies ausdrücklich geregelt. Diese Tatsache spricht gegen die - in Ermangelung einer expliziten Regelung plausible - Annahme, daß

---

[39] VwGH 27. 3. 1952, 2025/50; VwSlg 4458 A/1957, 6136 A/1963.

das automatische Erlöschen der Konzession des Veräußerers im Zeitpunkt der Rechtskraft der Konzessionserteilung an den Erwerber vom Gesetzgeber als selbstverständlich vorausgesetzt worden ist. Wenn aber mit der Erteilung der Konzession an den Erwerber kein Erlöschen der Konzession des Veräußerers verbunden ist, so fehlt auch jede Grundlage für die Annahme, das Gesetz habe letzterem im Verfahren zur Erteilung der Konzession an den Erwerber subjektive öffentliche Rechte und eine damit verbundene Parteistellung eingeräumt.

II. Fortbetriebsrechte

Im Fall des Übergangs einer öffentlichen Apotheke muß der Erwerber der Apotheke gemäß § 15 Abs 1 eine neue Konzession erwirken, falls er die Apotheke betreiben will.

Von diesem Grundsatz macht das Gesetz jedoch einige Ausnahmen, die in den Absätzen 2, 3 und 5 des § 15 geregelt sind. Diese Bestimmungen enthalten Fortbetriebsrechte, die den Betrieb einer Apotheke nach dem Tod des Konzessionsinhabers ermöglichen.

1. Nachlaß

Während der Verlassenschaftsabhandlung bedarf es zur Fortführung einer öffentlichen Apotheke für Rechnung der Masse keiner Konzession (§ 15 Abs 5).

In dem die Verpachtung regelnden § 17 ist in Abs 1 für den Fall des Apothekenfortbetriebs nach § 15 Abs 2 und 3 ein Verpachtungszwang normiert. § 15 Abs 5 wird hingegen nicht aufgezählt. Daraus ergibt sich *e contrario*, daß während der Dauer der Verlassenschaftsabhandlung solche Apotheken nicht dem Verpachtungszwang unterliegen. Ein solcher wäre auch wenig sinnvoll, weil sich für die kurze und überdies schwer kalkulierbare Dauer des Verlassenschaftsverfahrens in aller Regel kaum ein Pächter finden würde.

In solchen Fällen ist jedoch ein verantwortlicher Leiter gemäß § 17a zu bestellen. Allfällige Zweifel daran, ob der Text des § 17a auch den Fall des Fortbetriebsrechts des Nachlasses erfassen sollte[40], lassen sich

---

[40] Diese Bestimmung könnte auch so gelesen werden, daß sie sich nur auf den Fall bezieht, daß ein Konzessionsinhaber oder ein Pachter lediglich verhindert, aber dennoch *vorhanden* ist.

durch eine historische Betrachtung ausräumen. Gemäß § 17 Abs 2 der Urfassung des ApG mußte für die Fälle des § 15 Abs 2 bis 5 entweder die Apotheke verpachtet oder ein verantwortlicher Leiter bestellt werden. Dieser Bestimmung wurde durch das Gesetz über die Verpachtung und Verwaltung öffentlicher Apotheken[41] nur insoweit derogiert, als sie sich auf die Abs 2 und 3 des § 15 bezog. Während der Dauer der Verlassenschaftsabhandlung mußte die Apotheke demnach bis 1984 entweder durch einen Pächter oder durch einen verantwortlichen Leiter geführt werden. Es ist auszuschließen, daß der Gesetzgeber im Jahre 1984 hinter diesen Rechtszustand zurückgehen und die Fortführung der Apotheke auch ohne Bestellung eines verantwortlichen Leiters zulassen wollte.

Die Bestellung des verantwortlichen Leiters bedarf der behördlichen Genehmigung, die gemäß § 17a nur erteilt werden darf, wenn der Konzessionsinhaber verhindert ist, die Apotheke selbst zu leiten. Daran dürften im Fall des Todes des Konzessionsinhabers keine Zweifel bestehen.

2. Ehegatten und Kinder

Geht eine bestehende Apotheke durch gesetzliche Erbfolge oder durch Rechtsgeschäfte von Todes wegen auf den überlebenden Ehegatten oder auf die Kinder (Wahlkinder) des Konzessionsinhabers über, so haben diese gemäß § 15 Abs 2 und 3 das Recht, die Apotheke auf Grundlage der alten Konzession fortzubetreiben.

Anläßlich der Neufassung dieser Bestimmungen im Jahre 1984 hat der Gesetzgeber eine Reihe begrüßenswerter Änderungen und Klarstellungen vorgenommen. Das Fortbetriebsrecht steht seither nicht bloß der Witwe und den ehelichen Deszendenten[42], sondern auch dem Witwer und den unehelichen Kindern[43] zu. Weiters wurde das Wort "Erbweg" in § 15 Abs 2 und 3 durch die Wendung "gesetzliche Erbfolge oder Rechtsgeschäfte von Todes wegen" ersetzt. Diese Änderung war notwendig geworden, weil nach der früheren Praxis der Begriff "Übergang im Erbwege" so ausgelegt wurde, daß darunter nur solche Übergänge verstanden wurden, die mit einer Gesamtrechtsnachfolge in den Nachlaß verbunden waren. Bei anderen Erwerbsarten von Todes wegen - wie bei einem Ver-

---

[41] DRGBl 1935 I 1445.

[42] Diese Rechtslage war verfassungswidrig (Art 7 Abs 1 B-VG, Art 14 iVm Art 1 1. ZP EMRK); vgl nur VfSlg 8871/1980 und EGMR Série A 126 §§ 41 - 44 (Fall *Inze*).

[43] Anders WALTER - MAYER, Grundriß des Besonderen Verwaltungsrechts[2] (1987) 602.

mächtnis oder bei einer Schenkung von Todes wegen - war danach der Apothekenfortbetrieb ausgeschlossen. Diese Auffassung war freilich schon nach der alten Rechtslage nicht zutreffend[44].

Während aufgrund der Erläuterungen zur RV 1903 mit guten Gründen noch die Meinung vertreten werden konnte, daß vor 1985 nur Nachkommen ersten Grades fortbetriebsberechtigt waren[45], so sprechen nach der nunmehr getroffenen Angleichung an die Terminologie der GewO die besseren Argumente für die Auffassung, daß der Begriff "Kinder" iSd § 42 ABGB zu verstehen ist und alle Verwandten in der absteigenden Linie umfaßt. Den § 41 Abs 1 Z 3 und § 43 der GewO 1973 liegt, wie sich aus ihrer Systematik[46] und aus den Erläuterungen zur RV[47] ergibt, der Kindesbegriff des § 42 ABGB zugrunde. Die Neuregelung des Fortbetriebsrechts durch die ApGNov 1984 orientierte sich bewußt[48] an der GewO und nicht an Gesetzen, die Fortbetriebsrechte auf Nachkommen *ersten Grades* einschränken und dies deutlich zum Ausdruck bringen[49]. Auch Enkel und Urenkel sind daher grundsätzlich fortbetriebsberechtigt[50].

Geht die Apotheke nach dem Tod des Konzessionsinhabers auf mehrere fortbetriebsberechtigte Personen über, so können diese die Apotheke gemeinsam fortbetreiben. Es besteht keine Verpflichtung, sich entweder für den Fortbetrieb durch den überlebenden Ehegatten oder durch die noch nicht 24 Jahre alten Kinder zu entscheiden[51]. Die Praxis läßt

---

[44] Der Begriff "Erbweg" kam nicht nur in § 15 Abs 2 und 3, sondern auch in § 15 Abs 1 vor und sollte dort nur den Gegensatz zu den Rechtsgeschäften unter Lebenden bedeuten: vgl ORATOR, Österr ApothekerZ 1971, 653f.

[45] In den EB ist festgehalten, daß Sinn und Zweck des Fortbetriebsrechts nicht darin liege, den Besitz der Apotheke in der Familie zu erhalten und damit "eine Art von Familienfideicommissen zu schaffen", sondern allein darin, "der Witwe oder den minderjährigen Descendeten, die ihres Ernährers beraubt sind, für alle Fälle den nöthigen Unterhalt zu sichern" (1912 BlgAH 17. Sess, 44). Dies deutet mE eher darauf hin, daß nur Nachkommen ersten Grades gemeint waren. AA ORATOR, Österr ApothekerZ 1971, 653.

[46] Die "Kinder der Wahlkinder" sind in beiden Bestimmungen ausdrücklich aufgezählt.

[47] 395 BlgNR 13. GP, 142.

[48] Vgl 395 BlgNR 16. GP, 15.

[49] Vgl zB § 108 Abs 3, § 113 Abs 2 lit b KFG.

[50] AA der Erlaß des BMGU 5. 7. 1985, IV-51301/13-4/85, in: Mitteilungen der österr Sanitätsverwaltung 86 (1985) 205 (208), unter Berufung auf den eindeutigen Zweck der Neuformulierung und den Klammerausdruck "Wahlkinder".

[51] BGHSlg 208 A/1935.

den gemeinsamen Fortbetrieb solange zu, als einer der Miterben die Voraussetzungen des § 15 Abs 2 oder 3 erfüllt.

Auch im Fall des Fortbetriebs gemäß § 15 Abs 2 ist eine Apotheke, die bis zu einem Jahr nach Ausfolgung der Konzessionsurkunde noch nicht in Betrieb gesetzt wurde, als bestehend anzusehen[52].

Ist hingegen die Konzession des verstorbenen Apothekers vor dessen Tod rechtskräftig entzogen worden, so ist in Ermangelung einer alten Konzession, die gemäß § 15 Abs 2 die Grundlage des Fortbetriebs durch Ehegatten und/oder Kinder bilden muß, ein Fortbetrieb trotz aufrechten Betriebes der Apotheke unzulässig[53].

Während der Zeit des Fortbetriebs kann, wie schon in den Erläuterungen zur RV 1903 ausdrücklich festgehalten wird[54], die fortbetriebene Apotheke als "bestehende Apotheke" auf Dritte übertragen werden.

3. Konkurs, Zwangsverwaltung, Zwangsverpachtung

Eine diesen Fortbetriebsrechten vergleichbare Regelung ist in § 15 Abs 4 enthalten. Diese Bestimmung stellt klar, daß der Betrieb der Apotheke während eines Konkursverfahrens sowie während einer Zwangsverpachtung bzw Zwangsverwaltung auf Grundlage der Konzession des Schuldners erfolgt. Daraus folgt, daß der weitere Betrieb der Apotheke unzulässig wird, sobald der Schuldner seine Konzession verliert.

Aus dem Fehlen einer Verweisung auf § 15 Abs 4 in § 16 Abs 2 ergibt sich, daß eine noch nicht fünf Jahre bestehende Apotheke auch im Fall eines Konkurses nicht auf einen Dritten übertragen werden kann.

III. Verlegung

Die Konzession zum Betrieb einer öffentlichen Apotheke hat nur für einen bestimmten *Standort* Geltung, der in der Konzessionsurkunde an-

---

[52] Dies deswegen, weil es bei diesem Fortbetriebsrecht § 16 Abs 2 zufolge auf eine bestimmte Dauer des Bestehens der Apotheke nicht ankommt und die Hinterbliebenen eines Apothekers, der kurz nach Rechtskraft der Verleihung der Konzession stirbt, im selben Maße schutzwürdig sind. Im Ergebnis ähnlich VwSlg 7783 A/1910.

[53] In diesen Fällen bleibt den Hinterbliebenen nur die Möglichkeit, die Apotheke zu veräußern. Dies ist möglich, weil das Fortbetriebsrecht des Nachlasses nur vom Bestehen der Apotheke abhängt und nicht "auf Grundlage der alten Konzession" erfolgt (vgl einerseits § 15 Abs 2 und 4, andererseits Abs 5).

[54] 1912 BlgAH 17. Sess, 44.

zugeben ist. Bei Erteilung einer Konzession zum Betrieb einer bereits bestehenden Apotheke ist der bisherige Standort zwingend beizubehalten (§ 9 Abs 2).

Vom Standort einer Apotheke ist der Standpunkt der Betriebsstätte zu unterscheiden. Im Fall einer Apothekenneuerrichtung hat der Konzessionär die Wahl, an welchem Punkt innerhalb des Standorts er die Betriebsstätte errichtet; ihm obliegt lediglich aufgrund des § 10 Abs 2 die Angabe des Standpunktes der künftigen Betriebsstätte. Im Fall der Erteilung einer Konzession für den Betrieb einer bereits bestehenden Apotheke ist der Konzessionär grundsätzlich an den bisherigen Betriebsstättenstandpunkt gebunden[55].

1. Die Verlegung innerhalb des Standorts

Jede Verlegung einer Apotheke innerhalb des festgesetzten Standorts bedarf gemäß § 14 Abs 1 einer behördlichen Genehmigung[56].

Im Gesetz ist jedoch entgegen Art 18 B-VG nicht angegeben, von welchen Determinanten die Erteilung dieser Genehmigung abhängig ist. Aus den Erläuterungen zur RV 1903 geht wohl hervor, daß durch spätere Verlegungen die Interessensphäre der nachträglich am Standorte oder in der Umgebung errichteten Apotheken berührt werden könne, weshalb eine solche Verlegung nicht mehr dem Belieben des Konzessionärs anheimgestellt werden dürfe; es müsse daher in Rücksicht zu ziehen sein, ob durch die Verlegung die *Existenzfähigkeit* einer nachträglich errichteten Apotheke gefährdet werde[57].

Nachdem Art 18 B-VG aber verlangt, daß das Gesetz selbst der Verwaltung einen ausreichend bestimmten Entscheidungsmaßstab vorgibt, vermögen die aus den Erläuterungen ableitbaren Determinanten die aufgeworfenen verfassungsrechtlichen Bedenken nicht zu entkräften.

---

[55] § 9 Abs 2 bestimmt zwar lediglich, daß der bisherige *Standort* aufrechtzuerhalten ist. Daraus dürfen aber keine Umkehrschlüsse gezogen werden: *Jede* Verlegung einer Apotheke innerhalb des festgesetzten Standorts bedarf der behördlichen Genehmigung gemäß § 14 Abs 1.

[56] Die Begriffe "Genehmigung" und "Bewilligung" werden im ApG synonym gebraucht; der Begriff "Genehmigung" bedeutet also nicht, daß um sie erst *nachträglich* einzukommen wäre. Der Text orientiert sich jeweils an den *verba legalia*.

[57] 1912 BlgAH 17. Sess, 44.

2. Die Verlegung an einen anderen Standort

Schon im Zuge der Diskussion der Vorentwürfe eines ApG wurde von den Standesgremien angeregt, eine Bestimmung über die Verlegung des Standorts einer Apotheke aufzunehmen. In den Erläuterungen zur RV stellte sich die Regierung auf den Standpunkt, daß dieses Ansinnen offenbar auf einem Mißverständnis beruhe. Die Verlegung des Standorts einer Apotheke sei gleichbedeutend mit der Auflassung der bestehenden und der Errichtung einer neuen Apotheke[58].

Durch die ApGNov 1984 wurde dem § 14 jedoch ein Abs 2 angefügt, der die Verlegung einer Apotheke an einen anderen Standort regelt. Offensichtlich wollte der Gesetzgeber diesen Fall anders behandelt wissen als den Fall der Errichtung einer neuen Apotheke.

a) Beschränkung der Verlegung durch § 3 Abs 7

Gemäß § 3 Abs 7 ist von der Erlangung einer Konzession zum Betrieb einer *neu zu errichtenden* Apotheke ausgeschlossen, wer - vor Ablauf von fünf Jahren nach Zurücklegung der Konzession - schon einmal im Besitz einer konzessionierten Apotheke war oder immer noch ist. Dies soll jedoch nicht gelten, "wenn ein Konzessionsinhaber, weil der Bedarf oder die Existenzfähigkeit für seine Apotheke nach behördlicher Feststellung nicht mehr gegeben ist, um die Konzession zum Betrieb einer neu zu errichtenden Apotheke oder um Bewilligung der Verlegung der Apotheke an einen anderen Standort gemäß § 14 Abs. 2 ansucht."

Anzumerken bleibt, daß dieser auf die ApGNov 1984 zurückgehende Satz eher unglücklich formuliert ist; er zeugt davon, daß sich der Gesetzgeber über das Verhältnis der im Abs 7 verwendeten Begriffe "Neuerrichtung" und "Verlegung gemäß § 14 Abs 2" wenig Gedanken gemacht hat. Denn § 3 Abs 7 spricht sowohl für als auch gegen die Annahme, daß die Verlegung einer Apotheke an einen anderen Standort als Neuerrichtung anzusehen ist. Sollte die Verlegung der Apotheke an einen anderen Standort *nicht* als Neuerrichtung anzusehen sein, so wäre es nicht erforderlich gewesen, sie in den zweiten Satz dieser Bestimmung aufzunehmen. Sollte sie hingegen nach der Terminologie des Gesetzes eine Neuerrichtung darstellen, so hätte es ihrer Anführung in Satz 2 neben der Apothekenneuerrichtung nicht bedurft.

---

[58] 1912 BlgAH 17. Sess, 44.

Wie immer man den durch die ApGNov 1984 eingefügten zweiten Satz des § 3 Abs 7 aus legistischer Sicht beurteilen mag, eines unterliegt keinem Zweifel: Eine Verlegung der Apotheke gemäß § 14 Abs 2 ist, was die im ersten Satz des § 3 Abs 7 enthaltene Beschränkung anbelangt, der Neuerrichtung einer Apotheke gleichzuhalten. Ansonsten wäre nämlich die Aufnahme der Verlegung an einen anderen Standort in den - Ausnahmen von der Regel des Abs 1 treffenden - zweiten Satz dieser Bestimmung sinnlos.

Wenn aber Verlegungen an einen anderen Standort in § 3 Abs 7 den Apothekenneuerrichtungen gleichgestellt sind, so folgt daraus, daß eine solche Verlegung immer dann grundsätzlich verboten ist, wenn der Verlegungswerber innerhalb der letzten fünf Jahre im Besitz einer Apothekenkonzession war. Und diese Voraussetzung ist bei *Verlegungen* zwangsläufig erfüllt. Eine Verlegung gemäß § 14 Abs 2 ist folglich nur zulässig, wenn die Ausnahme des § 3 Abs 7 Satz 2 zum Tragen kommt.

Wann dies der Fall ist, ist nicht leicht zu beantworten. Zwei Möglichkeiten bieten sich an.

Bei unbefangener Lektüre des zweiten Satzes sind auch Verlegungen gemäß § 14 Abs 2 nur dann vom grundsätzlichen Verbot des ersten Satzes ausgenommen, wenn der Bedarf oder die Existenzfähigkeit für die betreffende Apotheke am bisherigen Standort nach behördlicher Feststellung[59] nicht mehr gegeben ist.

Es ist aber auch möglich, diesen Satz so zu verstehen, daß bei Verlegungen gemäß § 14 Abs 2 die Anwendung des § 3 Abs 7 Satz 1 generell ausgeschlossen werden sollte[60]. Die Bedingung der behördlichen Feststellung des Mangels am Bedarf oder an der Existenzfähigkeit wäre nach dieser Lesart also nur auf den Fall der Neuerrichtung einer Apotheke zu beziehen[61].

Meines Erachtens ist die erste Variante die richtige Auslegung. Aus der Stellung des mit "weil" beginnenden kausalen Nebensatzes ergibt sich, daß er sich auf den ansuchenden Konzessionsinhaber schlechthin bezieht. Bei Zugrundelegung der zweiten Deutung würde dem Gesetzgeber überdies unterstellt, überflüssigen Text erlassen zu haben; wäre sie

---

[59] Diese Feststellung hat in Bescheidform zu erfolgen.
[60] So BMGU, Mitteilungen der österr Sanitätsverwaltung 86 (1985) 207.
[61] Mit anderen Worten: Zwischen den Worten "oder" und "um" wären gedanklich die Worte "wenn ein Konzessionsinhaber" einzufügen.

nämlich richtig, so wäre die Anführung der Verlegung im zweiten Satz des § 3 Abs 7 besser unterblieben.

Nach den Erläuterungen war ein "Schwerpunkt" der Reform in der "Erleichterung der Neugründung bzw. Verlegung öffentlicher Apotheken" gelegen[62]. Durch die Neufassung des § 3 Abs 7 sollte es "möglich werden, eine bestehende öffentliche Apotheke in bestimmten dringenden Fällen rascher zu verlegen"[63]. Dieser historische Befund spricht eindeutig für die erste Auslegungsvariante: Auch Verlegungen sollten nur in "dringenden Fällen" (dh bei Mangel am Bedarf oder an der Existenzfähigkeit am bisherigen Standort) von den Beschränkungen des ersten Satzes ausgenommen werden.

Als Ergebnis bleibt festzuhalten, daß eine Verlegung der Apotheke an einen anderen Standort (§ 14 Abs 2) aufgrund von § 3 Abs 7 nur zulässig ist, wenn der Bedarf oder die Existenzfähigkeit am bisherigen Standort nach behördlicher Feststellung nicht mehr gegeben ist.

b) Bewilligungserfordernisse gemäß § 14 Abs 2

Gemäß § 14 Abs 2 ist die Verlegung der Apotheke an einen anderen Standort zu bewilligen, wenn die Voraussetzungen des § 10 Abs 1 und 2 zutreffen und überdies vom neuen Standort aus der Bedarf des Gebiets besser befriedigt werden kann.

Die eben wiedergegebene Verweisung auf die Abs 1 und 2 des § 10 ist wiederum alles andere als klar. Nimmt man sie wörtlich, so besagt sie, daß die Verlegung der Apotheke an einen anderen Standort nur zu genehmigen ist, wenn in der Gemeinde des neuen Standorts ein Arzt seinen ständigen Berufssitz hat, am Standort ein Bedarf für eine Apotheke besteht und überdies keine Beeinträchtigung der Existenzfähigkeit bestehender öffentlicher Apotheken zu erwarten ist. Bei diesem Ergebnis verwundert es jedoch, wieso lediglich auf Abs 2, der die Bedarfsprüfung in detaillierter Weise regelt, nicht aber auf Abs 3 des § 10 verwiesen ist, der konkretisiert, wann eine in Abs 1 angeführte Existenzfähigkeitsgefährdung anzunehmen ist. Weiters bleibt unerfindlich, wieso in § 14 Abs 2 keine Verweisung auf § 10 Abs 4 enthalten ist. Dort ist bestimmt, daß im Fall eines zwingenden Bedarfs der Bevölkerung die Konzession trotz

---

[62] 395 BlgNR 16. GP, 12.
[63] 395 BlgNR 16. GP, 12f.

Gefährdung der Existenzfähigkeit einer bestehenden öffentlichen Apotheke zu erteilen ist.

Bei wörtlichem Verständnis der Verweisung gelangt man also zu einer sonderbaren Lösung. Die Bewilligung der Verlegung einer Apotheke an einen anderen Standort gemäß § 14 Abs 2 wäre schwieriger zu erlangen als die Erteilung einer Konzession für eine neu zu errichtende Apotheke[64]. Es liegt auf der Hand, daß diese Konsequenz den Intentionen des Gesetzgebers zuwiderlaufen muß. Denn es steht jedem verlegungswilligen Apotheker die Möglichkeit offen, seine bestehende Apotheke aufzulassen und die Erteilung einer Konzession für eine neu zu errichtende Apotheke zu beantragen[65]. Die Einfügung eines zweiten Absatzes in § 14 konnte also nur den Sinn haben, diesen neu geschaffenen Verlegungsfall gegenüber Apothekenneuerrichtungen in irgendeiner Weise zu privilegieren.

Die geschilderten Unstimmigkeiten verschwinden, wenn man die Verweisung nicht auf § 10 Abs 1 schlechthin, sondern lediglich auf die Ziffern 1 und 2 dieser Bestimmung bezieht. Nach dieser Lesart wäre wohl anläßlich der Bewilligung der Verlegung der Apotheke an einen anderen Standort die Existenz eines ständigen ärztlichen Berufssitzes in der Gemeinde des beabsichtigten neuen Standorts und der Bestand des Bedarfs, nicht aber die Frage der Existenzgefährdung bestehender Apotheken zu prüfen. Von dieser Warte aus ergäbe es auch einen Sinn, daß in § 14 Abs 2 eine Verweisung auf die Abs 3 und 4 des § 10 fehlt.

Für diese Korrektur des Verweisungswortlauts sprechen auch historische Gründe. Die geltende Fassung des § 10 Abs 1 geht auf die ApGNov 1984 zurück. In Abs 1 und 2 des § 10 der alten Fassung waren lediglich die Erfordernisse eines ärztlichen Berufssitzes und eines Bedarfs der Bevölkerung enthalten. Alle Indizien deuten darauf hin, daß es sich um ein Versehen handelt: Es dürfte schlicht und einfach vergessen worden sein, nach Umstrukturierung des § 10 Abs 1 die in § 14 Abs 2 enthaltene Verweisung auf diese Bestimmung richtigzustellen.

Da der Wille des Gesetzgebers von dem von ihm gewählten Ausdruck erkennbar abweicht und die erwogene Korrektur des Textes zum

---

[64] Bei einer Verlegung gemäß § 14 Abs 2 wäre erstens zusätzlich zu prüfen, ob der Bedarf des Gebiets vom neuen Standort aus besser befriedigt werden kann; zweitens schiede die Möglichkeit aus, bei zwingendem Bedarf von der Gefährdung der Existenzfähigkeit bestehender Apotheken abzusehen.

[65] Die Voraussetzungen des § 3 Abs 7 2. Satz müssen in beiden Fällen gegeben sein.

Vorteil des Verlegungswerbers ausschlägt, also von vornherein nicht nachteilig in seine grundrechtlich geschützte Sphäre eingreifen kann[66], ist es zulässig, die untersuchte Verweisung entgegen ihrem Wortlaut nicht auf die *Absätze* 1 und 2 des § 10, sondern auf die *Ziffern* 1 und 2 des Abs 1 (und damit mittelbar auch auf Abs 2) zu beziehen.

---

[66] Vgl WIEDERIN, Nationalsozialistische Wiederbetatigung, Wahlrecht und Grenzen verfassungskonformer Auslegung, EuGRZ 1987, 137 (143f). Die hier vertretene Korrektur des Ausdrucks des Gesetzgebers schlägt wohl zum Nachteil der Inhaber bestehender Apotheken aus, deren Existenzfähigkeit durch die Verlegung gefährdet wird. Dabei handelt es sich jedoch um keine grundrechtlich geschützten Rechtspositionen.

Hans Neuhofer

Bürgerfreundliche Verwaltung

Der Bürger erwartet sich von der Verwaltung,
* daß sie ihn möglichst in Ruhe läßt,
* daß sie ihm hilft, wenn er sie braucht,
* daß sie ihn nur im unbedingt notwendigen Ausmaß in Anspruch nimmt,
* daß sie seine Anregungen und Einwendungen sorgfältig prüft und rasch entscheidet,
* daß sie ihm mit Anstand begegnet,
* daß die Erledigungen einfach und verständlich sind.

An diesen Bürgererwartungen hat sich eine bürgerfreundliche Verwaltung zu orientieren.

Keiner von uns kann wie auf einer Insel für sich allein leben, und jeder braucht irgendwie und irgendwann einmal die Hilfe der Verwaltung. Die Verwaltungshilfe soll dann rasch und unkompliziert erfolgen. Das Verhältnis Bürger und Verwaltung wurde bereits mehrfach untersucht[1]; hier kann es nur darum gehen, einige besonders aktuelle Anliegen herauszugreifen und an einem Beispiel darzustellen.

I. Bürgerfreundliche Gesetze - die Grundlage einer bürgerfreundlichen Verwaltung

Wenn man daran denkt, daß seit 1945 bis zum 31. 12. 1987 19002 Gesetze und Verordnungen im Bundesgesetzblatt kundgemacht wurden

---

[1] Vgl hiezu ua MANTL, Die Partizipation in der Verwaltung, und KNEUCKER, Öffentliche Verwaltung als Dienstleistung, beide in: Ermacora ua (Hrsg), Allgemeines Verwaltungsrecht (1979) 485 ff und 511 ff; OBERNDORFER, Verwaltung und Umwelt, in: WENGER - BRÜNNER - OBERNDORFER, Grundriß der Verwaltungslehre (1983) 436 ff und neuerdings MAYER, Bürgerbeteiligung zwischen Rechtsstaat und Demokratie (1988); OBERNDORFER (Hrsg), Bürger und Verwaltung (1981); DEMMELBAUER, Demokratisierung des Verwaltungsverfahrens, OÖGZ 1986/2, 26 f.

und der Bundesrechtsbestand jährlich um ca 700 bis 800 Rechtsvorschriften wächst[2], wird man erkennen, daß die Erwartungen des Bürgers, von der Verwaltung möglichst in Ruhe gelassen zu werden, ein Wunschdenken ist. Zu dieser großen Zahl der Bundesrechtsvorschriften kommen noch in zunehmendem Maße die landesrechtlichen Regelungen, im großen Durchschnitt jährlich etwa 100 Landesrechtsvorschriften je Bundesland.

Die Ursachen der "Regelungswut" sind vielfältig: Das Leben wird immer komplizierter und der Staat greift immer mehr in die Lebensbereiche des Einzelnen ein. Der vom Verfassungsgerichtshof[3] und von der herrschenden Lehre[4] geprägte Gesetzmäßigkeitsgrundsatz nach Art 18 Abs 1 B-VG verlangt nach immer detaillierteren Gesetzesregelungen. Es herrscht weitgehend die Meinung, daß ein Gesetz allein die aufgetretenen Probleme lösen kann. Das ist allerdings nicht der Fall, wenn die Wirklichkeit die entsprechende gesetzliche Regelung nicht ermöglicht. Noch immer klingt in den politischen Leistungsberichten mit etwas Stolz die Mitteilung, daß man wieder so und so viele Gesetze beschlossen hat. Vielleicht wird es einmal möglich sein, zu sagen, wir haben nicht mehr Gesetze gebraucht. Es ist dringend notwendig, den Gesetzesumfang einzuschränken und die detaillierten Regelungen im Gesetz einzuschränken, ohne jedoch den Gesetzmäßigkeitsgrundsatz in Frage zu stellen. Einen Weg hiezu zeigt uns WINKLER in einer eingehenden Studie über Gesetzgebung und Verwaltung im Wirtschaftsrecht[5].

Die immer umfangreichere gesetzliche Regelung nahezu aller Lebensbereiche und die sehr detaillierte Regelung ist nicht unbedingt bürgerfreundlich, sondern führt zu immer mehr Verhaltens- und Bewilligungspflichten des Einzelnen, die der Einzelne schon heute in vielen Fällen überhaupt nicht mehr erfassen kann[6]; die Gesetzesvermutung der

---

[2] NEUHOFER, Wegweiser durch Österreichs Bundesgesetzgebung[38] (1987) III.

[3] VfSlg 5636/1967 ua, neuerdings streng VfSlg 10179/1984 mit einer kritischen Würdigung in ANTONIOLLI - KOJA, Allgemeines Verwaltungsrecht (1986) 215 ff und WALTER - MAYER, Grundriß des österreichischen Bundesverfassungsrechts[6] (1988) 198 f.

[4] KLECATSKY, Rechtsstaat zwischen heute und morgen (1967), ua.

[5] WINKLER, Gesetzgebung und Verwaltung im Wirtschaftsrecht (1970) 58 ff und 78 ff und sodann kritisch zur Forderung einer sehr detaillierten gesetzlichen Vorausbestimmung auf S 91: "Übertreibungen [des Legalitätsprinzips] führen nicht nur zu einer Auflösung der Verwaltungsfunktion, sondern auch zu einer Überlastung des Gesetzgebers, die dieser auf längere Sicht nicht durchhalten kann."

[6] MAYER-MALY, Rechtskenntnis und Gesetzesflut (1969); Zehn Gebote und eins gegen die Gesetzesflut, OÖGZ 1988/10, 182.

Gesetzeskenntnis nach § 2 ABGB ist für den Rechtsvollzug mehr oder minder unentbehrlich, aber schon längst eine Illusion.

Das Gebot der nächsten Zeit heißt nicht noch mehr Gesetze, sondern Einschränkung auf das unbedingt notwendige Ausmaß. Weniger Gesetze bedeuten mehr freie Entscheidung des Bürgers und weniger Inanspruchnahme durch die Behörde.

II. Einschränkung der Bewilligungspflichten - Vermeidung von Mehrfachbewilligungen

Fraglich ist, ob man wirklich für alles und jedes eine behördliche Bewilligung braucht, und ob es möglich ist, für ein und dasselbe Vorhaben von Mehrfachbewilligungen abzusehen. Unter bestimmten Voraussetzungen ist dies verfassungsrechtlich zulässig[7]. An drei Beispielen soll dies erläutert werden:

1. Baubewilligung und naturschutzbehördliche Bewilligung

Jemand möchte in einer oberösterreichischen Gemeinde ein Wohnhaus errichten. Er braucht hiezu ua eine baubehördliche Bewilligung nach § 41 Abs 1 lit a oö Bauordnung, LGBl 1976/35 idgF (oö BauO) und eine naturschutzbehördliche Bewilligung nach § 4 Abs 1 Z 1 oö Natur- und LandschaftsschutzG (oö NSchG), LGBl 1982/80; unter bestimmten Voraussetzungen entfällt die naturschutzbehördliche Bewilligung, wenn

a) das Gebäude in einer geschlossenen Ortschaft oder im Gebiet eines rechtswirksamen Bebauungsplanes aufgeführt werden soll (§ 4 Abs 1 Z 1 NSchG) oder

b) die Naturschutzbehörde (Bezirkshauptmannschaft) zeitgerecht und mit den erforderlichen Unterlagen zur Stellungnahme und zur etwaigen mündlichen Bauverhandlung eingeladen wurde und keine ablehnende Stellungnahme abgegeben hat oder die Baubehörde durch entsprechende Auflagen den Einwendungen der Naturschutzbehörde voll Rechnung trägt (§ 4 Abs 2 und 3 sowie § 31 Abs 2 oö NSchG).

Dieses System zur Vermeidung einer Doppelbewilligung (durch die Baubehörde und durch die Naturschutzbehörde) funktioniert in der Pra-

---

[7] MAYER, Genehmigungskonkurrenz und Verfahrenskonzentration (1985).

xis seit Jahren ohne besondere Probleme. Gleichartige Regelungen zur Vermeidung einer besonderen naturschutzbehördlichen Bewilligung bestehen auch für die Errichtung von Straßen, Starkstromwegen, Campingplätzen und Abfallbeseitigungsanlagen (§ 4 Abs 2 oö NSchG).

2. Gewerberechtliche und forstrechtliche Bewilligung zur Luftreinhaltung

Jemand möchte eine gewerbliche Müllverbrennungsanlage errichten. Er braucht hiezu ua eine gewerberechtliche Betriebsanlagengenehmigung nach § 75 Gewerbeordnung 1973 (GewO 1973), BGBl 1974/50 idgF und eine forstrechtliche Bewilligung nach § 49 Abs 1 und § 48 Abs 1 lit e ForstG 1975, BGBl 1975/440 in Verbindung mit dem Anhang 4 Z 3 lit d der 2. Verordnung gegen forstschädliche Luftverunreinigungen, BGBl 1984/199. Nach § 50 Abs 2 ForstG 1975 ist eine forstrechtliche Bewilligung zur Vermeidung forstschädlicher Luftverunreinigungen nicht gesondert durch die Forstbehörde zu erteilen, sondern in einem mit der gewerbebehördlichen Betriebsanlagengenehmigung.

Die Gewerbebehörde hat allerdings im gewerbebehördlichen Verfahren die einschlägigen materiell-rechtlichen Bestimmungen des Forstgesetzes mit anzuwenden und einen Forstsachverständigen der "Behörde" beizuziehen; bei betroffenen Schutz- und Bannwäldern ist jedoch eine gesonderte, forstrechtliche Bewilligung erforderlich (§ 50 Abs 3 ForstG 1975).

Eine gleichartige Regelung gilt nach § 50 Abs 2 ForstG 1975 auch bei einer Betriebsanlagengenehmigungspflicht nach berg-, eisenbahn-, energie- und dampfkesselrechtlichen Bestimmungen.

3. Bewilligungskonzentration bei einer Behörde - Verhandlungskonzentration

Eine andere Art einer bürgerfreundlichen Gestaltung von Bewilligungen ist die Konzentration mehrerer erforderlicher Bewilligungen bei einer Behörde. Als Beispiel sei hier die Errichtung und der Betrieb einer Ölheizung in einem Wohnhaus genannt.

Der Einbau einer Ölheizung in einem Gebäude bedarf im Hinblick auf den Brandschutz in der Regel einer baubehördlichen Bewilligung nach § 41 Abs 1 lit d oder nach § 41 Abs 1 lit f oö BauO; zuständig für die Erteilung dieser baubehördlichen Bewilligung ist der Bürgermeister im eigenen Wirkungsbereich der Gemeinde (§ 66 Abs 1 oö BauO iVm

§ 65). Die Errichtung und der Betrieb von Ölfeuerungsanlagen bedürfen nach § 4 oö ÖlfeuerungsG, LGBl 1976/33, einer Bewilligung des Bürgermeisters im eigenen Wirkungsbereich der Gemeinde. Darüber hinaus ist für die Errichtung und den Betrieb einer Ölfeuerungsanlage zur Heizung von Gebäuden nach § 31a WasserrechtsG 1959 (WRG), BGBl 1959/215 idgF, eine wasserrechtliche Bewilligung durch den Bürgermeister, jedoch nicht im eigenen Wirkungsbereich, sondern im übertragenen Wirkungsbereich des Bundes, erforderlich.

Die Konzentration der Bewilligungen nach der oö BauO, nach dem oö ÖlfeuerungsG und nach dem WRG 1959 in einer Hand, nämlich beim Bürgermeister, ermöglicht die gemeinsame Ausschreibung und Verhandlung des Ölfeuerungsprojektes und darüber hinaus eine weitgehende Übereinstimmung der Auflagen und Bedingungen im Bewilligungsbescheid.

Verschiedentlich verpflichten Bundes- und Landesgesetze bei mehrfachen Bewilligungsverfahren zur gemeinsamen Durchführung von mündlichen Verhandlungen und weiteren Verfahrenskonzentrationen, die auch ohne ausdrückliche Gesetzesverpflichtung in einem bestimmten Umfang rechtlich zulässig sind[8].

Eine solche Bewilligungs- und Verhandlungskonzentration liegt nicht nur im Interesse einer Verwaltungsvereinfachung, sondern im besonderen Interesse des Bürgers, der dadurch Zeit und Geld erspart.

III. Rat und Auskunft

Die erste Stelle, die der Bürger um Rat fragt, wird in vielen Fällen die Gemeinde, der Bürgermeister oder der Gemeindesekretär sein. In kleinen und mittleren Gemeinden spielt sich die Auskunftserteilung durch den Bürgermeister und durch den Gemeindesekretär in der Regel sehr wenig förmlich, möglicherweise auf der Straße oder auch bei dem Besuch im Haus des Bürgermeisters ab. In großen Gemeinden ist diese sehr einfache und rasche Art, Rat und Auskunft zu geben, nicht möglich, und es wurde daher beispielsweise in den großen Städten vielfach eine

---

[8] Vgl hiezu im Näheren MAYER, Genehmigungskonkurrenz; NEUHOFER, Verhandlungs- und Entscheidungskonzentration, in: Hellbling-FS (1981) 281 ff sowie DEMMELBAUER, Die Verfahrensverbindung, OÖGZ 1986/7-8, 135.

Bürgerservice-Stelle eingerichtet. PICHLER[9] berichtet über diese städtischen Auskunfts- und Beratungsdienststellen, die sich auch bei Bezirkshauptmannschaften, bei Landesregierungen sowie bei Bundesdienststellen und anderen Dienststellen befinden. Die Bürgerservice-Stellen sind für jedermann frei zugänglich und sind weitgehend sachgebietsumfassend organisiert; in einigen Fällen gibt es auch spezielle Beratungsstellen, zB für die Wohnbauförderung. Mit Recht sieht PICHLER[10] in den Beratungsstellen Impulsgeber für Veränderungen, als Stationen für Bürgerhilfe und als Unterstützungseinrichtungen für die "Selbsthilfe".

IV. Auskunftsrechte[11]

Im Rahmen einer verstärkten Teilhabe der Bürger am Verwaltungsverfahren und einer stärkeren Berücksichtigung der Bürgerwünsche wurde durch die B-VG-Novelle, BGBl 1987/285, durch eine Änderung der Abs 3 und 4 des Art 20 B-VG die Auskunftspflicht der Verwaltungsbehörden eingeführt, gleichzeitig wurde die Amtsverschwiegenheit eingeschränkt. Die bisherige Amtsverschwiegenheit verpflichtete zur Geheimhaltung von Tatsachen, "deren Geheimhaltung im Interesse einer Gebietskörperschaft oder der Parteien geboten" war.

Durch die B-VG-Novelle, BGBl 1987/285, wurde die Amtsverschwiegenheitspflicht in der Weise eingeschränkt, daß die Verschwiegenheitspflicht für solche Tatsachen gilt, "deren Geheimhaltung im Interesse der Aufrechterhaltung der öffentlichen Ruhe, Ordnung und Sicherheit, der umfassenden Landesverteidigung, der auswärtigen Beziehungen, im wirtschaftlichen Interesse einer Körperschaft des öffentlichen Rechts, zur Vorbereitung einer Entscheidung oder im überwiegenden Interesse der Parteien geboten ist".

Die verfassungsgesetzlichen Grundsätze der Auskunftspflicht bestimmt Art 20 Abs 4 B-VG idF BGBl 1987/285, die nähere Regelung sowie die Vollziehung obliegen dem Bund für die "Organe des Bundes sowie der durch die Bundesgesetzgebung zu regelnden Selbstverwaltung"; für die "Organe der Länder und Gemeinden sowie der durch die

---

[9] PICHLER, Auskunfts-, Beratungs- und Beschwerdeeinrichtungen in der Verwaltung, in: Oberndorfer (Hrsg), Bürger und Verwaltung 117 ff.

[10] PICHLER, in: Oberndorfer (Hrsg), Bürger und Verwaltung 182 ff.

[11] Vgl NIKOLAUS, Auskünfte von Finanzbehörden nach dem Auskunftspflichtgesetz (1987); PESENDORFER - HORTENHUBER, Das O.ö. Auskunftspflichtgesetz, OÖGZ 1988/9, 145 ff.

Landesgesetzgebung zu regelnden Selbstverwaltung" obliegen dem Bund die Grundsatzgesetzgebung und den Ländern die Ausführungsgesetzgebung und die Vollziehung. Wenn von den Organen des Bundes, der Länder und Gemeinden und Selbstverwaltungskörper gesprochen wird, sind darunter die Organe dieser Rechtsträger (in organisatorischer Hinsicht) gemeint, nicht die Organe in ihrer jeweiligen Aufgabenbesorgung für Bund, Land oder Gemeinde (in funktioneller Hinsicht)[12].

Der Auskunftspflicht der Organe entspricht ein Auskunftsrecht. Das AuskunftspflichtG des Bundes (BGBl 1987/287) sowie das Auskunftspflicht-GrundsatzG, BGBl 1987/286, gewähren das Auskunftsrecht an "jedermann", somit nicht nur für Österreicher, sondern auch für Ausländer. Der Gesetzesausdruck "jedermann" ist unter Beachtung des § 9 AVG in der Weise zu verstehen, daß nur handlungsfähige Personen (nach Erreichung der Eigenverantwortlichkeit ab dem 19. Lebensjahr) ihr Auskunftsrecht geltend machen können.

Die Auskunftspflicht bezieht sich auf alle Angelegenheiten im Wirkungsbereich des befragten Verwaltungsorganes, somit sowohl auf Angelegenheiten der Hoheitsverwaltung als auch der Privatwirtschaftsverwaltung (§ 1 AuskunftspflichtG). Die Auskunft darf nicht erteilt werden, wenn

* eine gesetzliche Verschwiegenheitspflicht entgegensteht, allgemein nach Art 20 Abs 3 B-VG, aber auch nach anderen Gesetzen, zB die Verschwiegenheitspflicht nach dem ÄrzteG 1984, BGBl 1984/373, oder das Steuergeheimnis nach § 58a BAO iVm § 251 FinanzstrafG, BGBl 1958/129 idgF;

* die Auskunft offenbar mutwillig verlangt wird (§ 4 AuskunftspflichtG);

* durch die Auskunftserteilung die Besorgung der übrigen Aufgaben der Verwaltungsbehörde behindert würde.

Die Auskünfte können mündlich, telefonisch, telegrafisch, schriftlich oder fernschriftlich verlangt werden; wenn das Auskunftsbegehren nicht klar ist, kann dem Auskunftswerber die schriftliche Ausführung seiner mündlichen oder telefonischen Anfrage aufgetragen werden (§ 2 AuskunftspflichtG). In welcher Form der Auftrag zur schriftlichen Ausfüh-

---

[12] So auch die Rechtsauffassung des Bundeskanzleramtes in der Note vom 28. 12. 1987, GZ 601.668/5-V/1/87 und nach den Erläuterungen zum oö AuskunftspflichtG, Beilage 184/1988 zum kurzschriftlichen Bericht des oö Landtages, 23. GP.

rung der Anfrage zu erteilen ist, ist aus dem § 2 AuskunftspflichtG nicht ablesbar. Ein nach Inhalt und Umfang unklares Auskunftsbegehren ist einem unklaren Anbringen nach § 13 Abs 1 AVG vergleichbar, jedoch mit dem Unterschied, daß eine amtswegige Klarstellung nicht verlangt werden kann, weil § 2 AuskunftspflichtG ausdrücklich bei einem unklaren mündlichen oder telefonischen Aukunftsbegehren eine schriftliche Ausführung durch den Anfrager verlangt. Der behördliche Auftrag zur schriftlichen Ausführung eines mündlichen oder telefonischen Aukunftsbegehrens ist eine Verfahrensanordnung (ohne Bescheiderfordernis); solange dem behördlichen Auftrag nicht entsprochen ist, tritt die Auskunftspflicht nicht ein, jedoch tritt mangels einer Fristsetzung im AuskunftspflichtG kein Anspruchsverlust auf Auskunft ein. Die achtwöchige Frist zur Erteilung der Auskunft nach § 3 AuskunftspflichtG beginnt erst mit dem Einlangen der aufgetragenen, schriftlichen Ausführung der mündlichen oder telefonischen Anfrage.

Über die Form der Auskunftserteilung sagt das AuskunftspflichtG nichts aus. Im Anwendungsbereich des AVG 1950 kann nach dessen § 18 die Auskunft mündlich, fernmündlich oder schriftlich und - soweit die Kosten vom Antragsteller gedeckt sind - auch telegrafisch erfolgen; maßgeblich für die gewählte Form der Fragebeantwortung ist der konkrete Fall unter Beachtung der Grundsätze der Zweckmäßigkeit, Raschheit, Einfachheit und Kostenersparnis (nach § 39 Abs 2 AVG). Eine bescheidmäßige Auskunftserteilung scheidet deswegen aus, weil die Erteilung der erbetenen Auskunft eine Tatsachenmitteilung zum Gegenstand hat, und durch die Auskunftserteilung weder Rechte begründet, aufgehoben, noch abgeändert werden[13]; bloße Mitteilungen sind nach übereinstimmender Rechtsprechung und Lehre keine Bescheide[14]. Für die mangelnde Bescheidqualität der Auskunftserteilung spricht auch der Umstand, daß das Auskunftspflichtgesetz nur für die Verweigerung der Auskunft die Erlassung eines Bescheides vorsieht (§ 4).

Die eben aufgezeigten Verfahrensregelungen des AVG gelten nicht für die Auskunftspflicht in Sachen der Privatwirtschaftsverwaltung, weil

---

[13] Zum Bescheidbegriff vgl grundlegend WINKLER, Der Bescheid (1956) und in einer Übersicht nach dem neuesten Stand mit einer kritischen Würdigung des Bescheidbegriffes WALTER - MAYER, Grundriß des österreichischen Verwaltungsverfahrensrechts[4] (1987) 137 ff.

[14] ANTONIOLLI - KOJA, Allgemeines Verwaltungsrecht 474, und WALTER - MAYER, Verwaltungsverfahrensrecht[4] 138, beide unter Hinweis auf die Rechtsprechung des VfGH und VwGH.

die Verfahrensgesetze nach Art II Abs 1 EGVG 1950 für die Verwaltungsorgane nur gelten, "soweit sie behördliche Aufgaben besorgen". Die Auskünfte können daher in Sachen der Privatwirtschaftsverwaltung formfrei, ebenfalls mündlich, telefonisch, schriftlich oder telegrafisch erteilt werden.

Bezieht sich die Anfrage auf bundesgesetzlich geregelte Abgaben und Beiträge im Sinne der §§ 1 und 2 BAO, sind für den Auftrag zur schriftlichen Ausführung der mündlichen oder telefonischen Anfrage nach § 2 AuskunftspflichtG sowie für die Auskunftserteilung (nach § 3 AuskunftspflichtG) die Bestimmungen der BAO anzuwenden. Danach ergibt sich für die Aufforderung zur schriftlichen Ausführung einer mündlichen oder telefonischen Anfrage keine bestimmte Form, insbesondere ist das Erfordernis für die Erlassung eines Bescheides nicht gegeben. Die Erteilung der Auskunft als bloße Tatsachenmitteilung ist kein Bescheid, sodaß die Bescheidform nach §§ 92 und 93 BAO nicht zum Tragen kommt, sondern es gilt für die Form der Auskunftserteilung § 95 BAO. Danach können "sonstige Erledigungen" mündlich ergehen, soweit die Partei nicht eine schriftliche Erledigung verlangt.

Für die Verweigerung der erbetenen Auskunft ist nach § 4 AuskunftspflichtG ausdrücklich die Erlassung eines Bescheides nach den Bestimmungen des AVG verfügt, sofern nicht für die Sache, in der Auskunft erteilt wird, ein anderes Verfahrensgesetz anzuwenden ist. Die Bescheidausfertigung nach den §§ 92 und 93 BAO hat jedenfalls schriftlich zu erfolgen.

Zweifellos werden die Verwaltungsbehörden durch die Verpflichtung zur Auskunftserteilung personell stärker belastet werden, doch ist festzuhalten, daß einer Überbeanspruchung der Verwaltungsbehörden dadurch Grenzen gesetzt sind, daß nach § 2 AuskunftspflichtG offenbar mutwillige Auskünfte nicht zu erteilen sind und daß überdies durch die Erteilung der Auskünfte die ordnungsgemäße Erfüllung der gesetzlichen Aufgaben der Behörde nicht verhindert werden darf.

Die bisherigen Ausführungen zum AuskunftspflichtG des Bundes gelten im wesentlichen auch für die Auskunftspflichtgesetze der Länder, weil die Landesgesetzgeber an die Grundsätze im Auskunftspflicht-GrundsatzG gebunden sind, doch gibt es in Einzelfällen gewisse Abweichungen[15].

---

[15] Vgl hiezu PESENDORFER - HÖRTENHUBER, OÖGZ 1988/9, 145 ff, sowie das oö AuskunftspflichtG, LGBl 1988/46; weiters nö Auskunftsgesetz, LGBl 0020-0.

Die Auskunftspflicht nach dem BMG 1986, BGBl 1986/76, wurde durch das Auskunftspflichtgesetz des Bundes, BGBl 1987/287, aufgehoben; andere gesetzliche Auskunftspflichten bleiben aufrecht (§ 5 Abs 2 AuskunftspflichtG). Auch nach dem oö AuskunftspflichtG, LGBl 1988/46, bleiben andere gesetzliche Auskunftspflichten aufrecht (§ 8 Abs 2), zB die Auskunftspflicht über die Bebaubarkeit eines Grundstückes nach § 42 oö BauO, LGBl 1976/35.

V. Rechtsbelehrung

Mit der AVG-Novelle 1982, BGBl 1982/199, wurde ua die Rechtsbelehrungspflicht durch die Einfügung des § 13a AVG 1950 eingeführt[16]. Danach hat die Behörde Personen, die nicht durch berufsmäßige Parteienvertreter vertreten sind, die zur Vornahme ihrer Verfahrenshandlungen nötigen Anleitungen in der Regel mündlich zu geben und sie über die mit diesen Handlungen oder Unterlassungen unmittelbar verbundenen Rechtsfolgen zu belehren.

Diese Rechtsbelehrungspflicht gilt durch die systematische Anordnung im 3. Abschnitt des I. Teiles des AVG 1950 im "Verkehr zwischen Behörde und Beteiligten"; "Beteiligte" sind nach § 8 AVG Personen, die eine Tätigkeit der Behörde in Anspruch nehmen oder auf die sich die Tätigkeit einer Behörde bezieht. Daraus ergibt sich in Übereinstimmung mit den Erläuterungen in der Regierungsvorlage[17], daß die Rechtsbelehrungspflicht keine allgemeine und abstrakte Rechtsauskunftspflicht der Behörde ist, sondern nur im Zusammenhang mit einem konkreten Verwaltungsverfahren besteht, sowie auf die Vornahme von "Verfahrenshandlungen" und die damit "unmittelbar verbundenen Rechtsfolgen" beschränkt ist.

Die nach § 13a AVG 1950 eingeschränkte Rechtsbelehrungspflicht findet sich in der bisherigen Rechtsprechung des Verwaltungsgerichtshofes bestätigt:

Der Verhandlungsleiter ist nach der Ladung einer Partei mit dem Hinweis auf die Präklusionsfolgen nach § 42 AVG 1950 nicht verpflichtet, die Partei während der mündlichen Verhandlung neuerdings auf die

---

[16] B. DAVY, Zur Rechtsbelehrung im Verwaltungsverfahren, ÖGZ 1983, 58; NEUHOFER, Neuerungen im Verwaltungsverfahren, OOGZ 1983/2, 26; HALLER, Die geplante Novelle zum allgemeinen Verwaltungsverfahrensgesetz, ZfV 1980, 216.

[17] 160 BlgNR 15. GP.

Präklusionsfolgen aufmerksam zu machen (VwGH 11. 12. 1984, 84/05/0061) oder zur Erhebung von Einwendungen bei der mündlichen Verhandlung anzuleiten (VwGH 13. 11. 1984, 84/07/0057). Die Rechtsbelehrungspflicht nach § 13a AVG verpflichtet die Behörde nicht, auf die Möglichkeit eines Wiedereinsetzungsantrages hinzuweisen (VwGH 20. 2. 1985, 84/01/0374).

Nach dem Grundsatz der Amtswegigkeit im Verwaltungsverfahren "hat" die Behörde auch ohne entsprechendes Verlangen "Personen, die nicht durch berufsmäßige Parteienvertreter vertreten sind", die nötigen Anleitungen für die Verfahrenshandlungen zu geben. Diese Wortfolge im Gesetzestext würde dazu führen, daß auch einem Rechtsanwalt, der in eigener Sache auftritt, die nötigen Rechtsbelehrungen zu erteilen sind. Diese Rechtsfolge steht aber mE mit dem Zweck der Rechtsbelehrung für Rechtsunkundige im Widerspruch. Aus dem Zweck des § 13a AVG 1950, rechtsunkundige Beteiligte im Verwaltungsverfahren vor Rechtsnachteilen zu bewahren, ist der Meinung von WALTER - MAYER[18] zuzustimmen, daß die Rechtsbelehrungspflicht auch dann gegeben ist, wenn eine Partei auf Grund einer Vollmacht durch einen berufsmäßigen Parteienvertreter vertreten ist, aber in einem bestimmten Teil des Verwaltungsverfahrens nicht vertreten ist, und zwar beschränkt auf diesen Teil des Verwaltungsverfahrens.

Die Rechtsbelehrungspflicht gilt auch im Bereich des Abgabenverfahrens im Anwendungsbereich der BAO, jedoch nur "auf Verlangen" der Partei[19]. Das ist nicht sehr bürgerfreundlich, weil die rechtsunkundigen Parteien vielfach gar nicht daran denken, in einer bestimmten Abgabensache eine Rechtsbelehrung zu verlangen. Es wäre daher angebracht, das gesetzliche Erfordernis "auf Verlangen" im § 113 BAO zu streichen.

Eine bürgerfreundliche Rechtsbelehrung wird auch im § 61 AVG 1950 über die Rechtsmittelbelehrung in Bescheiden verfügt, die durch die Einfügung des § 61a AVG 1950 durch die AVG-Novelle 1982, BGBl 1982/199, noch verbessert wurde. Danach ist in letztinstanzlichen Bescheiden auf die Möglichkeit einer zeit- und formgerechten Einbringung einer Beschwerde an den Verwaltungsgerichtshof oder Verfassungsgerichtshof hinzuweisen.

---

[18] WALTER - MAYER, Verwaltungsverfahrensrecht⁴ 59.
[19] Das gleiche gilt auch für den Anwendungsbereich der oö Landesabgabenordnung (LAO), LGBl 1984/30 (§ 87).

VI. Unterstützungs- und Informationspflicht - Initiativ- und Beschwerderecht der Bürger

Im Rahmen der allgemeinen Dienstpflichten der Bundes-Beamten bestimmt § 43 Abs 3 Beamten-DienstrechtsG 1979 (BDG 1979), BGBl 1979/333 idgF:

"Der Beamte hat die Parteien, soweit es mit den Interessen des Dienstes und dem Gebot der Unparteilichkeit der Amtsführung vereinbar ist, im Rahmen seiner dienstlichen Aufgaben zu unterstützen und zu informieren."

Ältere Dienstrechtsvorschriften für die Länder- und Gemeindebediensteten kennen eine solche gesetzliche Beamtenpflicht nicht, sondern begnügen sich mit der allgemeinen Formulierung, daß die Beamten den Parteien "mit Anstand und Achtung zu begegnen haben"[20]. Die mangelnde gesetzliche Regelung der Unterstützungs- und Informationspflicht für Landes- und Gemeindebeamte schließt aber nicht aus, daß diese Beamten durch interne Dienstanweisungen zu einem bürgerfreundlichen Verhalten im Sinne des § 43 Abs 3 BDG 1979 verpflichtet werden, was verschiedentlich auch in den Dienstordnungen anzutreffen ist.

Im letzten Jahrzehnt zeigt sich das verstärkte Bemühen der politisch Verantwortlichen in Bund, Land und Gemeinde, auf die Anliegen der Bürger einzugehen, Wünschen und Beschwerden nachzugehen und Abhilfe zu schaffen. Ohne bestehende Rechtspflichten wurden bei den Bundes- und Landesdienststellen sowie bei den Magistraten und großen Gemeindeämtern Informations- und Beratungsstellen oder Bürgerservice-Stellen eingerichtet[21]. Die Aufgabe der Informations- und Beratungsstellen (Bürgerservice-Stellen) ist, zB nach der Dienstbetriebsordnung (DBO) für das Amt der oö Landesregierung, "Privatpersonen bei der Klärung und Verfolgung von Anliegen, die in den Aufgabenbereich der Behörden und Dienststellen ... fallen, im Interesse einer möglichst klaglosen und zielgerichteten Erledigung ... durch zweckentsprechende Information, Beratung oder in sonst geeigneter Weise dienlich zu sein". Die Effizienz aller dieser Bürgerberatungs- und Informationsstellen hängt entscheidend vom Engagement und einer umfassenden Sachkenntnis der eingesetzten Bediensteten ab.

---

[20] ZB oö Statutargemeinden-Beamtengesetz, LGBl 1956/37.
[21] Vgl hiezu PICHLER, in: Oberndorfer (Hrsg), Bürger und Verwaltung 117 ff.

Ein rechtlicher Vorreiter für die Einführung eines Initiativ- und Beschwerderechts der Bürger war die nö Landesverfassung 1979, LGBl 0001[22]. Damit wurde bereits im Jahre 1979 in Niederösterreich das Initiativrecht der Landesbürger und Gemeinden (Art 46) und das Beschwerderecht der Landesbürger (Art 47) eingeführt. Das Initiativrecht umfaßt das Verlangen, daß bestimmte Landesaufgaben besorgt werden; die Landesregierung muß solche Verlangen prüfen und den Beschluß über die Erledigung des Verlangens kundmachen, wenn dies die Mehrheit der Landesbürger oder Gemeinden einer bestimmten Region verlangt. Das Beschwerderecht der Landesbürger verpflichtet das Land, in Angelegenheiten des eigenen Wirkungsbereiches die Gemeinde, den Beschwerden nachzugehen und sachgerecht zu erledigen.

Seit dieser Zeit haben auch andere Bundesländer durch eine Änderung der Landesverfassung eine entsprechende größere Bürgerbeteiligung am Verwaltungsverfahren eingeführt, zB Burgenland und Steiermark[23].

Eine verstärkte Bürgerbeteiligung an den Entscheidungen der Gemeinde hat im letzten Jahrzehnt einen starken Eingang in die Gemeindeordnungen und Stadtrechte gefunden, insbesondere durch die Einführung von Informationspflichten der Gemeinden, die Durchführung von Bürgerbefragungen auf Grund eines Beschlusses des Gemeinderates oder auf Grund des Verlangens einer bestimmten Mehrheit der Gemeindebürger, durch die Einbringung von Einwendungen gegen den Voranschlagsentwurf und gegen die Entwürfe von Flächenwidmungs- und Bebauungsplänen, durch Bürgerinitiativen zur Herbeiführung bestimmter Beschlüsse der zuständigen Gemeindeorgane ua[24]. Hand in Hand mit einer stärkeren Bürgerbeteiligung an der Gemeindeverwal-

---

[22] Vgl hiezu den Kommentar zur nö Landesverfassung, hsrg v der nö Studiengesellschaft für Verfassungs- und Verwaltungsfragen (1979) 159 ff.

[23] Vgl hiezu bgl LandesverfassungsG, LGBl 1981/42 idF 1983/6 und 1984/21 und stm LandesverfassungsG-Novelle, LGBl 1986/86 mit dem stm VolksrechteG, LGBl 1986/87 und im weiteren KOJA, Direkte Demokratie in den Ländern (1983) sowie die Beiträge zur Bürgernähe und zu direkter Demokratie von KAUER, LENGHEIMER, HEINRICH und MANTL in: Rack (Hrsg), Landesverfassungsreform (1982); RACK, Das Steiermärkische Volksrechtegesetz und die Gemeinden, in: FS 40 Jahre Steiermärkischer Gemeindebund 50 ff.

[24] OBERNDORFER, Direkte Demokratie, in: Fröhler - Oberndorfer, Das Österreichische Gemeinderecht II, 3.8, und weiters RACK, Mehr Bürgermitbestimmung in den Gemeinden, ÖGZ 1987/12, 18 ff sowie BAUER, Bürgernahe Kommunalverwaltung und Marketing - terminologische oder inhaltliche Unterschiede? ÖGZ 1988/4, 22 ff.

tung ging eine Stärkung der Minderheitenrechte im Gemeinderat, insbesondere durch Einschau- und Beratungsrechte sowie durch die Einbringung von Minderheitenanträgen.

Erwähnt sei auch noch das Beschwerderecht der Bürger bei der Volksanwaltschaft. Nach Art 148a B-VG kann sich jedermann "wegen behaupteter Mißstände in der Verwaltung des Bundes, einschließlich der Tätigkeit als Träger von Privatrechten, beschweren, sofern er von diesen Mißständen betroffen ist und soweit ihm ein Rechtsmittel nicht oder nicht mehr zur Verfügung steht"[25]. Durch Landesverfassungsgesetz wurde die Volksanwaltschaft in den meisten Bundesländern auch für den Bereich der Landsvollziehung für zuständig erklärt; in Vorarlberg gibt es einen eigenen Landesvolksanwalt nach dem Vorarlberger Landesvolksanwaltsgesetz, LGBl 1985/29 idF 1987/14.

VII. Leistungsansprüche an die Verwaltung

Der Ordnungsstaat des vorigen Jahrhunderts hat sich seit dem Ende des 1. Weltkrieges (1918) gewaltig in einen Leistungsstaat gewandelt.

Von besonderem Interesse war und ist hiebei die Daseinsvorsorge der Gemeinden für die existentiellen Bedürfnisse der Bürger angefangen vom Kindergarten, über Schule, Hilfestellung für die Armen, Behinderten, kranken und alten Menschen; die ausreichende und einwandfreie Wasserversorung sowie die Abwasserbeseitigung und Abfallbeseitigung sind heute Grundvoraussetzungen für das Leben der Menschen und für die wirtschaftliche Entwicklung von Betrieben und ganzen Gebieten[26]. Diesem Aufgabenwandel der Verwaltung hat die Gesetzgebung noch nicht voll Rechnung getragen.

Die leistende Verwaltung wird in großen Bereichen in den Formen der Privatwirtschaftsverwaltung ausgeübt, Rechtsansprüche auf bestimmte Leistungen der Daseinsvorsorge werden nur vereinzelt durch Gesetze eingeräumt. Verschiedentlich finden sich gesetzliche Pflichten, bestimmte Einrichtungen der öffentlichen Verwaltung zu besuchen (zB die Pflichtschulen nach den einschlägigen Schulgesetzen) oder zu benut-

---

[25] Vgl hiezu WALTER - MAYER, Bundesverfassungsrecht⁶ 410 ff mit weiteren Literaturnachweisen.

[26] Vgl NEUHOFER, Handbuch des Gemeinderechts (1972) 294 ff mit weiteren Literaturhinweisen sowie PERNTHALER, Über Begriff und Standort der leistenden Verwaltung, JBl 1965, 57 ff.

zen (zB die Gemeindewasserversorgungsanlagen oder Gemeindeabwasserbeseitigungsanlagen). Soweit nicht ohnedies ein Rechtsanspruch auf bestimmte Leistungen durch Gesetze eingeräumt ist, entspricht es einem allgemeinen Rechtsgrundsatz, daß die Benutzungspflicht ein Benutzungsrecht beinhaltet[27].

VIII. Entscheidungspflicht und Leistungspflicht

Die Untätigkeit der Behörden kommt einer Rechtsverweigerung gleich[28]. Im behördlichen Verfahren ist die Rechtsdurchsetzung gegenüber der säumigen Behörde rechtlich geregelt. Wenn über einen Antrag nicht zeitgerecht (innerhalb von 6 Monaten) mit Bescheid entschieden ist, kann die antragstellende Partei nach den näheren Bestimmungen des § 73 Abs 2 AVG 1950 einen Devolutionsantrag stellen[29].

Ist auch die oberste Behörde säumig, kann nach Art 132 B-VG die Säumnisbeschwerde an den Verwaltungsgerichtshof eingebracht werden[30].

Rechtlich ungelöst ist das Problem der untätigen Behörde, wenn dem Einzelnen kein Rechtsanspruch auf eine bestimmte Leistung eingeräumt ist. Dies gilt vor allem bei Subventionen und sonstigen Förderungen, auf die vielfach auch bei Zutreffen der allgemeinen Förderungsbedingungen kein Rechtsanspruch eingeräumt wird, ja mitunter sogar ausdrücklich durch Gesetz ausgeschlossen ist.

IX. Bürgerbeteiligung bei umweltrelevanten Großprojekten

Die Bundesregierung hat bereits in der 16. Gesetzgebungsperiode des Nationalrates[31] und neuerlich in der 17. Gesetzgebungsperiode des Na-

---

[27] Vgl hiezu NEUHOFER, Kommunales Umweltschutzrecht (1980) 21, und weiters OBERNDORFER, Zur Leistungspflicht des daseinsvorsorgenden Staates, in: Eichler-FS (1977) 433 ff.
[28] Vgl hiezu BINDER, Untätigkeit in der Verwaltung, in: Oberndorfer (Hrsg), Bürger und Verwaltung 67 ff.
[29] Vgl im Näheren WALTER - MAYER, Verwaltungsverfahrensrecht[4] 228 ff mit weiteren Literaturangaben.
[30] Vgl OBERNDORFER, Die österreichische Verwaltungsgerichtsbarkeit (1983) 75 ff.
[31] 481 BlgNR 16. GP.

tionalrates[32] im Jahre 1987 eine Regierungsvorlage über die Einführung eines Bürgerbeteiligungsverfahrens in den Nationalrat eingebracht. Durch die letztgenannte Regierungsvorlage wurde die Änderung des AVG 1950 und des AuskunftspflichtG in bestimmten Punkten vorgesehen und wird vor allem für "umweltrelevante Projekte von überregionaler Bedeutung" ein Bürgerbeteiligungsverfahren neu eingeführt. Voraussetzung für die Durchführung eines "Bürgerbeteiligungsverfahrens" nach den vorgesehenen §§ 36a bis 36g AVG idF der genannten Regierungsvorlage ist, daß der zuständige Materiengesetzgeber (zB im WRG oder in einem Elektrizitätsgesetz) die Durchführung eines Beteiligungsverfahrens verfügt. Projekte für ein Bürgerbeteiligungsverfahren müssen zur öffentlichen Einsicht aufgelegt werden (§ 36b). Jeder Wahlberechtigte zum Gemeinderat im politischen Bezirk des Projektstandortes sowie der angrenzenden politischen Bezirke kann zum aufgelegten Projekt eine Stellungnahme abgeben; bei einer entsprechenden Unterstützung erhält die "Initiativgruppe" im weiteren Verfahren Parteistellung (§ 36c). Auch die Gemeinden des Projektstandortes können als Parteien am Bürgerbeteiligungsverfahren teilnehmen; die zuständigen Umweltschutzorgane dürfen als Beteiligte am Bürgerbeteiligungsverfahren teilnehmen (§ 36d)[33]. Grundsätzlich hat die Bezirksverwaltungsbehörde (eventuell die Landesregierung oder der Landeshauptmann) als "verfahrensleitende Behörde" die öffentliche Erörterung des Projektes, insbesondere durch Beiziehung der "Initiativgruppen" und der Gemeinden sowie der zuständigen Umweltschutzorgane, durchzuführen (§§ 36e bis 36g).

Die Regierungsvorlage über die Einführung des Bürgerbeteiligungsverfahrens versucht, durch die Einräumung von (beschränkten) Parteirechten für die durch ein umweltrelevantes Großprojekt Betroffenen eine Mitsprache im Verwaltungsverfahren zu sichern, ohne daß dadurch die Durchführung von Verwaltungsverfahren unvertretbar erschwert oder gar unmöglich gemacht wird (S 5 RV).

MAYER kritisiert in seiner eingehenden Untersuchung zur Regierungsvorlage über die Einführung eines Bürgerbeteiligungsverfahrens die Verengung der Bürgerbeteiligung auf die Parteistellung, weil die Parteistellung "vornehmlich der Durchsetzung individueller Interessen" dient und sie aber gerade versagt, "wenn vor allem ein legitimes Bedürf-

---

[32] 240 BlgNR 17. GP.

[33] DOLP, Gemeinde im Bürgerbeteiligungsverfahren - Hilfe oder Erschwernis, ÖGZ 1988/12, 12.

nis nach demokratischer Partizipation besteht, nämlich im Bereich legislativer Unbestimmtheit"[34].

Wie immer man die Dinge betrachtet, kann man mE sagen, daß eine gewisse Mitsprache der von einem umweltbelastenden Großprojekt Betroffenen notwendig und wünschenswert ist, daß es aber für das Staatsganze unerträglich ist, notwendige Großprojekte durch die Einräumung von zuweitgehenden Verfahrensrechten langjährig zu verzögern oder unmöglich zu machen. Ohne auf die Formulierungsvorschläge der mehrfach genannten Regierungsvorlage über die Bürgerbeteiligung hier näher einzugehen, meine ich, daß die Einräumung von Parteirechten eine Möglichkeit ist, den notwendigen Interessensausgleich zwischen Projektserrichtern und dem Allgemeininteresse auf der einen Seite und den Projekts-Betroffenen auf der anderen Seite auf eine rechtliche Ebene zu verlagern[35].

X. Klare, leicht verständliche Formulare, Bescheide und sonstige Erledigungen

Das AVG 1950 enthält im § 18 einige grundlegende Bestimmungen über die Art der behördlichen Erledigungen. Ich möchte hiezu darauf hinweisen, daß nach dieser Bestimmung die mündliche und telefonische Erledigung im Vordergrund steht, soweit dies möglich ist. Daran glaube ich sollte man sich in der Verwaltungspraxis wieder mehr erinnern und auch dessen eingedenk sein, daß nach Abs 2 des § 18 AVG 1950 der persönliche Verkehr zwischen den Behörden und den Parteien gesucht werden muß, "um auf die einfachste und mindestkostspielige Weise" die geeigneten Erhebungen und Vorkehrungen vorzunehmen.

Durch die neue Verwaltungsformularverordnung 1985, BGBl 1985/300, idF BGBl 1988/316, wurden die Formulare dem heutigen Sprachverständnis angepaßt und computergerecht gestaltet; anstelle der unpersönlichen Schreibweise werden die Parteien und Beteiligten des

---

[34] MAYER, Bürgerbeteiligung 65.
[35] Vgl sehr eingehend MAYER, Bürgerbeteiligung, sowie weiters PAUGER, Umweltverträglichkeitsprüfung und ihre Einbindung in das bestehende Rechtssystem, ÖJZ 1984, 505 ff; B. DAVY, Die soziale Verträglichkeit technischer Großprojekte, ÖJZ 1985, 513 ff; HAUER, Hainburg, rechtliche und rechtspolitische Aspekte (1985); SCHÄFER, Umweltverträglichkeitsprüfung nach der EG-Richtlinie und Bürgerbeteiligungsverfahren, in: Gesundheit und Umwelt, 1987/H1, 11; SCHWARZER, Probleme des Verfahrens bei der Genehmigung umweltbelastender Anlagen, ZfV 1987, 397.

Verwaltungsverfahrens direkt mit "Sehr geehrter Herr" und "Sehr geehrte Frau" mit "freundlichen Grüßen" angesprochen. Die schematische Neugliederung der Bescheide in behördliche Anordnung, Rechtsgrundlage, Begründung und Rechtsmittelbelehrung ist computergerecht und trägt bei umfangreichen Bescheiden zu einer übersichtlichen Gliederung bei, führt aber bei kurzen, einfachen Erledigungen zu einer unnötigen Länge.

Eine unnötige, gesetzlich nicht gebotene Aufblähung der Bescheidausfertigungen ist die vom Verwaltungsgerichtshof und von einigen Gemeindeaufsichtsbehörden empfohlene Anführung, ob der Bescheid der Gemeindeorgane im eigenen Wirkungsbereich der Gemeinde oder im übertragenen Wirkungsbereich des Bundes oder des Landes erlassen wurde.

Bei automationsunterstützten behördlichen Ausfertigungen ist der Bürger vielfach nicht in der Lage, die Ausdrucke zu lesen und zu verstehen, weil er mit der "Computersprache" nicht vertaut ist und weil vielfach Zeichen und Ziffern verwendet werden, die auf dem EDV-Ausdruck nicht einmal erläutert sind.

Langsam verschwindet das oft schwer verständliche Amtsdeutsch, zum Teil noch aus der Zeit von Maria Theresia, das von Akt zu Akt und von Generation zu Generation ohne viel nachzudenken, abgeschrieben wurde; auch die Sprache und die Schreibweise der Verwaltung muß bürgernah, klar, eindeutig und leicht verständlich sein. Wichtig ist auch eine angemessene Kürze bei den Erledigungen. Der Bescheidempfänger muß in der Lage sein, auf wenigen Seiten eindeutig zu erfahren, was er zu tun hat oder was er zu unterlassen hat und warum das so geschehen muß. Entsprechende Empfehlungen und Anweisungen über die Verwendung einer "bürgernahen Sprache" finden sich zunehmend in den neueren Dienstordnungen des Bundes, der Länder und der Gemeinden. Eine entsprechende Schulung der Verwaltungsbeamten ist unerläßlich.

Gerhardt Plöchl

Die Regeln des Spiels und das Spiel mit der Regel

Spieltheorie und Rechtswissenschaft

> *"Gedanken über Spiel und Recht und über eine Spieltheorie der Geltung" waren der Inhalt meines Beitrags zur Gedächtnisschrift für Fritz Schönherr. Dazu bin ich auf das fast gleichzeitig erschienene Werk "Las Reglas del Derecho y las Reglas de los Juegos" von Gregorio Robles aufmerksam gemacht worden. Um es näher kennenzulernen, habe ich mir ein paar Elementarkenntisse des Spanischen angeeignet, und als Resultat der Lektüre Günther Winkler die Aufnahme einer deutschen Übersetzung in die von ihm herausgegebene Reihe "Forschungen aus Staat und Recht" empfohlen. Es spricht für die offene, jeder Schulenbildung abholde Einstellung des Jubilars gegenüber anderen Meinungen, daß das Werk von Robles unter dem Titel "Rechtsregeln und Spielregeln" als Band 74 in dieser Reihe erscheinen konnte, obwohl es Günther Winkler für einen "glänzenden Irrtum" hält. Für die Fortführung meiner Überlegungen über die Möglichkeit einer spieltheoretischen Beschreibung von Geltung wäre daher kaum ein besserer Platz denkbar als eine Festschrift, die Freunde und Schüler dem Begründer dieser Schriftenreihe widmen.*

"Die Quantenmechanik", schrieb ALBERT EINSTEIN am 4. Dezember 1926 an MAX BORN, "ist sehr achtung-gebietend. Aber eine innere Stimme sagt mir, daß das doch nicht der wahre Jakob ist. Die Theorie liefert viel, aber dem Geheimnis des Alten bringt sie uns kaum näher. Jedenfalls bin ich überzeugt, daß er nicht würfelt"[1].

---

[1] MAX BORN, Aus dem Briefwechsel Einsteins mit Max und Hedwig Born, Vortrag vom 30. Juni 1965, gehalten auf der 5. Tagung der Nobelpreisträger für Physik in Lindau, Erstabdruck in: Physikalische Blätter 1965/7, hier zitiert nach MAX BORN, Physik im Wandel meiner Zeit[4] (1966, Nachdruck 1983) 289.

Nur drei Tage später machte der 23jährige Mathematiker JOHN VON NEUMANN in einem Vortrag vor der Göttinger Mathematischen Gesellschaft die Andeutung, das Zufallsabhängige könnte "im Wesen der Welt" liegen[2]. Und als dieser JOHN VON NEUMANN "am 8. Februar 1957 in Washington, auf der Höhe seines Lebens starb, verlor die Welt einen der größten zeitgenössischen Wissenschafter". Mit diesen Worten begann OSKAR MORGENSTERN[3] eine Würdigung des Mannes, mit dem zusammen er 1944 "Theory of Games and Economic Behavior" veröffentlicht hatte[4], das "klassische Werk der Spieltheorie"[5].

Wer sich über das methodische Anliegen im klaren ist, das GÜNTHER WINKLER mit seiner Schriftenreihe verfolgt, seine "offene Absage ... an eine verengte formalisierende Methode"[6], wird mit Interesse lesen, was MORGENSTERN nach einer Schilderung der bahnbrechenden Arbeit JOHN VON NEUMANNS auf dem Gebiet der reinen Mathematik zum weiteren Wirken des Freundes schreibt:

"Die Universalität seines mathematischen Genius machte hier nicht halt, denn er interessierte sich auch tief für angewandte Mathematik. Man müßte tatsächlich weit in die Geschichte der Mathematik zurückgehen, um einen zu finden, der ihm auf diesem Gebiet gleichkam. Es gab eine tiefe philosophische Motivierung für sein Interesse an Anwendungen. Er sah, daß die höchsten Inspirationen für die Mathematik immer von der wirklichen Welt kamen. Ein enger Kontakt mit empirisch gegebenen Problemen sollte daher die mathematische Forschung leiten. Daher kam seine tiefe Beziehung mit Physik, Astrophysik, Meteorologie und Nationalökonomie"[3].

---

[2] So zumindest in der (geringfügig erweiterten) schriftlichen Fassung (vgl FN 8), die hier benützt wurde.

[3] OSKAR MORGENSTERN, John von Neumann, 1903 - 1957, in: OSKAR MORGENSTERN, Spieltheorie und Wirtschaftswissenschaft[2] (1966) 193 (zuerst veröff in Econometric Journal 1958, 170).

[4] JOHN VON NEUMANN - OSKAR MORGENSTERN, Theory of Games and Economic Behavior (1944); die hier benützte dt Übersetzung "Spieltheorie und wirtschaftliches Verhalten"[3] (1973) erfolgte nach der 3. Aufl (1953).

[5] MORTON D. DAVIS, Game Theory - A Nontechnical Introduction (1970) dt: Spieltheorie fur Nichtmathematiker mit einem Vorwort von Oskar Morgenstern (1972) 213.

[6] GUNTHER WINKLER im Geleitwort zu FRIEDRICH KOJA, Verfassungsrecht der österreichischen Bundesländer (1967), dem Band 1 der Forschungen aus Staat und Recht.

Über die faszinierende Persönlichkeit VON NEUMANNS sagte MORGENSTERN:

"Sein Geist war so einzigartig, daß sich viele fragten - und auch sie waren hervorragende Wissenschafter - ob er nicht eine neue Phase der Entwicklung des menschlichen Geistes darstelle. Es ist unmöglich, ein richtiges Bild zu vermitteln, ohne auf Einzelheiten einzugehen, für welche hier nicht der geeignete Platz ist. Als Mathematiker war von Neumann auch mit einer so großen Fähigkeit des Kopfrechnens im weitesten Sinne begabt, daß er schon allein deswegen bemerkenswert gewesen wäre, auch wenn er sonst nichts mehr geleistet hätte. Sein Gedächtnis ließ ihn nie im Stich; er hatte nicht nur den fabelhaften Reichtum seiner wissenschaftlichen Kenntnis sofort bereit, sondern auch die Früchte seines allgemeinen Literaturstudiums waren jederzeit zur Hand, ob es sich um die Einzelheiten der Verhandlungen im Prozeß Johanna von Orleans handelte, den verzweigten Stammbaum der byzantinischen Kaiser oder die Schlachtenbeschreibungen von Thucydides. Er war mit der Dichtung in vielen Sprachen vertraut; selbst in den letzten Tagen seiner langen Krankheit zitierte er gern manchmal längere Stellen lateinischer Autoren. Seine geistige Beweglichkeit machte ihn zu einem äußerst unterhaltsamen Gesellschafter: Die mächtigen Assoziationen seines wissenschaftlichen Denkens wichen dann den unzähligen und gleichermaßen berühmten Wortspielen und Witzen. Jeder, der ihn persönlich kannte, war von seinem Charme gefangen und mußte ihn bewundern. Seine Freundestreue war unübertroffen. Wo er erschien, war es ein Ereignis"[7].

Die Arbeit, "von der die Spieltheorie ihren Ausgang nahm"[5], die Abhandlung "Zur Theorie der Gesellschaftsspiele" hatte JOHN VON NEUMANN - wie erwähnt - schon am 7. 12. 1926 der Göttinger Mathematischen Gesellschaft vorgetragen. Sie wurde aber erst 1928 in den Mathematischen Annalen veröffentlicht[8].

Die Literatur zur Spieltheorie ist heute unübersehbar und schon das grundlegende Werk von VON NEUMANN - MORGENSTERN hat mehr als 600 Seiten. Die Spieltheorie als ganzes kann also im Rahmen dieses Beitrages nicht dargestellt werden. Er soll daher als eine aus der Sicht des Juristen gestaltete Kommentierung der eben erwähnten Abhandlung angesehen werden.

---

[7] MORGENSTERN, Spieltheorie 200.

[8] JOHN VON NEUMANN, Zur Theorie der Gesellschaftsspiele, Mathematische Annalen 100 (1928) 295; hier benützt der Wiederabdruck in Collected Works (1961 - 1963) Bd 6/2, 1.

Sie beginnt mit einer Frage: Wie muß bei einem gegebenen Gesellschaftsspiel ein Spieler spielen, um ein für sich möglichst günstiges Ergebnis zu erzielen?

Wenn das Ergebnis der vom Spieler gesetzten Handlungen - wie bei Roulette - nur vom Zufall und nicht vom Verhalten der Mitspieler abhängt, so handelt es ich um ein reines Glücksspiel. Diese Art von Gesellschaftsspielen wird im Rahmen der Wahrscheinlichkeitsrechnung in der Theorie der Glücksspiele behandelt.

Für die Juristen sei dazu angemerkt, daß auch diese mathematische Theorie von einem Gerechtigkeitsproblem ihren Ausgang genommen hat, als nämlich BLAISE PASCAL (1623 - 1662) vom CHEVALIER DE MÉRÉ mit dem Problem konfrontiert wurde, daß er beim Würfelspiel öfter verlor, als er erwartet hatte[9].

Heute ist die Antwort auf die Frage nach der besten Strategie des Spielers, der ein günstiges Ergebnis erzielen will, trivial: beim Roulette, das auf der Grundlage der Wahrscheinlichkeitsrechnung berechenbar ist, erzielen die Spieler das beste Ergebnis, wenn ihr Einsatz Null ist, weil an jedem anderen Einsatz aufgrund der Spielregeln die Bank gewinnt.

Viel schwieriger ist die Frage nach der optimalen Strategie zu beantworten, wenn das Ergebnis des Spiels auch vom Verhalten der Mitspieler abhängt.

VON NEUMANN ging es darum, "die Rückwirkungen der Spieler aufeinander zu untersuchen, die Konsequenzen des ... Umstandes, daß jeder Spieler auf die Resultate aller anderen einen Einfluß hat und dabei nur am eigenen interessiert ist"[10]. Er war sich dabei der grundsätzlichen Be-

---

[9] Köstlich die Schilderung, die R. B. BRAITHWAITE unter Bezugnahme auf die Spieltheorie am Ende seiner am 2. 12. 1954 gehaltenen Antrittsvorlesung **Theory of Games as a Tool for the Moral Philosopher** (1963) 54 gibt: "And if anyone is inclined to doubt whether any serious enlightenment can come from the discreetly shaded candles of the card-room, I would remind him that, three hundred years ago this year (1954), that most serious of men, Blaise Pascal, laid the foundations of the mathematical theory of probability in a correspondence with Fermat about a question asked him by the Chevalier de Méré, who had found that he was losing at a game of dice more often than he had expected. No one today will doubt the intensity, though he may dislike the colour, of the (shall I say) sodium light cast by statistical mathematics, direct descendant of theory of games of chance, upon the social sciences. Perhaps in another three hundred years' time economic and political and other branches of moral philosophy will bask in radiation from a source - theory of games of strategy - whose prototype was kindled round the poker tables of Princeton."

[10] VON NEUMANN, Theorie 4.

deutung dieser Problemstellung durchaus bewußt, denn es ging ihm dabei - ausdrücklich und mit Rufzeichen - genau um diesen "für alles soziale Geschehen so charakteristischen" Umstand[10].

Doch was ist nötig, um ein Spiel im spieltheoretischen Sinn zu definieren? Zunächst eine Regel, die Spielregel. Sie definiert das Spiel und sie war auch für VON NEUMANN der Ausgangspunkt der weiteren Überlegungen. Sodann die Spieler in jener Anzahl, die von der Regel vorgeschrieben sind. Betrachten wir zunächst den Spieler. Auf der Bühne und bei den Juristen, die sich für ihre Terminologie im Theaterfundus bedient haben[11], werden die handelnden Subjekte Personen genannt: die Person ist das juristische Analogon des Spielers in der Spieltheorie. Im Theater sind die Spieler die Darsteller der "Personen" des Stücks[12]! Was sagt VON NEUMANN über den Spieler?

Zunächst einmal hat er bei den "gegebenen Handelnden" deren "absolut freien Willen" ausdrücklich vorausgesetzt[13]. Das ist höchst bemerkenswert, hat doch der Schöpfer der Reinen Rechtslehre HANS KELSEN (1881 - 1973), beeindruckt von der klassischen Physik und der KANTischen Philosophie, eine vollständige Determiniertheit des menschlichen Handelns angenommen[14]. Das ist sonderbar, wenn man Normen als sinnvoll ansieht. Denn Normen schreiben ein bestimmtes Handeln vor. Wer als Rechtstheoretiker den freien Willen als Grundlage für ein sinnvolles System von Normen voraussetzt, hat also den Spieltheoretiker auf seiner Seite.

In der Spieltheorie muß der Spieler nicht unbedingt eine Einzelperson sein. Auch ein Kollektiv, das eine einheitliche Meinung repräsentiert, kann als Spieler auftreten: eine Mannschaft, ein Verband, eine Nation[15]. Das hat VON NEUMANN 1927 noch nicht ausdrücklich so gesagt, aber offenbar war es für ihn selbstverständlich. Er behandelt nämlich -

---

[11] Das Wort Person kommt von persona (lat), der Maske des Schauspielers (vgl personare = die Stimme erschallen lassen, laut rufen), bedeutet dann auch die Rolle in einem Bühnenstück. Als juristischer Fachausdruck findet sich "Person" schon im Römischen Recht.

[12] Zum Verhältnis von Rechtssubjekt und Person vgl WINFRIED MUMMENHOFF, Verkehrsschutz im österreichischen und deutschen Vereinsgründungsrecht, JBl 1987, 273.

[13] VON NEUMANN, Theorie 1.

[14] Besonders ausführlich und hier als Beispiel angeführt das Kapitel "Das Problem der Willensfreiheit" in HANS KELSEN, Reine Rechtslehre² (1960, Nachdruck 1976) 95.

[15] Vgl DAVIS, Spieltheorie 12.

wie wir noch sehen werden - Koalitionen (die doch zumindest aus zwei Partnern bestehen!) als einheitliche Spieler.

Für den Rechtstheoretiker ist in dem - früher mit Leidenschaft geführten - Streit um die Theorie der realen Verbandspersönlichkeit[16] von Interesse, daß deren Vertreter den Anhängern der Theorie von der Fiktion der juristischen Person nicht nur Argumente aus der Rechtsgeschichte mit metaphysischem Background, sondern eine formale mathematische Theorie entgegenhalten können.

Gelegentlich wird der Spieler bewußt "aufgespalten", um die Information des "Spielers" einzuschränken. Bridge ist dafür ein Beispiel, das VON NEUMANN - MORGENSTERN anführen[17]. Für den Juristen wirft dies die Frage auf, ob hinter der Schaffung von Kollegialbehörden eine dieser Spielsituation ähnliche soziale Strategie steht. Noch ausgeprägter ist das Phänomen bei Kollegialorganen, wenn deren Zusammensetzung (Anwesenheitsquorum!) vom Zufall abhängt!

Die Spieltheorie hat auch "fiktive" Spieler eingeführt. Ein solcher "fiktiver Spieler" ist zum Beispiel die Natur[18], die heute noch nicht als juristische Person behandelt, aber gelegentlich doch von einem Umweltanwalt gewissermaßen vertreten wird. Mit Spannung wird man in diesem Zusammenhang dem Ausgang einer Klage vor einem Verwaltungsgericht entgegensehen, die von einem Hamburger Anwalt im Namen der Robben eingebracht wurde und die sich auf die von Professore STONE (Southern California University) proklamierten Eigenrechte der Natur stützt[19].

Schließlich gibt es in der Spieltheorie auch rein fiktive Spieler, die die Behandlung von Nichtnullsummenspielen erleichtern[20]. In kooperativen

---

[16] Vgl dazu zB das Kapitel "Die Grundstruktur der Gemeinschaft" in REINHOLD ZIPPELIUS Das Wesen des Rechts - Eine Einführung in die Rechtsphilosophie[4] (1978) 167.

[17] VON NEUMANN - MORGENSTERN, Spieltheorie 52, 86, 228.

[18] Das (zufallsabhängige) Einpersonenspiel kann als Zweipersonenspiel aufgefaßt werden, in dem die "Natur" der zweite Spieler ist. Vgl dazu DAVIS, Spieltheorie 18; sowie JOHN MILNOR, Spiele gegen die Natur, in : Martin Shubik (Hrsg), Game Theory and Related Approaches to Social Behavior (1964) dt: Spieltheorie und Sozialwissenschaften (1965) 129.

[19] Vgl den Artikel "Wie absurd", Der Spiegel 1988/37, 71, mit dem Hinweis auf CHRISTOPHER D. STONE, Should Trees Have Standing? (1974) dt: Umwelt vor Gericht - Die Eigenrechte der Natur (1987).

[20] Vgl das Kapitel "Der fiktive Spieler. Die Nullsummenerweiterung" in: V. NEUMANN - MORGENSTERN, Spieltheorie 524.

Spielen kann der Gewinn, der anfällt, ohne daß ein Spieler belastet wird, als Zahlung zu Lasten dieses fiktiven Spielers aufgefaßt werden. Ist der nur in der Vorstellung des interpretierenden Juristen existierende abstrakte Gesetzgeber, dessen Willen erforscht wird, eine von den Juristen zur Vereinfachung der Theorie eingeführte fiktive Person, die ihr Analogon im "fiktiven Spieler" der Spieltheorie hat?

Betrachten wir nach der Art der Spieler deren Zahl.

Die verschiedenen Spiele unterscheiden sich sehr deutlich nach der Zahl der Spieler. Ist nur *ein* Spieler beteiligt, so hängt der Spielausgang, außer von den Handlungen des einzigen Spielers, nur vom Zufall ab. Reine Glücksspiele sind - wie schon erwähnt - keine Gesellschaftsspiele im engeren Sinn. Bei einem solchen hängt das Ergebnis auch von den Handlungen der Mitspieler ab, die ebenfalls ein günstiges Ergebnis erzielen wollen. "Man fühlt", schrieb VON NEUMANN, "daß ein gewisser Zirkel im Wesen der Sache liegt"[21].

Durch eine Reihe von Vereinfachungen hat VON NEUMANN die Fragestellung auf das Problem reduziert, das ihn interessierte: die gegenseitige Abhängigkeit der Handlungen der beteiligten Spieler[22].

Als einfachsten Fall solcher Gesellschaftsspiele ieS behandelte VON NEUMANN zunächst das Zwei-Personenspiel und zwar das Konstantsummenspiel, in dem der eine gewinnt, was der andere verliert. Beim Zwei-Personenspiel mit vollständiger Information ist der Ausgang immer streng determiniert. Der Verlierer oder das Unentschieden stehen von vornherein fest. Jedoch "ist nicht zu leugnen, daß Spieltheoretiker trotz der Theorie Schachspiele verlieren", denn: "Es ist eben ein Unterschied, ob ein Spiel im Prinzip gelöst werden kann oder ob es tatsächlich gelöst ist"[23]. Aber schon in seinem ersten Aufsatz hat VON NEUMANN "das fundamentale Minimax-Theorem" bewiesen, "auf dem die gesamte Theorie beruht"[24], die besagt, daß unter der Voraussetzung der Gewinnmaximierung immer eine optimale Lösung existiert.

---

[21] VON NEUMANN, Theorie 1.
[22] VON NEUMANN, Theorie 4.
[23] DAVIS, Spieltheorie 25, mit dem Hinweis, daß ERNST ZERMELO schon 1912, "in dem wahrscheinlich frühesten Artikel über Spieltheorie", bewiesen hat, "daß Spiele mit perfekter Information strikt determiniert sind".
[24] MORGENSTERN in: Davis, Spieltheorie 7.

Rechtstheoretisch interessanter ist das Spiel mit ungewissem Ausgang. Als einfaches Beispiel für ein solches Spiel beschreibt VON NEUMANN das "Schere-Stein-Papier"-Spiel[25].

Zwei Spieler entscheiden sich für "Schere", "Stein" oder "Papier" - zB dadurch, daß sie bestimmte Handzeichen machen, die diese Varianten symbolisch bezeichnen. Wer die stärkere Variante gewählt hat, gewinnt den Einsatz. Der Gewinn des einen ist also immer der Verlust des anderen - wir haben es mit einem Nullsummenspiel zu tun. Welche Variante stärker ist, hängt bei diesem Spiel immer auch von der Wahl des Gegners ab, denn es gilt die Regel:

Schere schneidet Papier
Stein schleift Schere
Papier wickelt den Stein ein.

Es ist offensichtlich, daß ein Sieg - gewissermaßen außerhalb der Regel - nur dem möglich ist, der den anderen "durchschaut", und der dann seine eigene Entscheidung auf Grund dieser Einsicht trifft.

E. A. POE (1809 - 1849) hat in seiner Erzählung "Der gestohlene Brief" ein Wunderkind beschrieben, das in einem ganz ähnlichen Spiel durch raffinierte psychologische Tricks seine Gegner durchschaute und immer gewann[26].

Wie kann man sich gegen das "Wunderkind" schützen? Offensichtlich kann der Gegner unsere Absicht dann nicht durchschauen, wenn wir sie selbst nicht kennen. Dies ist durch einen Kunstgriff zu erreichen: Man macht die eigene Wahl vom Zufall abhängig, indem man zB würfelt.

Auf lange Sicht kann man mit dieser Strategie verhindern, daß der Gegner (was immer er auch tut) mehr als ein Drittel der Spiele gewinnt (ein Drittel bleibt unentschieden und ein Drittel wird der Gegner verlieren).

Zu welch tiefen Erkenntnissen VON NEUMANN bei der Analyse dieses Spiels schon in seiner ersten Abhandlung gelangte, zeigt die eingangs erwähnte Tatsache, daß er "mit Nachdruck" auf den Umstand verwies, daß dieser Zufall - trotz seiner Eliminierung bei den geschilderten Vereinfachungen - "hier wieder von selbst aufgetreten (ist). Das Zufallsabhängige ('hazarde', 'statistische') liegt so tief im Wesen des Spieles ("Wenn nicht" so ergänzt er "im Wesen der Welt") begründet, daß es gar nicht erfor-

---

[25] VON NEUMANN, Theorie 9.
[26] DAVIS, Spieltheorie 36.

derlich ist, es durch die Spielregel künstlich einzuführen, auch wenn in der formalen Spielregel davon keine Spur ist, bricht es sich von selbst die Bahn"[27].

Doch kehren wir zum Ausgangspunkt zurück. Vor der Ausbeutung durch das Wunderkind schützt uns die Wahl einer "gemischten Strategie", so bezeichnet die Spieltheorie ein Spielverhalten, das von einem Zufallsmechanismus abhängig gemacht wird.

Im Zuge der späteren Entwicklung sind in der Theorie viele Spiele, auch militärstrategischer Art, beschrieben worden, für die gesagt werden konnte, daß eine solche gemischte Strategie das bestmögliche Ergebnis bringt. Doch das ist oft eine reine Theorie, wie ein Beispiel von LUCE und RAIFFA[28] zeigt: man stelle sich einen Ausschuß vor, der das katastrophale Ergebnis einer militärischen Operation untersucht. Und dann male man sich die Reaktion der Ausschußmitglieder aus, wenn sich der Kommandant damit verantwortet, daß er seine Entscheidung durch einen Münzwurf vom Zufall abhängig gemacht habe!

Kann man sich einen Rechnungshofbeamten vorstellen, der bei einer folgenschweren unternehmerischen Entscheidung akzeptieren würde, daß der Vorstand gewürfelt hat?

Oder, um die Sache auf die Spitze zu treiben: wäre ein Richter denkbar, der die Mitglieder eines Vorstandes zum Schadenersatz verurteilt, weil sie das *nicht* getan haben?

Diese Konsequenzen, die eine strikte Anwendung der Spieltheorie mit sich bringt, mögen überraschen, doch sei daran erinnert, daß auch modernen Rechtsordnungen die Delegation von Entscheidungen an den Zufall nicht fremd ist: Stimmengleichheit bei Abstimmungen, Vergabe von Studienplätzen udgl können dies belegen[29].

Was aber im Schere-Stein-Papier-Spiel verblüfft, ist der Umstand, daß der Zufall hier nicht als ultimo ratio bei Fehlen rationaler Maßstäbe herangezogen wird, sondern daß er völlig überraschend anderen Strategien, etwa dem Suchen nach psychologischen Tricks, vorzuziehen ist.

---

[27] VON NEUMANN, Theorie 12.

[28] R. DUNCAN LUCE - HOWARD RAIFFA, Games and Decisions - introduction and critical survey (1957) 76.

[29] Jüngstes Beispiel aus der Debatte um die Volkszählung in der BRD: Gelegentlich "lassen Behördenchefs das Los entscheiden, wer zählen muß", so *Der Spiegel* 1987/12, 47.

Die Anwendung spieltheoretischer Erkenntnisse auf rechtliche Sachverhalte könnte so manche Entscheidungsbegründung als Scheinbegründung und so manche Norm als Scheinregelung entlarven, und zwar logisch stringent und damit besser, als dies intuitive Entscheidung vermag.

Anders gewendet: Eine Verfahrensregelung, die nicht zur Begründung von Entscheidungen zwingt, für die es im letzten keine Begründung gibt, sondern die Entscheidung durch einen Zufallsmechanismus bindend vorschreibt, könnte vielleicht bessere Konfliktlösungen ermöglichen, als die Verpflichtung zur Anwendung von Leer- und Scheinregeln. Typische Beispiele sind die aus politischem Kompromiß hervorgegangenen Mitberücksichtigungsklauseln, wie "wichtige volkswirtschaftliche Interessen", "Belange des Naturschutzes" etc, etc[30].

Für die Abwägung von energiewirtschaftlicher Autarkie und unberührter Landschaft gibt es keinen Maßstab. Wirtschaftswissenschaft und Spieltheorie haben dies bei der Untersuchung der Möglichkeiten eines intersubjektiven Nutzenvergleichs schon lange erkannt, aber Rechtswissenschaft und Politik haben daraus noch nicht die Konsequenzen gezogen.

Sollen wir "um Hainburg würfeln" oder bei zwei als gleich tüchtig eingestuften Kandidaten für die bestbesoldete Position, die die Republik Österreich zu geben hat, das Los entscheiden lassen[31]? Warum nicht, könnte der Spieltheoretiker antworten und den Juristen daran erinnern, daß das Ergebnis einer Abstimmung oder die Vergabe von Studienplätzen tief in das Leben des Betroffenen eingreifen, und daß auch sie gelegentlich nur vom Zufall abhängen.

Nach diesem Blick in unglaubliche Abgründe des Rechts, den die Spieltheorie uns tun läßt, wollen wir daher zur Abhandlung JOHN VON NEUMANNS zurückkehren. Nachdem er die Zweipersonenspiele "erledigt" hatte, wandte er sich "dem nächst komplizierten Fall n = 3 zu", den Dreipersonenspielen[32]. Sie unterscheiden sich grundlegend vom Zwei-

---

[30] Vgl § 7 StarkstromwegeG, § 105 WRG.

[31] Zur Debatte um das geplante und durch Demonstrationen bis zum Abschluß des Manuskripts verhinderte Donaukraftwerk bei Hainburg vgl W. HAUER, Hainburg - rechtliche und rechtspolitische Aspekte oder Recht zwischen Parteitaktik und Umweltschützern (Ansätze einer kritischen Analyse) (1985); zum "Fall Nationalbank" vgl als Beispiel für eine Vielzahl von Presseberichten LISELOTTE PALME, Eine andere Politik, meine Damen und Herren, *profil* 1988/9, 48.

[32] VON NEUMANN, Theorie 17.

personenspiel, denn etwas ganz neues tritt in Erscheinung: die Möglichkeit von Koalitionen.

VON NEUMANN hat es packend und gar nicht trocken mathematisch formuliert: "Um die Summe, die auf dem Spiel steht zu gewinnen, brauchen sich nur irgendwelche der drei Spieler zusammentun, sie können dann den Dritten ohne weiteres ausplündern, trotzdem die Spielregel absolut symmetrisch, d.h. das Spiel formal gerecht ist"[33].

Formale Gerechtigkeit garantiert kein ausgewogenes Ergebnis. Doch Vorsicht vor einer Kritik an diesem Formalismus! Ein Abgehen von der formalen Gerechtigkeit bedeutet ja nichts anderes als eine a priori Benachteiligung bestimmter Teilnehmer.

In einer Anmerkung unterstreicht dies VON NEUMANN bei der Beschreibung der Spielsituation: "Man sieht hieran, daß unser Beispiel alles andere als ein Fall von 'Pathologie' von Spielen ist: es ist vielmehr ein in praxi recht häufiger und charakteristischer Fall. Im Einklang damit" wird als Ergebnis seiner Untersuchung hier schon angekündigt, "daß es sogar der allgemeine Fall des Drei-Personenspiels ist"[34].

Das Drei-Personenspiel zerfällt in zwei Zwei-Personenspiele: in das Spiel "Koalition gegen Außenseiter" einerseits und in das Spiel der Koalitionspartner um die Beute.

Ein drittes Spiel kommt dazu: das "Verhandlungsspiel" um das Zustandekommen der Koalition. Probleme dieser Art haben die Spieltheorie eingehend beschäftigt, dürften aber für die Politikwissenschaft von größerem Interesse sein als für die Rechtstheorie[35]. Doch kehren wir zur Behandlung des Drei-Personenspieles in der "Urfassung" der Spieltheorie zurück.

Plastisch formuliert VON NEUMANN den Charakter des Drei-Personenspiels: "Es macht sich geltend, was dem schablonenmäßigen und ganz ausgeglichenen 2-Personenspiele noch völlig fremd ist: der Kampf"[36].

In einer umfassenden Analyse des Drei-Personenspiels hat er später zusammen mit MORGENSTERN gezeigt, daß die Existenz eines Systems von Zurechnungen, die nur in ihrer Gesamtheit die "Lösung" bilden, ein

---

[33] VON NEUMANN, Theorie 19.
[34] VON NEUMANN, Theorie 19 FN 11.
[35] Vgl die kurze Übersicht bei DAVIS, Spieltheorie 146, und SHUBIK, Spieltheorie.
[36] VON NEUMANN, Theorie 22.

Hinweis darauf ist, daß es in einer Gesellschaft eine Vielzahl von stabilen Verhaltensstandards gibt[37].

Hier liegt der Ansatzpunkt für eine logische Analyse des Gerechtigkeitsproblems, die ich am 5. 12. 1985 bei einem Vortrag vor der nö Juristischen Gesellschaft versucht habe[38].

Auf einen weiteren Umstand habe ich schon oben aufmerksam gemacht: Daß eine "Koalition" als Spieler auftreten kann, macht deutlich, daß ein "Spieler" im Sinne der Spieltheorie auch eine Mehrheit von Personen sein kann. Sie handelt "wie ein Mann" und ist damit für die Theorie der juristischen Person interessant.

Während es aber bei Drei-Personenspielen nur eine Art von Koalition gibt, nämlich "zwei gegen einen", wachsen bei einer größeren Zahl von Beteiligten - also n > 3 - die Möglichkeiten sehr rasch an. Theorien darüber sind erst später entwickelt worden. Ich möchte daher ebenfalls beim Drei-Personenspiel abbrechen und mich noch einmal der Spielregel zuwenden.

In der hier besprochenen Abhandlung gibt VON NEUMANN nach einer vorläufigen Behandlung des Gesellschaftsspiels eine Definition, die alle Angaben enthält, die notwendig sind, um ein Gesellschaftsspiel vollständig zu beschreiben und "die zusammen" - so der Autor wörtlich - "die 'Spielregel' ergeben"[39].

Ich vermute, daß Wesen und Problematik des für die Theorie der Gesellschaftsspiele grundlegenden Begriffs der Spielregel Ursache dafür sind, daß die Spieltheorie in der Rechtstheorie nur in Ansätzen Beachtung gefunden hat und jedenfalls nicht jene Rolle spielt, die ihr in anderen Sozialwissenschaften zukommt.

Der spieltheoretisch interessierte Jurist und der juristisch interessierte Spieltheoretiker werden einwenden, daß ich die Beiträge der Spieltheorie zu einem besseren Verständnis von Rechtsproblemen nicht kenne oder doch unterschätze. Das will ich durchaus nicht.

SCHLINK hat "Das Spiel um den Nachlaß" aus der Perspektive eines Vermittlers oder eines um optimale Regeln bemühten Gesetzgebers un-

---

[37] VON NEUMANN - MORGENSTERN, Spieltheorie 44, 433.

[38] GERHARDT PLÖCHL, Schere, Stein, Papier - Gerechtigkeit als logisches Problem, Schriftenreihe NöJurGes 45 oJ (1987).

[39] VON NEUMANN, Theorie 2.

tersucht[40]. Und in einer klassischen und oft zitierten Vorlesung über "Game theory as a tool for the moral philosopher" ist es R. B. BRAITHWAITE 1954 gelungen[9], unter Vermeidung mathematischer Formeln Probleme des Nutzenvergleichs in geometrischen Figuren zu veranschaulichen und zu zeigen, daß eine bestimmte Lösung, die sich intuitiv aufdrängt, die Achse einer Parabel ist, welche das Feld der möglichen Lösungen eingrenzt. Noch manches wäre anzuführen und sicher vertiefen alle diese Untersuchungen der "games of fair division" die Einsicht in rechtliche Sachverhalte. Sie machen auch die Rolle des Schiedsrichters höchst transparent, dessen Aufgabe es ist, die sozialen Kosten eines Kampfes zu vermeiden und der diese Aufgabe nur erfüllen kann, wenn er ein sinnvoll denkbares Egebnis des Kampfes als Lösung vorschlägt[41]. Die höchst unterschiedlichen "Schiedsrichterlösungen", die von der Spieltheorie entwickelt worden sind, sind auch eine theoretische Antwort auf das Problem, vor das uns die Existenz von Rechtordnungen stellt: einerseits ist Recht nur höchst eingeschränkt ein "Maß der Macht", was immer man auch wünschen mag, und andererseits trachtet Macht nach Legitimität.

PASCAL hat sich darüber tiefe Gedanken gemacht:

"Da man dem Recht nicht zur Macht verhelfen konnte, hat man die Macht rechtens erklärt, damit Recht und Macht verbunden seien, und damit Friede sei, der das höchste Gut ist"[42]. Was er dunkel geahnt hat, könnte in der Spieltheorie ein Instrument theoretischer Beschreibung finden.

Aber wenn auch Macht bestrebt ist, rechtens zu sein, so läßt sich eines nicht leugnen:

Im wirklichen Leben - und VON NEUMANN betonte schon in seiner ersten Abhandlung deren Konsequenzen "für alles soziale Geschehen" - im wirklichen Leben also, spielt sich das Spiel der Mächtigen und der Ohnmächtigen doch nicht ausschließlich nach der Spielregel ab. Der Jurist wäre überflüssig, wenn es so wäre. Im wirklichen Leben sucht man "Lük-

---

[40] BERNHARD SCHLINK, Das Spiel um den Nachlaß - Zum Problem der gerechten Teilung, seiner Diskussion in der Spieltheorie und seiner Lösung durch das Gesetz, in: Adalbert Podlech (Hrsg), Rechnen und Entscheiden (1977) 113.

[41] Vgl DAVIS, Spieltheorie 115 und den Auszug aus LUCE - RAIFFA, Games, in SHUBIK, Spieltheorie 95.

[42] BLAISE PASCAL, Pensées 299 zitiert nach REINHOLD SCHNEIDER, Pascal, Fischer-Bücherei 70 (ab 1954) 179.

ken" in Gesetz und Vertrag oder Spielregel[43], versucht man, klar scheinende Regeln zu umgehen; und wieviele Anstrengungen sind nicht darauf gerichtet, die Regeln zu ändern. "Lobbyismus" ist ein Kampf um Bestand und Änderung der sozialen Regeln und die Revolution beseitigt eine Ordnung, die bestimmte Gruppen grundsätzlich benachteiligt. BERTRAND DE JOUVENEL hat in seiner "Kunst der Vorausschau" sehr Wesentliches dazu gesagt[44].

In der Wirklichkeit des sozialen Geschehens spielen wir nicht nur "nach der Regel", sondern auch "mit der Regel". Das Spiel nach der Regel, das Gegenstand der Spieltheorie ist, ist ein "Spiel im Spiel" - in jenem "Spiel mit der Regel" nämlich, das die Spieltheorie bisher *nicht* beschrieben hat.

Soweit die Spieltheorie "Spiele erster Ordnung" beschreibt, in welcher die Regel gegeben ist und nicht in Frage gestellt wird, kann sie dem Juristen wertvolle Einblicke in Sachverhalte vermitteln, die Gegenstand rechtlicher Regelung sind; aber eine solche Theorie ist noch keine "Mathematik der Jurisprudenz", denn in dieser geht es um die "Spiele zweiter Ordnung", um Strategien der Interpretation und der Änderung von Regeln.

Es geht gewissermaßen um eine Theorie der Meta-Spiele, sofern wir das Spiel *mit* der Regel als ein Metaspiel zum Spiel nach der Regel auffassen oder anders gewendet, um eine Metatheorie der Spiele, soweit die Spieltheorie, welche die Geltung der Regel voraussetzt, zum Gegenstand einer umfassenderen Theorie wird, welche diese Voraussetzung nicht mehr macht.

Die Schwierigkeiten einer solchen Meta-Spiel-Theorie sind nicht zu unterschätzen und stehen wenigstens vor Problemen einer Qualität, die VON NEUMANN und MORGENSTERN veranlaßten, den Schritt in eine Mathematik der Entscheidungen mit jenen Zwängen zu vergleichen, die ISAAC NEWTON (1643 - 1727) bei dem Versuch einer Anwendung der Mathematik auf die Physik zur Entdeckung der Infinitesimalrechnung führten[45].

---

[43] Vgl zu diesem Phänomen beim Schach die Artikel "Wer liegt, der siegt", *Der Spiegel* 1985/39, 215 und MICHAEL SIEGERT, Auf Tod und Leben, *profil* 1986/33, 44.

[44] BERTRAND DE JOUVENEL, L'Art de la Conjecture (1964) dt: Die Kunst der Vorausschau (1967) 263 im Kapitel "Politische Ordnung und Voraussehbarkeit".

[45] VON NEUMANN - MORGENSTERN, Spieltheorie 5.

Eines ist offensichtlich: unter realen Verhältnissen ist an der Anwendung, Interpretation und Änderung von Rechtsregeln eine große Anzahl von "Spielern" beteiligt, und es erscheint einleuchtend, daß die Komplexität des mathematischen Apparates mit zunehmender Anzahl der Spieler überproportional steigt.

Als ein für die Mathematik nicht kompetenter Jurist möchte ich die Frage stellen, ob bei Überschreiten einer vielleicht bestimmbaren Höchstzahl von Spielern, das System in eine neue Qualität umschlägt, in der die Eigenschaften des Spiels mit einer Theorie des Spielverhaltens nicht mehr erklärt werden können.

In allen Gesellschaften kommt es zur Ausbildung von Normen. Diese Strukturen, welche das Verhalten aller Beteiligten beeinflussen, sind etwas anders als der ungeordnete Urzustand.

Dessen Überführung in die Sozialordnung hat übrigens im 17. Jahrhundert THOMAS HOBBES (1588 - 1679) im Leviathan (1651) mit Begriffen umschrieben, die eine sehr frühe Formulierung des Gefangenendilemmas darstellen[46], das in der Spieltheorie erst 300 Jahre später eingeführt wurde und heute A. W. TUCKER zugeschrieben wird[47]. Übrigens hat THOMAS CORNIDES daran anknüpfend die Theorie vom Gesellschaftsvertrag unter spieltheoretischen Gesichtspunkten untersucht[48].

Ein solches spontanes Entstehen neuer Strukturen hat man auch in der übrigen belebten Natur gefunden und sogar im rein physikalischen Bereich entdeckt.

Ein junger Wissenschaftszweig, die Synergetik[49], untersucht diese Vorgänge spontaner "Selbstorganisation". In dieser Theorie, die von der Laserphysik ausging, spricht man vom "Versklavungsprinzip" (!), welches beschreibt, wie spontan neue Ordnungen entstehen, die das Verhalten der Elemente des Systems bestimmen.

---

[46] Vgl DAVIS, Spieltheorie 109.

[47] SHUBIK, Spieltheorie und die Untersuchung des sozialen Verhaltens: Eine einführende Darstellung, in: Shubik, Spieltheorie 46.

[48] THOMAS CORNIDES, Die Denkmöglichkeit einer "realistischen" Theorie vom Gesellschaftsvertrag (Contrât Social), in: FS 200 Jahre Rechtswissenschaftliche Fakultät der Universität Graz (1979) 625.

[49] HERMANN HAKEN, Synergetik - Eine Einführung - Nichtgleichgewichts-Phasenübergänge und Selbstorganisation in Physik, Chemie und Biologie^2 (1983).

"Die Kausalität kehrt sich um", formuliert es plastisch ein Beitrag zur Synergetik ökonomischer Systeme. "Das Verhalten der Systemelemente generiert Systemeigenschaften, welche dann die Elemente versklaven"[50]. Möglicherweise kann das Entstehen der von der Spieltheorie vorausgesetzten Regel mit den mathematischen Modellen der Synergetik beschrieben werden. HERMANN HAKEN hat in seiner Einführung in die Synergetik bei der Beschreibung des Phänomens der Selbstorganisation in den Literaturhinweisen darauf aufmerksam gemacht, daß JOHN VON NEUMANN in seiner (posthum) 1966 edierten "Theory of Self-Reproducing Automata" einen ganz anderen Zugang zu genau diesem Phänomen beschrieben hat[51].

1957, im Todesjahr JOHN VON NEUMANNS, hat ein berühmter dänischer Rechtsgelehrter, der KELSEN-Schüler ALF ROSS (1899 - 1980), die Rechtsregeln mit den Regeln des Schachspieles verglichen[52]. Er glaubte, mit dieser Analogie gezeigt zu haben, daß es eines metaphysischen Hintergrunds zur Begründung der Geltung von Normen nicht bedürfe. Aber in seiner Beweisführung findet sich kein Hinweis auf die damals schon voll entwickelte Spieltheorie. Ich glaube aber, daß eine mathematische Theorie der Befolgung von Regeln durch Spieler, für die ein freier Wille vorausgesetzt wird, den Weg für eine axiomatische Beschreibung der Geltung von Normen erschließen könnte.

---

[50] EKKEHART JOHANNES SCHLICHT, Ökonomische Theorie, speziell auch Verteilungstheorie und Synergetik, in: Andreas Dress - Hubert Hendrichs - Günter Küppers (Hrsg), Selbstorganisation - Die Entstehung von Ordnung in Natur und Gesellschaft (1986) 221.
[51] HAKEN, Synergetik 369.
[52] ALF ROSS, Legal Norms and Norms of Chess, ZÖR 8 (1957) 477 als Vorausveröffentlichung der §§ 2 und 3 des ersten Kapitels von On Law and Justice (1958); zum Verhältnis von Rechtsregeln und Spielregeln vgl auch GREGORIO ROBLES, Las Reglas del Derecho y las Reglas de los Juegos (1984) dt: Rechtsregeln und Spielregeln - Eine Abhandlung zur analytischen Rechtstheorie (1987) und GERHARDT PLÖCHL, Regel und Norm - Gedanken über Spiel und Recht und über eine Spieltheorie der Geltung, in: Schönherr-GedS (1986) 439.

Peter Bernàrd

Ein Gedanke - ein Satz!

Eine Besinnung

Diese Zeilen entsprechen nicht den Erwartungen, die in einen ordentlichen Festschriftbeitrag gesetzt werden. Sie entspringen vielmehr einem persönlichen Bedürfnis. Sie sollen einen Aspekt der Persönlichkeit des GÜNTHER WINKLER ansprechen, der sonst möglicherweise ungenannt, vielleicht sogar unbekannt, bliebe: den auf die Klarheit der Sprache bedachten Juristen und akademischen Lehrer.

Es kann sein, daß nicht alle, die mit GÜNTHER WINKLER zu tun hatten und haben, darin ein besonders hervorzuhebendes Element seiner Person erblicken. Auf mich hat es einen tiefen und bleibenden Eindruck gemacht. Ich habe ihm die Einsicht und Überzeugung zu verdanken, daß Sprachbewußtsein für einen Juristen unentbehrlich ist, daß ohne Sorge um sprachliche Genauigkeit und leichte Verständlichkeit Rechtswissenschaft und niveauvolle Rechtspflege kaum vorstellbar sind.

GÜNTHER WINKLER ist mit diesem Anliegen freilich nicht spektakulär in die Öffentlichkeit gegangen, wie es etwa SCHÖNHERR getan hat. Sein diesbezügliches Wirken erfolgt eher im Stillen, als Selbstverständlichkeit. Für mich ist GÜNTHER WINKLER dennoch auch als Meister der Sprache und als Sprachpolizist beachtlich. Die Erinnerung daran ist mir Anlaß, eine entsprechende - sehr subjektive - Würdigung zu versuchen.

Nach Abschluß des Studiums wurde ich Assistent und kam unter seine Fittiche - diese Formulierung entsprach durchaus dem damaligen Verständnis. Bei aller Achtung vor der mir zunächst "hehr" erscheinenden Sphäre der hohen Wissenschaft und ihrer Lehre, war ich doch auch in mehrfacher Hinsicht selbstbewußt. Immerhin hatte ich die letzten Prüfungen mit guten Kalkülen hinter mich gebracht. Dazu kamen Erfolgserlebnisse im Zusammenhang mit dem Verfassen gerichtlicher Entscheidungen im Rahmen meiner Gerichtspraxis. Schließlich hatte ich Freude am Formulieren von Texten; dies noch aus meiner Mittelschulzeit, in der ich als guter Aufsatzschreiber galt. Letzteres brachte mir sogar meine ersten Veröffentlichungen (und Honorare!) ein: Erlebnisberichte mit beabsichtigter humoristischer Note.

Dann kam der Schock: mein erster im Auftrag GÜNTHER WINKLERS verfaßter Text. Eine kurze Stellungnahme zu einer mir nicht mehr erinnerlichen juristischen Fragestellung. War es das heute schon zu Grabe getragene Problem der "verschleierten Verfügung in Verordungsform"? Wie dem auch sei: GÜNTHER WINKLER betrat mit meinem Papier in der Hand mein Arbeitszimmer. "Nicht dumm ... aber der Stil!" Ich sei eben ein musischer Mensch. (Dies war eine schmeichelhafte Überhöhung des Umstandes, daß ich gerne Musik höre.) Dementsprechend sei mein sprachlicher Ausdruck "verspielt". Ich möge das ganze neu formulieren.

Der überarbeitete Text wurde dann als "etwas besser" qualifiziert. GÜNTHER WINKLER legte mir aber dringend nahe, diesbezüglich an mir zu arbeiten. "Du mußt Dich vom Musischen lösen!" Und so begann ich nach einiger Zeit, in der ich mich verkrampft fühlte und in der meine schriftlichen Ergüsse wahrscheinlich auch danach ausgesehen haben, Disziplin zu üben und ein neues Sprachgefühl zu entwickeln. GÜNTHER WINKLER war immer kritisch, er schonte mich nicht - "Ich muß Dich quälen!" -, er ermutigte mich aber durch fallweises Lob und durch seine ungebrochene Geduld. Jedenfalls war meine sprachliche Ungeschicklichkeit kein Grund für einen der sonst durchaus im Bereich des Möglichen liegenden lautstarken Ausbrüche. Ich nehme an, er sah mich als besserungsfähig an. Das tat wohl. Ich brauchte dieses Gefühl, denn bei aller Genugtuung über neue Fähigkeiten und Fertigkeiten sah ich mit Wehmut meine alte Fabulierkunst schwinden.

Ein zentraler Rat GÜNTHER WINKLERS war das Motto dieser Zeilen. Ich war es gewohnt, für bestimmte Darlegungen bewußt lange bis überlange, verschachtelte, letztlich zu keinem geordneten Ende führende Sätze zu schreiben. Das haben letztlich große Schriftsteller auch getan. Nun mußte ich darauf achten, daß die saftigen Formulierungen und Konstruktionen vertrockneten. Barock war out. "Wenn's nicht anders geht, so schreib' auf einen Zettel 'Ein Gedanke - ein Satz' und stell' ihn beim Schreiben vor Dir auf. Das habe ich auch gemacht." Ich bin nicht ganz sicher, ob der letzte Satz wirklich gesagt wurde. Vielleicht habe ich mir zum Trost eingeredet, auch er sei durch eine harte Schule gegangen. Das wurde auch durch die Beobachtung der von ANTONIOLLI gepflegten Sprache - schriftlich im "Allgemeinen Verwaltungsrecht" und mündlich in seinen Lehrveranstaltungen - plausibel.

Es waren nicht nur juristische Texte, die ich für GÜNTHER WINKLER zu konzipieren hatte. Die "Forschungen aus Staat und Recht" mußten finanziell gestützt werden. Da gab es denn auch "Bettelbriefe" an potentielle und Dankschreiben an aktuelle Förderer zu verfassen. Auch sie durften nicht "verspielt" sein. Auch in diesem Zusammenhang mußte ich Disziplin üben. "Es ist mir ein aufrichtiges Bedürfnis, ihrer werten Anstalt zu danken" fiel dem um Seriosität bedachten Rotstift zum Opfer.

Aus seiner Lehre entlassen, bemerkte ich bald, daß ich wahrlich kein Einzelfall war. Wo mich mein beruflicher Werdegang hinführte, stieß ich auf Menschen, die sich in meinem sprachlichen Urzustand befanden. Aus dieser Beobachtung schloß ich, wie sehr ich mich geändert hatte. Ich begann, anderen gegenüber GÜNTHER WINKLER zu spielen. Nach Maßgabe meiner Möglichkeiten in den diversen Hierarchien nahm ich Einfluß auch auf die sprachliche Gestaltung der Texte anderer. Auch ich quälte meine Umwelt. Fallweise wurden auch Vorgesetzte mit dem mir von GÜNTHER WINKLER eingeimpften Sprachgefühl konfrontiert.

Der bisherige Höhepunkt in der Umsetzung meines neuen Sprachbewußtseins war meine mehrjährige legistische Tätigkeit. Die Früchte dieser Tätigkeit - mehrere Novellen zu den agrarischen Wirtschaftsgesetzen - waren zwar nicht beständig. In diesem Rechtsgebiet werden sogar Novellen vor ihrem Inkrafttreten novelliert. Mein Bemühen fand aber durchaus aktuelle Beachtung. Nachhaltig ist die Wirkung meiner damaligen Teilerfolge freilich nicht. Mein größter Triumph blieb denn auch gänzlich im Verborgenen. Es war die Überarbeitung eines Gesetzesentwurfes, der nach längerem Schlummern aus einer Schreibtischlade hervorgezogen wurde. Bevor die fachliche Adaptierung und Aktualisierung begann, formulierte ich ihn inhaltlich unverändert um, und siehe da: Er war nachher nur mehr halb so lang!

Auch heute scheue ich mich nicht, mich an meinen Richterkollegen zu reiben. Ich gehe aber davon aus, daß meine auf sprachliche Umgestaltung abzielenden Einsichtsbemerkungen in den Entscheidungsentwürfen der anderen Senatsmitglieder - vor allem das bereits bekannte "Hier beginnt eine langer Satz" - so verstanden werden, wie sie gemeint sind. Nicht als Beckmesserei, sondern als Verlangen nach besserer Gestaltung von Entscheidungen.

So hoffe ich, im Sinne GÜNTHER WINKLERS weiterzuwirken. Das Recht ist auf das Medium der Sprache angewiesen. Es fordert vom Adressaten Gehorsam, es stellt ihm auch Vorteile in Aussicht. Immer kann es seinen Zweck nur erfüllen, wenn es seinen Adressaten erreicht.

Das setzt voraus, daß es verstanden wird. Dieser Gesichtspunkt hat sowohl für generelle als auch für individuelle Normen seine Gültigkeit. Es sollte allgemein als Armutszeugnis für den Normverfasser empfunden werden, wenn der Adressat eine Übersetzung benötigt, um den Inhalt der an ihn gerichteten Norm zu erfassen.

Darüber hinaus ist die Sprache auch ein Bestandteil unserer Kultur. Ihre fortschreitende Verwilderung ist ein Symptom für kulturellen Verfall. Es tut not, dieser Entwicklung entgegenzutreten. Zumindest sollten ihr durch gediegenen Umgang mit der Sprache Hemmnisse in den Weg gelegt werden, als Anschauungsmaterial dafür, wie schön und angenehm die Sprache sein kann, und zwar auch die juristische Fachsprache. Derartige Vorbilder stellen die schriftlichen und mündlichen Äußerungen GÜNTHER WINKLERS dar. Auch dafür gebührt ihm Anerkennung. Daß er bei mir über die Vorbildwirkung hinaus durch unmittelbaren Zuspruch gewirkt hat, dafür gebührt ihm mein Dank.

MIX
Papier aus verantwortungsvollen Quellen
Paper from responsible sources
FSC® C105338

If you have any concerns about our products,
you can contact us on
ProductSafety@springernature.com

In case Publisher is established outside the EU,
the EU authorized representative is:
**Springer Nature Customer Service Center GmbH
Europaplatz 3, 69115 Heidelberg, Germany**

Printed by Libri Plureos GmbH
in Hamburg, Germany